W0188742

Edward Schillebeeckx

MENSCHEN
Die Geschichte von Gott

Edward Schillebeeckx

MENSCHEN
Die Geschichte von Gott

Herder Freiburg · Basel · Wien

Aus dem Niederländischen von
HUGO ZULAUF

Titel der Originalausgabe:
„Mensen als verhaal van God"
© Uitgeverij H. Nelissen B. V., Baarn, 1989

CIP-Titelaufnahme der Deutschen Bibliothek

Schillebeeckx, Edward: Menschen. Die Geschichte von Gott /
Edward Schillebeeckx. [Aus dem Niederländ. von Hugo Zulauf].
– Freiburg im Breisgau; Basel; Wien: Herder, 1990
    Einheitssacht.: Mensen als verhaal van God ‹dt.›
    ISBN 3-451-21868-2

Alle Rechte der deutschen Ausgabe vorbehalten – Printed in Germany
© Verlag Herder Freiburg im Breisgau 1990
Herstellung: Freiburger Graphische Betriebe 1990
ISBN 3-451-21868-2

"DER MENSCH IST DER BEWEIS,
DASS GOTT EXISTIERT"

Heinrich Böll

"WOHL HABE ICH ISRAEL AUS ÄGYPTEN
HERAUFGEFÜHRT,
ABER EBENSO DIE PHILISTER AUS KAFTOR
UND DIE ARAMÄER AUS KIR"

Amos 9,7

Vorwort

Ein kleiner Junge soll einmal gesagt haben: „Menschen sind die Worte, mit denen Gott seine Geschichte erzählt." Dieser kindliche Ausspruch ist das Thema des vorliegenden Buches.

Dieses Buch handelt vom Leben der Menschen und von ihrer Verbindung mit Gott, wie sie vor allem in Jesus von Nazaret sichtbar geworden ist, den die christlichen Kirchen – die sich immer mehr bewußt sind, daß sie in einer profanen Welt inmitten anderer Religionen leben – als den Christus bekennen.

Dieses Buch war ursprünglich gedacht als ein *ekklesiologischer* dritter Teil meiner seinerzeit angekündigten Trilogie. Es sollte die Abrundung der beiden Bände „Jesus. Die Geschichte von einem Lebenden" (1975) und „Christus und die Christen. Die Geschichte einer neuen Lebenspraxis" (1977) werden. Eine solche ist es auch jetzt geworden, aber nicht nach dem ursprünglich geplanten Verfahren.

Denn seit den 70–80er Jahren hat sich vor allen in der römisch-katholischen Kirche vieles verändert. Die Freude, zu dieser Kirche zu gehören, die während des Zweiten Vatikanischen Konzils und in den ersten Jahren danach stark zunahm, wurde in den letzten Jahrzehnten auf eine harte Probe gestellt. Diese Situation zwang mich nach langen Überlegungen, meinen ursprünglichen Plan für dieses Buch ziemlich gründlich zu ändern. Ich kam zu der Einsicht, daß es besser sei, nach dem Kern des Evangeliums und der christlichen Religion zu suchen, nach dem Eigentlichen und Einzigartigen derselben, als mich in einer Periode kirchlicher Polarisierung unmittelbar mit innerkirchlichen, im Grunde zweitrangigen Problemen hinsichtlich des christlichen Glaubensinhalts und der Frage, welche Aufgabe auch die Christen in dieser Welt haben, zu beschäftigen. Denn ist es nicht die christliche Kernbotschaft, an der auch jede Ekklesiologie gemessen werden kann und muß?

Ich weiß: Wenn gerade diese Auffassung von dem – zwar nie für sich erhältlichen, aber doch nachweisbaren – Kern des Evangeliums und des Christentums nicht eine entsprechende institutionelle Gestalt in kirchenrechtlich garantierten, freien Raum atmenden und Raum gebenden Strukturen erhält (und alles weist darauf hin, daß dies vorläufig nicht der Fall ist), dann bleiben aufbauende Theologie und loyale innerkirchliche und theologische Kritik ziemlich fruchtlos. Ohnmächtig müssen sie dann zusehen, wie ihr rechtmäßiger, aber bescheidener Einfluß auf das kirchliche Geschehen und auf die Möglichkeit eines neuen und dem Evangelium gemäßen Kirchenverständnisses, wie wir es in den 60–70er Jahren mit vielen kühn geträumt haben, außerhalb der Mauern gehalten wird. Gerade das, was im Zweiten Vatikanum „neu" gegenüber dem nachtridentinischen Kirchenverständnis und der entsprechenden Ekklesiologie war, hat in den 70er und vor allem in den 80er Jahren von seiten der Amtskirche keine konsequenten institutionellen Strukturen erhalten. Im Gegenteil, einige kirchliche Strukturen, wie sie der neue Codex vorschreibt, sind gerade den tiefsten Intentionen des Zweiten Vatikanischen Konzils fremd.

Und mag man nun, soziologisch gesprochen, institutionell oder antiinstitutionell gesinnt sein, es ist eine unleugbare Tatsache, daß in einer Weltkirche von dem Moment an, da die evangelische Freiheit und evangelische Werte nicht mehr durch institutionelle Strukturen geschützt und gestützt werden, vor allem die sogenannten einfachen Gläubigen nichts sind, mundtot, und mit ihnen ebenso die Pfarrer und die Theologen. Es war die Kirchenversammlung selbst, die auf großartige Weise, nach reichlichen Zugeständnissen an eine kirchenpolitisch mächtige, aber theologisch einseitige Minderheit (die auf das Tridentinum und das Erste Vatikanum fixiert war), ihren Gläubigen und ausdrücklich auch den Theologen unter ihnen christliche Freiheit innerhalb des offenen Raumes des verbindlichen Evangeliums Jesu Christi zusagte. Und wenn diese konziliar anerkannte christliche Freiheit später nicht kirchenrechtlich gewährleistet und geschützt wird, dann wird diese Zusage zu einer nichtssagenden Geste, ohne evangelische Wirksamkeit in unserer Geschichte. Dann wird der Atem des Konzils abgeschnürt und sein Geist, der Heilige Geist, ausgelöscht. Dann haben aus verschiedenen (oft kirchenpolitischen) Interessen kirchliche Hierarchen eine unkontrollierte Macht über unmündig gemachte Menschen Gottes, „Gottes Volk auf dem Weg".

Trotzdem arbeitet der Theologe auch in solchen schmerzlichen Verhältnissen einfach konsequent weiter, ebenfalls um der Ökumene willen. Dabei erhält er ermutigenden Zuspruch durch vieles, was in der ganzen Kirche an der Basis als Nachwirkung des Zweiten Vatikanums sprießt und wächst: eine evangelische und authentische Blüte wie fast nie zuvor. Diese Hoffnung lasse ich mir von niemandem rauben, und auch eine große Anzahl von Theologen fühlt sich dadurch ermutigt. Denn noch nie haben sich Frauen und Männer, sogenannte Laien, bei der Arbeit der Ortskirche für Kirche und Welt insgesamt so sehr engagiert.

Dieses zähe Ausharren als rein christliches Vertrauen lenkt zugleich auf andere Optionen bei unserer theologischen Forschung. Denn diese Hoffnung gründet, dessen bin ich sicher, auf einer theologal ausgerichteten Kirche, einer „Gemeinde Gottes", aber dann doch einer Kirche von mit Gott verbundenen Menschen, die kritisch und solidarisch anwesend ist bei Menschen „in der Welt", bei ihren kleinen und großen Problemen und ihrer „profanen", echt-menschlichen und un-menschlichen Geschichte. Was viele Gläubigen hinter sich lassen, ist gerade die weltfremde, „supranaturalistische" Kirche, die Kirche des Tridentinums und der Zeit vor dem Zweiten Vatikanischen Konzil. Diese Kirche verlassen sie, eine triumphalistische, juridische und klerikale Kirche, die den Anspruch erhebt, bis in Details hinein die keinen Widerspruch duldende Vermittlerin des Willens Gottes zu sein, die aber die Wahrheit, welche in diesem Anspruch liegt, entstellt durch eine (verschwiegene) Leugnung aller – oft sehr ambivalenter – historischer Vermittlungen in ihrem kirchlichen Sprechen und Handeln: Als wäre die Kirche außerhalb ihres weltlichen Situiertseins ein untadeliges, von niemand kritisierbares Geschenk vom Himmel. Damit glauben manche dann, von vornherein alle offiziell-kirchlichen Handlungen mit der in der Tat nicht kritisierbaren, wenn auch menschlich nicht immer begreiflichen Gnadenfülle Gottes identifizieren zu können. Haben wir dagegen im neutestamentlichen Buch der Offenbarung nicht fortwährend den Vorwurf an die sieben Kirchen der Ökumene gehört: *„Ich habe gegen dich ...?"* Und hörten wir vom Zweiten Vatikanum nicht die gleiche Mahnung: *Ecclesia semper purificanda"*, die Kirche muß sich fortwährend reinigen? Gerade aus diesen Texten spricht eine wirkliche Liebe zur Kirche: ein wahrer Glaube, wie wir ihn aus dem Evangelium erfahren, und nicht eine einengende Liebe, die allein auf die Erhaltung einer geschichtlich gewordenen Institution gerichtet ist.

Wegen alldem kommt ein ganz anderes Buch aus meiner PC-Feder als das ursprünglich geplante Buch, an dem ich schon vor zehn Jahren gearbeitet habe. Was ich mir durch eigene Reflexion als eine befreiende Theologie aufgrund und dank der großen christlichen Tradition zu eigen gemacht habe, will ich hier als Glaubensnahrung jedem darreichen, der an der Basis tätig ist, jedem, der dort leidet und liebt, wobei ich hoffe, daß unter meinen Lesern kirchliche Amtsträger sind, die auch auf das Glaubenszeugnis eines Theologen zu hören gewillt sind, der sein ganzes Leben lang nichts anderes getan hat, als tastend und stammelnd danach zu suchen, was Gott für Menschen bedeuten kann. Um das in Erfahrung zu bringen, muß er sich zu diesen Menschen gesellen und sich neben diese Menschen stellen: Ihr Leben, sie selbst sind die Ge-

schichte von Gott *in unserer Mitte*. So klingen die Geschichten des Alten
und des Neuen Testaments im Leben heutiger Menschen wider. Das geschieht immer wieder von neuem, durch die Jahrhunderte hindurch. So
hören wir jetzt das Evangelium von gestern, von heute und von morgen.

Natürlich haben mich Vorwürfe über die schwer lesbaren ersten beiden Bände dieser Trilogie nicht unberührt gelassen. Wie alle Forscher
reden auch Theologen oft im Jargon. Man ist gefesselt und findet so
viele Facetten theologisch zu feilen und zu erhellen, daß die Sprache zu
kompakt und dadurch schwierig wird. Aber ich habe mir von meinen Lesern raten lassen und deshalb auf die Lesbarkeit dieses dritten Bandes
viel Mühe und Zeit verwendet. Das ist, neben dem schon beginnenden
Handicap des eigenen Alters, mit ein Grund dafür, warum dieses Buch
so lange auf sich warten ließ. Gleichwohl will ich keinesfalls die erfor-
derliche tiefe und gediegene Achtsamkeit im theologischen Forschen
nach dem Geheimnis der gegenseitigen Beziehung zwischen dem lebendigen Gott und den durch und in Ihm lebenden Menschen – Gottes Geschichte in der Geschichte der Menschen – nicht zugunsten einer
glatten, aber dann vielleicht oberflächlichen Fassung dieses Werkes
preisgeben.

Ich hoffe, daß mein Buch für viele fruchtbar sein wird. Meinerseits ist
es das christliche Glaubenszeugnis eines konsequent rational arbeitenden Theologen, der bewußt in der großen Tradition der Catholica steht,
um von dort aus den Mitmenschen etwas – als Angebot – sagen zu dürfen, ja sagen zu müssen.

Nijmegen, am Fest des heiligen Dominikus, dem 8. August 1989

Edward Schillebeeckx

Inhalt

14

Einführung

Auf dem „allgemeinen" christlichen Konzil von 1442, das in Florenz-Ferrara abgehalten wurde, kamen die Konzilsväter zu einer für jene Zeit einigermaßen begreiflichen, für uns heute bestürzenden Erklärung:

„Die heilige römische Kirche glaubt fest, bekennt und verkündet, daß niemand außerhalb der katholischen Kirche, weder Heide noch Jude noch Ungläubiger oder ein von der Einheit Getrennter, des ewigen Lebens teilhaftig wird, vielmehr dem ewigen Feuer verfällt, ‚das dem Teufel und seinen Engeln bereitet ist' (Mt 25, 41), wenn er sich nicht vor dem Tod ihr (der Kirche) anschließt."[1]

Nur wenige Katholiken werden dieses feierliche Urteil heute noch bejahen, wenn sich auch jahrhundertelang Katholiken zu diesem Ausschließlichkeitsanspruch von Herzen bekannt und entsprechend gehandelt haben, sogar mit Waffengewalt.

Nicht so sehr seit, aber jedenfalls auf dem Zweiten Vatikanischen Konzil vernehmen wir (von späteren, restaurativen Entwicklungen einmal abgesehen) jedoch, und zwar genauso offiziell wie damals, von derselben Kirche einen ganz anderen Ton:

„Wer das Evangelium Christi und seine Kirche ohne Schuld nicht kennt, Gott aber aus ehrlichem Herzen sucht, unter dem Einfluß der Gnade seinen in Anruf des Gewissens erkannten Willen in der Tat zu erfüllen trachtet, kann das ewige Heil erlangen."[2]

Jahrhunderte menschlicher Tragödie liegen zwischen diesen beiden offiziellen, zumindest dem Buchstaben nach diametral entgegengesetzten kirchengeschichtlichen Aussagen – wenn es auch immer noch Theologen gibt, die mit einiger – sogenannter „hermeneutischer" – Akrobatik beide Aussagen in abstrakter und ungeschichtlicher Weise harmonisch miteinander in Einklang zu bringen verstehen. Doch müssen wir bemerken, daß auch das Zweite Vatikanische Konzil nicht erklärt, was „Gott suchen" eigentlich bedeutet. Heißt das: ausdrücklich auf der Suche nach Gott sein? Oder: aus seiner eigenen, fast leeren Feldflasche dem ein Glas Wasser geben, der, in höchster Not, nach Luft ringt (Mt 25, 31–46)?

In diesem Buch will ich keineswegs die Geschichte des alten Lehrsatzes: „Außer der Kirche kein Heil" aufzeichnen. Darüber gibt es genügend theologisch wertvolle Literatur. Ich stelle die beiden kirchentheologischen Aussagen einfach nebeneinander, vor allem als Herausforderung für alle, die sich absichtlich gern als „obrigkeitstreue Gläubige" bezeichnen und damit (bewußt oder unbewußt) ihre christlichen und katholischen Mitgläubigen disqualifizieren. Ich selbst glaube, daß die Kirche eine magisterielle, das heißt lehramtliche, Leitung hat, sogar nötig hat und daß die Gläubigen das in Rechnung stellen müssen. Aber dann müssen in unserer gläubigen Haltung gegenüber dem Lehramt in der Kirche geschichtliche Fakten, wie ich sie – eines für viele – soeben aufzeigte, mitberücksichtigt werden, wenn wir nicht durch Verabsolutierung dessen, was lediglich relativ ist, der Abgötterei verfallen wollen.

Die Menschen von heute leben in einer ganz anderen Zeit, mit einem anderen Lebensgefühl, mit anderen Menschen- und Weltbildern. Sie bewegen sich in einer offenen Welt mit Kontakten nicht nur zu allen Weltreligionen, sondern auch zu Menschen, die nach eigener Aussage (und diese Aussage müssen wir ernst nehmen) ohne Religiosität, einfach säkular oder säkularisiert leben und die sich außerdem, kaum von Christen zu unterscheiden, auf vielerlei Weise für die individuelle und soziale Menschlichkeit des Menschen einsetzen. In dieser Situation läßt sich für uns die frühere, sowohl gesellschaftlich als auch kirchlich exklusivistische Rechthaberei kaum begreifen. Aber in der Vergangenheit haben alle Parteien ihr vermeintliches Recht auf ähnliche Weise artikuliert. Menschsein ist nun einmal ein geschichtlicher Entwicklungsprozeß. Nur ein langsamer Reifungsprozeß im menschlichen Bewußtsein und vor allem historische Fakten wie Religionskriege, Kriege von Christen untereinander, Verfolgung von Juden, von Christen und Moslims, die Antastung der Menschenrechte, das Geschehen der Aufklärung und der Französischen Revolution veranlaßten Menschen, ihre eigene Lebensanschauung anders zu sehen. In unmenschlichem Despotismus und Streit kann keine verbindliche Wahrheit stecken. Dadurch sind frühere, allgemein bejahte Selbstverständlichkeiten zerschlagen worden. Wir können kaum über Menschen urteilen, die in einer vor-kritischen Zeit lebten. Ich tue das auch nicht. Aber das nimmt uns nicht unsere nachkritische Verantwortung ab, vor allem in einer Zeit, in der wir durch die Scham, die Kritik und den Hohn der Zeiten hindurchgegangen sind und in einer bekehrten „zweiten Unschuld" von neuem mit Gott als mit dem uns nahe Vertrauten im Garten spazierengehen können.

Ich will den alten Lehrsatz jetzt nicht völlig umkehren zu einem neuen, entgegengesetzten Lehrsatz: „Extra mundum nulla salus", außerhalb der Welt kein Heil. Einseitigkeiten von einst werden durch vielleicht genauso einseitige moderne Akzente nicht ungeschehen gemacht. Sind wir besser als frühere Generationen? „Unsere moderne Welt", welche die Zeit der Kirchen und Religionen für vergangen hält, hat in kaum zwei Jahrhunderten Säkularisierung den Menschen vielleicht mehr Unheil gebracht als die siebzehn sogenannten „finsteren" kirchlichen Jahrhunderte zuvor. Ich hörte einmal, daß zur Zeit mehr Menschen leben, als jemals gestorben sind. Wenn das stimmt (ich weiß es nicht), muß ich feststellen, daß heute – in unserer jetzigen Welt – ein kleiner Teil der Menschheit, nämlich „die Mächte dieser Welt", dem größten Teil der Menschheit zutiefst Unrecht tut und ihn mehr unterdrückt, als es jemals der Fall gewesen ist. Gegenwart und Vergangenheit sollten einander nicht verketzern!

Doch will ich trotz, oder besser: aufgrund von Vergangenheit und Gegenwart in diesem Buch die Kirche „an ihren rechten Platz rücken" und ihr zugleich „den Platz geben, der ihr zukommt". *Kirche ist nie um ihrer selbst willen da,* wenn sie (wie viele Religionen) das auch häufig vergessen hat. Gerade deshalb will ich in diesem „ekklesiologischen" Buch direkt nicht soviel von der Kirche sprechen. Wir brauchen ein Stück *negativer Ekklesiologie,* von Kirchentheologie in moll, um zu einem gesunden Gleichgewicht zu kommen, um den jahrhundertelangen Ekklesiozentrismus des empirischen Phänomens „christliche Religion" ungeschehen zu machen, und zwar: um Gottes, um Jesu Christi und um der Menschen willen. Und diese drei: Gott, Jesus Christus, die Menschen, sind eins; nämlich in dem Sinn: Sie können nie in eine antagonistische und konkurrierende Beziehung zueinander gesetzt werden.

Sogar die Sünde kränkt Gott allein *in* seinen Geschöpfen: in den Menschen und in ihrer mit-kreatürlichen Welt, in Tier und Pflanze, in ihrer und unserer natürlichen Umwelt, in unserer Gesellschaft, in unserem Herzen, in unserem Innern und in unserem solidarischen Angewiesensein auf Mitmenschen. Gerade der, der *diese Welt* kränkt und schändet, begeht, theologisch gesehen, eine Sünde gegen den Schöpfer des Himmels und der Erde – gegen den, den viele Menschen, unter welchem Namen auch immer, Gott nennen: das Geheimnis, das die Leidenschaft für das „Heil-sein" von Natur und Weltgeschichte, von Gesellschaft und Menschen untereinander besitzt, wie sehr dieser Name auch durch das Verhalten derer, die in den verschiedensten Religionen an Gott glauben, geschändet und besudelt wurde.

ERSTES KAPITEL

Weltgeschichte und Heilsgeschichte, Offenbarungsgeschichte und Leidensgeschichte

§ 1. Einleitung:
Wer oder was bringt Menschen Heil und Befreiung?

Zu Beginn der Neuzeit, um genau zu sein: 1492, hat Giovanni Pico della Mirandola die kommende, moderne Zeit, in der der Mensch durch Wissenschaft und Technik sein eigenes Schicksal in die Hand nehmen werde, auf eine fast prophetische Weise angekündigt. Er tat es in einer modernen Umdichtung der Schöpfungsgeschichte aus dem Buch Genesis. Er schrieb: „Gott findet Gefallen an dem Menschen als einem Wesen, das kein klar zu erkennendes Bild hat. Er setzte ihn mitten in die Welt und sprach zu ihm: Wir haben dir keinen bestimmten Wohnsitz, kein eigenes Gesicht, nicht irgendeine besondere Gabe geschenkt, Adam (= Mensch), damit du jeden beliebigen Wohnsitz, jedes beliebige Gesicht und alle Gaben, die du gern haben möchtest, auch nach deinem Willen und deiner eigenen Meinung haben und besitzen kannst. Den übrigen Wesen ist ihre Natur durch die von Uns vorgeschriebenen Gesetze bestimmt, und sie wird dadurch in Schranken gehalten. Du aber (Mensch) bist durch keine einzige unüberwindliche Schranke gehemmt, sondern du wirst nach deinem eigenen freien Willen, in dessen Hand ich dein Schicksal gelegt habe, selbst deine eigene Natur bestimmen. Wir haben dich weder als ein himmlisches noch als ein irdisches, noch als ein sterbliches, noch als unsterbliches Wesen erschaffen; vielmehr wirst du als dein eigener, völlig freier und zum eigenen Ruhm schaffender Bildhauer und Dichter dir selbst jene Form geben, in der du selbst leben möchtest."[1]

Mit diesem Zitat am Vorabend der Neuzeit hat dieser Kulturphilosoph noch vor der Entstehung der modernen Wissenschaft und Technik die anthropologische Voraussetzung für diese modernen Wissenschaften und ihre Technik verdeutlicht: Der Mensch wird zum kreativen Subjekt alles Geschehens in einer kosmisch verfaßten, aber religiös-kosmisch „entzauberten Welt."

Nach so vielen Jahrhunderten der Wissenschaft und Technik haben wir aber in den letzten Jahrzehnten durch Schaden klug werden und lernen müssen, daß diese willkürliche, ungehemmte Selbstverwirklichung des Abendlandes der Menschheit weder persönlich noch gesellschaftlich-politisch Rettung gebracht hat; außerdem, daß unsere ungehemmte wirtschaftliche Expansion aus einem Fortschrittsmythos des 19. Jahrhunderts heraus Menschen aus anderen Weltteilen mit Brachialgewalt beiseite gedrückt hat und auch unsere natürliche Umwelt dermaßen bedroht, daß die Menschheit insgesamt dadurch in Gefahr gerät. Das Projekt einer völligen Selbstbefreiung des Menschen durch den Menschen scheint augenblicklich die größte Bedrohung aller Menschlichkeit zu sein. Die „westliche Modernität" ruft heute in ganz besonderer Weise wieder nach Heil und Befreiung: nach Erlösung aus ebenjenen finsteren Mächten, die der moderne Mensch selbst ins Leben gerufen hat. Das Dämonische in unserer Kultur und Gesellschaft hat jedoch einen anderen Namen und einen anderen Inhalt erhalten als in der antiken Welt und im Mittelalter, aber es ist nicht weniger real und genauso bedrohlich. Ich übe hier keineswegs Kritik an Wissenschaft, Technik und Industrialisierung, wohl aber an dem Menschen, in dessen Händen diese Kräfte liegen und der diese Kräfte vorzugsweise zum eigenen, persönlichen, nationalen und kontinentalen Profit gebraucht, *um so schlimmer für den,* der nicht das Glück hat, in einem Wohlfahrtsstaat zu leben, oder für jene, die als Gastarbeiter allenfalls geduldet werden.

Es darf jedoch als eine Ironie der Geschichte bezeichnet werden, daß die kulturellen Kräfte, die wir seit dem 17. Jahrhundert als die geschichtlichen Befreier der Menschheit gefeiert haben, nämlich Wissenschaft und Technik, die uns von all dem befreien sollten, wovon die Religion den Menschen nicht hatte befreien können: Hunger, Armut, Tyrannei, Krieg und geschichtliches Fatum, heute diesen Hunger und diese Armut nicht nur vergrößert und die Möglichkeit eines Atomkriegs ins Leben gerufen haben, sondern – in den Händen der Menschen – die größte Bedrohung unserer Zukunft bilden. „Wissen ist Macht", so hatte schon Francis Bacon gesagt. Aber unsere Naturbeherrschung hat zu der beginnenden Zerrüttung fundamentaler Lebensprinzipien geführt; unser ungehemmtes wirtschaftliches Wachstum bedroht unser menschliches Überleben; die Spirale der Kernbewaffnung dreht sich immer höher über unsere Köpfe hinaus; die Kontrolle und die Manipulation der genetischen und psychischen Strukturen rufen in den Händen von Menschen drohende Zukunftsbilder wach. Nicht die Wissenschaften oder die Technik liegen schief, sondern der Mensch selbst und sein Umgang mit Wissenschaft und Technik, seine Einschätzung von Wissenschaft und Technik. Was fängt man mit seinem rechtmäßigen Wissen an? Wenn man die Mittel verabsolutiert und mit einer neuen, modernen Sakralität und Unantastbarkeit umkleidet, werden sie statt zur Befreiung, zu einer Bedrohung für Mensch und Gesellschaft.

Die Wissenschaften sind selbst Kinder ihrer Zeit, und doch spiegeln sie bis in ihre eigene, gegenüber religiösen Traditionen mit Recht bekämpfte innere Autonomie die Krankheiten, Relativitäten und blinden Flecken ihrer Zeit wider. Ebensowenig wie andere Formen des Wissens ist daher die Wissenschaft eine rein objektive Form des Wissens; sie hat deshalb keinen einzigen Adelsbrief, um zumindest auf legale Weise jene dominante Rolle zu spielen, die sie in Wirklichkeit in unserer westlichen Gesellschaft als Monopol besitzt, außerdem auf Kosten vieler anderen Formen eines außerwissenschaftlichen kognitiven Umgangs mit der Wirklichkeit. Auch die angewandten Wissenschaften sind ein Werkzeug des menschlichen Willens; sie sind dadurch ebenso gefangen in dem Netz, in das der menschliche Wille verstrickt sein kann. Wissen ist Macht, aber Macht in den Händen einer unbefreiten Freiheit, einer Machtwollust, eines persönlichen oder kollektiven Egoismus und eigener Sicherheit, ist ihrem Wesen nach ein Weg ins Verderben.

Es ist eine Tatsache, daß Wissenschaft und Technik den Menschen nicht heiliger, nicht weiser gemacht haben. Wohl raffiniert fachkundiger. An sich ist das eine Wohltat. Wissenschaft und Technik können Wunder wirken, wenn sie in den Dienst der Freiheit anderer und letztlich in den Dienst der ganzen menschlichen Solidarität gestellt werden. Aber in Wirklichkeit fungieren die Wissenschaften als Werkzeug menschlicher Macht, der Herrschaft: der Macht über die Natur, der Macht über die Gesellschaft, der Macht über Menschen, Frauen und Männer. Wissenschaft ist der Schlüssel zur militärischen Macht der Nationen; Wissenschaft ist das Geheimnis ihres wirtschaftlichen und gesellschaftlichen Wohlstands, in Wirklichkeit oft zum Nachteil anderer. Der Glaube an nachprüfbares Wissen und technisches Know-how, als einziges Werkzeug, um menschliches Unheil zu beschwören, beherrscht die heutige Welt der Kulturen, mögen wir nach Norden oder Süden, nach Westen oder Osten blicken.

Schon vom siebzehnten, aber vor allem vom achtzehnten Jahrhundert an schien die Wissenschaft das Ende aller geschichtlichen Religionen anzukündigen – eine Phase (so dachte man achtlos) kindlicher Unwissenheit in der menschlichen Geschichte. Jetzt, da wir auf das Jahr 2000 zugehen, sind es gerade die Wissenschaft und die Technik, die uns, zumindest wenn die Frage nach menschlichem Heil noch einen Sinn hat, „die religiöse Frage" dringlicher denn je stellen lassen; Wissenschaftstheorien suchen heute nach der grundlegenden Möglichkeitsvoraussetzung der Wissenschaft selbst, und diese liegt außerhalb oder jenseits aller Wissenschaften. Es sind nicht die Wissenschaften oder die Technik selbst, die uns Angst einflößen, sondern ihre nicht-wissenschaftlichen absoluten Heilsansprüche. Denn wir kommen zu der Einsicht, daß menschliche wissenschaftliche und technische Kreativität die Möglichkeit der Selbstvernichtung in sich schließt. Wissenschaft und Technik, die einst gefeierten Befreier der Menschheit, haben den Menschen einer neuen Art eines sozial und geschichtlich knechtenden Fatums unterworfen.

Die Ironie der Geschichte ist erschütternd, wenn wir sehen, wie der

Osten für seinen materiellen Fortschritt nach der Verlockung der westlichen Technik und Wissenschaft greift, während der Westen im Osten nach seiner verlorenen Innerlichkeit sucht. Sollte denn unsere menschliche Kreativität selbst den Sinn unserer Geschichte bedrohen? Wird „der Hüter der Schöpfung" (Gen 2,15; 1,28) zu ihrem Verräter? Oder läßt sich ein vergängliches Wesen jemals aus sich selbst begreifen und befreien? Gehört die anerkannte und lebendige Beziehung zum ‚Transzendenten' (sei es ein Er? eine Sie? oder ein Es? nicht zum unerforschlichen Grund unserer menschlichen Kreativität und deshalb zur tiefsten und höchsten Beseelung eines jeden Humanismus?

Es gehört zu den Aufgaben der Theologie, den Glauben an und diese Hoffnung auf eine menschenliebende, befreiende Heilsmacht, die das Böse überwinden will, sicherzustellen. Theologie wendet sich deshalb gegen jede Untergangsstimmung, wenn auch Theologen mit allen anderen durchaus davon überzeugt sind, daß wir in einem bestürzenden Gemisch von Sinn und Unsinn leben.

Aber wenn Religion hier ein eigenes, unersetzbares Wort zu sprechen vermag, wird es eine „weltbezogene" Religion sein müssen, eine Religion, die aus dem Glauben an den befreienden Gott auf Menschen und deren Menschlichkeit in ihrem gesellschaftlichen und ihrem geschichtlichen Kontext bezogen ist. Gibt es wohl einen anderen, nicht-grimmigen und universaleren „Humanismus" als die Menschenliebe Gottes: eines auf Menschlichkeit bedachten Gottes, der „Menschen Gottes" will, die auch selbst auf Menschlichkeit bedacht sind? Das ist jedenfalls der tiefste Impuls dessen, was man die jüdische und christliche Erfahrungstradition nennt, trotz ihrer empirischen Erscheinungsformen, die diesem, ihrem eigenen Impuls oft widersprechen.

Wenn Religionen und Kirchen diese „eschatologische Utopie" noch glaubwürdig verkünden wollen, werden sie zuerst selbst erkennen müssen, daß sie das Antlitz der Menschlichkeit Gottes und seine Sorge für alle seine Geschöpfe, bis hin zum nichtigsten, oft versteckt, bespien und sogar entstellt haben. Wo nicht Gott selbst, sondern die Religion, die Wissenschaft oder irgendeine weltliche Macht absolutgesetzt wird, wird mit dem Menschen auch das „Gottesbild" geschändet: das „Ecce homo" am Kreuz und an den vielen Kreuzen, die Menschen bis heute errichtet haben und weiter errichten, wie auch das „Ecce natura" als geschändete Schöpfungswelt: sowohl im Tier als auch in der Pflanze und in Lebenselementen.

Deshalb will ich in diesem einleitenden Kapitel zuerst die nicht-ideologische theologische Stellung der Religionen und Kirchen in unserer menschlichen Geschichte darlegen, als Grundlinie dieses ganzen Buches.

§ 2. „Außerhalb der Welt kein Heil"

I.

RADIKALE KONTRASTERFAHRUNG IN UNSERER MENSCHLICHEN GESCHICHTE

Was ich früher, sogar wiederholt, als wichtige menschliche Erfahrungen bezeichnet habe, nämlich negative Kontrasterfahrungen, möchte ich heute radikalisieren: Sie bilden eine menschliche Grunderfahrung, die ich als solche für ein vor-religiöses und somit allen Menschen zugängliches Grunderlebnis halte, nämlich für das Veto, das der Mensch gegen die Welt, wie diese ist, erfährt. Das hat nichts mit Dualismus oder Gegensatz zwischen einer guten und einer schlechten Welt im hellenistischen Sinn zu tun (wenn wir diesen Dualismus auch neu reflektieren müßten, von tieferen menschlichen Erfahrungen der damaligen Zeit aus). Jedenfalls haben wir es mit dieser unserer Welt zu tun, und sie macht uns Sorgen. Was wir als Wirklichkeit erfahren, was wir auch täglich mittels Fernsehen und anderer Massenmedien von dieser Wirklichkeit zu sehen und zu hören bekommen, ist offensichtlich nicht „in Ordnung"; es ist etwas grundlegend falsch. Diese Wirklichkeit steckt voller Widersprüche. Deshalb ist die menschliche Erfahrung von Leiden und Übel, von Unterdrückung und Unglück Basis und Ursprung eines grundlegenden Neins, das Menschen über die Tatsache ihres In-der-Welt-Seins aussprechen. Diese Erfahrung ist auch gewisser, evidenter als alles, was Philosophie und Wissenschaften uns an verifizierbarem oder falsifizierbarem „Wissen" darbieten können. Empörung (nicht einmal ein wissenschaftlicher Terminus) scheint eine Grunderfahrung unseres Lebens in dieser Welt zu sein. So ist unsere Welt – es sei denn, daß wir blind in ihr umherlaufen, allein auf Konsum, Vergnügen und Vergessen erpicht oder ... machtlüstern.

Zweifellos gibt es auch viel Gutes und Schönes, viel Erfreuliches in dieser Welt. Es scheint sogar unter Unterdrückten mehr Freude und Gesang zu geben als bei Unterdrückern. Aber all diese Fragmente des Guten, von Schönheit und Sinn erfahren immerfort Widerspruch und Beeinträchtigung durch Bosheit und Gehässigkeit, durch klares und auswegloses Leiden, durch Machtmißbrauch und Terror. Dieser für unsere Welt so charakteristische Widerspruch scheint sowohl das Böse als auch das Gute wechselseitig zu verharmlosen. Zyniker sehen es auch so. Für Nicht-Zyniker ist diese Haltung jedoch ein Zeichen von Dekadenz, die nichts mehr der Mühe, dafür zu leben oder zu sterben, wert findet. Trotz all seines Elends ist der Mensch zu stolz, um das Böse als gleichberechtigt mit dem Guten anzusehen.

Indessen gibt es in unserer Welt jenes bleibende rätselhafte Gemisch von Gut und Böse, von Sinn und Unsinn. Aus der Geschichte wissen wir nicht einmal, was in diesem Gemisch die Oberhand gewinnen wird, nicht einmal, ob, von diesem tatsächlichen Geschehen aus gesehen, ein letztes Wort zu hören sein wird. Als Geschichte kann diese auch mißlingen.

Ein positives Element in dieser grundlegenden Kontrasterfahrung ist jedoch die nicht zu unterdrückende menschliche Empörung, das zweite Moment in dieser Grunderfahrung. Darin steckt Ethik, und vielleicht sogar mehr. (Ich selbst sehe darin das, was man in der katholischen Glaubenstradition „theologia naturalis" genannt hat, freilich geschah dies damals in einem andersgerichteten Zusammenhang.) Diese Weigerung des Menschen, sich mit einer solchen Situation abzufinden, bietet eine erhellende Perspektive. Sie enthüllt eine *Offenheit auf* eine andere Situation *hin, die durchaus Anspruch auf unser Ja hat.* Man kann es als einen Konsens mit „dem Unbekannten" bezeichnen, dem inhaltlich nicht einmal positiv Bestimmbaren: einer besseren, einer anderen Welt, die in Wirklichkeit noch nirgends gegeben ist. Oder noch anders: mit der bloßen Feststellung der Möglichkeit, unsere Welt besser zu machen; Offenheit auf das Unbekannte und auf das Bessere hin.

Das grundlegende Veto des Menschen gegen das Böse erschließt deshalb ein inhaltlich nicht bestimmtes und somit „offenes Ja", das genauso unumstößlich ist wie das menschliche Nein; eigentlich sogar noch stärker, weil gerade das offene Ja diesen Widerstand begründet und ermöglicht. Außerdem gibt es, gelegentlich, fragmentarische, aber wirkliche Erfahrungen von Sinn und Glück kleinen und größeren Ausmaßes, die das „offene Ja" immer wieder neu nähren, bestärken und aufrechterhalten. In dieser Erfahrung finden Gläubige und Agnostiker einander. Das ist auch eine willkommene Basis für die Solidarität aller mit allen und zu einem gemeinsamen Einsatz für eine bessere Welt mit einem menschlicheren Antlitz.

Menschen, die an Gott glauben, geben dieser einen, zweiseitigen Grunderfahrung einen religiösen Inhalt. Das „offene Ja" erhält dann mehr Zielrichtung und Relief. Sein Ursprung ist nicht so sehr, oder zumindest nicht direkt, die Transzendenz „des Göttlichen" (die unaussprechlich und anonym ist, sich nicht in Worte fassen läßt) als vielmehr (wenigstens für Christen) das erkennbare menschliche Antlitz dieser Transzendenz, wie es unter uns im Menschen Jesus erschienen ist, den wir als Christus und Sohn Gottes bekennen. So geht für Christen das grundlegende Murren der

Menschheit in eine begründete Hoffnung über. Etwas von einem Seufzer der Barmherzigkeit, des Erbarmens, steckt in den tiefsten Tiefen der Wirklichkeit, ...gläubige Menschen vernehmen darin den Namen Gott. So lautet die Geschichte der Christen. Die Kontrasterfahrung mit dem ihr innewohnenden Widerstand gegen Unrecht und mit ihrer Perspektive auf etwas Besseres wird für Christen das, worin sich die Einheit der Geschichte *als Geschenk Gottes* vollzieht.

II.
DER BEFREIUNGSPROZESS IN DER MENSCHLICHEN GESCHICHTE
ALS MEDIUM UND MATERIAL GÖTTLICHER OFFENBARUNG

Fakten werden erst Geschichte innerhalb eines Sinnrahmens, in einer Tradition interpretierter Fakten. Das ist die erste Sinnebene: Es wird menschliche Befreiung vollzogen und auch erfahren. In einer religiösen Erfahrungstradition des Glaubens an Gott wird dieses menschliche Befreiungsmoment auf einer zweiten Sinnebene interpretiert: in Beziehung zu Gott. Gläubige Menschen bekennen dann, daß Gott in und durch Menschen Rettung gebracht hat. Das profane Geschehen wird zum Material für das „Wort Gottes". In diesem Sinn hat die Offenbarung eine sakramentale Struktur[3].

Der *religiöse* Sinn eines weltlichen Prozesses setzt einen *menschlichen* Sinn voraus; anders gesagt: Heilsgeschichte ist ein menschenbefreiendes Geschehen. *Offenbarung* setzt einen menschlich sinnvollen Prozeß voraus, ein Geschehen, das schon menschlich relevant ist, menschen-befreiend, ohne direkten Bezug auf Gott – „etsi Deus non daretur". Entscheidend ist das befreiende Gutes-Tun, ohne das die religiöse Namensgebung inhaltsleer wird, in der Luft hängt wie ein nichtssagender und unnützer Überbau. Niemand kann sich in dem Kampf für das Gute und gegen das Böse über die Parteien stellen, genauso wenig, wie Gott in jeder beliebigen menschlichen Geschichte sein eigenes Wesen offenbaren kann. Nur in einer profanen Geschichte, in der Menschen zu wahrer Menschlichkeit befreit werden, kann Gott sein eigenes Wesen offenbaren. Denn in dieser profanen Geschichte steckt auch viel Leidens- und Unheilsgeschichte; in ihr kann sich Gott nicht offenbaren, es sei denn ... als Veto oder als Gericht.

Gläubige Menschen sehen in der Geschichte der menschlichen Befreiung das Antlitz Gottes. Ungläubige tun das nicht, aber auf der Ebene menschlicher Befreiung (dem Material der Offenbarung Gottes) können sowohl Gläubige als auch Ungläubige über diesen Prozeß reden, und zwar in einer gemeinsamen Sprache. Hier ist Einvernehmen, auch Zusammenarbeit möglich. Entscheidend ist also nicht die ausdrückliche Anerkennung oder Leugnung Gottes, sondern die Antwort auf die Frage: Für welche Seite entscheide ich mich in dem Kampf zwischen Gut und Böse, zwischen Unterdrückern und Unterdrückten?

Hernach wird sich dann zeigen, was das Neue der ausdrücklichen Bezeichnung: Gott als Herz und Ursprung jeder Heilsbewegung, zu bedeuten hat. Denn die Tatsache steht riesengroß vor uns: Der Glaube an Gott macht die Christen faktisch noch nicht *menschlicher* als die anderen. Wer in diesem Zusammenhang zu früh von Gott spricht, erregt den Verdacht, über ein veraltetes Gottesbild zu reden, über den Gott eines früheren Welt- und Gesellschaftsbildes, den Gott einer Handvoll von Reichen zum Nachteil der Unterdrückten und all derer, die am Rand der Gesellschaft leben müssen.

Primär entscheidend ist: Sind wir (vielleicht in unserer ganzen geschichtlich und gesellschaftlich privilegierten Situation) als Christen solidarisch mit Unterdrückten und Vereinsamten, oder stehen wir praktisch auf der Seite der Mächtigen und der Unterdrücker? In der Vorliebe von Menschen für die Armen liegt eine implizite Bestätigung dessen, was Christen Gottes freies Wesen nennen: rückhaltlose Liebe; Liebe ohne jedwede Bedingung. Ein paar Beispiele mögen diese Struktur der jüdisch-christlichen Offenbarung verdeutlichen.

Aus dem Buch Exodus läßt sich noch klar erkennen, welches profane geschichtliche Geschehen die Grundlage des jüdischen Exodus-Bekenntnisses bildet (Dtn 26, 5–9). Das Bekenntnis lautet so: „Du aber sollst vor dem Herrn, deinem Gott, folgendes Bekenntnis ablegen: Mein Vater war ein heimatloser Aramäer. Er zog nach Ägypten, lebte dort als Fremder mit wenigen Leuten und wurde dort zu einem großen, mächtigen und zahlreichen Volk. Die Ägypter behandelten uns schlecht, machten uns rechtlos und legten uns harte Fronarbeit auf. Wir schrien zum Herrn, dem Gott unserer Väter, und der Herr hörte unser Schreien und sah unsere Rechtlosigkeit, unsere Arbeitslast und unsere Bedrängnis. Der Herr führte uns mit starker Hand und hoch erhobenem Arm, unter großem Schrecken, unter Zeichen und Wundern aus Ägypten, er brachte uns an diese Stätte und gab uns dieses Land, ein Land, in dem Milch und Honig fließen.“

Und das ist der geschichtliche Hintergrund dieses Bekenntnisses: Mose „sah, wie ein Ägypter einen Hebräer schlug, einen seiner Stammesbrüder“ (Ex 2, 11 c); er war „Zeuge ihrer Fronarbeit“ (2, 11 b). Mose gerät in Zorn, greift ein und tötet den Ägypter. Diese Tatsache wird bekannt, und Mose geht in den Untergrund. Mit der Zeit gehen, solidarisch mit Mose, auch einige semitische Stämme in den Widerstand. Sie befreien sich aus den Händen der Ägypter: Es vollzieht sich ein „menschen-befreiender Prozeß".

Diese profane Geschichte wird (vor allem in der Tradition des Deuteronomiums) von Menschen, die an JHWH, den Herrn, glauben, neu gelesen; sie wird als „Heilsgeschichte" interpretiert. Das heißt: An Gott glaubende Menschen kamen zu der Erfahrungseinsicht, daß *der Herr das Volk aus Ägypten befreit hat.* Die Struktur der Heilsgeschichte und der Offenbarungsgeschichte wird darin deutlich. Es wird sichtbar, daß das Reden von Gottes Handeln in Glaubenssprache in der Geschichte eine *erfahrbare* Grundlage in einem ganz bestimmten menschlichen Auftreten in Welt und Geschichte hat. Denn menschliches Reden von der Transzendenz Gottes hat keinen anderen Grund als unsere Kontingenz, das heißt: Begrenztheit – unsere unstete prekäre Menschengeschichte. Die religiöse Sprache mit ihrer eigenen Spiritualität bezieht ihr Material aus der Erfahrung unserer menschlichen, geschöpflichen Begrenztheit als der möglichen (nie zwingenden) „Erschließung" von dennoch erfahrbaren tieferen Dimensionen.

Auch was Jesus betrifft, muß man zuerst nach einem menschlichen geschichtlichen Ereignis suchen, das Menschen befreite, sie zu sich selbst brachte und für ihre Mitmenschen erschloß. Denn gerade dies alles war das Medium, in dem Gläubige das Antlitz Gottes erkannten. Ohne den menschlichen Lebensweg Jesu wird alle Christologie zu einem ideologischen Überbau. Ohne „menschlichen Sinn" im Leben Jesu wird aller *religiöse* Sinn in seinem Lebensweg unglaubwürdig. Allein der menschliche Sinn eines geschichtlichen Prozesses kann zum Material eines „übernatürlichen" oder religiösen Sinns, der Offenbarung, werden.

Anderseits, wenn wir die positive Beziehung Jesu zu Gott, vor allem sein Abba-Erlebnis, nicht mit in Rechnung stellen, führt dieser menschliche Befreiungsprozeß, der Jesus ist, nie zu einer befreienden Christologie. Dann kommt es zu einem Bruch zwischen Christologie und Ethik, zwischen Christusmystik und (persönlichem und politischem) ethischem Engagement. Es gibt für Christen keinen Jesus ohne das kirchliche Bekenntnis zu Christus, wie es kein kirchliches Bekenntnis zu Christus ohne das menschenbefreiende Auftreten des historischen Jesus von Nazaret gibt.

Zwar können wir Jesus in seiner Fülle nicht erreichen, außer wenn wir dabei seine einzigartige, eigen-artige Beziehung zu Gott mit in Rechnung stellen, aber das bedeutet nicht, daß Jesus der einzige Lebensweg zu Gott ist. Auch Jesus *offenbart* Gott nicht nur, er *verhüllt* ihn auch, da er in nicht-göttlicher, geschöpflicher Menschlichkeit erscheint. Und so, als

Mensch, ist er ein geschichtliches, kontingentes oder begrenztes Wesen, das in keiner Weise den vollen Reichtum Gottes repräsentieren kann, ... es sei denn, daß man die Realität seines Menschseins leugnet (was gegen den „Konsens der Kirche" verstößt, wie er im Konzil von Chalcedon zum Ausdruck kommt). Von einem christlich-religiösen Imperialismus kann vom Evangelium her deshalb keine Rede sein. Auch für Jesus gilt die Klage des Propheten: „Du bist ein verborgener Gott" (Jes 45, 15), die die Evangelien ihm am Kreuz in den Mund legen. Wer aber die religiöse Beziehung Jesu zu diesem verborgenen Gott außer acht läßt, versucht, den historischen Jesus entweder von vorgegebenen metaphysischen Begriffen oder von vorgegebenen gesellschaftspolitischen Interpretationsmustern aus zu verstehen, und beide sind den Evangelien fremd. In beiden Fällen wird die kontingente oder geschöpflich begrenzte geschichtliche Gestalt Jesu verunstaltet.

Wir werden hier einerseits mit der schwierigen, fast paradoxen Vorstellung von dem einzigartigen, unbeschreiblich besonderen Verhältnis Jesu zu Gott konfrontiert und anderseits mit der Tatsache, daß er als geschichtliche Erscheinung ein „kontingenter", begrenzter Vorgang ist, der andere Wege zu Gott nicht verschließen oder negieren und somit auch die Ethik nicht exklusiv für sich annektieren kann. Letzteres impliziert auch, daß wir Theologie nicht auf eine Christologie reduzieren dürfen: Es gibt Fragen und auch religiöse Probleme, die außerhalb des christologischen Bereichs liegen. Für die Ökumene der Religionen ist das von großer Bedeutung. Aber darauf werde ich erst im dritten Kapitel zu sprechen kommen. In diesem einleitenden Kapitel wird letzteres nur kurz erwähnt. Im Verlauf der weiteren Darlegung wird es langsam erhellt werden, auch in seinen Folgen für die ganze Theologie.

III.

DER UNTERSCHIED ZWISCHEN HEILSGESCHICHTE UND OFFENBARUNGSGESCHICHTE

Oben sagte ich, daß nur menschen-befreiende Geschichte als Heilsgeschichte erfahren werden kann. Heilsgeschichte ist aber, im strengen Sinn, noch keine Offenbarungsgeschichte, ... obwohl! Das müssen wir jetzt näher erklären, nachdem wir zuvor ein Mißverständnis beseitigt haben, das durch frühere Veröffentlichungen von mir ins Leben gerufen wurde.

Ich sagte oben, bevor von einer Glaubensinterpretation die Rede sein könne, fänden bestimmte Geschichten von Menschen statt, in der sogenannten „profanen Geschichte", die in und aus sich selbst – also noch

ohne ausdrücklichen Hinweis auf irgendeinen transzendenten Gott –
von Menschen als positiv erfahren werden: als sinnvolle, menschenbefreiende Geschehnisse. Menschliche Geschichte, sofern sie Menschen
zu wahrer und guter Menschlichkeit und tiefer Achtung voreinander befreit, ist für Christen *Gottes Heilsgeschichte,* und sie ist dies unabhängig davon, ob wir um diese gnadenvolle Heilsstruktur wissen, aber nicht
davon, daß eine bewußte menschliche Befreiung erfolgte. Manchmal
wird dies von Theologen so dargestellt, als würde durch die Offenbarung eine „ontologische, nicht-bewußte" Dimension zum „Bewußtsein"
gebracht, so daß das christliche Heil dann doch wieder allein im Bewußtsein vollzogen werde. Aber dann würde eine verhüllte, rein „ontologische" Beziehung (nämlich zu Gott) nur in Bewußtseinskategorien
wiedergegeben. Es geht vielmehr um die *religiöse* Bedeutung eines bewußt menschlichen, befreienden, heilenden und Kommunikation stiftenden Handelns. Die Glaubensinterpretation will deutlich machen, was
es heißt, *in Bezeichnungen der Heilsverheißungen Gottes* über unsere tägliche
„profane" Welt und Gesellschaft zu sprechen, sofern darin Menschen
befreit werden und zu sich selbst kommen, befreit von sich selbst, um
frei zu sein für andere. Denn „das Menschliche" ist Medium möglicher
Gottesoffenbarung.

Aber weil Gott Gott ist, nicht Bestandteil unserer Welt und somit
auch nicht unseres Aufbaus der Welt, kann man ihn nicht in irgendeine
menschliche Befreiungsbewegung einschließen oder mit einer solchen
umgrenzen. Er ist zwar der Quell und die Seele aller menschlichen Be-
freiungs- und Heilsbewegung, ist aber mit keinem einzigen einzelnen
historischen Befreiungsgeschehen identisch, nicht einmal mit dem befreienden Exodusgeschehen des jüdischen Volkes oder dem Raum
schaffenden und Menschen befreienden, erlösenden Auftreten Jesu.
Der Name Gott, der für Christen in dem Namen Jesus Christus symbolisiert ist, kann nicht nur von Unterdrückern, sondern auch von Befreiern
mißbraucht werden. Das ist der Vorbehalt, der aus der „göttlichen Art
und Weise" folgt, wie er ein befreiender Gott ist. Das wird auch Folgen
für das Verhältnis zwischen Heilsgeschichte und Offenbarungsgeschichte haben, von dem ich jetzt sprechen will.

Glaube an Gott ist unmöglich ohne Glauben an den Menschen. In ihrem
alten und immer neu bleibenden, wenn auch stets neu auszulegenden
Glaubenssymbolum bringen Christen eine jahrhundertelang gereifte Lebenserfahrung so zum Ausdruck: *„Ich glaube an Gott:* den Schöpfer des
Himmels und der Erde, und *an Jesus:* den Christus, seinen einzigen
Sohn, unseren Herrn." Dieser zweifache Glaube, einerseits an die rückhaltlose Liebe des Schöpfers zu allem, was, und zu allen, die er ins Le-

ben rief, und anderseits an diesen Menschen, Jesus von Nazaret, ist so paradox, daß dieser Glaube nur möglich ist kraft des Geistes Gottes, der auch in Jesus wohnte: *„Ich glaube an den Heiligen Geist."* Subjekt dieses Glaubens ist die Kirchengemeinschaft, die zugleich (allerdings unter nuanciertem Weglassen von „Glauben *an"*) auch Inhalt dieses Glaubens ist: *„Ich glaube die apostolische Catholica."*

Der Glaube an Gott als den Grund und den Quell unserer Welt und der menschlichen Freiheitsgeschichte inmitten von allerlei Zufall, von Bestimmtheiten und Unbestimmtheiten, ist nicht ein Glaube an die Existenz Gottes, so wie man an die Existenz eines fernen Sonnensystems im All „glaubt". Es handelt sich um einen Glauben an Gott als Heil von und für Menschen, die er zum Leben in dieser Welt brachte. Es ist ein Glaube an Gottes absolute Heilsgegenwart bei den Menschen in ihrer Geschichte. Das heißt: In welche Umstände wir auch geraten, sei es durch einen dummen Zufall, durch Determiniertheit oder durch eigene Schuld – es gibt keine Situation, in der Gott uns nicht nahe sein kann und in der wir ihn nicht finden könnten. Auch in Situationen wirklich erfahrener Sinnlosigkeit kann der an Gott glaubende Mensch noch Sinn schaffen. Damit ist keineswegs gesagt, daß die Verhältnisse, in die wir irgendwie geraten sind, „der Wille Gottes" seien. Vom „Willen Gottes" sprechen ist konkret nicht selten eine Gotteslästerung: Verabsolutierung eines status quo, eines dummen Zufalls oder der eigenen Ansicht, die auf Gott projiziert werden.

Diese aktive Heilspräsenz Gottes können wir nicht auf unser *Bewußtsein* oder *unser Erfahren* dieser Präsenz, die uns zur Sinngebung herausfordert, reduzieren. Man kann Heil-von-Gott-her deshalb nicht auf die besonderen Stätten des Heils, die wir *Religionen* nennen, reduzieren. Heilsgeschichte läßt sich nicht auf die Geschichte der Religionen oder auf die Geschichte des Judentums und des Christentums reduzieren. Denn die gesamte Profangeschichte steht selbst schon unter der Leitung des befreienden Gottes der Schöpfung. Der erste Ort, an dem Heil oder Unheil vollbracht wird, ist daher unsere sogenannte „Profangeschichte", deren befreiender Schöpfer Gott ist, der aber auch das Gericht über die von Menschen bewirkte Unheilsgeschichte ist.

Natürlich ist Gottes absolute Heilsgegenwart als solche nur Angebot und Geschenk; sie ist ebendadurch noch keine bejahte oder empfangene Gegenwart. Niemand wird je gegen seinen eigenen Willen gerettet. Heil ist als erfahrene Wirklichkeit immer bejahtes oder angeeignetes Heil. Und mit dieser Aneignung ist immer ein gewisses Bewußtsein verbunden. Zwar kann man Heil nicht mit dem Bewußtsein von diesem Heil identifizieren, aber man kann beide auch nicht ohne weiteres voneinander trennen. In der klassischen Theologie herrschte der Bewußtseinsinhalt vor, nicht die Heilswirklichkeit. Heil wird unmittelbar gesehen als durch Gottes Wort verwirklicht, im Glauben empfangen, an die kirchliche Verkündigung gebunden, in einer sakramentalen Praxis bezeugt.

Glaube, Sakrament und Kirche sind die drei wesentlichen Bestandteile aller Religionen. Aber Heil wird darin synonym mit Religion, und das ist eine Verkennung der erfahrenen Realität des Heils-in-der-Welt. Wenn wir von Religionen und Kirchen sprechen, so hat das Bezug zu Aussagen „zweiter Ordnung"; es handelt sich dann nicht um das unmittelbare, erste Realisieren von Wohl und Heil, Erlösung und Befreiung. Die Welt und die Menschengeschichte, in der Gott Heil vollbringen will, sind die Grundlage aller Heilswirklichkeit: Dort wird zuvörderst Heil vollzogen ... oder verweigert und Unheil verwirklicht. In diesem Sinn gilt: „Extra mundum nulla salus", außerhalb der Welt der Menschen kein Heil. Die Schöpfungswelt, unsere Geschichte innerhalb der Natur als Umwelt, ist der Schauplatz des Heilshandelns Gottes in und durch die Vermittlung von Menschen. Die Geschichte der Religionen ist nur ein Segment aus einer umfassenderen Geschichte; die Religionen sind der Ort, wo Menschen sich ausdrücklich des Heilshandelns Gottes in der Geschichte bewußt werden.

Außerdem sind gerade innerhalb dieser weltlichen Geschichte Religionen als Bewegungen entstanden, in denen die interpretative Erfahrung hinsichtlich des Heils gemacht wird, das Gott fortwährend in dieser Welt vollbringt. Wie könnten Religionen sonst entstehen? Doch nicht als etwas, was einfach so vom Himmel fällt! Gerade die ausschließliche Koppelung von Heil an Religion und Kirche, statt der Anerkennung der tieferen Basis des Heils – Koppelung von Heil an die Welt der Menschen –, hatte oft eine intellektualistische, idealistische, sakramentalistische und neuplatonisch-hierarchische Auffassung von Gottes Heilsplan zur Folge: zugleich auch eine einseitige Konzentration von Heil auf Innerlichkeit. Diese Auffassung ist außerdem ein Hindernis sowohl für die christliche Ökumene als auch für die Ökumene aller Religionen und letztlich für die Ökumene der ganzen Menschheit. *Heilsgeschichte* ist also nicht dasselbe wie *Offenbarungsgeschichte;* in dieser letzteren kommt die Heilsgeschichte zu einer bewußten und artikulierten Glaubenserfahrung. Ohne allgemeine Heilsgeschichte ist eine besondere Offenbarungsgeschichte, wie die in Israel und Jesus, unmöglich.

Heil-von-Gott-her vollzieht sich zuallererst in der weltlichen Wirklichkeit der Geschichte und nicht primär im Bewußtsein der Gläubigen, die darum wissen. Das kognitive Bewußtsein davon ist natürlich selbst ein besonderes Geschenk, dessen Bedeutung wir nicht unterschätzen dürfen. Aber wo Förderung des Guten und Bekämpfung des Bösen zum

Besten der Menschen stattfinden, wird durch diese geschichtliche Praxis das Wesen Gottes – Gott als Heil für Menschen, als Grund universaler Hoffnungen – in der Tat bestätigt, und man eignet sich denn auch Gottes Heil durch tatkräftige Liebe an. Die Geschichte der Menschen, das Leben der Menschen untereinander, ist der Ort, wo der Heils- oder Unheilsprozeß ausgetragen wird.

Gott und seine Heilsinitiative sind als solche eine Wirklichkeit *unabhängig* vom menschlichen Bewußtsein, unabhängig von unserem erfahrenden Zur-Sprache-Bringen Gottes. Aber unser Zur-Sprache-Bringen Gottes und seiner Heilsinitiative ist sowohl von dieser Initiative als auch von dem geschichtlichen Kontext, in dem Menschen ihn zur Sprache bringen, abhängig. Unsere Gottesbilder und Vorstellungen von Heil sind daher in einen soziohistorisch wechselnden Kontext eingebettet. Sie stehen als Vorstellungen und Bilder ganz und gar in einer stets beweglichen Geschichte (was auch aus der Geschichte der Ikonographie hinsichtlich der Christusdarstellungen deutlich wird).

IV.
RELIGIONEN UND KIRCHEN ALS SAKRAMENT DES HEILS-IN-DER-WELT

Religionen und Kirchen *sind* also nicht das Heil, sondern „Sakrament" des Heils, das Gott in seiner Schöpfungswelt vollbringt: durch Menschen in einem ganz bestimmten Kontext. Gerade weil man die Kirche nicht an ihren Ort verweist und zugleich auf den Platz stellt, der ihr zukommt, und man den Basisprozeß des Heils, das in der Welt vollzogen wird, vergißt, werden Kirchen oft sektiererisch, klerikal und apolitisch – und darin, auf versteckte Weise, gerade sehr politisch! Religionen und Kirchen gehören der Ordnung „des Zeichens" an: Sakrament des Heils. Sie sind die explizite Bezeichnung für dieses Heil. Kirchen sind die Stätten, an denen Heil-von-Gott-her thematisiert oder verbalisiert, ausdrücklich bekannt, prophetisch verkündet und liturgisch gefeiert wird. So gibt es einen nicht auflösbaren Zusammenhang zwischen Welt und Religion. Denn es besteht eine notwendige Identität zwischen Enthüllung und Verhüllung Gottes. Wer nur auf die Verhüllung sieht, kann Gott in der Tat vergessen, verschweigen und sogar totschweigen.

Religionen und Kirchen sind die *Anamnese,* das heißt die unter uns lebende Erinnerung an diesen universalen „schweigenden", aber wirksamen Heilswillen und die absolute Heilspräsenz Gottes in unserer Weltgeschichte. Religionen: Synagogen und Pagoden, Moscheen und Kirchen, verhindern dank ihres religiösen Wortes, ihres Sakraments oder Rituals und ihrer Lebenspraxis, daß diese universale Heilspräsenz in Vergessenheit gerät. Aber wenn Religion oder Kirche dann wesensgemäß auf die Weltgeschichte und auf das, was dort geschieht, angewiesen ist, verstehen sich die Kirchen falsch, a) wenn sie sich selbst nicht als auf den erfahrbaren Weltprozeß bezogen verstehen, und b) wenn sie bei ihrer praktischen und auch interpretierenden Beziehung zu diesem Weltgeschehen glauben, auf spezifisch-religiöse Formen, wie Bekenntnis, Wort und Sakrament, verzichten zu können. Die Voraussetzung, unter der kirchliches Reden von Gott möglich wird, ist somit die reale Erscheinung Gottes im Weltprozeß; und die Verhüllung dieser Gegenwart in unserer Welt macht das religiöse und kirchliche Reden notwendig.

Die Kirchen leben aus dem Heil, das Gott in der Welt vollbringt. Religionen – Hinduismus, Buddhismus, Israel, Jesus, Islam usw. – sind ein Segment unserer menschlichen Geschichte und werden ohne diese Profangeschichte unverständlich. Die religiösen Symbole der Religionen „vermitteln" dem gläubigen Bewußtsein die verhüllte Gegenwart Gottes. Denn auch für religiöse Menschen bleibt er der verborgene Gott: der Verhüllte – selbst im Menschen Jesus von Nazaret. Es besteht deshalb ein „göttlicher Vorbehalt" sowohl gegenüber dem Phänomen „Welt" als auch gegenüber dem Phänomen „Kirche".

Kirche und Religion sind der dankbare Willkommensgruß für das gleichsam anonyme, verhüllte und bescheidene In-die-Welt-Kommen Gottes. Bekenntnis und Wort, Sakrament und Glaubenspraxis, heilendes und Kommunikation erschließendes Handeln in der Nachfolge Jesu machen die Erfahrung des Weltgeschehens nicht überflüssig, während das sogenannte äußere Weltgeschehen das Reden in Glaubenssprache und die christliche Praxis notwendig macht. Gerade deshalb läßt sich die geschichtliche, auch gesellschaftspolitische Praxis in der Welt nicht von dem verkündigenden, pastoralen und sakramentalen kirchlichen Handeln trennen. Wer diesen Zusammenhang zerstört, verletzt die innere Struktur der Religion und des Kirche-Seins.

Das bekennende Reden religiöser Menschen und ihrer Leiter ist daher nie ein *eigenmächtiges* Reden, sondern eine gnadenhafte Antwort auf das, was allem Reden von Gläubigen vorausgeht: Gottes schöpferisches Handeln in der Geschichte in und durch Menschen zum Heil der Menschen. Es sind Menschen, Gläubige innerhalb einer bestimmten Erfahrungstradition, die dieses Handeln Gottes zur Sprache bringen: *zum Wort werden lassen;* nur so können wir, und dann mit Recht, vom „Wort Gottes" sprechen. Gott selbst ist der vorgegebene Quell all unseres Redens von Gott. Wir verdanken unser bekennendes Reden von Gott Gott, der uns sich selbst zuspricht. Deshalb sind Kirchen auch Gemeinschaften, die *zu* Gott sprechen: betende Glaubensgemeinden und nicht nur irgendwelche Aktionsgruppen, so lobenswert diese auch sein mögen. Ihre Praxis ist die Befolgung der Geschichte, die sie, vor allem in der Liturgie, erzählen.

Es darf denn auch als charakteristisch bezeichnet werden, daß Jesus, der diesem universalen Heilswillen des Schöpfergottes in Wort und Tat auf einzigartige Weise ein menschlich wahrnehmbares Gesicht gab, gerade durch ein weltliches, profanes Gericht ans Kreuz verwiesen wurde. In diesem Sinn ist ein geschichtlicher, profaner und politischer Prozeß der zentrale Bezugspunkt der christlichen Kirchen, ein Geschehen, das diese Kirchen mit Recht liturgisch feiern dürfen; denn sie sind das feiernde *Sakrament* des Heils, das Gott in der Welt vollbringt.

§ 3. Offenbarungserfahrungen: im profanen und im religiösen Sinn

Einführung

Viele Christen sehen noch immer eine unüberbrückbare Kluft und einen Gegensatz zwischen dem christlichen Glauben, als Gehorsam oder Unterwerfung der Gläubigen unter Gottes Offenbarung, und menschlichen Erfahrungen. Sie sind davon überzeugt, daß Glaubensgehorsam von menschlichen Erfahrungen unabhängig ist und sein muß. Ihre These lautet: Glaube kann als Teilhabe am gnadenhaften und absoluten göttlichen Geheimnis durch keine menschliche Erfahrung „vermittelt" werden. Offenbarung ist dann ein Reden Gottes: „Wort Gottes", das unmittelbar vom Himmel her Menschen zugesprochen wird. Aber das ruft die kritische Frage wach, wie ohne menschliche Erfahrung „Offenbarung" denn wahrgenommen und somit von Menschen sinnvoll bejaht werden kann.

I.
DIE KOGNITIVE STRUKTUR MENSCHLICHER ERFAHRUNGEN

A. Erfahrung und Erfahrungstradition

Erfahrung setzt immer voraus, daß etwas – ein Geschehen in Natur und Geschichte, eine menschliche Begegnung usw. – sich zu erfahren gibt.

Anderseits setzt die Erfahrung eines Geschehens auch einen *Interpretationsrahmen* voraus, der mit bestimmt, was wir erfahren. Durch Erfahrung lernen ist ein Prozeß, der sich so vollzieht, daß eine neue konkrete Erfahrung mit unserem schon erworbenen Wissen und unseren bisherigen Erfahrungen in Verbindung gebracht wird. So entsteht eine Wechselwirkung: Das Ganze schon gemachter Erfahrungen wird zu einem Interpretationsrahmen oder „Erfahrungshorizont", in dem wir neue Erfahrungen interpretieren, während, zugleich, dieser vorgegebene Interpretationsrahmen durch diese neuen Erfahrungen der Kritik ausgesetzt: ergänzt, korrigiert oder manchmal sogar radikal bestritten wird. Jedenfalls wird durch neue Erfahrungen das früher schon Erfahrene in einem neuen Zusammenhang und somit anders gesehen[4]. Wir erfahren immer innerhalb eines vorgegebenen Interpretationsrahmens. Und dieser ist letztlich nichts anderes als die kumulative, sich anhäufende persönliche und kollektive Erfahrung von zuvor, mit anderen Worten: *eine Erfahrungstradition.* Als das Ganze, in das die besondere, heutige Erfahrung aufgenommen wird, verleiht der Interpretationsrahmen dieser Einzelerfahrung Bedeutung: Dadurch wird diese zu einer *Sinnerfahrung.* Natürlich ist dieser Interpretationsrahmen selbst wieder in derselben Art zustande gekommen wie unsere heutigen Erfahrungen. Die frühere, noch stärker begrenzte kumulative Erfahrung diente damals als Interpretationsrahmen oder Erfahrungshorizont, in den damals neue Erfahrungen – die heute für uns zu unserem Interpretationsrahmen gehören – kritisch (oder wenigstens selektiv) aufgenommen wurden. Der Interpretationsrahmen ist somit selbst aus Gegebenheiten und Ereignissen aufgebaut, die Menschen schon früher erlebt haben.

Die Erfahrung und ihren Interpretationsrahmen – wir können jetzt sagen: Erfahrung und Tradition (= Erfahrungstradition) – kann man deshalb einerseits nicht einfach einander gegenüberstellen, anderseits ebensowenig als einander ohne weiteres bestätigende Faktoren ansehen. Denn es geschehen Dinge, und es entstehen neue Erfahrungen, die innerhalb des Ganzen unserer zunehmenden Erfahrungstradition kaum einen geeigneten Platz finden: Sie erweisen sich als fremde Elemente in unserem vertrauten Erfahrungshorizont. Bei solchen Widerständen wird man anfangs den Interpretationsrahmen etwas anpassen oder umbiegen. Erst wenn alle Versuche zur Anpassung scheitern, werden wir mit der heiklen und kritischen Frage nach einer Art kopernikanischer Wende in unserem tatsächlich vorgegebenen, sinngebenden Interpretationsrahmen konfrontiert, zumindest wenn man aufrichtig gegenüber sich selbst sein will[5]. Ähnliche Situationen findet man auch in den Naturwissenschaften[6]. Persönliche Erfahrungen oder eine Reihe bestimmter neuer Erfahrungen beeinflussen also den vorgegebenen Interpretationsrahmen und können in bestimmten Momenten eine fundamentale Krise des Interpretationsrahmens verursachen. Dann wird eine grundlegende Neuorientierung notwendig.

Die sinngebende Beleuchtung aller persönlichen Erfahrungen durch eine bestimmte Erfahrungstradition, als Interpretationsrahmen oder Erfahrungshorizont, hat einerseits eine positive Seite: Sie macht das Verstehen neuer, singulärer Erfahrungen möglich; anderseits hat sie einen negativen Aspekt: Sie begrenzt unser Verstehen, macht die Interpretation neuer Erfahrungen selektiv und lenkt schon im voraus kommende neue Erfahrungsinterpretationen[7]. Aber beide Aspekte kennzeichnen unsere condition humaine; außerhalb dieses Perspektivismus ist jeder Versuch zum Verstehen menschlicher Größenwahn; etwas Unmögliches.

B. Verhüllte Elemente in unseren Erfahrungen: Erfahrung und Ideologie

Das menschliche erfahrende Bewußtsein ist, so ging aus dem Vorausgegangenen hervor, kein unbeschriebenes Blatt. Erfahrung (und das wird im folgenden auch für „Offenbarung" gelten) findet nie in einem psychischen und soziohistorischen Vakuum statt. Die kognitive Implikation von Erfahrungen wurde oben analysiert: Erfahrung bringt Wirklichkeit in einer konkreten Erfahrungstradition zur Sprache. Doch ist die Struktur unserer Erfahrungen viel komplexer. Einige Aspekte dieser komplizierten Struktur müssen hier kurz besprochen werden, bevor „Offenbarung" in nicht-ideologischem Sinn zu Wort kommen kann.

1. Ideologischer Sprachgebrauch

Das menschliche erfahrende Bewußtsein ist in erster Linie eine Fähigkeit, etwas, was man erfährt, *zur Sprache zu bringen.* Dieses Zu-Wort-kommen-Lassen der Wirklichkeit geschieht in Sprache und ist getragen von Bildern und Begriffen, Konnotationen und Emotionen, die schon eine längere Geschichte durchgemacht haben und somit in der soziohistorischen Kulturgruppe, in der wir leben, vorgegeben sind; sie haben auch gesellschaftliche und ökonomische Implikationen, ganz zu schweigen von den nicht-bewußten (aber analysierbaren) Codes, die eine Sprache beherrschen. In der konkret gebrauchten Sprache sind schon bestimmte Weltanschauungen, Menschen- und Weltbilder gespeichert: Sprache ist sogar das allererste Weltprojekt, in dem jemand erzogen wird und bewußt als Mensch zu leben beginnt. Wir gehen zur Wirklichkeit mittels der angelernten Sprache. Die „sprachlichen" Ausdrücke und Formen, in denen Erfahrungen artikuliert werden, stammen aus dem menschlichen Phantasierepertoire, und dieses ist (trotz menschlicher Konstanten) selbst doch wieder abhängig von geschichtlich gemachten Erfahrungen, die selbst auch wieder mit der persönlichen Situation eines jeden und mit kollektiven, sozio-kulturellen und sozio-emotiven Lebenskontexten in einer ganz bestimmten Kultur zu tun haben. Ohne irgendeine Artikulation in Sprache gibt es aber keine Wahrheitsaussage (oder Lüge). Eine Analyse von Erfahrungen, auch von sogenannten „Sinnerfahrungen", kann also nicht an der kognitiven Tätigkeit des Menschen vorbeigehen, die sich in Sprache artikuliert, und auch nicht an all den ideologischen Implikationen konkret gehandhabten Sprachgebrauchs. Zwischen *Wirklichkeit, Erfahrung* und *Sprache* liegen immer fast nicht zu messende, aber doch reale Entfernungen. Die „in Verfremdung", nämlich in Sprache artikulierten Erfahrungen müssen daher kritisch analysiert werden, wenn Erfahrung tatsächlich eine eigene Autorität und nicht eine vermeintliche Autorität, einen *Wahn,* zur Geltung kommen lassen will.

2. Argwohn gegenüber verdrängtem Sprachgebrauch
Wie wir von den „Meistern des Argwohns" – Feuerbach, Marx, Freud, Nietzsche und anderen nach ihnen – gelernt haben, ist das menschliche erfahrende Bewußtsein nicht nur die Fähigkeit, Wirklichkeit kognitiv zu artikulieren, es ist auch eine Fähigkeit, aus unbewußten Sehnsüchten etwas zur Sprache zu bringen, was, als zur Sprache gebracht, gerade das verunklart, was eigentlich zur Sprache hätte kommen müssen. Psychisch oder gesellschaftlich wird das, was zur Sprache hätte kommen müssen, verdrängt oder ideologisch verschleiert. Wenn eine Erfahrung kompetent sein, das heißt Autorität haben soll, dann muß sie auch nach dieser Verdrängungsmöglichkeit rational kritisch untersucht werden.

3. Die Gefahr einer Berufung auf unser Reden von „unmittelbaren Erfahrungen"
Auch die vielfache Berufung mittels Sprache auf „unmittelbare Erfahrungen" bedarf einer kritischen Analyse. Denn Erfahrungen werden auch sozioökonomisch „vermittelt". Die objektive Gesellschaftsform, in der wir zum Beispiel im Westen leben, besteht nicht nur außerhalb von uns, sondern schlägt auch zurück auf unsere Innerlichkeit und wird dort zu einer eigenen Bewußtseinsform[8]. Weil Erfahrungen auch sozioökonomisch vermittelt werden, wird Erfahrung erst dort kompetent, maßgebend und menschlich orientierend, wo sie die Voraussetzungen für ihre Entstehung kritisch mitbedenkt[9]. Anderseits besteht kein Grund, zu behaupten, daß eine Analyse der konkreten Entstehungsgeschichte von Erfahrungen als solche schon Kritik an ihrer Geltung und Wahrheitsoffenbarung oder deren Leugnung einschließt. Die Kenntnis eines geschichtlichen Werdeprozesses und Kritik am logischen Zusammenhang,

an Geltung und Wahrheit sind methodisch zwei völlig verschiedene Probleme. Doch kann die Erkenntnis des Werdeprozesses von Erfahrungen und Sinnentwürfen dazu dienen, Elemente, die gegen Kritik gefeit machen, zu eliminieren [10].

4. Sprache und konkret-gesellschaftliche Position des Sprechers

Die vorhin geäußerte These, nach der menschliche Erfahrungen auch gesellschaftlich und politisch vermittelt werden, kann als solche sehr abstrakt bleiben. Eine genaue Analyse der aktuellen Situation ist notwendig, damit neue Erfahrungen ihre ursprüngliche Kraft manifestieren können. Solche sorgfältig durchgeführte Analysen haben nämlich erwiesen, daß unsere konkrete sozioökonomische Kultur einerseits, vor allem im Westen, innerlich von der „bürgerlichen Ideologie" bestimmt wird, die von der Aufklärung her unsere Gesellschaft unter das Zeichen eines utilitaristischen Individualismus (Tauschwert als dominanter Wert) gebracht hat [11], während anderseits, im Osten, die Gesellschaft vor allem durch eine Anti-Geschichte der eher historisch-materialistischen Dialektik gekennzeichnet ist, die dort auch alle Erfahrungen färbt. Denn was in unseren Gesellschaften allgemein auffällt, ist die Tatsache, daß man leichter von „dem Menschen" und „der Menschheit", von Universalität spricht, während eine nähere Analyse zeigt, daß damit entweder das bürgerliche Subjekt gemeint ist, das in Wirklichkeit schon gesellschaftlich entmündigt ist, oder der kommunistische Genosse („was kommunistisch ist, ist menschlich, und was menschlich ist, ist kommunistisch").

Wenn man ohne Kenntnis dieser Implikationen menschliche Grunderfahrungen analysiert, wie zum Beispiel in der „Humanistic Psychology" [12], behauptet man zwar, eine ethische Wertehierarchie in menschlichen Grunderfahrungen zu entdecken (als solche mit Recht), die aber dann allgemein-menschlich genannt wird, während sie bei näherer Analyse in Wirklichkeit größtenteils die Widerspiegelung der von einer bürgerlichen, wirtschaftlich entmündigten Gesellschaft gefeierten Grundwerte ist, in denen sich sozial und wirtschaftlich Marginalisierte keineswegs wiedererkennen können. Zur Zeit ist die technologische Rationalität außerdem in zunehmendem Maß mit der Rationalität der Mächte in Ost und West verschmolzen (der sogenannten Ersten und Zweiten Welt, auch in Bereichen der Dritten Welt), mit der Folge, daß sich die großen Gegensätze in der Welt auf einen Gegensatz zwischen den Reichen des Nordens und den Armen des Südens hin verschieben. Für eine menschliche (auch gläubige) Praxis im Horizont von Welterfahrungen ist dies alles von grundlegender Bedeutung.

5. Sprache und Gebrauch von Modellen
Erfahrungen sind nicht nur interpretierend. Denn interpretierte Erfahrungen verwenden nicht nur vorgegebene Bilder und Begriffe, um das Wahrgenommene in Worte zu fassen (wie schon gesagt wurde), sie arbeiten außerdem mit von Menschen selbst geschaffenen Modellen und Theorien; dadurch werden möglichst viele Erfahrungsphänomene so einfach und klar wie möglich wissenschaftlich verstanden[13]. Erfahrungsaussagen, als Ausdruck von Erfahrungen, sind daher nicht nur artikulierende Aussagen aufgrund bestimmter sogenannter „unmittelbarer Erfahrungen", sondern auch ein Stück menschlicher Theorie oder Modellbildung, die den eigentlichen Erfahrungsinhalt mit färbt. Eine Dogmatisierung, sei es der unmittelbaren Erfahrung, sei es der Modelle, ist daher verwerflich.

6. Projektive Elemente in der Sprache
Im erfahrenden Bewußtsein des Menschen besteht außerdem eine aktive Beziehung zwischen (persönlichem und kollektivem) *Unterbewußtsein* und *reflexivem Bewußtsein*. Dieser Zusammenhang verleiht dem erfahrenden Bewußtsein des Menschen auch eine *projektive* Struktur. In allem Sinn-*Vernehmen* projizieren und symbolisieren wir auch. Die symbolisierende Tätigkeit, die vor allem bei Transzendenzerfahrungen auffällt, vollzieht sich nicht primär auf der Ebene der bewußten Reflexion, sondern auf der Schwelle des Übergangs vom Unterbewußtsein zum Bewußtsein. Außer ihrem eigenen Wert, als Visualisierung einer transzendenten Wirklichkeit, verbinden Symbole, als metaphorischer Ausdruck einer bestimmten Erfahrung, das explizite Bewußtsein mit dem Strom unserer ganzen unterbewußten Welt. Daß menschlich-unterbewußte Kräfte auch in den interpretierenden Verbalisierungen vor allem religiöser Erfahrungen wirksam sind, läßt sich seit C. G. Jung kaum leugnen. Aber das schließt an sich keineswegs ein, daß das, was erfahren wird, nichts anderes sei als die unterbewußte Tätigkeit des menschlichen Geistes, die im ausdrücklichen Bewußtsein ihre Wirkungen produziert. Den projektiven Aspekt bei und in allen sinnvernehmenden Erfahrungen darf man also nicht negativ zuungunsten der möglichen wirklichkeitserfassenden Bedeutung dieser Erfahrungen beurteilen.

Dabei unterscheidet man außerdem mit Recht zwischen „archetypischen Symbolen" und „kulturellen Symbolen" (oder „historical master images")[14], wie sehr diese beiden auch ineinandergreifen. Symbole – wie Reich Gottes; Black Power; la Grandeur française usw. – sind kraftvolle Ideen, die auch Zukunft produzieren. In sich selbst sind diese Symbole (der Transzendenz) religiös neutral; sie sind unbestimmt und ohne Zielrichtung und können daher auch Vehikel oder Medium echter

„Offenbarungs"-Erfahrungen werden. Das Vorhandensein eines Ein-flusses aus der unterbewußten Ebene des menschlichen Geistes auf das bejahende Wahrheitsbewußtsein besagt als solches nichts für oder wi-der eine echte Erfahrung von Transzendenz. Die Kehrseite dieser Tatsa-che ist zugleich, daß Transzendenzerfahrungen in ihrem eigenen Sinn nie von einer Analyse ihrer psychischen und unterbewußten Implikatio-nen aus ausgelegt werden können, wie real diese auch sein mögen.

7. Nicht-religiöse Elemente im religiösen Sprachgebrauch
Schließlich sind persönliche Erfahrungen nie isolierte Akte; sie sind in den Strom des ganzen psychischen Lebens eines Menschen aufgenom-men, sind Bestandteil desselben und darin eingebettet. In dieser Hin-sicht finden alle psychischen (auch religiösen) Erfahrungen ihren Platz vor dem Hintergrund eines dunklen und größtenteils auch unbewußten psychischen Stroms. Ausdrücke wie „eine rein religiöse Erfahrung" sind allein schon deshalb eine Abstraktion. Jede religiöse Erfahrung hat auch mit „nicht-religiösen" Elementen zu tun. Deshalb ist ein religiöses Erfah-rungsverhalten, das mit „nicht-religiösen" Elementen vermischt ist, an sich noch nicht pseudo-religiös, wie manchmal behauptet wird. (Aber über die „religiösen" Aspekte unserer Erfahrungen wird im weiteren ausdrücklich gesprochen; es geht hier nur um die Komplexität aller menschlichen Erfahrungen.)

Zusammenfassung
Aus dieser bündigen Situierung der komplexen Struktur menschlicher Erfahrungen geht schon hervor, daß „Erfahrung" keineswegs ein eindi-mensionales Phänomen ist. Mehr noch, die momentan gewachsene Ein-sicht in diese komplexe Struktur wie auch das zunehmende Bewußtsein von der Wandelbarkeit und den tatsächlichen Veränderungen in Gesell-schaft und Kultur lassen gerade eine „neue Bewußtseinsform" entste-hen, die man nicht ohne Grund *Dauerreflexion* genannt hat[15]: Alles Überlieferte (das Erbe früherer Erfahrungen: unsere eigene Erfahrungs-tradition) wird aufgrund neuer Erfahrungen kritischen Fragen unterwor-fen, wobei auch diese alte Erfahrungstradition unsere sogenannten neuen Erfahrungen der Kritik unterziehen kann.

Erfahrung vollzieht sich deshalb in einem dialektischen Prozeß: in einem Zusammenspiel von Wahrnehmen (innerhalb eines Interpreta-tions- oder Leserasters) und Denken, und von Denken und Wahrneh-men. Erfahrung ist erst maßgeblich in der reflektierten Erfahrung; Erfahrung ist mehr als bloß ein Erlebnis. Auch wenn die Vernunft viel-leicht nicht am Anfang der Erfahrung steht, kompetente Erfahrung um-faßt doch Vernunft, kritische Rationalität[16]. Das Denken macht

Erfahrung möglich, und Erfahrung macht neues Denken notwendig. Unser Denken bleibt leer, wenn es nicht fortwährend auf lebendige Erfahrungen zurückfällt, die ihrerseits ohne reflexive Vernunft irrational sein können. Erfahrungsautorität ist letztlich eine Kompetenz *aufgrund* früherer Erfahrungen *für* neue Erfahrungen[17].

Falls sie kritisch reflektiert werden, haben menschliche Erfahrungen, als Offenbarung der Wirklichkeit oder des vom Menschen Nicht-Bedachten oder Nicht-Geschaffenen, in der Tat Gewicht und Geltung; sie haben eine kognitive, kritische und befreiende Kraft beim langwährenden Suchen der Menschheit nach Wahrheit und Gutheit, nach Gerechtigkeit und Glück. Doch müssen dazu unsere Erfahrungen unter der Voraussetzung der Freiheit stehen und auch institutionell Raum gewinnen, denn institutionelle Gewalt und eine einspurige, etwa rein technisch-wissenschaftliche Kultur können Menschen auch erfahrungsarm machen und alle Erfahrungen manipulieren. Natürlich hat weder das Neue noch das Alte *als solches* irgendeine Priorität. Daher gehört die „Unterscheidung der Geister", auch dank kritischer Erinnerungen und neuer Erfahrungen, zu dem, was Erfahrungskompetenz oder Autorität von Erfahrungen genannt wird.

Jemand (eine Person oder eine Gruppe), der eine maßgebliche Erfahrung gemacht hat, wird ipso facto ein Zeuge: Er oder sie oder die Gruppe erzählt, was ihnen widerfahren ist. Falls sie reflektiert ist, eröffnet diese Geschichte auch anderen eine legitime neue Lebensmöglichkeit; sie setzt etwas in Bewegung. So wird Erfahrungskompetenz faktisch in der Geschichte der gemachten Erfahrung und ihrer lebenserneuernden Kraft wirksam. Erfahrungskompetenz – darin sind das Alte und das Neue Testament vorbildlich – hat daher eine narrative Struktur[18]; sie ist eine zeugnishafte Lebensgeschichte.

II.
OFFENBARUNGSERFAHRUNGEN IM ALLTÄGLICH-MENSCHLICHEN, PROFANEN SPRACHGEBRAUCH

A. „Das" – oder „Du" – war – warst – „für mich eine Offenbarung"!

Schon im alltäglichen Reden der Menschen hören wir jemand manchmal sagen: „Das war für mich eine Offenbarung." Doch nicht alle Erfahrungen sind so beschaffen, daß wir überrascht ausrufen: eine wirkliche Offenbarung! Denn es finden viele Erfahrungen innerhalb der sogenannten oberflächlichen Selbstverständlichkeiten des Lebens statt, sie gehen lautlos an uns vorüber, wie Eintagsfliegen. Aber in diesem Strom von mehr anonymen und etwas ausdrücklicheren Durchschnittserfahrungen treten manchmal Ereignisse stärker hervor, Erfahrungen, von denen wir sagen: „Das war für mich eine Offenbarung." Wir meinen damit, daß sich etwas Überraschendes ereignete, etwas, was die alltäglichen Routineerfahrungen durchbrach und sich bei näherem Zusehen (denn Erfahrung ist auch „Vernunft" und Interpretation) als etwas „Neues" erwies, etwas Neues, in dem wir doch unser tiefstes Selbst wiedererkennen. Darin erwies sich das Neue zugleich auch als das noch nicht ausgesprochene „alte Vertraute"; denn sonst könnten wir durch solche Offenbarungstatsachen nicht zu uns selbst gebracht werden. Es ist, als legte diese Erfahrung uns das rechte Wort in den Mund, das wir bis dahin nie hatten finden können: ein Wort, das uns Wirklichkeit offenbart und vermittelt. Das selbst nie Bedachte und Geschaffene fällt uns *in* einer solchen Erfahrung wie ein Geschenk ein.

In Erfahrungen, die wir Offenbarungserfahrungen nennen, erschließt sich somit die Möglichkeit des Neuen: Es geht auch anders. Darin wird ein Raum geöffnet, in dem wir die Wirklichkeit anders sehen können: die Möglichkeit einer neuen Auffassung von der Welt und von Ereignissen und darin zugleich ein Angebot neuen, anderen, alternativen Handelns. Wir vermögen auch die Welt anders zu sehen, als wir es unter den normalen Umständen des Lebens zu tun pflegen. Dies alles schließt jedoch ein, daß „Offenbarungserfahrungen" uns mittels einer Desintegration unserer alltäglichen Identität zu einer neuen, beglückenden, heilbringenden oder heilmachenden Neuinterpretation unserer eigenen Identität bringen. Man kann sagen, daß wir in jeder menschlichen Offenbarungserfahrung etwas von einem uns überfallenden Durchgang – einem „Pascha": aus einer anfänglich alltäglichen, *nichtkritischen Integration* mittels *Desintegration* zu einer neuen, andersorientierten *Neuintegration* – erkennen dürfen. Jede „Offenbarungserfahrung" schließt Bekehrung ein: Lebenserneuerung; Neuorientierung.

In einem solchen profanen Offenbarungsgeschehen unterscheiden wir zwei voneinander nicht zu trennende Aspekte: a) Diese Erfahrung sagt etwas über die subjektive Form der Reaktion eines Menschen auf ein Geschehen aus. In diesem Sinn finden „Offenbarungen" immer *in der Gegenwart* statt; Erfahrungen macht man jetzt. In der Geschichte eines vergangenen Geschehens oder in einem Prozeß von hier und heute erlebten Fakten erfährt jemand etwas, was ihn oder sie auf ganz persönliche Weise anspricht und was einen Menschen das Tiefste seiner selbst, seines oder ihres Stehens in der Welt auf ganz neue Weise entdecken läßt. Weil Offenbarungserfahrungen immer in der Gegenwart, hier und jetzt stattfinden, vollziehen sie sich in der persönlichen Reaktion dessen, der eine bestimmte Erfahrung als eine „Offenbarung" erlebt.

b) Doch liegt Offenbarung nicht in der Person beschlossen, die ein Geschehen als Offenbarung für sich selbst wahrnimmt. Zwar gibt es auch Erfahrungen, in denen jemand aus rein subjektiven oder beliebigen Gründen, ohne gute Gründe, eine tiefere Bedeutung für sich selbst entdeckt, aber eine bestimmte Erfahrung wird erst dann auf präzise Weise Offenbarung genannt, wenn sich in einem Erfahrungsgeschehen – der Natur oder der Geschichte, in mitmenschlichen Kontakten oder „in der Welt" – *etwas zeigt,* was gerade zu dieser und keiner anderen Reaktion aufruft, aber ohne daß das sich Zeigende imstande ist, das Subjekt zu allein dieser Reaktion zu zwingen. Was sich objektiv in dieser Erfahrung ankündigt, zeigt sich nämlich in einer Verschleierung, die immer andere Interpretationen zuläßt. Außerdem zeigt es sich in solcher Weise der menschlichen Freiheit, daß sie es bejahen oder auch leugnen kann; oder richtiger: so, daß bei manchen nicht einmal von „Offenbarungserfahrung" die Rede ist. Doch steht bei subjektiver Bejahung – die sich im Erfahren selbst vollzieht – diese menschliche Freiheit unter der Norm dessen, was sich in dieser Erfahrung sozusagen von außerhalb der eigenen Person und außerhalb ihres eigenen Bedenkens für und zutiefst *in* dieser Person zu erkennen gibt.

Das von Menschen Nicht-Bedachte und Nicht-Geschaffene lockt solche Erfahrungen zwar nur bei jemand hervor, der voll Vertrauen selbstlos zu hören versteht. Dieses erfahrene Nicht-Bedachte wird, gleichsam in einer psychologisch-unmittelbaren Abfolge, als die ureigenste Tat des tiefsten Aktzentrums der Person frei bejaht, die so „Offenbarung" erfährt: Es „überkommt" sie oder ihn, und doch ist es ihre oder seine *eigene Tat.* Diese Erfahrung schenkt uns: sowohl zu erkennen als auch zu handeln. So ist die menschliche Erfahrung mit ihrer Vielfalt an wechselnder „Offenbarungsdichte" (siehe unten) der große Vermittlungsprozeß auf dem langen Weg der Menschheit bei der Suche nach dem Wahren und Guten, nach Gerechtigkeit und Glück, in Hingabe und Freiheit.

B. Wechselnde Offenbarungsdichte in menschlichen Erfahrungen

Schon im zwischenmenschlichen Umgang bemerken wir, daß Menschen sich nicht in all ihren Taten voll zum Ausdruck oder zur Selbstoffenbarung bringen. Manche, alltägliche Handlungen verraten wenig von dem, was die handelnden Personen eigentlich sind, und von dem, was sie vom Leben erwarten und wollen. In diesen Erfahrungen wird die Person mit ihren tiefsten Sehnsüchten und Eingebungen daher nicht transparent. Aber im Ganzen des handelnden Auftretens und Lebens eines Menschen gibt es auch besondere Handlungen, die man Offenbarungen seiner tiefsten Person nennen kann und die als solche auch von anderen erfahren werden. Die mehr alltäglichen Handlungen besitzen nicht dieselbe Offenbarungskraft oder denselben „revelatorischen" Wert; sie haben diesen nur im Zusammenhang mit und in Beziehung zu diesen besonderen Handlungen, mit denen sie letztlich ein Ganzes bilden. In seinen besonders auffallenden, in seinen weniger prononcierten und schließlich in seinen anonymen Handlungen ist das Leben eines Menschen als ganzes eine „Offenbarung" dessen, was dieser Mensch zutiefst ist, wenn auch wohlwollende Offenheit und selbstloses Entgegenkommen des Beobachters nötig sein werden, um das Leben jemandes, wie es wirklich ist, erfahrend und interpretierend wahrnehmen zu können. Unter dem Aspekt der Offenbarungsdichte darf man somit von einer Hierarchie von Erfahrungen sprechen; von einer Hierarchie von Wahrheiten in unseren menschlichen Erfahrungen im soziohistorischen Kontext dieser Erfahrungen.

III.
RELIGIÖSE OFFENBARUNGSERFAHRUNGEN

A. Religiöser Gebrauch menschlicher Erfahrungskategorien

Menschliche Erfahrungskategorien werden, wenn auch immer in bescheidener Zurückhaltung, von der religiösen Menschheit bedenkenlos gebraucht, um Erfahrungen dessen, was sie Gottes handelndes Tun mit den Menschen und, nach christlichem Glauben, seine besondere Sorge für das Leben Israels und, auf eine entscheidende Weise, für das Leben Jesu nennen, irgendwie in Worte kleiden zu können. Der normale menschliche Ausspruch: „Das war für mich eine Offenbarung" behält hier seine menschliche Struktur, erhält aber eine religiöse Tiefe.

Religiöse Erfahrungen zeigen eine gleiche Struktur wie unsere anderen menschlichen Erfahrungen; sie sind deutlich mit menschlichen Offenbarungserfahrungen verwandt und setzen diese voraus. Sie bilden keine gesonderte Offenbarungswelt, sie bringen jedoch eine Tiefendimension dieser menschlichen Erfahrungen zur Sprache. Religiöse Erfahrungen macht man an, in und mit persönlichen menschlichen Erfahrungen, wenn auch im Licht und mit Hilfe einer bestimmten religiösen Tradition, in der man steht und die dabei als sinngebender Interpretationsrahmen wirksam ist.

Auch unsere sogenannten profanen Erfahrungen kennen diese notwendige Struktur der Erfahrung und der Erfahrungstradition (siehe oben); sie ist keineswegs nur religiösen Erfahrungen eigen. Religiöse oder Glaubens-Erfahrungen erfolgen in einem dialektischen Prozeß, wie alles Erfahren. Einerseits ist der Glaubensinhalt, der selbst schon ein reflexiver Ausdruck der kollektiven Erfahrung einer Gruppe religiöser Menschen ist, für den religiösen, christlichen Inhalt gewisser menschlicher Erfahrungen *bestimmend;* anderseits ist es nicht dieser Glaubensinhalt an sich (etwa als von den Kirchen verkündigt), der jemand unmittelbar zu einer christlichen Glaubenserfahrung brächte. Unter gezielter Beleuchtung des uns von christlichen Kirchen präsentierten Glaubensinhalts, der aus der großen christlichen Glaubenstradition kommt, machen Menschen hier und heute in und mit heutigen echtmenschlichen Erfahrungen eine persönliche christliche Erfahrung, eine Erfahrung, in der hier und jetzt in Jesus Heil-von-Gott-her wahrgenommen wird [19]. Die kirchliche Geschichte, und vor allem die evangelische Praxis dieser Kirchen, ist Voraussetzung für die Erfahrbarkeit des christlichen Glaubens durch andere. Aber erst in menschlichen Erfahrungen hier und jetzt kommen Menschen zu einer persönlichen christlichen Glaubenserfahrung, in der „Offenbarung" vernommen und bejaht wird.

Man macht also *christliche* Erfahrungen in und mit Erfahrungen mit Menschen in unserer Weltgeschichte innerhalb der Natur, in der wir leben, aber stets im Licht des Glaubensinhalts der christlichen Erfahrungstradition. Wahrer, lebendiger Glaube kommt also vom „Hören", vollzieht sich aber doch allein in einer persönlichen Erfahrung. Erst wenn die lebendige Geschichte von einer bestimmten religiösen Tradition erzählt wird und in einer konkreten Gemeinschaft lebendig in die Praxis umgesetzt ist, können heutige Menschen aus, in und mit ihren heutigen *menschlichen* Erfahrungen *christliche* Erfahrungen machen: indem sie sich mit dieser Geschichte und dieser Praxis identifizieren oder ... sich von ihr distanzieren [20]. In diese Geschichte kann er oder sie mit all seinen oder ihren menschlichen Erfahrungen in der Welt zugleich sich selbst entdecken und die eigene Identität verwirklichen. Es „funkt" dann zwischen der christlichen Erfahrungstradition und den eigenen heutigen Lebenserfahrungen, oder ... bei manchen funkt es nicht, und dann lassen sie die christliche Glaubenstradition links liegen [21].

Zwar ist der liturgische Kult der kirchlichen Glaubensgemeinschaft der Ort, wo Gott ob des christlichen Glaubensinhalts gepriesen, wo ihm gedankt und wo er gefeiert wird, sowie auch der Ort, wo dieser Glaubensinhalt erzählt wird. Aber man darf – vor allem in einer sogenannten „säkularisierten" Welt – die Situationen, die zur Glaubenserfahrung führen können, nicht auf die Verkündigung des Wortes und den liturgischen Kult einengen, da sie ja selbst schon reflexive Äußerungen von Heilserfahrungen in der Welt sind. Kirchliche Liturgie und Wortverkündigung, so sagte ich schon, setzen selbst das Entstehen religiöser Erfahrungen mit und in menschlichen Erfahrungen voraus (zum Beispiel den ersten, befreienden Umgang einer Gruppe von Menschen mit dem Menschen Jesus aus Nazaret), und diese setzen ihrerseits eine fundamentale Symbolerfahrung in und mit unserer menschlichen, erschaffenen Welt voraus. Ohne eine fundamentale geschöpfliche Erfahrung kann keine Erneuerung oder andersorientierte Stilisierung der Liturgie oder ein unvermitteltes Verkündigen der „kirchlichen Lehre" uns eine vertiefte christliche Erfahrung geben, welche wahre Präsenz-Erfahrung ist und nicht nur eine Erfahrung unserer eigenen subjektiven Reaktionen auf das, was liturgisch in den Kirchen geschieht, oder ein bloß intellektuelles Bejahen einer vorgeschriebenen Lehre. Wir können in der kirchlichen Liturgie nicht plötzlich Gott erfahren, wenn wir ihn außerhalb der Kirche in unseren alltäglichen Erfahrungen mit Mensch und Welt nirgends wahrnehmen sollten (allerdings wird auch niemand die Möglichkeit leugnen, daß manche Menschen gerade aus einem überraschenden Kontakt mit einer lebendigen und sinnvollen kirchlichen Liturgie zur *religiösen Frage* kommen und von daher dann die „Welt draußen" anders wahrzunehmen beginnen).

Weil Menschen mittels Erfahrungen mit Menschen und mit der Welt zu Religiosität kommen, erklärt diese weltliche Vermittlung zugleich den Unterschied zwischen den verschiedenen Religionen. Das Entstehen der Vielzahl von Religionen ist daher aus derselben Quelle erklärbar, aus der Religion als solche entsteht: der Vielzahl menschlicher Erfahrungen mit Mensch und Welt innerhalb bestimmter, unterschiedlicher menschlicher Erfahrungstraditionen. Aufgrund menschlicher Erfahrungen *von Gott* reden ist wesentlich mit der Möglichkeit verbunden, *weltliche* Erfahrungen zu einem religiösen Gesprächsthema zu machen. Und trotz eines allgemein-menschlichen (wenn auch nie „abstrahierbaren", sondern stets mit konkretem Inhalt versehenen) Grundmusters sind menschliche Erfahrungen immer soziohistorisch, ja sogar geographisch gefärbt. Das alles bringt zudem Abwechslung in die allgemein-menschliche religiöse Thematik.

Aus all dem folgt auch, daß die Umwelt, in der christlicher Glaube gedeiht und überliefert werden kann, nicht nur die lebendige Glaubensgemeinschaft oder Kirche ist, sondern auch die Welt, die alltägliche menschliche Lebenserfahrung in der konkreten Geschichte, in der Menschen stehen.

In dieser Hinsicht liegt das Wesentliche der christlichen Offenbarung darin, daß die Jünger Jesu aus einem erfahrenen Umgang mit ihm behaupten, daß in diesem Menschen, in seinem Leben und seiner Botschaft, in seinem Handeln und in der Art seines Sterbens, in seiner ganzen Person als Mensch, Gottes Absichten mit der Menschheit – und darin der „eigene Charakter" Gottes – in höchstem Maße zur Offenbarung, zum menschlichen Bewußtsein gekommen sind: Gemäß dieser Glaubenserfahrung ist Jesus der Ort, an dem Gott auf entscheidende Weise *sich selbst* als *Heil von und für Menschen* geoffenbart hat. Christen erfahren Jesus als die höchste Offenbarungsdichte Gottes in einer ganzen Geschichte von Offenbarungserfahrungen. In dieser religiösen Offenbarungsgeschichte hat die menschliche Erfahrung einen eigenen unentbehrlichen Platz; aber wie bei jeder, auch der profanen „Offenbarungserfahrung" ist Offenbarung dabei nicht die Frucht der Erfahrung, sondern die Erfahrung Frucht der Offenbarung. Dieses Offenbarungsgeschehen sagt also etwas über das Selbstverständnis bestimmter Menschen aus, und zugleich wollen die Gläubigen mit ihrer Erfahrungsaussage nicht nur etwas über sich selbst sagen, mit anderen Worten über ihre lebenserneuernde Erfahrung und ihr neues Selbstverständnis, nämlich wie *sie* Jesus sehen, sondern in erster Linie auch *etwas über Jesus selbst:* daß er der höchste Ausdruck Gottes ist und daß sie gerade deshalb Heil in ihm erfahren haben und weiter erfahren. Nach eigener, innerer Ausrichtung begründet die Glaubensaussage also keineswegs die Offenbarung, die selbst eher aus eigener Kraft die Glaubensantwort hervorlockt und begründet. Doch müssen dazu auch gute Gründe angegeben werden können, aus denen dann einigermaßen hervorgehen kann, daß nicht der Mensch seinen Gott sprechen läßt, sondern daß und wie Gott sich, in und durch menschliche Erfahrungen, selbst als derjenige zu erkennen gibt, der alle genau beschriebenen Erfahrungen übersteigt.

Glaube kann aber nicht nur in der Art der Erfahrung leben. Nie kommt Glaube in reiner Erfahrungsfülle zur Vollendung. Er umfaßt auch in Sprache artikulierte Besinnung, Begriffsbildung und Auslegung, die in der Erfahrung selbst nur anfanghaft mitgegeben sind. Erfahrungen müssen auch rational verarbeitet werden; das gehört mit zum Wesen von Erfahrungen von und durch Menschen. So entwickeln sich Glaubenserfahrungen schließlich zu Glaubenssätzen, zu Aussagen, in denen zum Beispiel die christliche Erfahrungstradition in etwa formuliert wird. Religiöse Erfahrungen werden in Glaubenssprache, in Glaubensaussagen, ab und zu sogar in „Dogmen" wiedergegeben; sie werden schließlich auch in theologisch geordneten Ansichten thematisiert – in stets sinkender Glaubenssicherheit und mit einem größeren menschlichen Risiko.

B. Offenbarung in religiösen Erfahrungen: „göttliche Offenbarung"

„Offenbarung" kann auf zwei verschiedenen Sprachebenen verstanden werden. Einerseits ist Offenbarung wesentlich das Unnennbare, das Unaussprechliche, das jenseits aller begrifflichen Erkenntnis liegt und Grund der Glaubenserfahrung ist – der Glaubenspraxis und des Glaubensdenkens. Anderseits nennt man Offenbarung auch das in Reflexion gefaßte Unnennbare: die in Begriffe gebrachte, sozusagen „begriffene" Manifestation der direkt nicht-bedenkbaren Offenbarungsgrundlage[22]. Zutiefst ist Offenbarung das nicht-reflexive, vor-theoretische Gegebensein – richtiger: das Sich-Geben – dessen, was den Glaubensprozeß immer schon fundiert und möglich macht. Auf der reflexiven Ebene sucht man Offenbarung (in dem ersten, fundamentalen Sinn) gerade als Fundament des Glaubens zur Sprache zu bringen, was aber nie adäquat gelingt. Der Grund des Glaubens läßt sich nicht noch einmal begründen. Doch kann er *benannt* werden. Denn das Benennen und Bedenken bringen das unaussprechliche Woher und Wohin des Glaubens nie ganz „auf den Begriff", zur Aufzeichnung oder zur Artikulation. Daß Offenbarung das Fundament von Glaubenserfahrungen ist, heißt, daß der Glaube weder sich selbst noch seinen eigentlichen Erkenntnisinhalt sich selbst zu verdanken hat. Er ist ein Geschenk und, darin zugleich und in einem, eine menschliche Wahl.

In einem menschlich wahrnehmbaren Geschehen, für Christen im Leben Jesu, ist Offenbarung, als Fundament, jedoch *in* unserer Geschichte zu vernehmen. So wird Offenbarung auch ein kategorialer, sagen wir: beschreibbarer, Ausdruck von begrifflich artikulierbaren Aspekten ergründbarer menschlicher Erfahrungsgebiete. Es sind also letztlich die Menschen selbst, die göttliche Offenbarung zur Sprache bringen: Sie erzählen, was sie selbst nicht projektiert oder produziert haben. Aber anderseits: Nur in *Sinngebung* wird Sinn *vernommen.* Auch hier kann keine Rede von einem Dualismus, in dem Sinn von „Offenbarung hier", „Glaubensresonanz dort", sein. So gibt es keine Offenbarung ohne Glauben und auch keinen Glauben ohne Offenbarung (allerdings kann es menschlich gesehen doch sogenannten „Glauben" ohne Offenbarung geben!).

§ 4. Erfahrungen unter der Kritik von Leidensgeschichten

I.
WIDER-FAHREN: WAHRHEIT UND DIE AUTORITÄT LEIDENDER UND UNTERDRÜCKTER MENSCHEN

Zwar gibt es in jedem menschlichen Leben viele Sinnerfahrungen, doch haben vor allem Erfahrungen von Sinnlosigkeit, von Unrecht und unverschuldetem Leid schlechthin eine offenbarende Bedeutung. Es ist eine Tatsache, daß sowohl alltägliche als auch wissenschaftlich-experimentelle Erfahrungen einem „Widerfahren" viel zu verdanken haben: Erfahrungen von Widerständen und Widerspenstigkeit der Wirklichkeit, in der wir leben. Die Menschen leben von Mutmaßungen und Irrtümern, von Projekten und Konstrukten und deshalb von „trial and error"; ihre Projekte können ständig vom Widerstand der Wirklichkeit durchkreuzt werden, die sich nicht immer zu menschlicher rationaler Antizipation eignet. Wo die Wirklichkeit menschlichen Entwürfen Widerstand bietet und diese somit unbemerkt lenkt und ausrichtet, dort sind wir in Kontakt mit einer von uns unabhängigen Wirklichkeit. Wie oben schon gesagt wurde, sehen wir, daß uns durch Verfremdung und Desintegration des schon Erworbenen und unserer Projekte Wahrheit näherkommt. Nicht das Selbstverständliche, sondern „das Ärgernis" der widerspenstigen Wirklichkeit wird damit zum Interpretationsprinzip der Wirklichkeit[23]. Die Macht von Erfahrungen kulminiert daher in menschlichen Leidensgeschichten: den Geschichten von Leid wegen Scheiterns und Versagens, von Leid durch Schmerzen, Leid durch das Böse und durch Unrecht, Leid durch und in der Liebe, Leid wegen Schuld. Hier liegen die großen Momente der Wirklichkeitsoffenbarung in den begrenzten Erfahrungen der Menschen. Denn Erfahrungen, die sich gegen das erfahrende Subjekt geltend machen, notfalls gegen seine ganze Umgebung und Gesellschaft, helfen uns Menschen erst richtig voran. Die tiefsten, lebensbestimmenden und -tragenden Erfahrungen sind daher Bekehrungserfahrungen, kreuzigende Erfahrungen, die zur „Metanoia" zwingen, zur Änderung von Sinn, von Handeln und Sein. Solche Erfahrungen reißen nieder, aber um zu einer neuen Integration zu führen.

Erfahrungen, so wurde gesagt, erfolgen innerhalb eines Erfahrungshorizonts, in einem Scheinwerferlicht. Der Scheinwerfer der christlichen Erfahrungstradition hat nicht nur inhaltlich eine menschenbefreiende Intention und damit eine emanzipative Bedeutung; er will aber nicht eine halbierte Emanzipation, die kein Auge für das schon vergangene Leiden in der Geschichte der Menschen oder für das Leiden „anderer", uns fremder Gruppen hat.

Frühere, aber auch heutige Formen der Ethik gingen und gehen von dem Naturgesetz aus. Sie setzen voraus, daß „die Ordnung" vorgegeben ist und daß daraus dann das Gebot kommt, diese Ordnung nicht zu verletzen. Darin liegt ein gewisser Optimismus hinsichtlich der Interpretationskraft der „universalen" menschlichen Vernunft. Daß diese (von der Aufklärung besungene) abstrakt-universale Vernunft geschichtlich selbst auch in persönliche und gesellschaftliche Sündhaftigkeit und gierige Herrschaft verstrickt ist, wird dabei oft vergessen. Denn die Erfahrung lehrt, daß auch die sittliche Vernunft der Befreiung bedarf. Wenn wir genauer hinschauen, sehen wir, daß der konkrete Ausgangspunkt des Ethos nicht so sehr „die Ordnung" ist, die nicht gestört werden darf, sondern unsere Empörung über den geschichtlich-konkreten, allenthalben schon verletzten Menschen: über die Unordnung, sowohl im eigenen Herzen als auch in der Gesellschaft und in deren Institutionen. Die tatsächliche Bedrohung und Antastung des gewünschten, aber positiv nie definierbaren „Humanum" – des Menschenwürdigen – führt zur Empörung und ist daher eine konkrete ethische Einladung und ein ethischer Imperativ, der in sehr situierte, negative Kontrasterfahrungen menschlichen Unheils und Unglücks, hier und jetzt, eingebettet ist.

Was dann ethisch gut ist, erweist sich, so gesehen, erst in einer Praxis der Befreiung und Versöhnung. Gläubige wie Nichtgläubige haben diese protestierende Kontrasterfahrung. In einer autonomen Ethik, einer Ethik ohne Glauben an Gott, liegt offenbar eine gewisse verzweifelt vertretene Utopie, die sich zumindest an dem Unrecht und der Unfreiheit, die sich in unserer Welt breitmachen, nicht mitschuldig machen will. Keine einzige religiöse Tradition kann allerdings auf ihre Ethik reduziert werden. Von der christlichen Tradition kann man sogar sagen, daß die spezifische Eigenart der Ethik von Christen (gegenüber einigen anderen Religionen) darin liegt, *gerade keine eigene Ethik zu haben* und darin offen zu sein für das von allen Menschen gesuchte Humanum, hier und jetzt und immer wieder von neuem. Diese Autonomie wurde schon von Thomas von Aquin verteidigt[24]. Wir brauchen Gott nicht als unmittelbare Grundlegung für unser ethisches Handeln. In einer autonomen Grundlegung der Moral geht es um die Menschenwürde eines jeden – „etsi Deus non daretur". Und darin hat an erster Stelle die kollektive geschichtliche Menschheit selbst ein verantwortliches, eigenes Mitspracherecht.

Trotzdem sind wir damit Gott im ethischen Leben nicht los!

II.
BEFREIENDE „AUTONOME ETHIK" IN EINEM
GLAUBENSKONTEXT

Wenn Religion auch nicht auf das Ethos reduziert werden kann, so besteht doch ein innerer Zusammenhang zwischen Glaube und Ethik. Der Christ sieht die autonome Moral der Humanität konkret im Kontext einer Praxis gemäß dem Reich Gottes, auf das er seine Hoffnung gesetzt hat. Die Spiritualität der Ethik der Christen, die als Ethik einer auf den Menschen und seine Würde gerichteten „autonomen Moral" eigentlich nichts hinzufügt, liegt im *theologalen* Leben: im Einvernehmen mit Gott; in einem Leben in Glaube, Hoffnung und Liebe, die in der Liturgie gefeiert, in der Kontemplation gläubig-kritisch meditiert und im Alltagsleben des Christen praktiziert werden.

Ethik, die somit (trotz und in ihrer relativen Autonomie und ihrer kulturellen Geschichtlichkeit) im Glauben an Gott verankert ist, wird von einer realistischen Hoffnung auf einen Gott getragen, der in unserer Geschichte zur Befreiung des Menschen in seiner Gesellschaft handelt. Dieses unmittelbar auf Menschenwürde gegründete, autonome, aber letztlich doch in Gott verankerte Ethos findet seinen Grund in der Annahme des Menschen durch Gott (iustificatio") und deshalb in der gänzlichen Befreiung der Menschen durch Gott. Das alte Prinzip des „vernunftgemäßen Handelns" verfällt damit also nicht; es behält seine Kraft und seine Geltung, bekommt aber doch einen anderen Kontext: Zwischen dem Impuls des Gottesglaubens (Befreiungsglaube: Glaube an Gott, veranschaulicht im Sich-Kümmern um den Mitmenschen, in Solidarität mit jedem Mitmenschen) und dem ethischen Handeln liegt die Vermittlung und das Kriterium der „sittlichen Vernunft", die unser gläubiges Handeln auch vor religiösem Fanatismus bewahrt.

Ausgangspunkt des Ethos ist in christlich-kritischer Perspektive aber nicht die (unbefreite) allgemeine „sittliche Vernunft" (die oft zum Nachteil der „Kleinen" tätig ist), sondern Gottesglaube, der zu einem geschichtlichen Unternehmen menschlicher Befreiungspraxis führt und Reflexion hervorruft. Die praktische sittliche Vernunft mit ihrer Forderung nach Rationalität steht dann unter der stimulierenden Kritik der menschlichen Geschichte unverschuldeten Leidens und Unrechts, von Leidensgeschichten, die sich rational nicht einordnen lassen[25]. Gerade das christliche Evangelium lebt von der kritischen Erinnerung an die menschliche Leidensgeschichte; es erinnert an die Botschaft und Lebenspraxis Jesu, der sich um Arme und Unterdrückte kümmerte und deshalb auch selbst Leiden und den Martertod kannte. In seinen mikro- und makro-ethischen Dimensionen ist das ethische Leben für an Gott glaubende Menschen der erkennbare Heilsinhalt, die historisch konsequente Manifestation oder das Transparentwerden des nahenden Gottesreiches in Fragmenten unserer menschlichen Geschichte. Das Religiöse, oder der Glaube, *ist* nicht das Ethische. Dieser Glaube manifestiert sich aber nicht nur im Beten, in Liturgie und Ritual, sondern auch im menschlichen Ethos als der Menschen befreienden und Menschen glücklichmachenden Seite des theologalen Lebens und zugleich dem sichtbaren Prüfstein der Wahrhaftigkeit von Glaube, Gebet und Feier, die, von diesen getrennt, ein eigenes Leben in einer unverbindlichen Haltung führen können, ohne persönliche und politische ethische Implikationen. Entscheidend ist die Praxis des Reiches Gottes in Solidarität mit allen Menschen und, gerade darin und deshalb, in einer parteiischen Option für Arme und Unterdrückte, gegen die Unterdrückung durch mächtige Menschen und durch Strukturen, die Menschen verletzen.

Ethos ist eine Form der Selbstverpflichtung: Menschen erlegen sich selbst autonom eine Norm auf. Das ist ein Gewinn an menschlicher Einsicht, vor allem seit und dank Immanuel Kant. Aber ohne die Spiritualität des gottgläubigen oder theologalen Lebens überfordert die rein menschliche Ethik den Menschen oft. Ethik ohne theologische Spiritualität wird nicht selten „gnadenlos", im doppelten Sinn des Wortes. Dann besteht ein Ethos ohne das beglückende Moment der Liebe, in der Gottesliebe und Menschenliebe ein und dieselbe, unteilbare Grundhaltung oder Tugend sind. Die Liebe zum Menschen ist, christlich gesehen, selbst zugleich eine „göttliche Tugend": Widerspiegelung der *Menschenfreundlichkeit* Gottes im konkreten Handeln der Menschen. Ohne Spiritualität oder eine gläubige Perspektive auf Gott ist die Ethik oft gnadenlos: erpicht auf Rache und Vergeltung – wo Christen von Barmherzigkeit und Versöhnung sprechen.

Obwohl Ethos vor allem religiösen Glaubensbekenntnis möglich ist, setzt die *ethische Kompetenz* doch Gottes Gnade und somit das theologale Leben als Lebensreaktion auf diese Gnade voraus. Dies letztere gibt uns letztlich das sittliche Können, bis zum Tod. Denn es geht um menschliche Freiheit, die ethisch tätig wird; nicht um eine bürgerliche Freiheit: *meine* Freiheit, notfalls auf Kosten der Freiheit *der anderen!* Die christliche, evangelische Freiheit ist eine solidarische Freiheit, bei der die Freiheit des einen keine Bedrohung der Freiheit des anderen wird, wie es oft der Fall war und mit den liberalen, bürgerlichen Freiheiten wie auch mit den kommunistischen Freiheiten noch der Fall ist. Evangelische Freiheit kann nur befreite Freiheit sein, eine von Egoismus und Macht erlöste Freiheit, eine Freiheit, die darauf beruht, daß alle von Gott angenommen sind, noch bevor Menschen zu handeln beginnen. Unser Gott ist ein

Gott, der den Menschen über die Grenzen seines ethischen Vermögens und Handelns hinaus und abgesehen von dem gebrechlichen Status seiner konkreten Menschlichkeit bejaht. Er ist daher ein Gott der Befreiung, der Vergebung und Versöhnung, ohne die jede persönliche wie gesellschaftspolitische Ethik tödlich gnadenlos, oft fanatisch und menschenentehrend werden kann.

Die Ethik braucht einen Gott, der mehr ist als Ethik. Je mehr wir diesen „über-ethischen" Gott, den allerletzten Quell und Horizont aller Ethik, verschweigen, sogar totschweigen, um so mehr liefern wir Menschen uns Götzen oder selbstgemachten Göttern aus, einem Glauben, der nicht im Leben, sondern in der Folterung und dem Tod vieler Menschen resultiert. Gerade weil Gott mit unseren Götzen konkurriert und *deshalb* „ein eifersüchtiger Gott" ist, zeigt er sich als ein „Gott *der Menschen*": als *unser* Gott, dessen Ehre nie mit unserer Menschenwürde in Konflikt gerät, diese im Gegenteil in Ehren hält und fördert.

Manche stellen die Frage, ob wir Gott für dieses menschliche Werk der Humanisierung und Befreiung wirklich brauchen. Tun, so sagen sie, etwa Agnostiker, Nicht-Gläubige, nicht dasselbe – manchmal sogar besser?

Eine ernste Frage, aber die Gegenfrage ist: welchen Gott brauchen? Außerdem, was meint man mit diesem „Brauchen"? Doch nicht einen Gott als „Lückenbüßer" (Ersatz bei Versagen oder Unglücksfällen)? Doch nicht einen Gott, der wie ein tyrannischer Potentat den Menschen willkürlich seinen Willen und sein Gesetz aufbürdet, als ob nicht (auch für Gott) „das Menschenwürdige", sondern „Gott" das *unmittelbare* Fundament ethischer Verpflichtung wäre. Doch nicht einen Gott, auf den sich Menschen berufen, wenn ihre ethische Argumentation versagt und sie dann, um dieses Manko zu beheben, einfach an „den Willen Gottes" appellieren? So läßt sich Gott nicht mißbrauchen!

Gläubige aus vielen Religionen haben in ihrer Ethik und vor allem in ihrem konkreten Ethos den Namen und den Willen Gottes allzuoft mißbraucht und dabei dem Menschen seine menschliche Würde und sein Glück vergällt, ihn geknechtet und entehrt, ihn und vor allem ihr Lasten auferlegt, die nichts mit dem Willen Gottes zu tun haben. In diesem Fall ist es heute besser, „Gott" nicht für wahr zu halten, als einen menschenknechtenden, unmenschlichen Gott aufrechtzuerhalten und sich dabei auf „Radikalismus" zu berufen. Es geht dabei keineswegs um (wie manchmal beiläufig geflüstert oder sogar „offiziell" gesagt wird) einen Fortschrittsglauben des neunzehnten Jahrhunderts oder um den Druck einer permissiven Gesellschaft. Im Spiel ist das Wesen des Gottes der Christen: seine Ehre und unsere Ehre, dank Gottes lieber Schöpfung

„Mensch sein zu dürfen". Ältere Religionen mit einem in ihr Bekenntnis aufgenommenen „unmenschlichen Gott" (der zum Beispiel Menschenopfer forderte) sind alle schnell abgestorben; sie kommen nicht auf gegen den menschlichen (Gott sei Dank auch religiösen) Stolz. „Mensch sein zu dürfen", trotz alles menschlichen Elends.

Aber auch Religionen, die in ihrem Bekenntnis nicht einen unmenschlichen, sondern einen auf Menschlichkeit bedachten Gott verehren, können durch die konkrete Form ihrer Verkündigung unglaubwürdig werden; sie marginalisieren auf diese Weise viele Gläubige aus ihrer Glaubensgemeinschaft. Diese sagen oft mit aufrichtigem Bedauern im Herzen ihrer Kirche Lebewohl, aber nicht ihrer religiösen Erfahrungstradition. Wahres Glück kennt auch das Kreuz und weiß Spott und Hohn zu überstehen, selbst von Glaubensgenossen und deren Leitern. Aber damit wird „das Kreuz" nicht gehegt noch von Gott als ein prinzipiell auferlegtes Erlösungsgeschehen dargestellt. *Menschen,* nicht Gott, haben Jesus das Kreuz bereitet – wenn Gott sich dadurch auch nicht schachmatt setzen ließ. Wir brauchen ganz gewiß keinen göttlichen Opa, der gutmütig unser Versagen und unsere Feigheit verharmlost und bagatellisiert. Wir brauchen Pathos um des Menschlichen willen und dabei dringend einen Gott, der *reine Ungeschuldetheit* ist: unverdiente, reichlich geschenkte Gnade.

Für die christliche Erfahrungstradition gilt, daß allein ein „Gott des Lebens", nicht ein Gott von Leben und Tod, allein ein lebendiger Gott – ein Gott der Lebenden und der Toten, die bei ihm noch Zukunft kennen – von Menschen angebetet, verehrt und gefeiert werden kann; nicht ein Gott, der Menschen demütigt und unterdrückt oder herabsetzt und Menschen ihre Freuden verwehrt, und daß auch er allein eine prophetische – menschen- und gesellschaftskritische – befreiende Kraft besitzt, die sich dank der Gott lobenden Spiritualität des theologalen Lebens der Gläubigen in ihrem Leben nach dem Evangelium und in ihrem persönlichen und auch politisch befreienden, mystisch fundierten Ethos *offenbart.*

§ 5. Alte biblische und heutige christliche Glaubenserfahrungen

Menschen sind Subjekte des Glaubens, aber die Menschen haben auch Kultur, sind Kulturwesen. Deshalb ist die konkrete Kultur, in der Gläubige leben, *das, wonach* der christliche Glaube in Wirklichkeit modelliert wird, zugleich *das, wodurch* dieser Glaube lebendig assimiliert wird, und schließlich *das, worin* der Glaube konkret von hier und jetzt lebenden Menschen praktiziert wird. Diese soziokulturelle Vermittlung des Glaubens hat zur Folge, daß bei gründlichen Verschiebungen im kulturellen Muster der Gesellschaft und in den darin lebendigen Erfahrungs- und Denkkategorien die Gläubigen sich mit den tatsächlich vorgegebenen kulturellen Formen des überlieferten Glaubens schwertun. Darin muß also Abhilfe geschaffen werden, wenn der Glaube für heutige Menschen eben als christlicher Glaube an das Evangelium noch erkennbar sein soll. Ein geschichtlicher Bruch mit kulturellen Formen des Glaubens kann dann manchmal die einzig mögliche Form evangeliumgetreuer, aktueller Darbietung der christlichen Glaubenstradition sein.

Damit wird jedoch deutlich, daß aktuelles Glauben (schematisch gesagt) immer mit zwei Polen zu tun hat: der christlichen Offenbarungstradition (der Glaubens-, Erfahrungs- und Interpretationstradition der jüdisch-christlichen Religion) und der Situation, in der Gläubige hier und jetzt leben.

I.
TRADITION UND SITUATION: BEGRIFFSBESTIMMUNG

Einerseits ist die christliche Tradition eine Sinn-Tradition. Es liegt übrigens in allen großen, vor allem den religiösen klassischen Menschheitstraditionen[26] eine sinnerschließende Kraft: Bei allem Auf- und Niedergang ist ihre Geschichte eine durch die Jahrhunderte hindurch kumulative Erschließung von Sinn und Wahrheit (einmal abgesehen von möglichem ideologischem Mißbrauch). Das ist das eigene Selbstverständnis aller dieser Traditionen. Außerdem werden in diesen großen Traditionen Sinn und Wahrheit zur Sprache gebracht eben als authentische Lebensmöglichkeit, die auch heute, unter veränderten Verhältnissen von Welt und Kirche, aktualisiert oder auch jetzt lebendige Wirklichkeit werden kann. Die Glaubenstradition eröffnet einen Horizont möglicher Erfahrung auch für uns heute.

Andererseits ist diese Glaubenstradition eine religiöse Sinntradition *mit erneuernder, befreiender oder erlösender Kraft.* Die sinnerschließende Glaubenstradition ist zugleich ein Aufruf zu einem ganz bestimmten praktischen Lebensweg. Wie das Spezifisch-Besondere dessen, was Befreiung genannt wird, in den unterschiedlichen menschlichen und religiösen Traditionen auch ausgelegt werden mag, diese Traditionen verheißen Menschen durch ihre eigene Sinnerschließung Heil und Befreiung; Wahrheit über das Leben als Mensch. Letztlich geht es um das Zusammenfließen von zwei Geschichten: der Geschichte von der evangelischen Glaubenstradition und der persönlichen und gemeinsamen Geschichte von unserem Leben; die, bestenfalls, selbst sozusagen „Evangelium" geworden ist: ein fünftes oder soundsovieltes Evangelium.

Primär geht es bei solchen großen Traditionen also nicht um eine *theoretische* Sinnerschließung, sondern um einen Lebensweg, eine Praxis, und somit um Zeugnis: um eine *narrative* Sinnoffenbarung, die jedoch sogar im Alten und Neuen Testament ständig von wenigstens einer beginnenden theologischen Reflexion begleitet wird.

Aufgrund dieser beiden Facetten – sinnerschließende Glaubenstradition, und zwar mit befreiender Kraft – ist Glauben, das auch zur Theologie führt, ein Unternehmen, das einerseits *interpretativ,* andererseits gerade in seiner Glaubenstheorie *auf eine bestimmte Praxis* der Befreiung oder Erlösung *bezogen ist,* um Menschen zur Heilung und zur Fülle zu bringen. Man kann Glaubensinterpretation und Theologie deshalb nicht auf ein bloß theoretisches Interpretieren der christlichen Vergangenheit reduzieren. Es besteht ein dialektisches Verhältnis zwischen Gegenwart, Vergangenheit und *zu schaffender* Zukunft; zwischen Praxis und Theorie.

Als der Tradition gegenüberstehend bezeichne ich Situation, im allgemeinen Sinn, als den kultur-gesellschaftlichen und existentiellen Kontext der Menschen, denen hier und heute das Evangelium verkündet wird; die konkrete Situation, in der die Glaubenstradition durch Christen an neue Generationen weitergegeben wird – an neuzeitliche Menschen, die in einer modernen Kultur mit ihrem Wohl und Weh, mit ihren neuen Einsichten und eigenen Empfindsamkeiten, aber auch mit ihren eigenen blinden Flecken, Einseitigkeiten und Vorurteilen leben. So ist Situation nicht ein eindeutiger Begriff; er deckt unterschiedliche Wirklichkeiten, die daher immer wieder eine spezielle Analyse erfordern. Situation ist somit ein komplexes Ganzes von teilweise analysierbaren, aber nie ganz durchsichtigen Kontingenzen. Keine Theorie kann deshalb die Situation insgesamt umfassen; alle totalitären Theorien versagen hier.

In einem spezifischeren Sinn nenne ich „Situation" die heutige „christliche Situation", das heißt die Antwort oder die vielerlei Antworten auf die Frage, wie Christen eben als Christen konkret in dieser modernen Gesellschaft und Kultur stehen und inwieweit sie moderne Erfahrungs- und Denkkategorien übernehmen: konformistisch? legitimierend? kritisch? oder ablehnend, dies alles schlechthin als des Teufels verwerfend?

Mit anderen Worten: Was ist hier und heute ihre Glaubenspraxis und ihr Glaubensverständnis? Auf welche Weise folgen sie Jesus nach oder weichen sie vielleicht von seinem Lebensweg ab? *Im* konkreten Handeln der Gläubigen ist die Identität mit (oder vielleicht das Abweichen von) der christlichen Glaubenstradition schon gegeben. Situation ist, in diesem Sinn, selbst schon ein Stück neuer christlicher *Tradition*, ein neues Kapitel in der Geschichte der christlichen Erfahrungstradition, wenn auch (wie immer) in rechtgläubiger oder leicht abweichender Richtung. Damit ist schon gesagt, daß das Subjekt der Glaubensinterpretation eigentlich nicht der Theologe ist, sondern die christlichen Glaubensgemeinschaften selbst – die Kirche in ihrem breiten Erscheinungsspektrum und ihrer kulturellen polyzentrischen Streuung. Die Theologie ist dabei nur eine Hilfe für die Glaubensgemeinschaft. Die wissenschaftliche Theologie sucht dann die neuen Erfahrungen, die neue Praxis und die Reflexionen lokaler Gemeinschaften in das Ganze der „kirchlichen Erinnerung" und in die großen Erfahrungs- und Glaubensreserven der ganzen Kirche durch die Jahrhunderte hindurch *zu integrieren*. Sie verhindert auf diese Weise zugleich, daß diese neuen Erfahrungen sporadisch bleiben oder schließlich desintegrierend wirksam werden. Die wissenschaftliche Theologie „vermittelt" so der Basis die reichen Erfahrungstraditionen der Kirchen durch die Zeiten hindurch und verhindert damit, daß die Basis kognitiv isoliert wird. Die Theologie selbst wird bereichert durch die neuen Erfahrungen und Reflexionen von seiten jener Theologie, die in und aus dem Leben der Glaubensgemeinschaften erwächst.

II.
BEGEGNUNG ZWISCHEN VERSCHIEDENEN GLAUBENSKULTUREN UND -TRADITIONEN

Gegenstand näherer Betrachtung ist jetzt die *Interrelation* zwischen der christlichen Vergangenheit und der christlichen Gegenwart.

Der Begriff „Interrelation" ist bewußt gewählt; er ist vage genug, um die breite Skala, die zwischen einerseits eindeutiger Identität (es funkt) und andererseits unverkennbarer Nicht-Identität (es kracht) zu umfassen: von Korrelation bis zu Konflikt und Konfrontation, von gänzlicher Identifizierung bis zu partiellem Erkennen und schließlichem Nicht-Erkennen. Hier gibt es sehr heikle Probleme, bei denen sowohl die Scylla des Fundamentalismus als auch die Charybdis des Modernismus vermieden werden müssen[27]. Denn dann droht die Gefahr, daß einerseits kirchliche Leiter Gläubige an bestimmte Glaubensvorstellungen binden, wo Gott sie freiläßt, und andererseits die von Gläubigen und ihren Theologen faktisch gegebene Glaubensinterpretation die Authentizität des Evangeliums entstellt.

Einerseits ist „das Evangelium" in seiner grundlegenden Tendenz und

Kraft transzendent und universal, in dem Sinn von „transkulturell"; ich meine damit nur: nicht an eine einzige Kultur gebunden, also nicht, daß es eine überzeitliche und in diesem Sinn transkulturelle Glaubenssubstanz gebe. Anderseits ist gerade diese universale, für alle Kulturen offene und alle Menschen herausfordernde Botschaft konkret allein in den Erscheinungen einzelner Kulturen zu finden (der jüdischen, der jüdisch-hellenistischen, der hellenistischen; später der spätantiken, der karolingischen, der keltischen, der romanischen, der heutigen afrikanischen, asiatischen und lateinamerikanischen usw.), nie an und für sich, über oder außerhalb einer Kultur; also nie in einer kulturfreien, abgepellten „abstrakten Glaubenssubstanz".

So besteht eine unaufhörliche Dialektik zwischen der Universalität des Evangeliums, durch welche dieses jede Kultur kritisch herausfordert und transzendiert, und seinem doch immer in einzelnen Kulturen erfolgenden Erscheinen. Nur in konkreter Singularität kann das Evangelium die Offenbarung der Universalität des Heils-von-Gott-her sein, weil Menschen nun einmal Kulturwesen mit eigenen, besonderen Kulturen und allein in diesen als Menschen zu erreichen sind. In diesem Sinn sind nicht nur alle Formen der Theologie, sondern auch die biblischen und lehramtlichen Glaubensaussagen kontextuell und kulturell, obwohl sie die universale Botschaft des Evangeliums tatsächlich zur Sprache bringen wollen. Es besteht somit das immer junge, bleibende „Offenbarungsangebot", das aber jeweils in einer bestimmten Kultur akklimatisiert wird, während dieses Angebot nie ungeschichtlich und überkulturell in den Blick kommt. Es geht um eine *geschichtliche Identität* dessen, was *gerade in* dem haften bleibt, was wegen seiner Kontingenz zerfließt und vorbeigeht. Da liegt das Problem der Glaubensinterpretation, und dieses Problem läßt sich mit keinem Obrigkeitswort wegreden.

Wichtig dabei ist die Einsicht, daß „die Situation" nicht bloß das *Flußbett* ist, in dem der überlieferte Glaube uns entgegenfließt. Diese Situation, der Kontext des Glaubens, ist selbst auch *theologisch relevant*. Denn wie oben analysiert wurde, steht die ganze Geschichte unter Gottes befreiendem und erlösendem Willen. In der Glaubensinterpretation geht es nicht um die *Anwendung* einer normativen Bibel und einer maßgebenden Glaubenstradition auf eine „theologisch freie" Situation, sondern eher um die Begegnung verschiedener kultureller Formen desselben Glaubensverständnisses mit seiner konsequenten Lebenspraxis: der der Bibel mit allen später kommenden Formen christlichen Glaubensverständnisses in verschiedenen Kulturepochen einer Kulturtradition und innerhalb verschiedener Kulturen.

Mit im Spiel ist eine theoretische und praktische, reziprok-kritische Begegnung zwischen Glaubenskulturen und daher zwischen verschiedenen Glaubenstraditionen, eine Begegnung (besser: langwierige Begegnungen), die uns gestattet, hier und jetzt (mit allen entsprechenden Begrenztheiten) das nie isoliert erhältliche und nie objektivierbare „Offenbarungsangebot", das christliche Evangelium, in den Blick zu bekommen. In der Interrelation beider Pole ist deshalb nie die Rede von einer selbstverständlichen Korrelation, nicht einmal in dem Sinn, daß man den einen Pol (die vergangene christliche Glaubenstradition) als die einzige *Quelle* bezeichnet, während der andere Pol (die jetzige und die damalige Situation) nicht auch Quelle wäre, sondern etwa nur das Berieselungsfeld.

In die christliche Tradition ist die kontingente, uns fremde Situation von damals schon eingeschlossen, und *in* unserer heutigen Situation ist Gott genauso kreativ befreiend gegenwärtig wie damals; er hat inzwischen nicht aufgehört, der „biblische Gott" zu sein! Oben wurde ja schon gesagt, daß man „Erfahrung" und „Tradition" nicht einfach einander gegenüberstellen kann, weil die Tradition gerade der Erfahrungshorizont alles neuen Erfahrens ist. Und wenn man schon von zwei Polen sprechen darf, so liegen diese Pole in den vergangenen kulturellen Formen und in den zu suchenden *heutigen* kulturellen Formen des einen Evangeliums, das selbst die eigentliche Quelle sowohl der früheren als auch der neuzeitlichen kulturellen Form und des heutigen Ausdrucks des Glaubens ist. Die kulturellen Formen und der historische Kontext keiner einzigen bestimmten Epoche der Glaubenstradition, auch nicht der der Bibel, dürfen verabsolutiert werden. Aber das bedeutet andererseits ebensowenig, daß für den Glauben diese geschichtlichen, soziokulturellen Vermittlungen wertlos oder zu vernachlässigen seien. Im Gegenteil, diese Vermittlungen haben, als einzig mögliche Vehikel, die den Sinn des gläubig beantworteten Offenbarungsangebots mittragen, in all ihrer Relativität eine ganz positive Funktion, eben weil das nicht an eine einzige Kultur gebundene Evangelium doch (nur und gerade) *in* dem Besonderen bestimmter, begrenzt- kultureller Verstehensstrukturen zu sehen und zu finden ist. Wer die geschichtlichen Vermittlungen in all ihrer relativen Spezifizierung theologisch für irrelevant erklären und damit allein auf diese bestimmte damalige Situation beziehen wollte, würde die konkrete Geschichte Jesu von ihrer Bedeutung eben für unsere Geschichte heute loslösen. *In* vielerlei, durch die Jahrhunderte hindurch wechselnden geschichtlichen Vermittlungen treten die *christlichen Konstanten* zutage, nicht sozusagen *„abstrahiert aus"* diesen konkreten Geschichten.

Hier muß ich meine Abhandlungen kurz unterbrechen, um entstandene Mißverständnisse auszuräumen. Louis Dupré [28] wirft mir vor, daß ich in meinem Buch „Jesus, die Geschichte von einem Lebenden" das Gewicht dessen, was ich dort „Offenbarungsangebot" nenne, beeinträchtige zugunsten unserer Glaubensinterpretation (und der dort genannten „Interpretamente"), die bei mir ein zu schweres Gewicht erhielten. Es gibt seines Erachtens eine Interpretation, die jedem menschlichen, gläubigen Interpretieren vorausgeht und mit dem Offenbarungsangebot mitgegeben ist und die dann selbst die Basis unserer weiteren Glaubensinterpretationen bildet. Anderseits sagt Ellen van Wolde [29] in ihrer Reaktion auf meine Abschiedsvorlesung genau das Gegenteil, nämlich: Ich würde noch zuviel Gewicht auf das „Offenbarungsangebot" legen, das meiner Ansicht nach dann doch eine transkulturelle, überzeitliche Glaubenssubstanz berge. Ich glaube, daß beide mich in einem Punkt nicht richtig verstanden haben und darin ihren beiderseitigen Einwand auch neutralisieren.

Einerseits ist es für mich klar, daß das Offenbarungsangebot keine *leere* Chiffre ist; es hat einen sinntragenden, wenn auch nie isoliert erhältlichen oder objektivierbaren *Inhalt*. Das bedeutet, daß das Angebot-von-Gott-her naturgemäß eine eigene Interpretations*richtung* mit sich bringt, als normierende Basis unserer nicht-willkürlichen Glaubensinterpretationen. Wenn Dupré das meint, bin ich mit ihm ganz einer Meinung; dagegen nicht, wenn er mehr meinen sollte. Es bedeutet nur, daß sich, wie sehr Erfahrung und Interpretation beim Zur-Sprache-Bringen der Wirklichkeit ein Ganzes bilden, Erfahrung nicht auf die Interpretation reduzieren läßt. In diesem Sinn gibt es prälinguistische Aspekte in dem Einheitskomplex von Erfahrung und Interpretation, aber dieses Erfahrungsmoment kommt nie ohne Interpretation zur Sprache. Anderseits pflichte ich Ellen van Wolde bei, wenn sie sagt, daß das Objekt des Glaubens nie außerhalb der „Objekt-Subjekt"-Beziehung gezeigt wird. Selbstverständlich. Aber dann muß in diesem Verhältnis auch das Objekt ernst genommen werden, und darin ist es, insgesamt, kein Produkt des Subjekts. Ohne „objektives", wenn auch nie „objektivierbares", inhaltliches Sinnangebot wären alle gläubigen Interpretationen reine Projektionen und griffen nach etwas, was es nie gegeben hat, aber auch nie geben wird. [30] Göttliches Angebot von Sinn oder göttliche Einladung zu menschlicher Sinngebung, die sich von Menschen nicht direkt in Worte kleiden läßt, fällt aber nicht ohne weiteres mit der menschlichen Sinngebung zusammen.

Aus dem, was (vor diesem kurzen Exkurs) gesagt wurde, geht hervor, daß der Glaube an die Offenbarung Gottes immer einen Ausgangspunkt in dieser unserer Welt hat: *Es gibt geschichtliche Vermittlungen.* Diese Vermittlung der Offenbarung variiert nach Ort, Gesellschaft und Periode, aber sie tritt doch in die immer wieder dargebotene Glaubensinterpretation ein. Jedes mögliche Glaubensverstehen erfolgt somit auf der Grundlage und im Medium menschlichen Wirklichkeitsverständnisses – wie es einer bestimmten Kultur eigen ist, in der das Evangelium verkündigt und gehört wird. Dieses Wirklichkeitsverständnis ist geschichtlich und kulturell; es besteht also nicht nur als ein kulturell bestimmtes, begrenztes und besonderes Wirklichkeitsverständnis (trotz einer darin vorhandenen allgemein-menschlichen, vor allem gleichen größtenteils unbewußten logischen Grundstruktur). Deshalb kann die Frage nach der christlichen Identität durch die wechselnden Jahrhunderte hindurch nur beantwortet werden durch einen Vergleich verschiedener kultureller Formen der christlichen Glaubenserfahrung, Glaubensinterpretation und Glaubenspraxis, als Antwort auf das Offenbarungsangebot Gottes in Jesus.

Der einzige Unterschied zwischen der vergangenen christlichen Tradition und den von uns fortzusetzenden und zu schaffenden neuen christlichen Traditionen liegt darin, daß wir für die Vergangenheit Vergleiche anstellen können post factum: Diese Vergangenheit hat das Risiko der in die eigene Zeit zu bringenden Glaubensinterpretation schon hinter sich; wir dagegen haben es noch vor uns und stehen mitten in dem Interpretationsprozeß, mit all seinen für uns ungewissen Gefahren des Gelingens und Scheiterns, des Irrens und Fehlens – letztlich der Orthodoxie oder „Häresie" (mit ihrem eigenen, aus den Fugen geratenen Wahrheitsgehalt).

Das Problem der Glaubensinterpretation und der Glaubensvermittlung ist daher: Wie schlagen wir die Brücke zwischen der vergangenen Glaubenstradition und unserem Christsein in neuen Situationen? Schließlich wird die christliche Botschaft *heute* verkündigt, nicht mehr den alten Bewohnern von Korinth, Ephesus und Saloniki; sondern neuzeitlichen Menschen mit ihrem eigenen Selbst- und Weltverständnis, die in einem fast postmodernen, sozio-ökonomischen Gesellschafts- und Arbeitssystem leben, mit einem eigenen politischen, wenn auch unsicheren Existenzentwurf.

Heute glauben bedeutet daher: die christliche Glaubens- und Erfahrungstradition lebendig und verständlich in anderen, geschichtlich veränderten Situationen und mit anderen Erfahrungs- und Denkkategorien *präsent machen.* Das erfordert eine reziprok-kritische und doch ständige

Relation zwischen der vergangenen christlichen Tradition und unserem Glaubensverständnis in unserer neuzeitlichen soziohistorischen und existentiellen Situation und unserer heutigen Praxis – und zwar so, daß durch unsere aktuelle Darbietung des Evangeliums die Identität der befreienden Sinn- und Wahrheitserschließung der evangelischen Tradition keinen Schaden leidet; anders gesagt: unter Wahrung ihrer Dynamik und ihrer Orthodoxie.

Infolge von all dem vollzieht sich die lebendige Glaubensinterpretation, schematisch ausgedrückt, in zwei Phasen, die zusammen jedoch ein dialektisches Ganzes bilden.

Erstens: Jede gläubige Stellungnahme muß durch eine Berufung auf die christliche Glaubenstradition gerechtfertigt werden können. Das bedeutet, daß Glauben auch *Glaubensinterpretation* ist. (Ich gehe hier nicht auf die technischen Möglichkeiten, die Schwierigkeiten und den „Methodenstreit" in der heutigen Hermeneutik ein; diesen ganzen Zusammenhang hoffe ich in einem anderen Buch technisch näher behandeln zu können.)

Zweitens: Jede gläubige Stellungnahme muß auch durch eine Berufung auf die analysierte und interpretierte „heutige Situation", in der wir leben, begründet werden können. (Das macht, *in* ihrer universalen Intention, jede Glaubensinterpretation und -praxis jedoch zugleich *kontextuell.*) Sonst würde ein Kurzschluß zwischen Erfahrungs- und Denkkategorien der Vergangenheit und denen der Gegenwart entstehen.

Doch bilden diese beiden Schritte des einen Interpretationsprozesses ein dialektisches Ganzes. Denn wir verstehen die christliche Tradition erst von den Fragen aus, die uns von den heutigen Situationen aus gestellt werden; das Verständnis unserer Vergangenheit impliziert schon eine Interpretation der Gegenwart. Und umgekehrt: Unser christlich-kritisches Verständnis der Gegenwart steht selbst auch unter dem geschichtlichen Einfluß der christlichen Tradition.

Dieses ständige Schauen des Gläubigen in zwei Richtungen hat zur Folge, daß der gläubige Interpretationsprozeß darin bestehen wird, die von uns verstandenen früheren Phasen der Glaubenstradition „in Beziehung zu bringen" mit der Interpretation der analysierten heutigen Situation, in dem zweifachen, oben analysierten Sinn: Situation in allgemeinkulturellem und in spezifisch-christlichem Sinn.

III.

DIE SOZIOKULTURELLE GEGENWART TRITT IN DAS
VERSTÄNDNIS DER OFFENBARUNG EIN

Aus den in diesem ersten Kapitel zur Sprache gekommenen Analysen haben wir schon verstanden, daß Erfahren-und-Verstehen der Offenbarung auf konstitutive Weise in den Offenbarungsprozeß selbst mit eintritt. Gerade deshalb ist, vielleicht paradoxerweise, diese Offenbarung auch mitteilbar. Denn die persönliche und kollektive Glaubenserfahrung entscheidenden Heils in Jesus durch seine ersten Jünger konnte kommunikativ an Zeitgenossen und weitere Generationen weitergegeben werden, weil diese ersten Jünger ihre Erfahrungen mit den Mitteln ihres gemeinsam geteilten (semiotischen oder sinnvermittelnden) Kommunikationssystems beschrieben haben: anfangs das jüdischsprachige, später das griechischsprachige, das kleinasiatische Wirklichkeitsverständnis usw. Es handelt sich also jeweils um eine kulturspezifische Aneignung der evangelischen Botschaft: um den lebendigen Kontakt zwischen dem Evangelium und dem wechselnden, kulturell gekennzeichneten Wirklichkeitsverständnis von Gläubigen in einer bestimmten Kulturepoche.

Denken wir zum Beispiel an die christliche Botschaft, wie sie durch die echten Briefe des Paulus wiedergegeben wurde, und dieselbe Botschaft, wie sie von neuem in dem damaligen kulturellen Klima des kleinasiatischen Wirklichkeitsverständnisses in den Briefen an die Christen von Kolossä und Ephesus wiedergegeben wird! Die Kontinuität und der Unterschied werden durchaus deutlich. Weil jeweils ein anderes semiotisches (oder sinnvermittelndes) kulturelles System im Spiel ist, entsteht eine Geschichte soziokultureller geschichtlicher Vermittlungen – konkret: eine Geschichte christlichen Glaubens in vielerlei Zungen und Sprachen. Die Eigenart dieser geschichtlichen Vermittlungen, damals wie heute, spielt in dieser Auffassung davon, was Glaubensinterpretation und somit konkret-christliches Glauben ist, deshalb eine größere Rolle, als die Christen sich früher bewußt waren, obwohl sie spontan, oft unreflektiert, christlich-instinktiv das gleiche taten.

Wenn dies alles der Fall ist, ist schon ersichtlich, daß für uns die evangelische Sinnidentität nicht vorab auf der Ebene der Bibel und der vergangenen Glaubenstradition, zumindest nicht *als solchen*, liegen und somit nicht in einer materiellen Wiederholung dieser Vergangenheit gefunden werden kann (in welchen konservativen oder progressiven Formen von „Fundamentalismus" auch immer). Ebensowenig jedoch auf der Ebene der Situation, damals wie heute, *als solcher* (sei es in biblizistischer, sei es

in modernistischer Richtung). Diese Sinnidentität ist allein auf dem flie-
ßenden, hin und her pendelnden „Mittelfeld" zwischen Tradition und Situation zu finden, und somit *auf der Ebene der korrespondierenden Beziehung
zwischen der ursprünglichen Botschaft* (Tradition, in welche die damalige Situation miteinbezogen ist) und der immer wieder anderen *Situation,* damals wie heute. Die fundamentale Sinnidentität zwischen den aufeinan-
derfolgenden Perioden christlichen Verständnisses des Offenbarungsangebots bezieht sich dann nicht auf die korrespondierenden Termini
(etwa zwischen der Situation der Bibel und unserer Situation, aufgrund
deren man dann mit einer Berufung auf die Tempelreinigung Jesu beispielsweise regelrecht die Räumung eines besetzten Hauses biblisch begründen könnte), sondern auf korrespondierenden *Beziehungen* zwischen
allen Begriffen, die im Spiel sind (Botschaft und Situation; damals und
heute). Es besteht dann noch eine fundamentale Einheit und Gleichheit;
diese hat nicht Bezug auf die Bezeichnung der Faktoren, um die es geht,
sondern auf die *Beziehung* zwischen all diesen Termini. Ich möchte es in
etwa so verdeutlichen:

Die gegebene Artikulation oder Beziehung:

$$\frac{\text{Jesu Botschaft}}{\text{soziohistorischer Kontext Jesu}} = \frac{\text{neutestamentliche Botschaft}}{\text{soziohistorischer Kontext des NT}}$$

ist *reproduziert* etwa in der Beziehung:

$$\frac{\text{patristisches Glaubensverständnis}}{\text{soziohistorischer Kontext damals}} = \frac{\text{mittelalterliches Glaubensverständnis}}{\text{soziohistorischer Kontext damals}}$$

und diese gegebene und reproduzierte Beziehung muß schließlich *noch
einmal reproduziert werden* in der Beziehung oder Artikulation:

$$= \frac{\text{heutiges Glaubensverständnis anno 1990}}{\text{unser soziohistorischer und existentieller Kontext anno 1990}}$$

Die gleiche Beziehung zwischen diesen Artikulationen von jedoch völlig verschiedenen Termini *trägt* die christliche Sinnidentität. Dieses gleiche Verhältnis von Beziehungen durch die christliche Glaubenstradition
hindurch ist eine Norm, eine Orientierung und eine Anregung, das Modell, aufgrund dessen wir heute, in evangelischer Treue, doch den Sinn
der evangelischen Botschaft auch hier und heute verständlich wiedergeben können.

Wir sehen der christlichen Sinnidentität also nie unmittelbar ins
Auge; diese läßt sich außerdem nie ein für allemal festlegen. Aber das
bedeutet keine Willkür. Die christliche Identität, das eine und selbe, ist
nie *das gleiche,* sondern das *proportional gleiche.* In ihren unterschiedlichen
Interpretationen des einen Evangeliums widersprechen sich bestimmte
geschichtlich-kulturelle Vermittlungen zwar ziemlich, in dem Sinn, daß

man sie nicht auf einer ebenen Fläche harmonisieren kann. Aber gerade diese ebene Fläche ist eine Fiktion. Die Einheit ist eine Tiefen-Einheit mit Relief. Deshalb kann man das, was man „Dogmenentwicklung" nennt (eben das Leben der christlichen Tradition in verschiedenen Kulturen oder in verschiedenen Epochen ein und derselben Kultur) nicht nach Art der Scholastik oder Neuscholastik auffassen, selbst nicht mehr in der stärker nuancierten Weise John Henry Newmans, nämlich als permanente Explizitmachung einer Glaubenssubstanz, die immer schon implizit gegeben war, einer Explizitmachung von implizit zu explizit: von der Bibel aus ungefähr geradlinig bis auf heute. Denn wenn auch das Offenbarungsangebot mit seinem nicht-objektivierbaren inhaltlichen Sinn tatsächlich von Anfang an vorhanden ist – als nachweisbar und zur Sprache gekommen finden wir diesen Sinn doch nur in gläubigen Interpretationen soziokulturell situierter Menschen. Die periodischen Knicke im kulturellen Wirklichkeitsverstehen machen einen bloß explikativen Prozeß unmöglich. Es ist etwas anderes im Spiel. Es geht vielmehr um den Prozeß immer wieder neuer „Inkulturation" des nicht an eine einzige Kultur gebundenen Evangeliums, das aber ebensowenig in der Bibel außerhalb einer begrenzten, partikular-kulturellen Form gegeben ist.

Eine Folge dieser Tatsache ist, daß frühere Glaubensaussagen, sogar Dogmen, einerseits unwiderruflich, irreversibel sind: Man kann sie nicht abschaffen, denn innerhalb eines bestimmten soziokulturellen Bezugssystems haben sie das Mysterium Jesu Christi, und damit letztlich Gottes, immer wieder tatsächlich zur Sprache gebracht und sicherstellen wollen in einer für jene Zeit gelungenen oder manchmal weniger geglückten Weise.

Aber andererseits können sie in ihren kulturgeschichtlichen Formen für spätere Generationen durchaus *irrelevant* und in rein materieller Wiederholung sogar sinnlos werden, weil frühere Generationen ihre tiefsten christlichen Glaubensüberzeugungen in einem anderen semantischen Feld, einem anderen Kommunikationssystem und durch eine andere Sicht der Wirklichkeit ausgesprochen haben. Denken wir an die feierliche Aussage des Konzils von Florenz-Ferrara, die ich zu Beginn dieses Kapitels zitierte. Für die damaligen Konzilsväter bedeutete diese Aussage eigentlich (nachträglich gesehen), daß *für sie selbst* Jesus Christus der einzige Zugang und Lebensweg zu Gott ist; etwas anderes konnten sie sich für ihren eigenen Glauben nicht vorstellen – was begreiflich ist. Aber wesentlich damit verbunden lag ihr Fehler in der Tatsache, daß sie Gottes Heilswirkung außerhalb des Christentums nicht sahen und damit all das schmähten, was nicht-christlich ist. Der Irrtum lag, tiefer noch, in der Tatsache, daß sie eine persönliche Lebensüberzeugung mit einer „objektiviert erkennbaren", aus dem Glauben *extrapolierten* „Wahrheit an sich" verwechselten, die dann jedes Menschenkind mit einiger Mühe und Selbstentsagung hätte entdecken müssen. In dieser Argumentation sind Nicht-Christen somit nicht guten Willens, mit allen verhängnisvollen Folgen, die sich daraus ergeben.

Doch bleiben selbst durch den Wechsel der Zeiten irrelevant gewordene Dogmen theologisch, das heißt für unser Glaubensverständnis, bedeutsam, sogar richtungweisend. Wir müssen auch heute, ohne die Konsequenzen und die Implikationen des Konzils von Florenz, nachweisen können, warum Jesus, bezeugt als der Christus, *für uns* der einzige Lebensweg ist, während Gott anderen andere Wege offenläßt; nachweisen auch, warum wir von Herzen Christen sind und bleiben, ohne Nicht-Christen zu verketzern oder zu diskriminieren; schließlich nachweisen, was wir dann, in nüchterner Demut und im theologischen Wahrheitszeugnis, mit Sendung oder Mission anfangen sollen.

Fazit ist: Es gibt christliche Identität *in* kulturellen Brüchen und Verschiebungen und nicht eine Identität aufgrund dessen, was früher, zudem rein intellektualistisch, „homogene Identität" genannt wurde (die sich geschichtlich übrigens nicht nachweisen läßt).

Kulturwenden sind für die christlichen Kirchen daher immer Zeiten der Prüfungen, Krisen und Unsicherheiten. Das gehört zum Wesen des christlichen Glaubens und seiner geschichtlichen Erscheinungsform: Die Akklimatisierung des christlichen Glaubens an eine „neue" Kultur oder eine neue kulturelle Phase der eigenen, zum Beispiel westlichen, Kulturtradition, steckt tatsächlich voller Risiken, ist aber doch die einzige Art und Weise, das Evangelium hier und heute lebendig darzustellen. Und darum geht es in der „Kirche Gottes" und nicht um die kirchliche Aufrechterhaltung oder Sammlung von „kulturellen Relikten" als Andenken an die christliche Vergangenheit.

Das Ergebnis dieser Überlegungen dürfte klar sein: Christliches Sinn-*Vernehmen* des Offenbarungsangebots wird in einem kreativen Sinn-*Geben* vollzogen; in einer neuen Sinnproduktion oder einem Neulesen von Bibel und Glaubenstradition innerhalb jeweils neuer Situationen verschiedenster Art. Interpretation und Praxis *schaffen* neue Traditionen, in kreativer Treue (wie wir schon in der Vielförmigkeit der alt- und neutestamentlichen Schriften sehen können). Das ist lebendige Weitergabe der evangelischen Glaubenstradition an kommende Generationen. Christliche Identität – „das gemeinsame Christliche" – in der Vermittlung verschiedener soziokultureller Welten wie der von Jesus, Paulus, Augustinus und Athanasius, von Papst Gregor dem Großen, Thomas und Bonaventura, Luther und Calvin, Teresa von Ávila, Martin Luther

King und Bischof Oscar Romero – liegt in ein und derselben fundamentalen Auffassung von Gott und Mensch und ihrer gegenseitigen Beziehung, und sei es auch, daß dieselbe Glaubensperspektive stets in geschichtlich unterschiedlichen, verschiedenen und sogar nicht miteinander zu vereinbarenden anthropologischen und theologischen Auffassungen vorhanden ist, jedoch so, daß innerhalb dieser faktisch verzeichneten kulturellen Grenzen diese Grenzen dann doch auf eine schwer in Begriffe zu bringende Art und Weise jeweils „entgrenzt" und christlich transzendiert wurden und werden. So können wir etwa die authentische Christlichkeit vorgenannter Christen erkennen und zugleich, in unserer Situation, mit Ehrfurcht doch Kritik an bestimmten, für uns nicht geltenden Formen der Glaubenspraxis und der Glaubensauffassungen in früheren Zeiten üben.

Letzteres gilt übrigens auch für die Gegenwart, in Anbetracht der Ungleichzeitigkeit, die auch jetzt unter Gläubigen besteht. Vor allem Nicht-Christen sagen zu Katholiken oft, sie müßten, wenn sie Kritik an der Kirche, am Papst und an anderen kirchlichen Leitern haben, dann ihre Kirche verlassen; andere dichten uns unsere katholische Identität an! Nicht selten beruft man sich dabei auf einen Fußballverein: Wenn man die Spielregeln nicht befolgt, muß man austreten und zum Beispiel Baseball spielen. Eine solche Argumentation ist ein regelrechter Kategorienschnitzer. Dann hätten auch Augustinus, mit seinen vielen neuen Auffassungen, und Paulus, sogar alle damaligen Evangelisten, die Kirche verlassen müssen.

Der Grundfehler in dieser Argumentation ist: Man verkennt, daß eine Kirche als organisierte Gestalt einer religiösen Erfahrungstradition und als Gemeinschaft „eines Lebenswegs" selbstverständlich auch eine „Interpretationsgemeinschaft" ist. Eine solche kennt auch Regeln und Kriterien, aber diese lassen sich nicht mit denen anderer, nicht-interpretativer Klubs oder Vereine vergleichen und lassen, innerhalb bestimmter, schwer zu definierender Grenzen, (Glaubens-)Pluralismus innerhalb ein und derselben Glaubensgemeinschaft zu. Mehr Worte will ich den vorgenannten unsinnigen Argumentationen nicht widmen.

ZWEITES KAPITEL

Menschen auf der Suche nach Gott, Gott auf der Suche nach Menschen

§ 1. Warum Gott für westliche Menschen zum Problem geworden ist

Die Selbstverständlichkeit, mit der Menschen an Gott glauben, ist, zumindest in der westlichen Welt und in den von ihr beeinflußten Bereichen in anderen Weltteilen, jetzt verschwunden. Dafür lassen sich sowohl äußere als auch mit dem Glauben und seiner kirchlichen Institutionalisierung im Zusammenhang stehende innere Faktoren aufweisen.

I.
ÄUSSERE FAKTOREN

A. Kein Bedarf an einer dualistischen Problemstellung

Religionssoziologen sprechen durchweg vom Wegfall der gesellschaftlichen „Glaubwürdigkeitsstrukturen" des Gottesglaubens in einer säkularisierten, westlichen Welt. Das heißt: Die persönlichen Lebensüberzeugungen der Gläubigen erhalten in einer solchen Gesellschaft nicht mehr eine gesellschaftliche Bestätigung; die Innerlichkeit des Menschen wird von der faktischen Gesellschaft nicht mehr bestärkt oder ermutigt; sie wird von ihr vielmehr beunruhigt und verunsichert. Doch erfordert diese modern-liberale Unterscheidung zwischen dem Inneren (dem Privatbereich) und dem Äußeren (der Öffentlichkeit) vorab Kritik, auch theologisch, denn sie verzerrt zugleich die Problematik um den Gottesglauben. Seit Max Weber und Talcot Parsons ist diese Unterscheidung noch immer der Ausgangspunkt für viele Formen der Religionssoziologie, auch in der Schule Peter Bergers, der jedoch schon einige Nuancierungen vornimmt.

Seit der Neuzeit spricht jeder westliche Bürger von der Innenseite des Menschen und, daneben, von der mehr oberflächlichen Seite des Menschseins, nämlich seiner Konditionierung durch gesellschaftliche und wirtschaftliche Situationen. Dieser cartesianische Dualismus kennzeichnet die ganze westliche moderne Kultur und erbrachte das Bild vom modernen Menschen mit seiner Innen- und Außenseite. Seit man diesen Nachdruck auf die menschliche Subjektivität legte, faßte man das menschliche Individuum als eine Art „homo clausus" (die „Monade" von Leibniz) auf, ein individuelles Ich, das durch eine geheimnisvolle Wand von der Außenwelt getrennt ist: von der Natur, der Gesellschaft, der Kultur, obwohl niemand zu sagen vermochte, was dann diese Wand oder Mauer eigentlich ist: unser menschlicher

Leib? unsere Haut? Individuum und Gesellschaft sah man als zwei selbständige Größen an, wobei jedoch zugegeben wurde, daß sie einander beeinflussen.

Das individuelle Ich erscheint in den vorherrschenden westlichen Subjektivitätsphilosophien und folglich auch in den meisten Formen der modernen Soziologie als etwas, was außerhalb der Gesellschaft steht, in einem Innenraum lebt, während anderseits die Gesellschaft, manchmal feindlich, außerhalb der Individuen gestellt wird: als zwei selbständige Größen, die miteinander jedoch einigen Kontakt haben. Dabei wird dann alles Gewicht entweder auf das persönliche Innere des Menschen oder auf die Gesellschaft gelegt. In beiden Fällen wird einer der beiden Pole zweitrangig. Das persönliche Individuum ist dann für den einen das eigentlich „existierende", das wirkliche Sein, während die Gesellschaft eine Art Abstraktion ist, ein subjektloses System. Für den anderen dagegen ist dieses gesellschaftliche System die eigentliche Wirklichkeit, während das, was man Individuum nennt, als „abstraktes Individuum" disqualifiziert wird. Diese Begriffe, einerseits geschlossene Persönlichkeit, anderseits subjektlose Gesellschaft, beherrschen noch viele Formen sowohl der liberalen als auch der marxistischen Religionssoziologie.

Das persönliche Handeln und das gesellschaftliche System beeinflussen in dieser Auffassung einander, aber der Ausgangspunkt ist doch: zuerst getrennte Existenzformen als gegeben annehmen, die alsdann einander durchdringen. Das jedoch nie erreichte Idealbild des Ego ist dabei oft das eines freien und unabhängig von allem anderen bestehenden Individuums.

Ich will meinerseits nun keineswegs das Individuum auf eine Summe gesellschaftlicher Beziehungen und ebensowenig die Gesellschaft auf die Summe individueller Handlungen reduzieren. Die kritische Frage ist jedoch, ob diese scharfe Trennungslinie zwischen einer Innen- und einer Außenseite dessen, was Mensch zu sein heißt, gerechtfertigt ist und ob man uns nicht ein schiefes Menschenbild aufhalst. Dies alles wird von grundlegender Bedeutung sein, wenn wir über persönlichen Gottesglauben in einer strukturell atheistischen Welt sprechen.

Das Bild des sich selbst verherrlichenden, autonomen, persönlich „abgeschlossenen Individuums" kommt noch am deutlichsten bei Kant zum Ausdruck. Er hält den Menschen nicht für fähig, aus seinem apriorischen Innenraum noch zu dem „Ding an sich", zu einer vom Menschen unabhängigen Wirklichkeit, vorzudringen. Das ist die moderne zugeschlagene Subjektivität! Sie wirkt übrigens in vielen soziologischen Theorien weiter, in denen man das gesellschaftliche Handeln einzelner Menschen von ihrem sogenannten nicht-gesellschaftlichen Handeln unterscheidet, das dann offensichtlich rein individuell dargestellt wird. Dieses moderne Menschenbild stellt sich außerdem als Ausdruck des beständigen Wesens des Menschen dar, und bei Christen wird dies dann oft zu einer Art Glaubensdogma. In Wirklichkeit muß man feststellen, daß dies ein Bild ziemlich neuerer Zeit ist, von westlichen Menschen geschaffen. Es ist eine historisch situierte, kulturell bestimmte Auffassung vom Menschen, gegen die sich immer mehr Widerstand erhebt. Wir dürfen die modernen „liberalen" Errungenschaften des menschlichen Subjekts nicht zugunsten einer subjektlosen Welt preisgeben, aber wir müssen uns doch von den Einseitigkeiten der westlichen Subjektivitätsphilosophie befreien.

Das menschliche Ego ist selbst ein soziokultureller Prozeß, und das sogenannte innere Leben ist selbst ein lebendiger Teil eines kulturellen Prozesses. In einem Individuum lesen wir eine bestimmte Kulturgeschichte. Es gibt keinen *Dualismus,* sondern eine *Dialektik* von zwei Polen: Kein einzelner Pol kann in sich selbst bestimmt werden ohne den anderen, obwohl wir in unserer spontanen, aber vorkritischen Erfahrung Person und Gemeinschaft einfach einander gegenüberstellen. Aber alles im Menschen, auch sein Inneres, ist sozial, was anderseits nicht bedeutet, daß das Soziale das ein und alles des Menschen wäre; das sind zwei verschiedene Aussagen. Selbst unsere tiefste Persönlichkeitsstruktur ist sozial. Von Kindesbeinen an, noch bevor ein persönliches Bewußtsein vorhanden ist, wird der Mensch sozialisiert. Personwerdung ist Akkulturation. Daß der moderne westliche Mensch ein emotional verschlossenes Inneres besitzt und unter eine größere soziale Selbstkontrolle geraten ist, hat alles mit dieser modernen „Subjektivität" zu tun.

Der moderne Gegensatz zwischen Objekt und Subjekt erforderte auch eine Kontrolle über die eigenen Affekte und Emotionen und verstärkte damit den Eindruck von der Innerlichkeit des Menschen *gegenüber* der Objektwelt draußen. Das Ich lebt dann in einer Art Käfig. Daraus entstanden auch individuelle Strukturveränderungen, wodurch das Ich noch einen stärkeren Akzent erhielt. Daher die Einsamkeit vieler westlicher Menschen. Die größere Individualisierung und Verinnerlichung seit der Renaissance, wodurch die Wand zwischen Innen- und Außenwelt dicker wurde, zeigt, daß diese Wand größtenteils aus einer automatisch funktionierenden kulturellen Selbstkontrolle über die menschlichen Gefühle besteht, die sich dann nach innen schließen. Was gesellschaftlich kontrolliert wird, wird dann von selbst und intensiv als *eigene Innerlichkeit* erfahren! Aber in Wirklichkeit ist die soziale Selbstkontrolle die Wand oder Mauer zwischen dem, was das Innere, und dem, was das Äußere genannt wird. Das konkret-gesellschaftliche Leben der heutigen Menschen konstituiert erst diese geschlossene Innerlichkeit, denn die Persönlichkeitsstruktur eines Menschen zeigt nirgends eine Innen- und Außenseite; es ist ein dialektisches Phänomen.

Die Vorstellung von einem absolut unabhängigen Individuum, einer „Monade", ist ein Kunstprodukt einer bestimmten historischen Phase des westlichen Menschen in der Interpretation *seiner* Selbsterfahrung (*ihre* Erfahrung war nämlich in dieser westlichen Subjektivitätsphilosophie überhaupt nicht gefragt!). Einerseits ist dieses Kunstprodukt ein Wunschtraum des westlichen Mannes: er will absolut unabhängig sein; anderseits fußt dieses Produkt auf einer Versachlichung von Mechanismen individueller Selbstkontrolle, der Wand zwischen Innen- und Außenseite. Norbert Elias hat dies alles in einer großartigen Analyse durch eine genaue Aufdeckung von Eß- und Lebensgewohnheiten heutiger Menschen zu verifizieren verstanden[1].

Es geht in dieser neuen Sicht darum, sich von der Menschheit ein Bild zu machen durch viele, gegenseitig voneinander abhängige Menschen, die miteinander „Figurationen" bilden (Familie, Nachbarschaft, Nation, Staat, usw.). Die Gesellschaft ist dann nicht eine Abstraktion *aus* Eigenheiten einzeln lebender Individuen; ebensowenig ein System ohne Subjekte oder ein selbständiges Ganzes außerhalb der Individuen oder ihnen nicht gemäß. Sie ist das durch Individuen gebildete, aber von niemand gewollte oder geplante Flechtwerk gegenseitiger Abhängigkeiten. Nach Ansicht von Elias kann vor allem der gemeinsame Tanz uns zeigen, was gesellschaftliche Figurationen sind. Der gemeinsame Tanz existiert nicht außerhalb der Individuen, ist keine Abstraktion; die Tanzfiguration ist jedoch relativ unabhängig von den konkreten Individuen, die hier und jetzt tanzen, aber nicht unabhängig von individuellen Subjekten als solchen. Ein solcher Tanz zeigt uns, daß auch eine feudale, eine kapitalistische und eine kommunistische Gesellschaft Figurationen sind.

Gesellschaften sind *geworden,* und zwar auf eine Art und Weise, die keiner der Beteiligten vorhergesehen, gewollt oder geplant oder gar ausgeführt hat. Viele soziale Prozesse haben eine relative Autonomie gegenüber den Wünschen und Absichten der Menschen, die sie in Gang bringen und ihnen Gestalt geben; sie haben den Charakter von „Entwicklungen", eines strukturierten Verlaufs, und eignen sich deshalb zur wissenschaftlichen Erforschung. Gerade diese Strukturen bilden auch die Persönlichkeitsstruktur der Individuen in einer bestimmten Gesellschaft. Die Konsequenzen dieser nicht-dualistischen Anthropologie in Zusammenhang mit dem Gottesglauben in unserer Zeit werden sofort sichtbar werden.

B. Die Schwierigkeiten des Gottesglaubens im neuzeitlichen Westen

Charakteristisch für die Neuzeit ist der Übergang von einem Leben-unter-einer-relativen-Vorprogrammierung zu einem Leben-in-Entscheidungen[2]. In der vormodernen Zeit konnte man im allgemeinen sagen: So sind die Dinge; so lebt man, so heiratet man, so stirbt man, so lebt man religiös usw. Was als gesellschaftlich unvermeidlich erfahren wurde, wurde als notwendig gedeutet: So muß es auch sein. Was davon abwich, war für die Gesellschaft gefährlich. Modernes Leben dagegen „pluralisiert", und diese Vielförmigkeit zeigt sich auch in einer Vielfalt von Institutionen. Auf der Linie der Überwindung der Dichotomie zwischen Innerem und Äußerem können wir außerdem einen direkten und sogar soziologisch analysierbaren Zusammenhang zwischen institutionell-gesellschaftlichen Veränderungen und kognitiven Persönlichkeitsveränderungen entdecken.

Menschen brauchen eine gesellschaftliche Bestätigung für ihre eigenen Lebensüberzeugungen. Weil durch die Modernität eine Vielzahl von Weltanschauungen und Institutionen entstanden ist und nicht mehr nur eine, nämlich christliche Weltanschauung gesellschaftliche Bestätigung findet, ist die Welt zu einer Art Marktplatz geworden, auf dem verschiedene und unterschiedliche Weltanschauungen und Auffassungen vom Menschen feilgeboten werden, aus denen die Menschen wählen können. So sprechen viele Soziologen. Aber selbst ihre Ausdrücke „Glaubwürdigkeitsstrukturen" und „vielerlei auf dem Markt angebotene Waren" verraten noch das Weiterwirken des alten Dualismus. Der Ausdruck setzt die eigene Lebensüberzeugung als eine Art autonomer, innerer Selbständigkeit voraus, die sodann durch äußere Faktoren entweder gestützt oder geschwächt wird. Wenn man das, was in dieser soziologischen Auffassung richtig ist, von anthropologisch-dualistischen Resten befreit, muß man sagen, daß sich in einer pluralistischen Gesellschaft auch die gläubige Persönlichkeitsstruktur des modernen Menschen verändert hat.

Der moderne Mensch lebt in einer Welt mit vielen Wahlmöglichkeiten, durch die er mehr denn je auf die eigene Innerlichkeit zurückgeworfen wird. Der Eindruck von der Distanz zwischen dem sogenannten geschlossenen Ich und der äußeren Vielfalt des Angebots an Weltanschauungen wird aber in der modernen Erfahrung intensiviert. Der Mensch fühlt sich einsamer in seiner Wahl. Er fühlt sich schwerer belastet oder, umgekehrt, unbeschwert und sorglos heimisch in der vermeintlich freien Welt mit dem Angebot von Zeitung, Radio, Fernsehen, Illustrierten und Disco. Was man dabei aber vergißt, ist die Tatsache, daß diese Vielfalt von Möglichkeiten auch zu einer inneren Qualifizierung der eigenen Lebensüberzeugung geworden ist. Diese Vielfalt liegt nicht an der „Außenseite" des Menschen wie auf einem offenen Marktplatz, sondern ist im ganzen menschlichen Bewußtsein internalisiert. Die größere Belastung oder die oberflächliche Selbstverständlichkeit kommen nicht nur von außen, sondern auch aus der modernen Persönlichkeitsstruktur selbst. Die innere Überzeugung eines Menschen ist als Bestätigung vielleicht genauso stark wie früher, aber naturgemäß bescheidener, reservierter und in diesem Sinn einigermaßen „relativiert": Der moderne Gläubige weiß, daß auch in anderen Lebensüberzeugungen Wahrheit steckt.

Die Wahlmöglichkeiten liegen nicht außerhalb der Gläubigen; die moderne religiöse Persönlichkeitsstruktur ist selbst anders geworden als ehedem. Man erfährt sich selbst als ein Wesen verschiedener Möglichkeiten. „Atheismus" wird dann zu einer eigenen Möglichkeit und nicht nur zu einem äußeren Angebot von Bündeln, zwischen denen das Individuum wählen kann. Eine solche Situation war dem vormodernen Menschen völlig fremd. Die Antwort auf die Frage: „Was kann ich wissen? Was kann ich glauben und hoffen?" wird nicht nur nicht mehr „objektivistisch" gegeben, gleichsam aufgetischt von einer Gesellschaft, die, wie zuvor, allein der christlichen Weltanschauung (oder was dafür gehalten wurde) huldigte. Die Antwort ist auch subjektiv nicht mehr vorhanden, weil die moderne Persönlichkeitsstruktur eine größere Offenheit hat, auch selbst pluralistisch geworden ist: Das andere scheint auch das für mich Mögliche zu sein. Damit ist nicht geleugnet, daß sich in bestimmten geschützten Milieus die Persönlichkeitsstruktur nicht verändert hat; hier gilt auch oft Ungleichzeitigkeit.

Die Frage dabei lautet: Wie lange kann man in einer pluralistischen Gesellschaft ein so behütetes Milieu aufrechterhalten, ohne in ein Getto zu geraten?

Für jeden Menschen, der (wenn auch kritisch) an einer modernen Gesellschaft teilnimmt und wirklich in ihr lebt, ist die andere Lebensmöglichkeit ein Stück der eigenen Persönlichkeitsstruktur: Eine ungestörte Sicherheit, selbst in der Wahrheit zu verbleiben, während andere irren, gibt es dann nicht mehr. Es gibt also nicht nur einen institutionellen Pluralismus; der Pluralismus steckt als *kognitive Wirklichkeit* in uns. Daß moderne Menschen, auch gläubige, sozusagen spontan die Theorie ablehnen, daß „allein in der Kirche Heil zu finden sei", weist schon auf eine spontane, vortheoretische Stellungnahme, als Teil der eigenen Persönlichkeitsstruktur. Sie denken selbst pluralistisch und wissen, daß niemand die Wahrheit gepachtet hat – wenn dabei auch das droht, was *Indifferentismus,* jeder hat seine eigene Wahrheit, genannt wird. Moderne Menschen leben jedenfalls in einer Welt der Unsicherheit, die nur gelegentlich durch eine mehr oder weniger schnell vorbeigehende neue philosophische Konstruktion oder durch neu-religiöse Bewegungen unterbrochen wird[3].

Es ist also mehr im Spiel als nur der Wegfall dessen, was Soziologen gesellschaftliche „Plausibilitätsstrukturen" nennen. Das gesellschaftliche Innere des Menschen, auch des gläubigen, hat sich verändert. Es ist eine andere individuelle Persönlichkeitsstruktur entstanden. Mit dieser fundamentalen Nuance können wir uns dann im großen und ganzen dem Soziologen Peter Berger anschließen und sagen, daß eine soziologisch analysierbare Beziehung zwischen der heute gesellschaftlich dominanten Säkularität und dem Verblassen des religiösen Bewußtseins existiert[4]. Die vorherrschende Kultur etwa einer Großstadt übt auf das religiöse Bewußtsein der Landbewohner, die früher in einer ziemlich uniformen religiösen Umgebung lebten und jetzt in die Großstadt umgezogen sind, einen starken kognitiven Druck aus. Aber das ist nicht so sehr ein nur äußerer Druck; vielmehr hat sich dadurch allmählich auch ihre innere Persönlichkeitsstruktur verändert. Das geht ebenfalls aus dem unterschiedlichen Verlauf eines solchen Entchristlichungsprozesses hervor: Manche geben lautlos ihren Gottesglauben auf, sie sind säkularisiert, bevor sie es selbst merken; andere unterwerfen sich nicht so leicht dem gesellschaftlichen Druck von innen und von außen; wieder andere beginnen, mit ihrem Glauben zu „feilschen": Bestimmte Glaubenspraktiken geben sie auf, andere werden beibehalten.

Es handelt sich anfangs um einen Bruch oder eine Kluft zwischen den kognitiven Voraussetzungen des religiösen Bewußtseins (der Persönlichkeitsstruktur des Gläubigen) und den kognitiven Voraussetzungen der gesellschaftlich dominanten Umgebung, die in Wirklichkeit säkular ist. An Gott glauben wird in Großstädten fast zu einem „devianten Verhalten", dem man manchmal sogar mit einigem Mitleid und mit Geringschätzung begegnet; von anderen gepriesen, soweit Religionen als „gesellschaftsbejahender" Faktor fungieren. Statt des früheren gesellschaftlichen *„religiösen* Apriori" dominiert in modernen Gesellschaften eher ein gesellschaftliches *„empirisches* Apriori" infolge des Prestiges der Wissenschaften und der Technik, die nicht nur unsere Gesellschaft beherrschen, sondern auch unsere individuelle Persönlichkeitsstruktur verändert haben. Es gibt nicht nur eine moderne Gesellschaft, es gibt auch ein modernes Bewußtsein, und diese beiden bilden ein Ganzes. Nun, für viele ist diese veränderte Persönlichkeitsstruktur der Anfangspunkt ihres Lebens; sie werden in eine säkularisierte Gesellschaft hineingeboren und erhalten in ihr ihre Akkulturation. Viele glauben nicht mehr, nicht aus bösem Willen, sondern aus kultureller Ohnmacht.

Doch dürfen wir uns nicht zuviel einbilden auf das, was viele als das heute geltende Apriori bezeichnen: „das moderne Bewußtsein". Denn dieses ist ein rein geschichtlich gegebenes Apriori und somit keineswegs ein privilegiertes Bewußtsein, wie manche meinen. Es ist ein Moment in einer noch immer weiter gehenden Kulturgeschichte. Von unserer dominanten sogenannten säkularisierten Welt aus auf das endgültige Ende alles Gottesglaubens zu schließen, scheint mir daher eine (neo-liberale oder marxistische) unkritische Identifizierung der Gegenwart oder der eigenen Zeit mit dem eschatologischen Höhepunkt der ganzen Geschichte zu sein. Selbst Hegel kannte dann zumindest noch ein dialektisches following up.

„Die Modernität" ist in der Tat ein relativierender Faktor und daher eine Herausforderung für den Glauben an Gott; aber als Modernität ist sie selbst auch ein geschichtliches und infolgedessen relatives Phänomen, also veränderlich. Es mag statistisch wahr sein, daß diejenigen, die an Gott glauben, zu einer kognitiven Minderheit in einer modernen Gesellschaft werden, aber als solche hat diese statistische Tatsache überhaupt keinen prognostischen Wert. Dies alles besagt nichts über die Wahrheit und die ansteckende Kraft, die von ihr weiter ausgehen wird; es sagt wohl etwas über die Umstände aus, in denen, und die Art und Weise, wie Wahrheiten mehr oder weniger überzeugen; pastoral und auch katechetisch ist dies sehr bedeutsam. Trotzdem bleibt das Wahrheitsproblem in seiner ganzen Kraft bestehen.

Das moderne Bewußtsein hat uns auch erfahrungsarm gemacht. Viele Kulturanalysen zeigen, wie die technologische und bürokratische westliche Gesellschaft, als Folge der Modernität, manche emotionalen, realen Seiten und Tiefen des Menschen weggedrückt hat, die man heute in Gruppendynamik, Sensitivitätstrainings usw. künstlich, also nicht in Übereinstimmung mit der realen Gesellschaft (die man das sein läßt, was sie ist), zu ihrem Recht kommen lassen will, weil sie im normalen Alltagsleben verdrängt werden [5]. Man ahmt gleichsam in einem Laboratorium nach, was und wie eine menschliche Gesellschaft sein müßte.

Es hat anderseits keinen Sinn, „die Modernität" einfach als Degenerationserscheinung anzusehen, auf die allein die Restauration einer prämodernen Gesellschaft die rechte Antwort wäre. Anstatt mit den real gegebenen Problemen zu ringen, maßt man sich dann eine Haltung an, als dürfte es „die Probleme einfach nicht geben"; reine, aber auch heillose „countermodernity" [6], die bei manchen unheilbar-irrationale apokalyptische Visionen wachruft. Trotz der damals begangenen Grausamkeiten war die Französische Revolution ihrem Wesen nach ein Heilungsprozeß; sie hat am meisten dazu beigetragen, daß die Freiheiten und Menschenrechte, die uns heute teuer sind, zu unserer modernen Per-

sönlichkeitsstruktur gehören. Aber diese „bürgerliche Befreiung" wurde
später selbst wieder oppressiv und repressiv. In der heutigen „postmodernen" Frage geht es nicht so sehr um *meine* Freiheit, oft auf Kosten der
Freiheit *anderer*, sondern eher um die Solidarität mit allen, vor allem mit
nicht-freien, unterdrückten Menschen, Frauen und Männern.

Der Schluß darf lauten: Diese äußerlich-kulturelle Annäherung, die
auch etwas über die individuelle Persönlichkeitsstruktur der Menschen
aussagt, säubert schon zu einem großen Teil das Forschungsterrain. Die
Ursachen der Krise im Gottesglauben, vor allem in der westlichen Welt,
haben auch mit der pluralistischen Struktur unserer Gesellschaft und
mit der modernen Persönlichkeitsstruktur zu tun. Dies alles sagt nur etwas über den soziokulturellen Kontext, in dem „Wahrheit" als Wahrheit
erkannt werden kann.

C. Der heutige „Weltkontext" des Gottesglaubens

Im ersten Kapitel habe ich von der Dekonzentration der Kirche zum
Vorteil des Heils gesprochen, das Gott in unserer Geschichte zugunsten
der Menschen vollziehen will: Heil-von-Gott-her in und durch befreiendes Handeln von Menschen, auf vielerlei Gebieten.

Gustavo Gutiérrez und Jon Sobrino haben in verschiedenen Veröffentlichungen wiederholt, daß sich das Reden von Gott in Entwicklungs-
ländern ziemlich grundlegend vom Reden von Gott in Wohlfahrts-
ländern unterscheidet[7]. Der Gesprächspartner des westlichen Theologen sei der säkularisierte Mensch, der Agnostiker oder der Atheist; in
der Dritten Welt dagegen sei der Gesprächspartner des Theologen die
„Nicht-Person": der arme und der unterdrückte Mensch. Obwohl diese
Beobachtung von einem bestimmten Aspekt aus messerscharf richtig
ist, ist sie doch nur eine halbe Wahrheit, aber gerade darin eine Herausforderung für das westliche Denken von Gott. Armut, in der traurigsten
Form, ist in Wirklichkeit die soziale Lage der übergroßen Masse der
Weltbevölkerung; wir wissen außerdem, daß diese Tatsache kein Fatum
oder Naturgesetz ist, sondern die Folge verschiedener menschlich inter-
agierender Faktoren kultureller, sozioökonomischer und politischer Art
– eines Systems, das aber verändert werden kann.

Nicht umsonst stellte man bei den EATWOT-Konferenzen von
Dritte-Welt-Theologen fest, daß „das *gläubige*, aber *ausgebeutete* Volk" in
der Dritten Welt dem „*säkularisierten* und *ausbeutenden* Westen" gegenübersteht[8]. Beide Probleme hängen miteinander zusammen und lassen
sich nicht trennen. Die Existenz der „Nicht-Person", des Armen und des
Unterdrückten, in einem Subkontinent wie Lateinamerika oder in einem
Land wie Südafrika, Ländern, die seit Jahrhunderten unter der Herr-

schaft von Christen stehen, ist ein Skandal für jeden Gottesglauben. Es macht den Glauben an Gott für viele unglaubwürdig. Deshalb können wir im Westen von Gott nicht mehr reden, ohne unser Denken an Gott mit dem massenhaften Leiden von Menschen anderswo und anonym unter uns (in der sogenannten Vierten Welt) in Beziehung zu setzen.

Theo-logisches Sprechen ist auch ein anthropo-logisches Sprechen, erst recht in der christlichen Erfahrungstradition. Deshalb scheint mir der Schwerpunkt auch des westlichen Redens von Gott, der Theologie, in unserer konkreten Universalgeschichte als einer Geschichte des Leidens und der Unterdrückung und des Widerstandes dagegen und eines befreienden Handelns zu liegen. Denn was kann es bedeuten, daß ich, als ein an Gott glaubender Mensch des Westens, Heil in meinem Gottesglauben zu finden behaupte, während zwei Drittel der Menschheit unfrei sind, geknechtet werden und tödlichen Hunger leiden?

Westliche Gläubigen haben dieses drückende Problem oft zugedeckt mit einer Berufung auf die eschatologisch „bessere" und „andere" Welt, zugedeckt auch mit dem sogenannten Mantel der Liebe, die keine Partei zu ergreifen wagt und durch einen falschen Begriff von Versöhnung in Wirklichkeit auf seiten des unterdrückenden Systems steht, das höchstens durch Worte, nicht durch Taten disqualifiziert wird. Eine solche Position ist keine Antwort auf die Frage nach dem Sinn unseres geschichtlichen Daseins in dieser Welt. Menschliches Dasein ist, vor allem in modernen Verhältnissen, immer mehr ein „interdependentes" Dasein: Soziale Unterdrückung anderswo ist, wegen *meines* und *ihres* Menschseins, eine Herausforderung für uns alle, auch für mich im Westen, als Mensch und als Christ. Das ist keine Romantik, sondern die nüchterne Folge von „Menschsein" als Solidarität mit jedem, der Mensch heißt. Das gilt vor allem für den, der den universalen Heilswillen Gottes bekennt.

Deshalb liegt beispielsweise in der lateinamerikanischen und asiatischen Befreiungstheologie, trotz oder besser *in* ihrer geographischen Kontextualität, eine Herausforderung von universaler Bedeutung. Kann es einen authentischen Sinn in meiner Lebensgeschichte geben, wenn die Lebensgeschichte von mehr als der Hälfte der Menschheit sinnlos und absurd ist? Ist dies kein purer und regional-zynischer Egoismus? Dort liegt heute das Problem der „Sinnkrise". Das ist nicht nur ein Problem der Armen, sondern auch der Reichen: ein universales Problem. Die christliche Option für die Armen, Parteilichkeit, ist deshalb eine *kontextuelle* Äußerung *universaler* Liebe zu den Menschen.

Dies alles bedeutet, daß der heutige Kontext, in dem wir sinnvoll und produktiv befreiend von Gott reden können, der Lebenskontext von Unterdrückung und Befreiung ist. Er ist nicht der einzig mögliche Kontext, aber ohne diesen Kontext drohen alle anderen möglichen Kontexte konkret unverbindlich und für viele Menschen unglaubwürdig zu werden.

II.
INNERE FAKTOREN

Außer all diesen äußeren Faktoren gibt es vom besonderen „Objekt" aus, um das es hier geht: die Wirklichkeit „Gott", auch besondere Probleme, die zwar überall und immer existieren, aber in einer sogenannten „modernen" und „antimodernen" oder modern-kritischen Zeit in verschärfter und neuer Weise alte Facetten der „Gottesfrage" in den Blickpunkt rücken. Ich will hier eine Reihe von Engpässen andeuten, ohne den Anspruch zu erheben, dabei erschöpfend zu sein. Das Aufdecken dieser Schwierigkeiten hilft uns schon, einem ideologischen Mißbrauch des Namens Gottes vorzubeugen.

Dabei gehe ich keineswegs von Problemen aus, wie sie beispielsweise von dem kritischen Rationalisten Hans Albert gegen das Buch von Hans Küng „Existiert Gott?"[9] vorgebracht wurden; auch nicht direkt von akademisch-philosophischen Problemen (wenn wir auch an diesen ebensowenig vorbeigehen können). Vielmehr gehe ich von den von heutigen Menschen konkret empfundenen Problemen aus, die deren Glauben an Gott erschweren, auch wenn sie selbst diese Glaubensschwierigkeiten nicht als solche genau in Worte kleiden können.

A. „Du bist ein verborgener Gott" (Jes 45, 15)

Das Hauptproblem ist nicht so sehr die Frage nach der Existenz oder Nicht-Existenz Gottes. Bejahung oder Leugnung seiner Existenz ist geschichtlich konkret unlöslich mit der Frage nach der Art, dem Charakter oder „dem Wesen" Gottes verbunden. Denn oft wird die Existenz Gottes deshalb geleugnet, weil man völlig falsche, menschlich törichte Auffassungen davon hegt, was und wer Gott eigentlich ist. Damit ziele ich keineswegs auf die Etymologie des Wortes „Gott" in alten oder modernen Sprachen hin, sondern auf die Frage: Was wollen Gläubige sagen, sinnvoll und verständlich für alle, wenn sie das Wort „Gott" auf die Lippen nehmen und somit von Gott reden? In christlichen und auch anderen religiösen Gemeinschaften kann man so tun, als wäre das evident. Aber von dem Augenblick an, da man zum Beispiel in der Schrift liest, daß „Gott in unzugänglichem Licht wohnt" (1 Tim 6, 16) und Menschen Gott nirgends wahrnehmen, wird diese behauptete Selbstverständlichkeit doch prekärer.

Denn im ganzen Universum und in dem, was wir lässig unsere „Innerlichkeit" nennen, läßt sich kein Ort aufweisen, an dem „Gott" nachweisbar zu finden ist, wie ich mit dem Finger auf Hans oder Anneliese in meiner Umgebung hinweisen kann. Wenn aber innerhalb unseres menschlichen Erfahrungsraums absolut nichts als das oder der identifiziert werden kann, auf das oder den unser Gebrauch des Wortes Gott hinweist, wird die Frage dringend, welchen *Sinn* dieser Wortgebrauch hat, welche Realität damit gemeint ist, und zwar so, daß auch Nicht-Glaubende wenigstens sinnvoll mitsprechen können. Was mit Gott gemeint ist, muß sinnvoll kommunizierbar sein, auch für Menschen, die das ablehnen, was Gläubige damit meinen.

Man muß deshalb den genauen semantischen Kontext und auch die Grammatik des Gebrauchs des Wortes Gott untersuchen, den Kontext offenlegen, in dem unsere menschliche Erfahrung es für sinnvoll hält, das Wort Gott, JHWH, Allah und so weiter zu verwenden, jedenfalls was Gläubige damit meinen, wenn sie von „Ihm" oder „Ihr" oder einem „Es" reden. Denn wir können die Wahrheitsfrage und die Frage nach der Überprüfbarkeit einer Behauptung auch zu voreilig stellen, wie wichtig diese Fragen auch sind. Erst wird aufgezeigt werden müssen, wie lebensrelevant der Glaube an Gott ist. Die Frage nach der menschlich-sinnvollen semantischen Bedeutung des Wortes Gott ist die notwendige Voraussetzung für die Wahrheitsfrage nach Gott. Es handelt sich dann um den menschlichen Lebenskontext, in dem das Wort Gott sinnvoll und verständlich gebraucht wird. Man muß wissen, worum es geht, wenn man miteinander über etwas spricht. Sonst wird vor allem jedes Reden von Gott ein chaotisches Abenteuer.

Das hindert nicht, daß eine solche semantische Klärung in Wirklichkeit mit dem Ganzen dessen zusammenfallen kann, was wir eine theologische Besinnung auf den Gottesglauben nennen. Daraus wird auch hervorgehen, daß eine wissenschaftliche Reflexion über den Gottesglauben und die Existenz Gottes keineswegs mit dem Glauben an Gott identisch ist. Diese Besinnung steht jedoch im Dienst des tatsächlichen Gottesglaubens und ihm gegenüber. Indem sie innerlich am Gottesglauben partizipiert, distanziert sich jede theologische Reflexion kritisch vom faktischen Glauben an Gott. Weil man in der kirchlichen Verkündigung oft zu sehr von der Evidenz dessen ausgegangen ist, was das Wort Gott bedeutet, und die Semantik des Wortes Gottes praktisch völlig außer acht ließ, waren in einer modernen Gesellschaft viele Gläubigen auf sich selber angewiesen. Das ist auch einer der Faktoren der sogenannten modernen Glaubenskrise.

Auch das Wort „Transzendenz", in Verbindung mit Gott gebraucht, steckt voller Schwierigkeiten. Beim Gebrauch des Begriffs Transzendenz arbeiten Menschen naturgemäß mit Modellen: Etwas übersteigt etwas, geht über etwas hinaus. An sich ist das ein „innerweltliches" Modell, das heißt ein Modell, das etwas über weltliche Beziehungen aussagt. Kann dieser Begriff ausgedehnt werden, um etwas über etwas oder jemanden zu sagen, der über alles Wirkliche oder Vorstellbare hinausgeht? So ausgedehnt und angewandt auf das oder den, den wir Gott nennen, hat dieser Begriff noch viele unterschiedliche Bedeutungen:

a) Etwas kann transzendent sein in bezug auf unser menschliches Denken (epistemologische Transzendenz). Transzendent ist ja nicht nur das von Menschen nie Gedachte, sondern auch das menschlich Undenkbare und Unvorstellbare. Menschen können aus sich selbst Gott nie erdenken (nur „Götzen"). Wenn das so ist, wird es dann unlogisch, an Gott zu glauben? Ist der Gottesgedanke dann nicht kontradiktorisch? Menschen werden es durchweg nicht so formulieren, aber in ihren Erfahrungen spielt dieses Problem unverkennbar eine Rolle.

b) Etwas kann transzendent sein in bezug auf unsere menschlichen Erfahrungen. Dann ist Gott das Nicht-Erfahrbare. Aber wie können wir in diesem Fall die Existenz Gottes bejahen? Oder können wir sagen, daß Gott als mit-erfahrener *Grund* alles Erfahrens erfahren wird? Als derjenige, dessen Existenz seinen erquickenden Schatten auf alles wirft, was wir erfahren?

c) Ferner kann etwas transzendent genannt werden in bezug auf Raum und Zeit, in bezug auf das ganze Universum. Gott ist dann der Zeitlose, im gekrümmten Raum des Alls nirgends anzusiedeln. Ist er dann der „ganz Andere"? Aber wie kann etwas, was ganz anders ist als alles, was wir kennen, erfahren und uns vorstellen können, geglaubt und gefeiert werden? Von Gott als dem ganz Anderen sprechen, ohne weitere Korrekturen, wie der ganz Nahe, ist logisch inkonsistent. Von göttlicher Transzendenz zu sprechen, ohne die radikale Immanenz zu erwähnen, ist logisch schon unhaltbar und absurd.

Transzendenz erweist sich damit als ein Modell mit sehr vielen inneren Problemen. Deshalb sind manche Formen des Atheismus eine berechtigte Kritik an traditionellen Gottesvorstellungen, auch von Christen. Die Kritik von Feuerbach und anderen hat uns gelehrt, daß eine Vorstellung von Gott als dem ganz Anderen nicht nur logisch inkohärent ist, sondern gesellschaftlich und persönlich ebensowenig eine befreiende, kritische und produktive Bedeutung hat. Der ganz Andere kann sowohl Unterdrückung und Diktatur als auch menschliche Befreiung legitimieren!

Zudem werden wir auch das Verhältnis zwischen *kognitiven* und *emotionalen* Elementen im Gottesglauben analysieren müssen. In der Neuzeit ist es üblich geworden, beide Aspekte einander gegenüberzustellen und darin das Emotionale dann zu Unrecht mit dem Non-Kognitiven zu identifizieren. Analysen des Emotionalen haben aber gezeigt, daß das Emotionale einen eigen-kognitiven und somit wirklichkeitserschließenden Wert hat und nicht nur eine Art nichtssagendes Nebenphänomen ist bei dem Wissenschaftlichen, das exklusive kognitive Ansprüche habe. Die kognitive Intentionalität des Gottesglaubens kann man ebensowenig mit begrifflichem Wissen zusammenfallen lassen.

Anderseits ist konkreter Gottesglaube ohne Bilder und Begriffe nicht sinnvoll und auch geschichtlich nicht wirksam, während wir doch überhaupt keinen eigentlichen Gottesbegriff haben. Alle unsere Begriffe, auch diejenigen, die wir in bezug auf Gott gebrauchen, sind nur geeignet, nicht-göttliche, weltliche Dinge artikulierbar und diskutierbar zu machen. Es existieren keine geoffenbarten Begriffe. Dennoch ist Gottesglaube nicht ohne bestimmte Vorstellungen von Gott praktikabel. Können, ja müssen wir etwas mehr sagen, als daß das, was wir Gott nennen, ein geheimnisvolles unbekanntes X ist? Denn was schert mich ein geheimnisvoller „Mr. X"? Oder verlangt die Unvorstellbarkeit Gottes, daß wir besser daran tun, von Gott zu schweigen, um ihn zu seinem Recht kommen zu lassen? Aber das bedeutet dann doch, daß wir alle Religionen für irrelevant erklären; und das ist keineswegs selbstverständlich.

Wenn alle unsere Bilder und Begriffe von Gott, ohne eine Ausnahme (Paul Tillich zum Trotz), in jedem Fall menschliche Erfindungen und Produkte sind und wir über keinen einzigen positiven und eigentlichen Gottesbegriff verfügen, ohne daß die Wirklichkeit Gottes selbst unsere Erfindung und unser Produkt ist, ist das Studium der sogenannten *Soziogenese* oder des gesellschaftlichen Werdeprozesses unserer „Gottesbegriffe" auch theologisch relevant. Eine Untersuchung nach der Struktur der soziohistorischen Figuration, in der sich konkrete Gottesvorstellungen entwickelt haben, wird dann notwendig. Eine theologische Analyse authentischen Gottesglaubens ist zwar möglich, droht aber ohne Analyse der Gesellschaft, in der diese Gottesvorstellungen fungieren, bald ideologisch zu werden. Das gesellschaftliche Funktionieren des Gottesglaubens kann man nicht von der theologischen Bedeutung des Gottesglaubens isolieren. Denn es geht nicht nur um religiöse gute Absichten, sondern um die sichtbaren Konsequenzen des Gottesglaubens auf der Ebene unserer Geschichte. Selbst sehr abstrakte Glaubensbekenntnisse können eine ganz konkrete gesellschaftliche Bedeutung und eine politische Funktion haben. Und die Frage dabei ist immer: Cui bono? Wem nützen diese bestimmten Gottesvorstellungen? Und wem schaden sie?

Deshalb ist nicht nur eine Untersuchung der Soziogenese unserer Gottesvorstellungen notwendig, sondern auch eine Untersuchung nach der Art und Weise, wie sich Gottesvorstellungen, die in einer früheren soziokulturellen Situation entstanden sind und dort gut oder sogar optimal funktioniert haben, in veränderten soziokulturellen Zusammenhängen verhalten. Ursprünglich befreiende Gottesbilder, wie JHWH, können unter anderen Umständen oppressiv wirksam werden, wie die Reaktion Jesu zu seiner Zeit zeigte. Jesus hat nicht den jahwistischen Gottesglauben angegriffen, wohl aber die Art und Weise, wie sich dieser Glaube in der damaligen Zeit gesellschaftlich zum Nachteil der „anawin" oder Armen auswirkte. Die Art und Weise, wie die Interrelation: Gott, Mensch und Welt, gesellschaftlich konkret funktioniert, gehört mit zum Kern echten oder unechten Gottesglaubens. Der gesellschaftliche Machtmißbrauch, der von dem Namen Gott gemacht wurde, ist einer der bedeutsamsten Faktoren, die heute Glauben (bei aller Erinnerung an das, was im Namen Gottes und im Namen der Kirche geschehen ist) äußerst erschweren.

Im weiteren Verlauf wird analysiert, daß man, wie sehr Gottesglaube auch gesellschaftlich kritisch und befreiend wirken muß, die eigene Kognitivität des Gottesglaubens nicht mit seiner gesellschaftlichen Funktion identifizieren kann oder darf.

B. Gottesglaube und seine kirchliche Institutionalisierung

Neu in unseren Tagen ist die Situation, in der Menschen weiter an Gott glauben, während sie sich der Institution Kirche oder Religion entfremden. Religion, Kirche und Gottesglaube bildeten früher, trotz genauso vieler, bis heute nicht genügend untersuchter Brüche, doch ein unbestrittenes Ganzes.

Gottesglaube ist seinem Wesen nach gemeinschaftsbildend. Aber selbst marginale Kirchlichkeit bleibt eine Lebensform einer bestimmten Religion, die immer schon außerhalb der offiziell-üblichen Ströme auch kritische und marginale Seitenflüsse kennt. Diese gehören zur Gesamterscheinung jeder einzelnen Religion. Die Geschichte der religiösen Menschheit lehrt uns, daß Gottesglaube völlig außerhalb einer großen religiösen Erfahrungstradition wenig Zukunftschancen hat.

Die Spannung zwischen Gottesglaube und Kirchlichkeit hat mit etwas Grundlegendem zu tun: mit der Institutionalisierung des Gottesglaubens, die einerseits eine soziologische und auch religiöse Notwendigkeit ist, andererseits zugleich eine gewisse Entfremdung von der ursprünglichen religiösen Erfahrung hervorruft. Das Paradox liegt darin, daß ohne institutionelle Entfremdung die Überlieferung eines lebendigen Gottesglaubens fast unmöglich ist. Eine Religion ist nicht nur der Ausdruck einer grundlegenden religiösen Erfahrung, sondern auch eine „Domestizierung", eine Zähmung der überwältigenden Kraft dieser Erfahrung. Eine religiöse Tradition ist eine kollektive Erinnerung an ein besonderes Gotteserlebnis. Die ursprüngliche religiöse Kraft einer gemeinschaftsbegründenden Erfahrung wird zwar in einer institutionellen Religion weitergegeben, aber ipso facto darin auch einer gewissen Regie unterworfen, ja sogar eingekapselt: Das Unaussprechliche wird zu einem Gesprächsgegenstand und findet sogar institutionell seinen Niederschlag in heiligen Schriften, in symbolischen Riten, in Verhaltensvorschriften usw.

Man darf nicht aus dem Auge verlieren, daß auch Gottesglaube nur in den Formen der condition humaine möglich ist. Gerade deshalb steht eine institutionelle Religion auch immer unter der Kritik der Kraft und Freiheit der ursprünglichen religiösen Erfahrung. Aber niemand kann den ganzen Tag unter der Hochspannung einer religiösen Erfahrung leben. So macht die Religion die Kraft der religiösen Erfahrung sozusagen „erträglich", das ganze Leben lang. Aus demselben Grund periodisiert auch die Liturgie die Hochspannungsmomente. Die Institutionalisierung des Gottesglaubens kommt in Wirklichkeit diesem Glauben zugute.

Anders wird es aber, wenn das offizielle religiöse Institut in Verhalten und Haltung, vor allem durch ausdrückliche oder zumindest faktische Allianzen mit „den Mächtigen dieser Welt", die Kleinen im Stich läßt und der Botschaft, die sie verkündet, in der Praxis irgendwie widerspricht. Dann wird das Institut unglaubwürdig und ein Skandalum für den Gottesglauben. Was im Dienst des Gottesglaubens steht, ist dann somit ein Hindernis für viele. Der einladende Charakter der Religion oder Kirche verschwindet dann. So erschwert das Institut „Kirchen" in Wirklichkeit selbst den heutigen Glauben an Gott. Vielleicht ist dies einer der auffallendsten Gründe, warum viele Gläubigen der Kirche Lebewohl sagen, doch laufen sie dadurch zugleich Gefahr, ihren Gottesglauben verwässern und verblassen zu lassen.

Denn man kann sagen, daß der christliche Glaube, wie er heute von den Kirchen verkündigt wird, nicht mehr durch menschliche Lebenserfahrungen bestätigt wird. Die nicht-kirchlichen Menschen suchen weiter nach einem „religiösen Mehr", einem Lebens-Surplus, dem die Kirchen für sie in Wirklichkeit keine Form geben können. Aber mit dem Verschwinden einer Bestätigung durch menschliche Erfahrungen ist es auch um bestimmte kirchliche Praktiken geschehen; sie werden irrelevant. Anderseits verschwindet damit nicht das Bedürfnis nach dem Gnadenhaften, dem „religiösen Surplus"; der Mensch erfährt, daß er mehr ist als ein bloßes soziales Wesen und mehr als die sozialen Rollen, die man ihm aufdrängen will. Diese Frage nach dem religiösen Mehr hat mit der Erfahrung des Menschen zu tun, daß er nicht in gesellschaftlichen Beziehungen aufgeht (und somit in ihnen nicht untergehen darf). Auch die völlige Identifizierung des Menschen mit seinen gesellschaftlichen Beziehungen entfremdet den Menschen sich selbst und dem anderen.

Ohne „kirchliche" Ausfüllung oder Konkretisierung aufgrund historischer Religionen bleibt diese Frage nach Mehr aber vage und unbefriedigt; sie hängt in der Luft, und dann beginnt der Mensch, auf eigene Faust den leeren Raum zu füllen – manchmal auf bizarre Weise. Ohne ein „transzendentes Mehr" ist der Mensch offensichtlich der Gefangene entweder seiner selbst oder der Gesellschaft. Gerade dieses Mehr erhält, trotz oft auch häßlicher, manchmal krimineller empirischer Erscheinungsformen von „Religionen", sein geschichtlich konkretes Aussehen in verschiedenen Religionen oder „kirchlichen Genossenschaften". Eine kirchliche Institutionalisierung des Gottesglaubens bleibt, trotz eines möglichen Mißbrauchs und gegenteiliger Wirkung, für den Glauben an Gott wesentlich.

C. Gottesglaube in Diskrepanz mit der offiziellen kirchlichen Moral

Im Zusammenhang mit mannigfachen menschlichen Realitäten (vor allem auf dem Gebiet der Sexualität, der Ehe und der Familie) sind viele engagierte Christen zu neuen ethischen Auffassungen gekommen, die sie der offiziell-kirchlichen Moral entfremdet haben, während sie tiefgläubige und praktizierende Christen bleiben. Seit etwa zwanzig Jahren besteht ein erheblicher Bruch zwischen der ethischen Praxis vieler Gläubigen und der offiziellen „Sittenlehre" der kirchlichen Hierarchie. Neu daran ist, daß man sich bei der Befolgung dieser neuen Praxis nicht mehr schuldig fühlt, sondern in völliger Harmonie mit einem sogar kirchlichen Gottesglauben. Viele Gläubigen haben in Wirklichkeit die Sexualmoral der kirchlichen Hierarchie verlassen und empfangen trotzdem zum Beispiel als Geschiedene und Wiederverheiratete weiter getrost die Sakramente.

Oft vergißt man dabei aber, daß eine andere ethische Auffassung auch Veränderungen im Gottesbild auslöst. Beim Festhalten an alten Gottesbildern kommt es dann zu Zusammenstößen mit neuen ethischen Wertungen, so daß über das Ablegen der „alten Moral" auf die Dauer auch der Gottesglaube zu kurz kommt und man auch ihm Lebewohl sagt. Denn man glaubt dann, der Gottesglaube hänge wesentlich mit dieser älteren Moral zusammen. Legitime Änderungen in ethischen Beurteilungen müssen also mit neuen Gottesvorstellungen verbunden sein, wenn man auf die Dauer nicht in einer gewissen Dichotomie oder Schizophrenie leben will.

Eine neue verantwortliche Ethik hat auch Konsequenzen für das Glaubensleben selbst, obwohl es zu diesen Konsequenzen oft nicht kommt. Die Folge ist, daß manche den Gottesglauben schließlich selber aufgeben, in der Annahme, daß dieser doch nicht mit ihren im Kampf und Zweifel neu erkämpften ethischen Auffassungen vereinbar sei. (Das hat also ebenfalls mit dem Institut Kirche zu tun.) Die offizielle Moral der christlichen Hierarchie ist für viele somit der erste Anlaß, die Kirche zu verlassen, und für manche, über diesen ersten Schritt, allem Gottesglauben zu entsagen.

Obwohl dies eine besondere Darlegung erfordern würde, will ich hier auch von dem Gottesglauben sprechen, der sich in den Symbolen einer patriarchalischen Kultur ausgedrückt hat. Vor allem für weibliche Gläubige wird der Gottesglaube in den letzten zwanzig oder dreißig Jahren durch das patriarchalische *Setting* erschwert, in dem geschichtlich konkret die jüdische und christliche Gottesoffenbarung und somit das Sprechen zu und von Gott zu uns gekommen ist. Fokus der jüdisch-christliche Religion ist Gott *der Vater* und *der Mann* Jesus von Nazaret. Nicht so sehr diese religiöse Symbolik ist für viele Feministinnen ein Stein des Anstoßes, sondern die Tatsache, daß diese Symbolik auch gesellschaftlich oppressiv und repressiv wirksam wird, wie auch die Tatsache, daß diese Symbolik in einer Gesellschaft geboren wurde, die die Frau unterdrückt hat. So hat die theologische Symbolik die soziokulturelle Diskriminierung der Frau in Wirklichkeit noch verstärkt.

Wir weisen hier nur auf diese Tatsache hin im Zusammenhang mit der Erhebung der Schwierigkeiten für heutige Menschen, an Gott zu glauben. Viele, vor allem weibliche Gläubige haben nämlich den Eindruck, daß man von ihnen verlangt, an einen Gott zu glauben, der mittels der Religion Menschen, vor allem Frauen, kränkt und herabsetzt. Eigentlich ist dies letztere der tiefsten Intention der evangelischen Botschaft fremd, aber es läßt sich kaum leugnen, daß in der offiziellen Verkündigung der Kirchen und in mannigfachen Formen der Theologie Diskriminierungen der Frau zu finden sind. Wir haben schon gesagt, daß diese Herabsetzung des Menschen einer der wesentlichen Punkte ist, warum heutige Menschen den Gottesglauben aufkündigen. Das gilt vor allem im Zusammenhang mit der feministischen Kritik an der männlichen Rede von Gott.

§ 2. Religionen als konkreter Kontext des Redens von Gott

Im ersten, einleitenden Kapitel wurde gesagt, daß unsere Profangeschichte der ursprüngliche Ort ist, wo Gott in einer Geschichte des Unheils *Heil vollbringt* in und durch Menschen, aber daß in den vielen
Religionen dieses Heil eben als Heil-von-Gott-her zum Gesprächsgegenstand gemacht wird. In diesem Sinn sind die Religionen selbst der
Kontext, in den der Gebrauch des Wortes Gott wesentlich gehört, wenn
auch nie abgesehen davon, was an Heil und Befreiung in der Welt von
Menschen vollbracht wird. Eine Inventarisierung der unterschiedlichen
Zusammenhänge, in denen Menschen das Wort „Gott" gebrauchen, ist
daher theologisch schon äußerst relevant.

I.

ÜBER UND ZU GOTT SPRECHEN IM KONTEXT EINER
RELIGIÖSEN ERFAHRUNGSTRADITION ODER RELIGION

An erster Stelle wird das Wort Gott von Glaubensgemeinschaften gebraucht, und zwar innerhalb einer spezifisch-religiösen Tätigkeit, die
wir als *artikulierendes Bekenntnis* des Gottesglaubens, als *Zeugnis* und als *ri-
tuelle und kultische* oder liturgische Tätigkeit der feiernden Gemeinschaft
und schließlich als (mikro- und makro-)*ethische Ermahnung* zusammenfassen können. Das besagt in Wirklichkeit, daß der menschliche Gebrauch
des Wortes Gott vor allem in einem Kontext vorkommt, in dem man
nicht so sehr *von* Gott, sondern *zu* Gott spricht: also in einem Kontext
der Anbetung und Verehrung wie auch in einem Kontext bekennenden
und zeugnishaften Redens von Gott; schließlich: in der Praxis der
„Nachfolge Gottes".

Ein philosophischer Kontext ist daher nicht der geeignetste Ort, an
dem das Wort Gott gebraucht wird. Es geht um einen Bereich, in dem
Gott angesprochen wird und in dem zu der Glaubensgemeinschaft
durch Zeugnisse, vor allem durch die Gründungsdokumente ihrer religiösen Erfahrungstradition, gesprochen wird – zugleich ein Kontext,
in dem die Glaubensgemeinschaft Zeugnis ablegt von ihrem Ringen
mit Gott und mit ethischen Fragen. Denn „an Gott glauben" heißt mit
Gott ringen, wie Jakob/Israel seinerzeit mit dem Engel Gottes gerun-
gen hat.

Dieser Kontext ist kein Kontext der Erklärung und Auslegung, nicht
ein Zusammenhang, in dem philosophisch nach den Möglichkeitsvor-

aussetzungen menschlichen Denkens und menschlichen Handelns gesucht wird.

Der eigentliche Zusammenhang, in dem das Wort Gott gebraucht wird, ist das individuelle und gemeinsame *Gebet* lebender Menschen *zu Gott*. Das Wort Gott wird dort in einem „auto-implikativen" religiösen Lebenskontext gebraucht – ein gelehrtes Wort, um zu sagen, daß dieses Sprechen den ganzen Menschen in Anspruch nimmt. Es sagt genauso viel über Gott wie über den Menschen aus. Auch Menschen- und Gottesbilder sind nicht getrennt erhältlich. Von Gott reden sagt genauso viel über den Einsatz Gottes wie über den Einsatz des Menschen aus.

Zugleich stellen wir fest, daß Menschen in ihrem religiösen Kontext unterschiedlich zu Gott sprechen, unterschiedlich von ihm zeugen und ihn auf unterschiedliche Weise feiern. Es gibt eine Mehrzahl faktischer Religionen, einen Fächer von Möglichkeiten im primären Kontext des Sprechens zu und von Gott. Dieser fundamentale Pluralismus im religiösen Reden von Gott wird auch für uns ein bedeutsames Faktum sein müssen: Ist es eine zu überwindende Faktizität? Oder ist, in Anbetracht der Unaussprechlichkeit Gottes, dieser Pluralismus sozusagen „grundsätzlicher" Art? Und was bedeutet in diesem letzteren Fall dann die „Einzigartigkeit des Christentums"?

II.
VON GOTT REDEN INNERHALB DER PHILOSOPHISCHEN BESINNUNG AUF EIGENE RELIGIOSITÄT

Es gibt ferner, noch immer innerhalb dieser Glaubensgemeinschaften, verschiedene Formen *theologischer Reflexion* über dieses religiöse Sprechen zu und von Gott. Das ist ein schon etwas weiter weg liegender, aber doch ein an diesen primären Kontext anknüpfender, gleichsam „zweiter" Kontext des Redens von Gott. Hier wird *reflexiv über* „das *Sprechen zu* Gott" gesprochen.

Wie auf der ersten Ebene, stellen wir auf dieser zweiten, reflexiv-theologischen Ebene ebenfalls eine Vielzahl verschiedener Reflexionen fest. Nicht nur quer durch alle religiösen Kulturen hindurch, sondern sogar innerhalb ein und derselben religiösen Tradition gibt es verschiedene, manchmal einander bekämpfende theologische Schulen und Richtungen; sowohl innerhalb der christlichen als auch innerhalb der islamistischen oder buddhistischen und anderer Erfahrungstraditionen. Dabei darf nicht übersehen werden, daß die theologische Reflexion innerhalb einer religiösen Tradition nicht mit dieser religiösen Erfahrungstradition zusammenfällt, wie man ebensowenig die Erforschung einer konkreten Religion mit einer Erforschung religiöser Ideen und Theorien identifizieren kann.

III.
GOTT ALS SOGENANNTE „AUSSER-RELIGIÖSE", AUTONOM-PHILOSOPHISCHE FRAGESTELLUNG

Es gibt einen noch weiter entfernten Kontext, in dem Menschen das Wort Gott gebrauchen, nämlich in der philosophischen Besinnung, als Reflexion über die Gesamtheit der menschlichen Erfahrung; in der rationalen Besinnung auf den allerletzten Grund und Ursprung aller Wirklichkeit: der „unbewegte Beweger" des Aristoteles, Platons „höchste Idee", die alle Ideen zur Synthese bringt, die „erste Ursache all dessen, was existiert, lebt und sich bewegt", bei Thomas, Spinozas „Deus sive Natura", Kants „Möglichkeitsvoraussetzung" des menschlichen ethischen Handelns, Hegels „absoluter Geist", schließlich „Gott" als der Inspirator zu gesellschaftspolitischen Befreiungsbewegungen usw. Auch auf diesem philosophischen Gebiet ist das Reden von Gott sehr unterschiedlich, pluralistisch. Die meisten dieser, zumindest der westlichen philosophischen Systeme, in denen Gott zur Sprache gebracht wird, sind historisch undenkbar ohne die christlich-religiöse Erfahrungstradition, in der Gläubige zu Gott beten. Zwar ist Philosophie ein rationales Unternehmen, aber in Wirklichkeit war der religiöse Gebrauch des Wortes Gott dabei immer der entfernte Kontext. Mit anderen Worten, in diesen philosophischen Traditionen geht es entweder um eine Rationalisierung oder die theoretische Thematisierung eines schon vorgegebenen religiösen Glaubens an Gott oder um die Rationalisierung einer schon vorgegebenen atheistischen Tradition. Philosophische Leugnung oder Bejahung der Existenz Gottes sind in Wirklichkeit keine Schlußfolgerungen aus diesen Philosophien als solchen. Glaube an Gott oder Nicht-Glaube sind schon Ausgangspunkte dieser Philosophien, eigentlich nicht ihre Schlußfolgerungen!

Deshalb muß man sagen, daß sogar das philosophische Reden von Gott historisch nur vor dem Hintergrund einer religiösen Tradition zu verstehen ist, wie eine atheistische oder eine agnostische Philosophie innerhalb einer agnostischen Erfahrungstradition zu verstehen ist. Das läßt sich historisch nachweisen, und es bestätigt die These, daß Religionen der primäre Kontext des Gebrauchs des Wortes Gott sind. Bei einer philosophisch-rationalen Analyse wird in Wirklichkeit nichts anderes getan, als die kognitive Intentionalität eines bestimmten religiösen Gottesglaubens oder, anderseits, eines tatsächlichen Nicht-Glaubens aufzudecken. Das war auch die Hauptabsicht der sogenannten „fünf Gottesbeweise" des Thomas von Aquin, wie Kants Kritik der reinen Vernunft von einer gleichen Absicht beseelt war.

IV.

DAS „PASSIVUM THEOLOGICUM" IM REDEN VON GOTT IN EINER SÄKULARISIERTEN WELT

Zu erwähnen ist noch der verschwiegene Gebrauch des Namens Gott: in dem, was Exegeten nach jüdischem Brauch das „passivum theologicum" nennen, zum Beispiel: „Es sei mir gegeben" oder in dem modernen Schlußsatz der Thronrede der niederländischen Königin: „Wir bitten, daß uns die Kraft dazu geschenkt werden möge." Jeder, auch der Agnostiker, kann dies nach eigenem Sinn auslegen. Für an Gott glaubende Menschen ist dies ein „passivum theologicum", wodurch der Fetischismus des Namens Gottes vermieden wird, während dessen *religiöse* Bedeutung doch erhalten bleibt.

V.

„DU LIEBER HIMMEL", „MEIN GOTT", „GRÜSS GOTT", „ADIEU". ECHOS AUS EINER RELIGIÖSEN GESELLSCHAFT IN EINER SÄKULARISIERTEN UMWELT

Um vollständig zu sein, sei schließlich auch auf den „profanen" Gebrauch des Wortes Gott hingewiesen, etwa in Flüchen („gottverdammt") oder in dem freundlicheren profanen Gebrauch „du lieber Himmel", „mein Gott" und dergleichen. Auch dieser Gebrauch wird aus einem ursprünglich religiösen Kontext verständlich, der aber zu einem wesentlichen Bestandteil einer Kultur geworden ist, und zwar so, daß man das Wort Gott auch in einer säkularisierten Kultur weiterhin gebraucht. Man denke auch an das deutsche „Grüß Gott", das französische „Adieu" oder den Ausruf: „Um Gottes willen, das kannst du nicht machen!" Glaube oder „Nicht-Glaube" spielen dabei keine Rolle mehr. Aber die Tatsache, daß Menschen zu fluchen beginnen in Situationen, in denen sie in ihrem persönlichen Engagement radikal behindert werden, ist, linguistisch, eine Erinnerung an die Tatsache, daß das ursprüngliche Aussprechen des Namens Gott nicht eine neutrale, wertfreie Aussage war, sondern in seinem primären, nämlich religiösen Kontext die ganze Person herausfordert: Dann *lobt* oder *flucht* man.

Aus alldem geht hervor, daß der Gebrauch des Wortes Gott in seinem primären Kontext gleich ein ganz spezifisch menschliches Handlungsschema impliziert. „Gott nennen" sagt etwas über Gott, aber zugleich etwas über die menschliche Existenz aus. Glaube an Gott impliziert sowohl eine theologische als auch eine anthropologische Aussage. „Gott sagen" steht dabei unter dem Primat menschlichen Handelns oder Engagements.

Schlußfolgerung

Aus alldem folgt auch, daß die primäre und nächstliegende Umschreibung dessen, was „Gott" ist, dasjenige oder derjenige ist, der von religiösen Gemeinschaften verehrt, bekannt und gefeiert wird[10]. Er ist der Gefeierte; deshalb manchmal auch der Verfluchte.

Aber was bedeutet Anbetung oder Gottesverehrung? Anbetung oder Verehrung erscheint an erster Stelle als eine menschliche, bewußte Tätigkeit. Psalmen und in anderen Religionen auch mannigfache Hymnen sagen zwar, daß auch untermenschliche Wesen, weil diese genauso von Gott abhängig sind, auf ihre Art „Gottes Herrlichkeit" besingen, was man aber nicht Anbetung nennen kann. Gottesverehrung erfordert eine Tätigkeit des Bewußtseins und somit der Sprache, des Sprechens, und das können nur Menschen, zumindest nach den Grenzen unserer Erfahrung. Gottesverehrung ist außerdem nicht eine bloß theoretische, distanzierte Tätigkeit, sie ist ein performatives, realisierendes Bewußtsein: eine Tätigkeit bewußter Integration des Lebens eines Menschen und all dessen, was dies in Begriffen von Gedanken, Plänen, Wertschätzungen und Bedeutungen umfaßt[11]. Dabei wird diese Integration nicht nur durch Erkenntnis vollzogen, sondern vor allem durch Hingabe seiner selbst an dasjenige oder denjenigen, der verehrt wird als (ganz gleich wie) „reine Gnade", Ungeschuldetheit, als derjenige, der uns „widerfährt" und so Quell und allerletzter Grund menschlichen Lebens genannt werden kann (siehe darüber weiter unten). Vor allem in sogenannten hochtheistischen Religionen ist diese integrierende Tätigkeit deutlich erkennbar: „Du sollst den Herrn, deinen Gott, lieben mit deinem ganzen Herzen, mit deiner ganzen Seele und all deinen Kräften."

Durch die Tätigkeit der Anbetung Gottes wird eine bewußte Beziehung hergestellt zwischen dem Menschen und einer höheren Wirklichkeit, die es wert ist, daß man sich ihr absolut weiht und daß sie angerufen wird als reines Gnadengeschenk und deshalb als letzter Quell aller Liebe und menschlichen Integrität, Freiheit und Ganzheit – während, *dank* diesem Gott, auch ohne irgendein Bewußtsein von Ihm, von Menschen menschlicher Sinn und menschliches Glück zu finden sind und in Wirklichkeit gefunden werden. Eine selbstlose göttliche Erfindung!

§ 3. Mystische oder theologale Tiefendimension der menschlichen Existenz

I.
SIND GLAUBE AN GOTT, GEBET UND MYSTIK EINS?

In der vorausgegangenen Analyse wurde offenkundig, daß Religion und darin vor allem das Gebet der eigentliche Kontext des sinnvollen Gebrauchs des Wortes „Gott" ist. Doch fällt auf, daß Mystik – sowohl lokal als auch zeitlich – eigene Perioden der Blüte kennt, zum Beispiel die rheinische, die flämische und die dominikanische Mystik des vierzehnten Jahrhunderts; die spanische karmelitanische Mystik des sechzehnten Jahrhunderts; die Mystik der französischen Schule im siebzehnten Jahrhundert; die heutige Mystik im Kontext der zweiten Hälfte des zwanzigsten Jahrhunderts. Mit allen mystischen Regenbögen dazwischen. Was Mystik in sich selbst auch sein mag, sie scheint jedenfalls eine bestimmte Antwort auf eine Krise oder ein Problem aufgrund eines bestimmten soziohistorischen Kontextes zu sein.

Ein Beispiel möge den soziohistorischen Kontext aller Mystik verdeutlichen. Vom siebzehnten Jahrhundert an wurde im Westen der Kosmos oder die Natur durch die aufkommenden Naturwissenschaften ent-zaubert: Die Natur wurde ein einziges durchsichtiges, großes Uhrwerk und war nicht mehr ein geheimnisvolles und numinoses All, das Anlaß zu mystischen Anwandlungen geben konnte. Darin lag auch der Grund, warum im siebzehnten Jahrhundert die Spiritualität zu einer Mystik der Innerlichkeit wurde: zur Mystik des subjektiven Weges der Seele zu Gott.

Für den heutigen Menschen liegt der Ursprung der Rationalität der Welt nicht mehr, wie für die Griechen und die Menschen des Mittelalters, in der Welt selbst, sondern ausschließlich im menschlichen Geist, welcher der Wirklichkeit seine eigenen Begriffe auferlegt. Die moderne Entwicklung hat die Wirklichkeit auf Objektivität, das heißt auf den Sinn, der ihr durch den menschlichen Geist gegeben wird, eingegrenzt. Sinngebung wird fortan viel mehr zu einer Form der Kontrolle als der Ergebung in eine vorgegebene Rationalität. Im Wesen der Dinge liegt kein Geheimnis mehr. Der Mensch findet daher in der Welt nur sich selbst und sein eigenes Gebilde. Aber dieses „Selbst" ist dadurch selbst zusammengeschrumpft.

Max Horkheimer hat einmal gesagt: „Je mehr wir die Natur als ein reines Objekt gegenüber einem menschlichen Subjekt ansehen, um so mehr verliert dieses autonom gedachte Subjekt seinen Inhalt, bis zum Schluß nur noch ein Name übrigbleibt mit nichts, das man mit ihm benennen könnte."[12] Ein Subjekt, das keine andere Aufgabe hat als einer Wirklichkeit objektiven Sinn zu *geben*, die selbst keinen Sinn mehr besitzt, verliert schließlich auch seinen eigenen Inhalt. Das reine Subjekt wird auf die Dauer zum leeren Subjekt. Das autonome Subjekt ist nicht mehr imstande, sich zu sich selbst anders als zu einem Objekt zu verhalten. Für Strukturalisten wie beispielsweise Michel Foucault ist der Begriff *Mensch* eine moderne Erfindung, die sobald wie möglich verschwinden muß. Nietzsche sagte schon, daß der moderne Kult des Menschen eine dekadente Erscheinung sei.

Diese moderne Zuspitzung auf die Subjektivität hat einerseits das Verschwinden einer wahren Transzendenz zur Folge. Zu dem Gott der modernen Transzendentalphilosophie, das heißt zu Gott als Postulat der praktischen Vernunft, Gott als Voraussetzung für die Möglichkeit menschlichen Denkens und menschlicher Freiheit, kann man nicht beten. Zu Beginn der Neuzeit wurde deutlich, daß man keinen Gott mehr braucht, um die Welt, die Natur, erklären zu können; später in unserer Neuzeit kam man auch dahinter, daß man Gott ebensowenig braucht, um den Menschen zu erklären; der Mensch kann offensichtlich auch ziemlich gut menschlich leben ohne Glauben an Gott, zumindest genauso menschlich wie religiöse und christliche Menschen. „Gott" ist nicht nötig: weder für die Natur noch für den Menschen, noch für die Gesellschaft, obwohl Gott doch mit Mensch, Natur und Gesellschaft zu tun hat.

Anderseits macht ebendiese moderne rationale und technische Kultur, welche die Transzendenz zum Verschwinden brachte, ein neues Verlangen nach Mystik zumindest möglich. Im Unbefriedigtsein mit einer rein technischen Kultur entsteht eine neue Kategorie: die der reinen *Gratuität* Gottes. Er ist nicht notwendig. Gott fällt nicht unter die Kategorie des Bedürfnisses, sondern des Verlangens und der Liebe: des Nicht-Geschuldeten, so wie wenn uns jemand ein Blumenstrauß überreicht und wir aufrichtig antworten: „Das wäre nicht nötig gewesen"; doch ist das der wahre Luxus des Lebens. Der Luxus des nicht notwendigen Geschenks eines Blumenstraußes!

Ich glaube, daß das heutige Wiederaufleben mystischer Tendenzen in Wissen und Kunst, die neue Hinwendung zu Religion und Mythos, mit einer Reaktion auf den dualistisch-cartesianischen, modernen Rationalismus des Westens zusammenhängt. Diese neue Blüte hat mit der Erfahrung der Ohnmacht auf gesellschaftlich-politischem Gebiet nach den späten sechziger Jahren zu tun, in denen vor allem junge Menschen geglaubt hatten, die ganze Gesellschaft verändern zu können. Als ich 1968 in der Berkeley-Universität bei San Francisco Gastvorlesungen hielt, wogte die Universitätsstadt von linkspolitischen Gruppen, die überall in der Stadt eigene Versammlungsräume hatten, verschiedene Häuser, in denen die Strategie politischer Demokratisierung besprochen und konzipiert wurde. Als ich 1980, zwölf Jahre später, dort wieder Vorlesungen hielt, mußte ich feststellen, daß sich alle diese früheren Strategiezentren jetzt in Meditationszentren verwandelt hatten. Beide Tatsachen weisen einerseits auf einen *modischen* Effekt hin, dürfen aber anderseits nicht auf einen bloß modischen Trend reduziert werden; auch soziokulturelle Faktoren liegen ihnen zugrunde, und diese sind von grundlegenderer Art als bloß Mode.

Mit Recht haben die brasilianischen Bischöfe darauf hingewiesen, daß mystische Bewegungen gerade dort aktiv auftreten, wo die Kirchen an gesellschaftspolitischer Bewußtwerdung arbeiten. Nicht selten besteht eine Verbindung zwischen mystischen Sekten und Propagandisten der Ideologie des nationalen Sicherheitsstaates. Oft werden diese mystischen Gemeinschaften von fundamentalistischen und rechten Gruppen unterstützt. Mystik scheint also einerseits einem mehr emotionalen religiösen Gruppenleben bei der Bevölkerung zu entsprechen, aber zugleich den Widerstand gegen soziale Mißstände zu ersticken. Ein Grund mehr, danach zu fragen, was Mystik ist.

Geben wir zunächst einige Begriffsbestimmungen, die deutlich machen können, worum es eigentlich geht. Seit dem siebzehnten und achtzehnten Jahrhundert wurde „Mystik" zu einer Art Schimpfwort für merkwürdige und geheimnisvolle, okkulte und irrationale Phänomene. In der zweiten Hälfte des neunzehnten Jahrhunderts und im zwanzigsten Jahrhundert wurde die Mystik wieder positiv gesehen. Aber in der Tradition der katholischen Spiritualität traten, was die positive Bestimmung dessen, was Mystik ist, betrifft, zwei Richtungen in den Vordergrund:

1. Die thomistisch-karmelitanische und auch dominikanische Interpretation dessen, was Mystik ist. Diese sieht das Wesen des mystischen Lebens in einer intensiven Form des theologalen Glaubens, der Hoffnung und der Liebe. Mit anderen Worten: Mystik liegt auf der Linie der drei göttlichen Tugenden.

2. Nach (nicht der, aber doch) einer vor allem jesuitischen, mehr voluntaristischen Auffassung von Spiritualität liegt Mystik nicht auf der Ebene des theologalen Lebens, sondern umfaßt ein besonders Gebiet

von verschiedenen außergewöhnlichen (manchmal noch verdächtigen) Phänomenen: Visionen, Ekstasen, Levitationen und dergleichen. Mystik ist demnach ein ganz eigenes Gebiet, das sich nicht auf das normale christliche Glaubensleben zurückführen läßt.

Ich selbst definiere „Mystik" auf der Linie der ersteren Richtung, wonach Mystik in das normale Glaubensleben fällt; sie ist dann eine intensive Form gläubiger Gotteserfahrung. Das kann jedoch, bei Vorhandensein einer besonderen psychosomatischen Veranlagung des Gläubigen, mit außergewöhnlichen Phänomenen verbunden sein: mit körperlichen Rückwirkungen wie Gefühllosigkeit bei Verzückungen, Levitation, Ekstasen, sogar Stigmatisation, doch sind dies nicht-wesentliche Nebenerscheinungen des echten mystischen Glaubenslebens. Dieses sogenannte Außergewöhnliche setzt ein spezielles psychosomatisches Substrat voraus, wie man dies auch klinisch hat verdeutlichen können. Allein der Kontext wird zu erkennen geben, ob solche Nebenerscheinungen wahrhaft-religiösen Ursprungs sind. Als Phänomene sind diese außerordentlichen Erscheinungen religiös neutral; auch Pharmaka (zum Beispiel LSD und Meskalin) können diese Nebenerscheinungen hervorrufen.

Mystik ist, christlich gesehen, ihrem Wesen nach Glaubensleben und deshalb nicht ein besonderer Sektor im christlichen Leben, zu dem nur wenige oder einzelne berufen wären. Ebenso wenig wie das Glaubensleben läßt sich Mystik auf Ethik reduzieren. Zwar lebt sich die Mystik auch unter anderem in dem (politisch-gesellschaftlichen und sogenannten persönlichen) Ethos aus, doch ist sie ihrem Wesen nach metaethisch, nämlich „theologal". Mit anderen Worten: Aufgrund seiner mystischen Tiefe übersteigt der christliche Glaube den politischen und persönlichen ethischen Einsatz der Christen; aber es ist ein Übersteigen durch Implikation und nicht durch Ausschaltung. In diesem Sinn darf man das christliche Evangelium nicht in unserer christlichen Verantwortung für eine bessere Welt *aufgehen* lassen; dann würde man den Glauben an Gott doch wieder auf seine Nützlichkeitsfunktion für diese Welt reduzieren und seine Gratuität verkennen.

Das christliche Glaubensleben hat neben der ethischen, mitmenschlichen, ökologischen und gesellschaftspolitischen auch eine mystische Dimension, das heißt einen Aspekt *kognitiver Vereinigung mit Gott*. Den Gott berührenden Charakter des Glaubens nenne ich die mystische Seite des Glaubens. Diese kognitive Dimension des Glaubens hat zwei Aspekte: den Aspekt der bekennenden begrifflichen oder bildhaften Glaubensvorstellungen, zum Beispiel Glaube an Gott, wie wir ihn als Schöpfer, Erlöser oder Befreier bekennen, und den Aspekt eines kognitiven *Kontaktes* mit der Wirklichkeit Gott (eine bestimmte mystische Tradition spricht in der Tat von „thigganein", dem griechischen Wort für „berühren", Kontakt). Mystik in speziellerem Sinn ist dann eine intensive Erlebnisform dieses kognitiven, uns mit Gott verbindenden Elements im Glauben, wobei die Vorstellungsmomente völlig in den Hintergrund treten und sogar gänzlich verschwinden.

Wegen der Eigenart Gottes, der alle Begriffe und Erfahrungen übersteigt, hat die Mystik immer etwas von einer „dunklen Nacht" an sich. Wir stehen hier vor dem Paradox sowohl des Glaubenslebens als auch der Mystik. Glauben an Gott ist ohne Gottesvorstellung sinnlos und sogar unmöglich, außerdem geschichtlich wirkungslos, während anderseits Gottes absolute Gegenwart all unsere Gottesbilder und -vorstellungen zerschlägt. Die Bibel, sowohl das Erste oder Alte wie auch das Zweite oder Neue Testament, ist voller Gottesbilder und ist zugleich voll von Zerschlagen dieser Bilder. Deshalb muß ich zuerst etwas tiefer auf dieses Glaubensparadox eingehen, das auch das Paradox aller Mystik ist.

Im Grunde geht es um den Glauben an Gottes Gnade, das heißt an die rettende reale Nähe Gottes bei uns; dabei handelt es sich um keinen besonderen Bereich, etwa den der menschlichen Innerlichkeit, sondern um einen Bereich, der die ganze Wirklichkeit, in der wir leben und die wir selbst auch sind, umfaßt. Von Gottes Seite aus gesehen ist diese absolute Nähe unmittelbar, für uns ist diese Unmittelbarkeit „vermittelt", obwohl sie Unmittelbarkeit bleibt. (Mir ist klar: so etwas ist unsinnig, wenn es um zwischenmenschliche Beziehungen geht; nicht jedoch, wenn es die Gegenseitigkeit zwischen einem endlichen und einem unendlichen Wesen betrifft. Eine Berufung auf „unmittelbare Erfahrungen" kann sehr irreführend sein! Siehe Kap. 1). Deshalb kann meines Erachtens das ganze Problem der Mystik in dem Begriff „vermittelte Unmittelbarkeit" zusammengefaßt werden (auch dann, wenn Mystiker bei der Wiedergabe ihrer Erfahrungen von „Unmittelbarkeit" sprechen, verrät ihre Analyse, daß diese Unmittelbarkeit vermittelt ist, vor allem bei Johannes vom Kreuz und sogar bei Eckhart).

Mystik liegt auf der Linie des Gebets, ist ein *Gebet, in dem versucht wird,* die auch politisch, ethisch und begrifflich vermittelnden Komponenten des Glaubens zu übersteigen, um sich in die unmittelbare Nähe Gottes zu versetzen. Nun, durch die Eigenart Gottes und die notwendigerweise vielfältige Vermittlung jedes Glaubens an Gottes rettende absolute Nähe gelingt das eben nicht. Deshalb manifestieren sich die Höhepunkte der Mystik als „dunkle Nächte" (Johannes vom Kreuz) oder, noch gewagter, als „finsteres Licht" (Ruusbroec).

Ohne Vermittlung droht die Mystik in der Tat einer Leere nachzujagen, einem „nada", wie es Johannes vom Kreuz formuliert. Aber in der echten Mystik geht es um ein „nada" oder „Nichts" einer ganz bestimmten, nicht in Begriffe oder Bilder zu fassenden „Fülle" – einer Fülle, die sich aber als solche dem menschlichen Geist nur als eine „dunkle Nacht" oder ein „finsteres Licht" zeigen kann. Auf dieser Höhe des mystischen Gebets gibt es keine positiven Stützpunkte oder positive Vermittlungen mehr; hier gibt es allein die Vermittlung der Negativität, die sich als ein schwarzes Loch oder, wie Theresia von Lisieux sagte, „als eine Mauer" offenbart. Mystik ist ein Dialog, bei dem beide Gesprächspartner intensiv tätig sind, bei dem aber ein Partner, nämlich Gott, bei aller aktiven Tätigkeit doch zu schweigen scheint.

Mystik ist ihrem Wesen nach nicht nur ein Erkenntnisprozeß, sondern ein bestimmter Lebensweg – ein Heilsweg. Bevor wir Mystik als „Kernproblem" besprechen, muß also zuerst beschrieben werden, was „mystische Erfahrungen" sind. Aufgrund von Beschreibungen, die Mystiker – Frauen wie Männer – von ihrem mystischen Lebensweg gegeben haben, sehe ich darin drei Konstanten (jedoch mit verschiedenen Nuancen).

1. Mystische Erfahrung ist eine *Ursprungs*erfahrung. Bei Mystikern ist das Bewußtsein lebendig, daß etwas Grundlegendes geschehen ist; eine Art Bewußtsein der „Erleuchtung". In dieser wird das frühere vertraute Welt- und Selbstbild (das „Ego") des Betreffenden radikal zerbrochen: Seine alte Welt stürzt zusammen, er hat etwas völlig Neues erfahren, etwas überwältigend Neues, das seine Lebensweise verändert. Auch die alten Wörter reichen nicht mehr aus, die neue Erfahrung verlangt nach neuen Wörtern, um zur Sprache gebracht oder artikuliert werden zu können.

Zusammenfassend ist somit zu sagen: Es findet eine Art Durchbruch, Einsturz der alten Welt statt; das Erleben von etwas völlig Neuem: Licht oder Feuer, eine Liebesglut, oder „nada", oder ein „Du". Auch Paradoxe wie „alles" und „Nichts" finden wir bei den Mystikern, und zwar durcheinander; vor allem kennzeichnend ist der Ausdruck Ruusbroecs: „finsteres Licht". Etwas Transzendentes und zugleich alles umfassend; Ursprung sowohl aller Objektivität als auch aller Subjektivität. Eine unbedingte Heilserfahrung, eine Erfahrung auch von Totalität, auch von Versöhnung mit allem … trotz Feststellung von Leiden und Nicht-Versöhnung.

2. Darauf folgt meistens eine zweite Phase: Die erste große Verliebtheit scheint vorüber zu sein; Zweifel nagt: War das alles wirklich echt? Es tritt das ein, was viele Mystiker die Phase der „Läuterung" (katharsis) durch eine verschärfte Konzentration nennen; es gibt auch Liebesprozesse, die als „menschliche Verwundung" erfahren werden; doch wird der Mensch durch sie nicht verletzt, sondern erhoben. Diese zweite

Phase endet meistens mit Nacht und Wüste; wahre Mystik ist oft nichts Angenehmes, sondern Qual.

3. Und doch! Denn schließlich entdeckt man die Gesichtszüge des göttlichen Geliebten, wenn auch nur in der Spur, die der Geliebte im Wesen des Mystikers oder der Mystikerin hinterlassen hat: Es bleibt eine vermittelte „Unmittelbarkeit"; es besteht eine volle Anwesenheit des Göttlichen, aber auch eine selbstverständliche Anwesenheit des Mystikers bei Gott. „Mystische Vereinigung", Gegenseitigkeit. Aber stets verbunden mit einem schmerzlichen Gefühl des Mangels: Nicht-Sehen.

Dieser mystische Lebensweg ist in unterschiedlichen Zusammenhängen und Situationen erfahrbar. Manche machen diese Erfahrungen in und an der Natur; andere, wie Martin Buber, in der Familie oder, wie Rosenzweig, indem sie nach vielen Jahren wieder die Synagoge besuchen (wo er sein altes, warmes Nest wiederfand); andere, wie Franziskus, in Gesellschaft und Welt; wieder andere beim Lesen der Tora oder der Schrift oder in Konfrontation mit Jesus, bezeugt als Christus; und noch einmal andere in der Erfahrung des Du des Mitmenschen oder durch Versenkung in das eigene Wesen (die sogenannte Wesensmystik); in unserer Zeit ist Mystik für viele die Erfahrung der „Situation der unterdrückten Armen".

Doch immer ist es eine Ganzheitserfahrung: eine Art Gefühl der Präsenz der ganzen Wirklichkeit, ja, der Ursprung des Ganzen wird erfahren. Auf jeden Fall: Das Unaussprechliche, das erfahren wird, ist wirklicher als der Stuhl, auf dem der Mystiker sitzt, wirklicher als alles, was der Mystiker als Wirklichkeit ansieht. Mystik bedeutet keineswegs „Gott und allein Gott". Der „Sonnengesang" macht dies deutlich, in dem Franziskus sagt: „Sei gelobt, mein Herr, mit allen deinen Geschöpfen!" Der Mystiker wird zwar zuerst alles loslassen; alles, auch sich selbst, preisgeben, doch findet er in der Gratuität Gottes alles, auch sich selbst, hundertfältig wieder. Wahre Mystik ist nie eine Weltflucht, sondern aufgrund einer ersten desintegrierenden Ursprungserfahrung ein integrierendes und versöhnendes Erbarmen mit allem. Annäherung, keine Flucht.

II.
MYSTISCHES SCHWEIGEN UND MYSTISCHES REDEN VON GOTT

Menschen können in einem endlosen Ja-Nein-Spiel zwar behaupten, daß Gott nicht existiert, oder ebenso einfach als gegeben annehmen, daß er existiert, sie können aber nicht leugnen, daß eigentlich alle mensch-

lichen Kulturen einen Namen für „das Göttliche" haben und daß sich sogar sogenannte säkularisierte Kulturen „einen Gott" als ein „ultimate
concern" halten (Paul Tillich). Religionen gehören zu dem historischen
Bild dessen, was Menschsein uns an mannigfaltigen Facetten lebendiger
Menschlichkeit in der menschlichen Geschichte gezeigt hat und noch
bis in die säkularen Gesellschaften hinein zeigt.

Aber nur über die horizontale Dimension unserer wechselhaften
menschlichen Geschichte – mit Hilfe von Menschen: Freiheit und Zufall, Konvergenz und Determinismus – kommt Gott für reflektierende
Menschen ins Bild. Das schließt schon ein, daß wir einen Unterschied
einführen können und müssen zwischen dem, was man den „realen Referenten" (in diesem Fall die Gotteswirklichkeit selbst) und den „ideellen" oder auch „verfügbaren Referenten" (unsere Gottesvorstellungen
und -bilder) nennen kann. Dieser Unterschied ist nicht auf die religiöse
Erkenntnis beschränkt. In allen Formen und Schichten menschlicher,
spontaner und wissenschaftlicher Erkenntnis ist dieser Unterschied, ob
reflektiert oder nicht, wiederzufinden, was näher aufzuzeigen ist.

Auf der Ebene menschlicher Erfahrungen können wir sagen: Die Namen Anna und Peter weisen auf diese beiden dort hin. Der reale Referent läßt sich nachweisen. Mit Gestalten aus der vergangenen Geschichte erweist sich dies schon als schwieriger. Nehmen wir zum
Beispiel Wilhelm von Oranien. Wer ist der reale Referent dieses Namens? Auf ihn läßt sich jedenfalls nicht mehr mit dem Finger, sondern
nur mit Hilfe verschiedener historischer Dokumente und Berichte hinweisen. Dadurch erhalten wir nur ein rekonstruiertes *Bild* von dem *wirklichen* Wilhelm. Nicht der wirkliche Wilhelm, sondern das historische
Bild von Wilhelm, der „ideelle" Referent, lenkt bestimmte vaterländische
Gefühle von Niederländern und Flamen. Ich glaube, damit stoßen wir
auf ein grundlegendes Modell, das auch bei unserem Reden von Gott
wichtig ist: den Unterschied zwischen dem „realen Referenten", zum
Beispiel dem damals lebenden Wilhelm von Oranien, und dem „verfügbaren Referenten": unserem historischen Bild von Wilhelm dem
Schweiger. Außerdem wird dann offenkundig: Wenn Wilhelm von Oranien zum Beispiel für niederländische Bürger eine gewisse Lebensrele-
vanz hat, ist er nicht unmittelbar der wirkliche Referent, sondern der
verfügbare, „ideelle" Referent, der das vaterländische Handeln orien-
tiert. Es gibt nie einen nicht-interpretierten Wilhelm den Schweiger.
Kein Freudianer oder Jünger Jungs wie Erikson, der ein Buch über Luther schrieb, wird je einen Unterschied machen zwischen dem „Luther
der Geschichte" (realer Referent) und dem „Luther der Jungschen Interpretation"; für ihn ist der Luther der Geschichte ebendieser im Sinne
Jungs interpretierte Luther. Aus diesem Grund verwende ich für die bei-

den, jedoch zu unterscheidenden Momente denselben Begriff, nämlich „der Referent", bald einmal im Sinne von „realer" Referent dann wieder in dem Sinn von „verfügbarer" Referent.

Es kann aber auch geschehen, daß die Geschichte uns Namen übermittelt, mit anderen Worten, daß uns ein verfügbarer Bezugsträger dargereicht wird, zum Beispiel der heilige Christophorus, der Patron der Reisenden in Not, von dem die kritische historische Forschung jetzt festgestellt hat, daß es ihn nie gegeben hat. Das Vorhandensein verfügbarer Referenten kann uns daher noch nicht zu dem Schluß verleiten, daß es sich im gegebenen Fall um einen realen Referenten handelt. Die Tatsache, daß die Menschheit so viele Religionen mit mannigfachen Gottesbildern zählt, besagt, zumindest an sich, noch nichts über die Existenz oder Nichtexistenz Gottes.

Im ersten Kapitel wurde schon gesagt, daß für Gläubige die Wirklichkeit Gottes unabhängig von unserem menschlichen Bewußtsein ist, unabhängig von unserem Zur-Sprache-bringen Gottes; anderseits aber ist unser Reden von Gott mit abhängig von dem geschichtlichen Kontext, in dem wir Gott zur Sprache bringen. Die Frage ist jedoch, ob dieses von Menschen erfolgende Zur-Sprache-Bringen Gottes selbst von der realen Existenz Gottes unabhängig ist oder ob es ohne die Existenz dieser Wirklichkeit unmöglich oder sogar undenkbar wird. Jedenfalls können wir auch hier vorläufig unterscheiden zwischen „Gott" als „realem" Referenten (was er für jene, die an Gott glauben, in jedem Fall ist) und allen unseren Gottesbildern (dem „ideellen" Referenten).

Gott ist die Wirklichkeit, auf die jedenfalls Gläubige mittels verfügbarer Gottesbilder hinweisen, die ihnen aus der religiösen Erfahrungsgeschichte der Menschen dargeboten werden. Analog einer geschichtlichen Gestalt ist die Realität Gottes „abwesend", das heißt nicht verfügbar, nicht der Beobachtung oder wissenschaftlichen Experimenten zugänglich. So gesehen, ist er also ein unbekanntes X, ein Grenzbegriff ohne Inhalt für uns. Gott übersteigt außerdem als Wirklichkeit all unser Denken und Bedenken; wir hören nirgends seine Stimme, sehen nirgends sein Antlitz. Als Realität ist Gott nicht verifizierbar, unter Menschen sogar kontrovers.

Typisch ist aber, daß der am meisten ausschlaggebende Inhalt des verfügbaren Referenten im Zusammenhang mit Gott, mit anderen Worten der heikelste Punkt all unserer Gottesbilder, gerade die Unverfügbarkeit der Realität Gott ist. Das sagt schon viel über seine Wirklichkeit aus. Gott, der reale Referent (falls es ihn geben sollte), entspricht allerdings nicht unseren Gottesbildern, weil alle unsere Erfahrungen und Bilder, die wir uns von Gott machen, inadäquat, unzureichend sind; sie versagen. Der Bruch zwischen dem realen und dem verfügbaren Referenten ist in diesem Fall unendlich größer als der zwischen unserer geschichtlichen Gestalt und unserem historisch rekonstruierten Bild von ihm. Das schließt ein, daß einerseits der reale Referent durch das, was er ist, in der Tat Einfluß auf unsere Gottesbilder hat: Diese werden von einer Übermacht *hervorgerufen,* wenn auch „in" dem Akt einer menschlichen, gläubigen Sinngebung. Denn nehmen wir die Wirklichkeit Gottes an, dann besteht der erste und grundlegende Einfluß des realen Referenten auf den „ideellen" Referenten darin, daß diese Gottesbilder durch die reale Gegenwart Gottes völlig unfähig gemacht werden, seine Wirklichkeit adäquat und in passender Weise auszudrükken. Das ausdrückliche Bewußtsein von der radikalen Defizienz unserer Gottesbilder ist hier somit das auffallendste Element dieses, unseres verfügbaren Referenten. Der reale Referent weist sozusagen alle verfügbaren Referenten von der Hand. Mit Recht können wir sagen: Es gibt eine *Erfahrung Gottes* als *des Nicht-Erfahrbaren,* ohne daß dabei von einem Widerspruch (möglicherweise jedoch von einem „Paradox") gesprochen werden kann. Das sinnverleihende Ganze und sein Grund werden im weltlich direkt Erfahrbaren *indirekt miterfahren.*

Dadurch, daß Er in absoluter Freiheit als Gott existiert, offenbart Er uns, daß alle unsere Gottesbilder (nicht seine Wirklichkeit selbst!) in der Tat menschliche Produkte und Projektionen sind, die als solche nicht imstande sind, die göttliche Wirklichkeit zu beschreiben. Dieser prekärste Punkt aller unserer Gottesbilder, nämlich das Bewußtsein, nicht über die Realität Gottes verfügen zu können, ist keine menschliche Konstruktion oder Projektion, sondern vielmehr (so kann und darf es auch gedeutet werden, und so wird es auch von den Gläubigen gedeutet) eine Projektion *von Gott aus auf uns hin,* mittels weltlicher, geschichtlicher Vermittlungen. Von seiner Wirklichkeit selbst aus werden alle unsere projektiven Gottesbilder zurückgewiesen und entkräftet. In dieser Rückwirkung auf unsere Gottesbilder, in dem ständigen Zerbrechen jedes von uns produzierten Gottesbildes, offenbart sich ein Gegenüber *in und in bezug auf* alle unsere Projektionen.

Das ist jedenfalls die Struktur unserer Gottesbilder, wie sie erfahren werden und in den meisten religiösen Traditionen erfahren wurden, und an tiefmenschlichen Erfahrungen läßt sich dies in geeigneter Weise überprüfen. Wenn wir zu dem realen oder lebendigen Gott beten, haben wir nur „Gottesbilder" vor Augen, die von dem realen Referenten, zu dem wir beten, im Gebet selbst zerschlagen werden. Wenn wir zu Gott sprechen, tun wir dies trotzdem in Bezeichnungen von Gottesbildern. Das bedeutet nicht, daß wir zu einem „Gottesbild" beten; das wäre Götzendienst. Anderseits sind es gerade diese Gottesbilder, die als verfügbarer Referent direkten signifikanten Einfluß auf das Handeln, Denken und Leben der Gläubigen haben. Es macht einen ziemlich großen Unterschied im Handeln der Gläubigen aus, ob man Gott als Befreier erfährt oder als einen Pantokrator, der die bestehende Ordnung aufrechterhält. Im Gebet, dem eigentlichen Ort, an dem wir den Namen Gottes gebrauchen, ist gerade das Bewußtsein von dem Unterschied zwischen einem „realen" und einem „verfügbaren" Referenten mitgegeben. Aber das bedeutet, daß unser gläubiges Wissen von dem realen Referenten auch durch unsere projektiven Gottesbilder vermittelt wird, die durch die unaussprechliche Gegenwart Gottes zugleich radikal relativiert werden. Deshalb läßt sich auch nie ein zwingender Gegenbeweis gegen Agnostizismus und Atheismus erbringen. Was Gott für Gläubige alles bedeuten mag, ist zweitrangig; es bedeutet jedenfalls zunächst, daß Er in unserer Welt nicht nachweisbar ist, nie nachweisbar war und nie nachweisbar sein wird. Der reale Referent des Namens Gottes darf daher nicht mit unseren Erfahrungsobjekten verwechselt werden, ebensowenig mit unseren Konstruktionen und Projektionen, die trotzdem in jedem Gottesglauben eine Rolle spielen.

Aufgrund dieser doppelten Struktur eines realen und eines verfügbaren Referenten in bezug auf den Namen Gott ist ein Gespräch zwischen einem Gläubigen und einem sich nicht-gläubig nennenden Menschen über Gottesbilder oft asynchron: Der Agnostiker identifiziert alle Gottesvorstellungen mit Projektionen des menschlichen Geistes; der Gläubige dagegen beruft sich auf den realen Gott, der mittels unserer Projektionen intendiert wird, aber selbst keine Projektion ist und sich selbst vielmehr in unsere bewußte Geschichte *projiziert,* aus der Menschen Gottesbilder produzieren. Das schließt aber ein, daß unsere gläubigen Gottesbilder, sofern sie legitim, nicht-ideologisch sind, (das ist die kritische Frage!), keineswegs willkürlich sind: Authentische Gottesbilder müssen sich trotzdem *in* ihrem projektiven Charakter durchaus auf etwas beziehen, das heißt, etwas über seine Wirklichkeit selbst aussagen, wenn wir Gott nicht nach unserem eigenen Bild und Gleichnis formen wollen!

Es müssen deshalb nicht-projektive Wirklichkeitsmomente im Gottesglauben vorhanden sein, welche die Richtung unserer Gottesbilder bestimmen. Daher definiert die jüdisch-christliche Tradition Gott als Reine Positivität, das heißt: Sie lehnt alle Gottesnamen und Gottesbilder ab, die, statt den Menschen zu befreien, den Menschen kränken und knechten würden. Gerade in diesem Begriff der Reinen Positivität halten wir Gott in seiner Transzendenz, denn was Gott letztlich ist und was das Humanum, Menschlichkeit, letztlich sein kann, wissen wir nicht und behalten wir Gott vor, oder besser: Dies ist Gottes eigener göttlicher Vorbehalt gegenüber all unserem Denken, Tun und Bedenken[13].

Wenn wir doch alle unsere Gottesbilder, mit denen wir über und in denen wir zu Gott sprechen, immer wieder zerschlagen müssen, sollten wir dann nicht besser von Gott schweigen? Ist das Ergebnis des Redens oder des Schweigens von Gott letztlich nicht dasselbe? Meine These ist: eben nicht. Beim Nicht-Reden von Gott geht es um eine leere Stille oder eine stille Leere. Dann gibt es kein Sprechen zu Gott, kein Gebet (was doch zum Wesen aller Religiosität gehört). Beim mystischen Schweigen von Gott, das heißt beim Sprechen zu und von Gott in Gottesvorstellungen, die immer wieder abgebrochen werden, handelt es sich um einen gefüllten Raum; man hört die redende Stille. Dort ist *Anwesenheit.* Das ist eine völlig andere Erfahrung als die einer leeren Stille und nicht nur ein anderer Name für eine gleiche Erfahrung. Um die Unaussprechlichkeit dieser zutiefst religiösen Erfahrung einigermaßen in Worte zu fassen, spricht die mystische Tradition daher mit Recht von einer „triplex via", einem dreifachen Lebensweg:

1. Die „via affirmativa": Gläubige gebrauchen Gottesnamen und Gottesbilder (Glaubensvorstellungen). Sie sagen zum Beispiel: Gott ist gut, Gott ist Zukunft, Gott ist Befreier. Wenn wir jedoch näher zusehen, wird uns klar, daß diese positiven Prädikate von Gott mehr über uns selbst und unsere Erwartung als über Gott sagen. Gott ist gut, ja; aber nicht gut in der Weise, wie Menschen gut sind. Er ist Befreier, aber nicht in der Art und Weise, wie Menschen Befreier sind. Wir müssen demnach diese Namen, die wir ihm mit Recht zuerkennen, auch verneinen.

Das ist – 2. – die „via negativa". Das tun wir mit Recht, aber nicht um Gott namenlos zu machen oder um dann selbst in ein nichtssagendes Schweigen zu verfallen. Denn diese Verneinung muß (kraft der sich in unserer Erfahrung offenbarenden *unverfügbaren* Dynamik der Wirklichkeit „Gott") auch selbst wieder verneint werden, in einer dritten Instanz.

Das ist – 3. – die „via eminentiae": Gott ist jenseits aller Namen und Bilder, aber er ist auf eminent-göttliche, von uns nicht beschreibbare Weise zumindest all das, was sich an Gutem, an Wahrem und Entzückendem in der Welt der Menschen und ihrer Geschichte finden läßt. Das heißt: Aufgrund des Gottseins Gottes sind wir in unserer kreatürlichen Tiefe, die Gott zum Heil bringen will, genauso unaussprechlich wie Gott – mit (und aufgrund) der Unaussprechlichkeit Gottes selbst.

In der Tiefe alles dessen, was ist, fallen das Geheimnis des Geschöpfes und das Geheimnis Gottes ungeteilt zusammen. Die Grenzen – die es wohl gibt – liegen nur auf unserer Seite (siehe unten), nicht auf seiten Gottes. Wir sind begrenzt, nicht Gott. Für Eckhart waren Gott und die

Seele daher buchstäblich *ungeteilt ein Geheimnis,* was sich freilich nicht mehr in Begriffe fassen läßt. Wir reden weiter stammelnd von Gott, aber dann doch von der Wirklichkeit Gott und, in der Tat, nicht nur von Gottesvorstellungen.

Richtig verstanden, bringt gerade diese „via eminentiae" uns nicht zu einer griechischen, bloß kontemplativen Auffassung von der Mystik, sondern zu einer christlichen Sicht, wie Eckhart sie formuliert. Dabei wird nicht die in sich gekehrte kontemplative Maria, sondern die von Gott aus tätige, sich um Menschen kümmernde Marta als Vorbild aller wahren Mystik gesehen. (Die Mystik des vierzehnten Jahrhunderts war damals übrigens die einzig mögliche Form einer Emanzipation und Befreiung von Frauen und Nicht-Klerikern; daher auch das Mißtrauen der kirchlichen Hierarchie gegenüber der Mystik.) Denn die „via eminentiae" ist nicht ein philosophischer oder ein rein begrifflicher, dialektischer Denkprozeß, sondern ist uns in der jüdisch-christlichen, biblischen Tradition geoffenbart, in der uns das Wesen oder der Charakter Gottes als Menschenliebe mit einer selbstlosen parteiischen Vorliebe für arme, unterdrückte, ausrangierte und stimmlose Menschen erkennbar wird: Aus dem historischen Bericht von Menschen, die aufgrund ihres Umgangs mit Gott neue, alternative Möglichkeiten sehen, werden ältere Gottesbilder immer wieder aufgebrochen und kommen neue Möglichkeiten zum Leben. Die „via eminentiae" durch Affirmation und Negation hindurch lernen wir also nicht durch ein begriffliches Gedankenspiel kennen, sondern in und aus einer von Menschen gemachten Geschichte der Solidarität, der Gerechtigkeit und der Liebe in einer Welt des Egoismus, des Unrechts und der Lieblosigkeit.

In unserem Erfahren Gottes als des nicht durch weltliche und geschichtliche Vermittlung Erfahrbaren hindurch spielt schließlich noch das, was ich eine „absolute Grenze" nennen möchte, eine vermittelnde Rolle.

III.
ABSOLUTE GRENZE

Gläubige und Nicht-Gläubige haben, wenigstens in unserer heutigen Zeit, die Grunderfahrung einer *absoluten Grenze,* radikaler Endlichkeit und Kontingenz. Ich spreche hier nicht von bestimmten „Grenzsituationen" im menschlichen Leben, deren sich Philosophen und Theologen manchmal bedienen, um den Menschen „religiös zu packen" in Augenblicken, in denen er oder sie sich selbst als am verletzbarsten und hoffnungslosesten erfährt: bei Krankheit und Tod, bei Katastrophen, Aids und so weiter. Es gibt offensichtlich auch Menschen, die keine einzige absolute Grenze anerkennen: Sie sind Vertreter eines unbegrenzten Fortschrittsglaubens in einer Welt unerschöpflicher Möglichkeiten. Doch die ökonomische Krise und das Absterben unserer natürlichen Umwelt stehen in einem ziemlich radikalen Widerspruch zu diesem naiven Optimismus.

Die einfache und abstrakte Ahnung eines Limits bringt uns natürlich nicht weiter. Mit Grenzerfahrungen konfrontiert, schufen primitive Völker ein phantasievolles Reich hinter der absoluten Grenze, in der wir leben, und füllten diese „andere Welt" mit geheimnisvollen Mächten und Kräften, die sich von dort oben in das Leben der Menschen einmischten und diese Welt unter ihrer Kontrolle hielten. Wenn wir aber mit einer absoluten Grenze aller unserer Erfahrungen und all unseres Wissens konfrontiert werden, mit welchem Recht läßt sich dann von der Existenz von etwas reden, was hinter dieser absoluten Grenze liegt? Ist Agnostizismus dann nicht nur eine bescheidene, sondern auch eine ehrlichere Haltung?

Die Anerkennung radikaler Endlichkeit ist als solche nicht mehr wie früher ein *religiöser Begriff,* sondern einfach eine allgemein anerkannte menschliche Erfahrungswirklichkeit. Niemand hat diese radikale Endlichkeit des Menschseins in dieser kontingenten Welt besser analysiert als ein Agnostiker, der anfangs sogar ein militanter Atheist war: Jean-Paul Sartre. Es gibt sowohl eine atheistische als auch eine religiöse Erfahrung unserer radikalen Endlichkeit. Kontingenz-Erfahrung ist der unausgesprochene Kern des menschlichen Lebens, aber sie ist keine „unmittelbare Erfahrung", wie es zum Beispiel der Fall ist bei dem, der in voller Fahrt gegen eine Mauer rennt, auf schmerzliche Weise eine relative Grenze erfährt und mit einer Gehirnerschütterung hinfällt. Die radikale Grenzerfahrung wird durch mancherlei Erfahrungen relativer Grenzen in unserem Leben vermittelt. Daher lehne ich die von Schleiermacher vertretene unmittelbare Gegebenheit eines „schlechthinnigen Abhängigkeitsgefühls" ab; dieser theologische Begriff reflektiert zu sehr liberal-soziale Zustände im neunzehnten Jahrhundert.

Ebensowenig ist die Erfahrung einer absoluten Grenze eine Art Verallgemeinerung oder Extrapolation aus unmittelbaren Erfahrungen ganz konkreter Grenzen. Eher handelt es sich meines Erachtens um ein Mit-Erfahren einer absoluten Grenze *im* ständigen Erfahren aller unserer relativen Grenzen, in den verschiedensten Bereichen und auf allen menschlichen Ebenen. In jeder einzelnen Erfahrung der Begrenzung erfahren wir auf die Dauer, daß wir weder Herren noch Meister unser selbst und ebensowenig Herren der Natur und der Geschichte sind. In jedem Lebensmoment liegt eine radikale Kontingenz oder Endlichkeit innerhalb von trotzdem vielfachen positiven Möglichkeiten. Da der Erfahrungsübergang von relativen Grenzen zu einer absoluten Grenze vor allem ein philosophisches Problem ist, verzichte ich hier auf seine technische Analyse, da es mir nicht um einen sogenannten „Gottesbeweis" geht, sondern darum, das, was gläubige Menschen „Gott" nennen, einigermaßen verständlich zu machen.

Die Frage lautet dann: Sind wir auf dieser Seite einer „absoluten Grenze" tatsächlich eingekerkert, wie ein Gefangener in seinen relativen Grenzen, den Wänden seiner Zelle? – oder nur fiktiv? Ist, mit anderen Worten, eine absolute Grenze etwas, was uns real um-grenzt und uns somit gleichsam innerhalb dieser Grenze gefangenhält? Bildhaft, aber real müssen wir sagen, daß der absolute Wall und die Mauer um unser begrenztes Dasein in der Welt eine Wirklichkeit ist – für Gläubige *und* Agnostiker. Können wir über diese absolute Umgrenzung noch etwas mehr sagen, als daß wir selbst radikal endlich sind? Wir selbst sind diese Umgrenzung. Diese absolute Grenze ist unsere Grenze, kein menschliches Produkt, keine menschliche Projektion, sondern eine reale Gegebenheit. Wir sind, wie auch immer, selbst als endliche Wesen poniert, wie Heidegger es ausdrückt.

Unsere endliche Existenz in der Welt ist selbst kein menschliches Produkt oder Projekt. Mit anderen Worten: Wenn Gott existiert, liegt die Grenze zwischen Gott und dem Endlichen allein auf seiten des Endlichen, nicht auf seiten Gottes. Ein Agnostiker wie Horst-Eberhard Richter, ein marxistisch-freudianischer Psychotherapeut, sieht in der Tatsache, daß wir unsere absolute Grenze oder „Endlichkeit" nicht akzeptieren wollen, die Ursache für die Erkrankung des modernen westlichen Menschen und auch den Grund für jede Staatsvergötterung („raison d'état") und Diktatur[14]: Die Endlichkeit und alle menschlichen Begrenzungen, auch die Leidensfähigkeit, werden wegdiskutiert und unterschlagen. Aber die Realität der absoluten Grenze bleibt bestehen, trotz alles menschlichen Größenwahns, und dieser bringt dann Neurose in eine Kultur.

Die reale Tatsache dieser Grenze zwingt uns, sie auch zu interpretieren. Welches ist die Struktur einer solchen Interpretation, sei es in religiösem, sei es in agnostischem Sinn? Wegen der Absolutheit dieser Grenze ist unsere Interpretation derselben, wie immer sie auch ausfällt, zugleich eine bestimmte Menschen- und Weltanschauung, ein bestimmtes Verständnis der Wirklichkeit. Anders gesagt: Hier, an und bei der grandiosen Stille, bei dem Vakuum der absoluten Grenze, entstehen sowohl alle religiösen als auch alle anderen, nicht-religiösen, agnostischen Anschauungen von Mensch, Welt und Geschichte, die insgesamt innerhalb dieser absoluten Grenze eingeschlossen sind, oder richtiger: die selbst diese absolute Grenze sind. Denn auch das moderne Konzept

„absolute Offenheit auf die Zukunft hin" unterliegt einer optischen Täuschung. Man dehnt dann zwar die Oberfläche oder den Umriß der absoluten Grenze aus, vielleicht bis ins Unbestimmte, aber dadurch wird diese absolute Grenze nicht beseitigt. Gegenwart, Vergangenheit und Zukunft fallen unter die absolute Grenze alles Endlichen!

Diese absolute Grenze ist somit ein prinzipieller Vorbehalt gegenüber unserer ganzen menschlichen Geschichte; der göttliche und eschatologische Vorbehalt ist nur dessen religiöse Wiedergabe. Als Erfahrung ist dieser Vorbehalt aber säkular menschlich-universal. Die Struktur jeder menschlichen Interpretation dieser erfahrenen Grenze scheint mir dieselbe zu sein für die beiden Richtungen, in die man gehen kann. Oft stellt man es, zu Unrecht, so dar: Es gibt eine fundamentale und universale Erfahrungsgegebenheit (Kontingenzerfahrung: Erfahrung einer absoluten Grenze); der nicht-gläubige Mensch akzeptiert das und beläßt es dabei, während sich der an Gott glaubende Mensch noch ein ganz neues, „überweltliches" Reich hinzudenkt: eine Art Überbau über der ganzen Erfahrung. So dargestellt, ist dies eine falsche Einschätzung sowohl der gläubigen als auch der nicht-gläubigen Interpretation.

Ist die Kontingenzerfahrung eines an Gott glaubenden Menschen und eines Atheisten, obwohl schon eine fundamentale Erfahrung für beide, konkret eine und dieselbe gemeinsam geteilte Erfahrung? Manche sagen: „Es gibt keine neutrale Grunderfahrung, die sowohl theistisch als auch atheistisch interpretiert werden kann"[15], denn die Interpretation ist ein integrierender Bestandteil der Erfahrung selbst und kann daraus nicht losgelöst werden. Das stimmt zwar, aber es ist nur die halbe Wahrheit. Denn es ist klar, daß sich die gläubige Kontingenzerfahrung fundamental von der agnostischen unterscheidet. Für den Gläubigen ist dies konkret, wenn auch durch diese Kontingenzerfahrung oder absolute Grenze vermittelt, eine Erfahrung von Gottes absoluter Heilspräsenz in seinem ganzen Leben, während der Agnostiker einsam mit Mitmenschen innerhalb dieser absoluten Grenze eingeschlossen ist. Das sind doch durchaus zwei fundamental verschiedene Erfahrungen. Aber daraus folgt keineswegs, daß man nicht sinnvoll von ein und derselben Art Erfahrung mit zwei möglichen Interpretationen reden kann. Es bedeutet zwar nicht, daß es eine neutral-gemeinsame Erfahrung gibt, die lediglich auf unterschiedliche Weise interpretiert wird. Das heißt: Es gibt nicht eine nicht-interpretierte Kontingenzerfahrung, es liegt aber im Ganzen dieser interpretierenden Erfahrung ein prä-linguistisches Erfahrungsmoment, das allgemeinmenschlich ist, wenn auch das konkrete Ganze dieser Erfahrung von Christen religiös, vom Humanisten agnostisch erfahren und interpretiert wird. Beide Interpretationen sind konkret ein Teil der Erfahrung selbst. Aber obwohl beide Interpretationen innerlich einen Bestandteil der Kontingenzerfahrung bilden und diese Erfahrung somit als ganze färben, ist der Erfahrungsaspekt der Kontingenz qua Kontingenz nicht ohne weiteres identisch mit dem interpretativen Moment und darin menschlich-universal.

Eine Kontingenz, die sowohl einer gläubigen als auch einer agnostischen Interpretation zugänglich ist, ist als solche somit durchaus eine gemeinsam geteilte Erfahrung. Wir haben es hier mit einer Erfahrung zu tun, die in ihrem prä-linguistischen (als solchem nicht getrennt erhältlichen) Erfahrungsmoment jedem zugänglich ist. Deshalb ist diese religiöse Interpretation an unserer, von allen Menschen geteilten Erfahrungsdimension überprüfbar. Wir entwerfen das Göttliche nicht aus uns selbst, sondern das Göttliche bietet sich in tiefmenschlichen Erfahrungen aus freien Stücken an.

Die mystische „unmittelbare Gotteserfahrung" hat schließlich mit dem Erfahren Gottes *über die Vermittlung unserer „absoluten Grenze"* zu tun. Daher Ruusbroecs religiös-geniale Rede von der Erfahrung Gottes als einem finstern Licht: vermittelte Unmittelbarkeit!

IV.

VERNÜNFTIGKEIT DES GLAUBENS AN GOTT

A. Von Hause aus Christ, Jude, Buddhist, Moslem, ... „nichts"

Die christliche Tradition sagt, daß Glaube an Gott eine Gnadengabe ist. Anderseits wissen wir aus einem früheren Kapitel, daß Religion stets ein zweiter Diskurs ist, das heißt ein Reden über etwas, was, wie auch immer, in unserer menschlichen Erfahrung in etwa schon zur Sprache gekommen ist. Glaube an Gott umschließt weltliche Erfahrungen, bei denen etwas danach verlangt, zur Sprache gebracht zu werden, was allein in Glaubenssprache zur Sprache kommen kann. Offenbarungspositivismus verschweigt gerade diese Vermittlung.

Anderseits beruht Glaube nicht auf rationalen Argumentationen, welche die Überlegenheit der Religion über andere Lösungen von Lebensfragen aufzeigen würden. Solche apologetischen Verfahren gehen an der Tatsache vorbei, daß die fundamentale Lebensorientierung einer Person in einer ganzen Kulturgeschichte und nicht in einem rationalen Argument grundgelegt ist; sie versagen in der Achtung vor dem Selbstbewußtsein des Gottesglaubens, wie dieser in einer bestimmten Religion Gestalt erlangte, zum Beispiel im Christentum, das seine Erkenntnis Gottes in Wirklichkeit aus einer spezifischen Heilsgeschichte, aus dem Leben eines bestimmten Volkes und bestimmter

Menschen aus diesem Volk gewann. Verfahrensweisen der Glaubensbegründung müssen vielmehr in engem Kontakt mit dem Selbstverständnis jeder Religion und mit der gesellschaftlichen und kulturellen Verwurzelung bestimmter gläubiger Menschen entwickelt werden. Menschen kommen nie allein zu tiefen Lebensentscheidungen. Hoffentlich kritisch, stehen und leben sie innerhalb einer bestimmten kulturellen, religiösen oder areligiösen Tradition, entweder in einer größeren oder in einer kleinen (zum Beispiel Familien-)Umgebung.

Menschen sind „Kulturwesen": Erben und Erblasser; niemand beginnt beim Punkt Null als einem sozusagen absolut sicheren Anfangspunkt. Wir leben in der Gegenwart aus einer Vergangenheit auf die Zukunft hin. Die Gedächtnis- oder Erinnerungsstruktur des menschlichen Lebens fällt dabei auf: Wir lassen unser Tun und Lassen mitbestimmen durch die Dialektik von Gegenwart und Vergangenheit, von Vergangenheit und Zukunft: Gedächtnis und Hoffnung, Tradition und Prophetie. Geschichte ist ein Lernprozeß, Weitergabe von Kultur, und zugleich Planung; sie ist sowohl Tradition als auch Experiment. Menschen sind Kulturträger und Übermittler dessen, was uns an wahrer, guter und schöner Menschlichkeit vorher angereicht wurde. Menschen sind aber auch Schöpfer von Tradition. Dabei spielt die Dialektik von Theorie und Praxis eine Rolle. Der Mensch wird nicht nur durch seine Vergangenheit bestimmt, er erlegt die Geschichte auch seinen Wünschen und Sehnsüchten auf und schafft neue Traditionen.

Daß zum Beispiel jemand Christ ist und Christ bleibt, weil er es „von Haus aus" ist und wegen des „Nestgeruchs" bleiben will, ist eine soziohistorische Tatsache, die keineswegs ungünstig beurteilt zu werden braucht. Die Tatsache jedoch, daß andere sich gerade von ihrem eigenem Nestgeruch abwenden, diesem entfliehen und nach etwas anderem suchen, weist darauf hin, daß nicht das bloß „von Haus aus" Vertraute (ohne weitere Qualifizierung) eigentlich bestimmend ist. Bestimmend ist, ob man sich bei diesem Häuslichen „wohl fühlt" oder, umgekehrt, dadurch gezwungen wird, ein als beengend erfahrenes Joch abzuwerfen. Bestimmend ist nicht das „von Haus aus", sondern der Sinn, die Dynamik und die bereichernde Kraft, die von dieser „häuslichen Tradition" auf den einzelnen ausgegangen sind (wobei man notfalls auch böse Erinnerungen in Kauf nimmt, die dann nicht bestimmend sind).

Daß man „sich (trotz allem) wohl fühlt" bei einer von Hause aus mitbekommenen religiösen oder areligiösen Tradition, ist auch ein entscheidender Faktor im Glauben oder Nicht-Glauben eines Menschen. (Dieses Stehen in einer religiösen Situation, in der jemand eine eigene Identität aufgebaut hat, ist dann in Wirklichkeit die konkrete Form dessen, was Gläubige eine „Gnade Gottes" nennen. Gnade steht nicht wie ein Dilemma im Widerspruch zu Freiheit und Tradition!) Der Gläubige und der Nicht-Gläubige brauchen hier nicht auf unterschiedliche Weise beurteilt zu werden; die persönlichen Lebensüberzeugungen beider haben mit der Tradition zu tun, in der sie jeweils stehen; auch für den Nicht-Gläubigen ist diese Tradition (hoffentlich in einer gleichen kritischen Haltung) Fleisch und Blut seiner selbst geworden. Diese Tradition gehört mit zu seiner persönlichen Identität. Das gilt für Christen, Buddhisten und Moslims wie auch für Agnostiker. Daß eine Person von einer fundamentalen Lebensauffassung mitbestimmt ist, spricht an und für sich nicht für oder gegen den Wahrheitscharakter dieser Überzeugung.

In einer pluralistischen Gesellschaft mit einander widerstreitenden, auch unterschiedlichen religiösen Sinntraditionen wird die Notwendigkeit der Glaubensbegründung in der Tat dringender. Gleichwohl wird man einsehen müssen, daß niemand mit rationalen Elementen aufzeigen kann, daß seine Glaubensüberzeugung „vernünftiger" und „besser" ist als der Atheismus oder andere Religionen, außer wenn in der anderen Überzeugung tatsächlich menschenkränkende und menschenentehrende Bekenntniselemente vorhanden sind (zum Beispiel eine Religion, die Menschenopfer fordern würde) oder menschliche Werte zuwenig geachtet werden. Nicht in jeder Religion oder Weltanschauung kommt der Mensch voll zu seinem Recht. (Religionsindifferentismus in dem Sinne von: alle Religionen sind gleichviel wert, ist daher anthropologisch schon anfechtbar, noch bevor er eine „Häresie" ist.)

Apologetik aber ist unter der manchmal sympathischen Maske von „offenen Fragen" oft eine Art, aufzuzeigen, daß trotz allem der eigene Glaube unantastbar ist. Es ist dann nicht ein Versuch, in Konfrontation mit der eigenen Zeit den eigenen Gottesglauben von mancherlei geschichtlichem Schlick und verschiedenen Verformungen zu reinigen, mit ziemlich schweren Folgen für den Glauben selbst. Die beste Glaubensbegründung ist das Aufdecken der „Intelligibilität" oder Verständlichkeit des Glaubens selbst. Denn „Geheimnis" bedeutet nicht eine Berufung auf eine unverständliche, für Kritik ideologisch immun erklärte Wahrheit, wenn auch dieses Wort nicht selten in diesem Sinn als ein Alibi von kirchlichen Menschen gebraucht wird. Glaubensbegründung heißt nicht: rationale Beweise für seinen Glauben suchen, sondern: Mitgläubigen und Nichtgläubigen verständlich machen, wovon man redet, wenn man von „Gott" spricht.

B. Meta-ethischer oder religiöser Grund der menschlichen Praxis von Gerechtigkeit und Liebe

1. Auf der Suche nach einem Kriterium

Oben sahen wir, daß der ursprüngliche und eigentliche Gebrauch des Wortes Gott im Kontext von Religion (in dem Sinn von Gottesverehrung, Anbetung, Gebet) zu finden ist. Anderseits ist offenkundig geworden, daß Religion ein Reden „in der zweiten Ordnung" ist, das (zum Beispiel im Christentum) ausdrücklich bekennt, daß wir in einer Geschichte leben, in der Gott zum Heil der Menschen tätig ist, in einer Geschichte, in der Gott einen Bund mit den Menschen geschlossen hat und darin den Menschen selbst zum Hauptvermittler von Heilsgeschichte erklärt. Gerade in weltlichen Determinismen, im Zufall und in freien menschlichen Interventionen ist Gott „transzendent" (er hat etwas damit zu tun und steht doch darüber), das heißt, er ist schöpferisch gegenwärtig, wenn auch allein zum Guten, und er erweist sich jeden Tag als größer, als er gestern war. Er ist durch seine Initiative unserem Handeln auch stets voraus.

Handeln Gottes in der weltlichen Geschichte ist somit (in dem einfachen, allumfassenden, aber doch *einen* Schöpfungsakt) stets göttliche *Aktivierung* weltlicher, geschichtlicher und menschlicher Kräfte und Möglichkeiten. Es müssen also „in der Welt" Stellen vorhanden sein, an denen das religiöse Reden von Gott sinnvoll und auch für andere verständlich entsteht, gleichsam „aufweisbar", wenn auch nicht beweisbar: Die anderen müssen auch in die Richtung schauen, die man als an Gott glaubender Mensch aufzeigt. Früher konnte fast jeder Zug in unserer täglichen Erfahrung irgendeine religiöse Bedeutung erschließen, weil fast jeder mittels eines religiösen Bezugsrahmens auf die Welt blickte. Diese Selbstverständlichkeit gibt es (in der westlichen Welt) heute nicht mehr.

Ich sagte schon: „Endlichkeit" ist für viele nicht mehr ein religiöser, sondern ein säkularer Begriff. Weil sich für Gott als den Quell universalen Heils keine zwingenden Argumente liefern lassen, behaupten manche, daß die Rückstellung (vielleicht für immer) der theoretischen Frage mit der Praxis kollidiert. Denn die Frage ist, ob die Notwendigkeit, sich dafür oder dagegen zu entscheiden, nicht eine menschlich dringende Angelegenheit ist, die keinen Aufschub duldet. Die Form der Argumentation ist diese: Aufgrund der Bezogenheit des Gottesbegriffs auf die menschliche Praxis wird das Bedürfnis, diese Entscheidung nicht hinauszuschieben, menschlich dringend. Denn wenn Gott als Heil für Menschen existiert und wenn man sich somit die Bedeutung eines religiösen Glaubens in Heil-von-Gott-her vor Augen hält, darf man die Entscheidung darüber nicht verschieben. Eine unbestimmte Suspendierung bloß theoretischer Urteile dagegen ist möglich und meistens verantwortlich.

Aber, so argumentieren manche, wenn jemand im Zusammenhang mit der Gottesfrage die theoretische Entscheidung bis auf unbestimmte Zeit vertagen möchte, kommt für ihn oder sie doch ein bestimmter Augenblick, wo man praktisch so lebt, als ob es keinen Gott gäbe, während man ebensowenig ausschlaggebende theoretische Argumente dafür hat, nicht an den Gott menschlichen Heils zu glauben. Die Pointe in dieser Argumentation ist: In der Praxis wird die theoretische Entscheidung antizipiert. Die Entscheidung, das theoretische Urteil aufzuschieben, ist dann praktisch ein Entschluß, doch so zu leben, als ob es kein Heil-von-Gott-her gäbe.

Das Unsaubere an dieser Argumentation ist, daß sie einen reinen circulus vitiosus darstellt. Für den, der an Gott glaubt und somit an die Bezogenheit des Gottesbegriffs auf die Praxis, geht diese Argumentation selbstverständlich auf, jedoch nicht für jemanden, der nicht an Gott als Heil für Menschen glaubt. Erst wenn man an einen solchen Gott glaubt, wird man mit der Bedeutung Gottes für das eigene menschliche Handeln konfrontiert. Dies letztere kann der Agnostiker völlig unbeachtet lassen; nicht an Gott glauben heißt gerade, die Bedeutung Gottes für jedes menschliche Handeln zu leugnen!

Eine vernünftige Glaubensbegründung ist im Gegensatz zu diesem Trugschluß nur unter drei, miteinander zusammenhängenden Bedingungen möglich. Es muß eine menschliche Erfahrung (oder Erfahrungen) nachweisbar sein, die 1.) alle Menschen unvermeidlich miteinander teilen und die 2.) zugleich eine Erfahrung ist, a) die nicht dringend notwendig eine religiöse Interpretation erfordert, während sie b) doch von allen Menschen als eine fundamentale, nämlich die menschliche Existenz zutiefst berührende Erfahrung erlebt wird; und 3.) die für das Verständnis dieses fundamentalen, die menschliche Existenz zutiefst berührenden Charakters bei dem Wort Gott *von Nutzen ist*[16]. Ich sage: „von Nutzen ist", nicht: daß es ein *besseres* Verständnis dieser Erfahrung gibt als die agnostische Erklärung (dabei korrigiere ich somit die Ansicht sowohl von Shepherd als auch von Kuitert und meine eigene frühere Ansicht), denn daß diese Erklärung „besser" sei, ist die Behauptung eines gläubigen Menschen, und gerade davon kann er den Andersgläubigen nicht überzeugen, mag dieser auch begreifen, was der Gläubige damit meint. Es handelt sich also um *allgemein geteilte,* für die menschliche Existenz eines jeden *fundamentale* Erfahrungen, die durch die Einführung des Glaubens an Gottes heilsame Präsenz eine *eigene,* für andere begreifliche (wenn auch nicht bejahte) *Verständlichkeit* manifestieren, die in anderen Interpretationen, in denen der Gottesglaube nicht zur Sprache kommt, nicht gegeben ist. Ans Licht kommt somit eine *eigene,* sinnvolle Verständlichkeit, wenn auch ohne rational universal zwingende Beweiskraft.

Oben wiesen wir schon auf die Kontingenzerfahrung (Erfahrung einer absoluten Grenze) hin, die von den Menschen in der Tat allgemein geteilt wird und doch sowohl weltlich als auch religiös interpretiert werden kann und in Wirklichkeit auch wird, während sie in ihrer religiösen Interpretation eine spezifisch eigene Verständlichkeit oder Intelligibilität aufdeckt.

Anderseits darf man diese Kontingenzerfahrung nicht zu einem außer-kontextuellen Abstractum formalisieren. Kontextuell können wir diese Erfahrung in die heutige Erfahrung der Menschheit stellen, die für größere Humanität, für Heil und Befreiung eintritt, auf der Suche nach immer größerer Gerechtigkeit und Menschlichkeit. Was bedeutet darin Kontingenz? In einigen Etappen will ich (schematisch) aufzeigen, daß Gläubige an erster Stelle für sich selbst (das heißt für das Forum eigener Rationalität) und sodann auch für nichtgläubige Mitmenschen vernünftig deutlich machen können, was sie meinen, wenn sie für die Interpretation bestimmter Erfahrungen und, schließlich, sogar *aller* Erfahrungen das Wort „Gott" gebrauchen.

2. Erfahrungen der Aporie von Gottes Allmacht und Ohnmacht

Um von Gott und mit dem Begriff Gott stets verbundener „Allmacht" zu reden, haben wir nur menschliche Wörter zur Verfügung, Wörter, die sich ausschließlich dazu eignen, über menschliche und weltliche Dinge zu reden; wir verfügen nicht über eine göttliche Sprache. Deshalb müssen wir, um von Gott reden zu können, alle unsere Wörter metaphorisch umtaufen und aus-weiten. Vor allem das Wort „Macht" ist menschlich stark belastet. Menschenmacht kann zwar auch befreiend und produktiv sein, aber sie ist oft destruktiv und knebelnd, unfrei machend und manipulierend. Gerade weil wir Machtverhaltensweisen meistens in diesem Sinn erfahren, scheuen moderne Menschen davor zurück, den Begriff „Allmacht" für Gott zu verwenden, er erinnert zu stark an diktatorisches Machtauftreten, das Menschen knechtet. Und die Scheu, den Begriff „Allmacht" auf Gott zu übertragen, gilt um so mehr, je deutlicher wird, daß sich die christlichen Kirchen im Verlauf der Geschichte auf die Seite der „Mächtigen dieser Welt" gestellt und oft unter Berufung auf Gottes Allmacht gesellschaftlich schon Arme und Unterdrückte auch religiös klein und in Knechtschaft gehalten haben. Wenn wir schon von Gottes Allmacht sprechen, wird es um eine befreiende Allmacht, eine gute Allmacht gehen müssen. Sonst ist es besser, solche Wörter nicht im Zusammenhang mit Gott zu gebrauchen.

Auch das Wort „Wehrlosigkeit" oder Ohnmacht gibt nicht genau an, was „die wehrlose Übermacht Gottes" eigentlich bedeutet[17]. Aber menschliche Erfahrungen von Wehrlosigkeit und Verletzlichkeit lassen Gläubige doch erfassen, daß Gott bei verletzlichen und wehrlosen Menschen zugegen ist und daß er sich bei und mit ihnen auch selbst für verletzlich erklärt. Das ist sicher ein sogar tröstender Aspekt des Problems, das wir besprechen; gleich werden wir jedoch sehen, daß dies nicht ausreicht, um das volle Gewicht der Problematik zu tragen.

Bei der Frage, ob Gott allmächtig oder machtlos ist, werden wir vier mögliche Wege vermeiden müssen.

a) Wir können über Gottes Allmacht nicht abstrakt reden, wie in den mittelalterlichen spekulativen Gedankengespinsten. Dann kommen wir zu den abwegigsten Fragen wie: Kann Gott einen viereckigen Kreis machen? Kann er machen, daß das Vergangene nie geschehen ist? Kann er eine Welt erschaffen, in der kein Böses und kein Leid vorhanden sind? Mit solchen Fragen und eventuellen Antworten darauf ist im übrigen niemandem gedient oder geholfen. Wenn es um Gott geht, geht es zugleich um Heil und Glück von Menschen. Wer also nach Gottes Allmacht oder Ohnmacht fragt, ohne die Frage nach menschlichem Heil dabei zu stellen, liegt schon falsch und erörtert Pseudoprobleme.

Peter DeRosa, ein Brite, der viele Skripten für die religiösen Programme des BBC vorbereitet, hat ein kleines, aber feinsinniges Werk geschrieben, eine Art umgekehrtes Gleichnis des Schöpfungsberichts: „The Best of all possible Worlds".[18] Gott will die beste der Welten schaffen, in der es kein Leiden, kein Übel gibt, nichts, was Irritation hervorrufen kann. Man sieht Ihn seine Entwürfe machen: alles vollkommene kreatürliche Wesen. Dem Plan nach kann nichts schieflaufen. Und in der Tat: In Wirklichkeit verläuft alles tadellos. Aber unbemerkt bildet sich in diesen vollkommenen kreatürlichen Roboterwesen auf die Dauer eine Bewegung: Sie empören sich gegen Gott, wollen zur Abwechslung Abenteuer, etwas Nichtvorhersagbares, Risiko; sie wollen etwas mit der Aussicht auf Leiden und falsche Dinge wagen, sogar mit der Chance eines endgültigen Erfolgs oder völligen Fiaskos. Jedenfalls fordern alle Geschöpfe ein „abenteuerliches Leben", in dem Leben und Tod einen Platz haben und keine vorprogrammierte, nichtssagende Computerwelt. Und Gott sieht schließlich ein, daß er mit der Erschaffung einer vollkommenen Welt für Menschen falsch gehandelt hat. Auch Selma Lagerlöf, eine skandinavische Romanschriftstellerin, der man vorgeworfen hat, daß sie nur über das Böse und das Leid des Menschen schreibe und nicht über das Gute, antwortete darauf: Was wollt ihr, nur das Böse macht Geschichte. Das Gute ist so selbstverständlich, daß man fast nichts darüber zu erzählen weiß! Es ist einfach da, nur so. Das Böse aber hat eine ganz bewegte Geschichte.

b) Ebensowenig können wir in Richtung des populären Buches des amerikanischen Rabbiners Harold S. Kushner, „When bad things happen to good people", denken[19]. Dieses Buch hat wirklich viele Menschen getröstet, es hat bei vielen zu Recht den Gedanken verscheucht, daß Gott sie mit Leiden *zu ihrem Besten* plagt und quält. Aber eine der Grundthesen dieses Buches ist, daß Gott einfach nichts mit dem Bösen und dem Leiden von Menschen zu tun hat; er steht darüber und außerhalb. Daß Gott das Böse nicht will, auch das Leiden von Menschen nicht will, ist richtig, und das muß betont und wiederholt werden; aber das bedeutet nicht, daß er nichts damit zu tun hat. Kushners Antwort ist zu leicht und zu oberflächlich.

c) Eine Zeitlang haben vor allem in Nordamerika manche Theologen die Lösung in einer Theologie suchen wollen, die den „Tod Gottes" zum Ausgangspunkt nahm: Der Prozeß der Geschichte befreit den Menschen von der oppressiven Gestalt des allmächtigen Gottes. Gott muß sterben, damit der Mensch lebe (Th. Altizer). Der Fehler dieser Theologie liegt darin, daß sie aus der Abwesenheit Gottes in der westlichen säkularisierten Welt einen normativen theologischen Begriff gemacht hat, ohne die soziohistorischen Gründe dieser Abwesenheit zu analysieren, nämlich den Zusammenhang von Ausbeutung und Annektion von Besitz zugunsten einiger weniger. Mittels der westlichen Macht hat das Christentum Gott eine unterdrückende Rolle spielen lassen; es hat den eigenen kulturellen, wirtschaftlichen und politischen Imperialismus auf Gott übertragen und die subversive Gestalt Jesu von Nazaret vergessen. Der Gott Jesu aber ist ein Gott, der bei der Geschichte des Kampfes gegen alle oppressive Macht beteiligt ist.

d) Nachdem man jahrhundertelang über die Allmacht Gottes geredet hatte, ist man in den letzten vierzig Jahren, angefangen mit Bonhoeffer, dazu übergegangen, Nachdruck auf die Wehr- und Machtlosigkeit Gottes zu legen. Fakten wie Auschwitz sind ein Symbol der Wehrlosigkeit Gottes geworden. Hervorgehoben wird ein mit-leidender Gott, ein Gott, der gemeinsam mit Armen und Unterdrückten Leid durchsteht. Das mag wahr sein, und auch ich möchte das betonen, aber es genügt nicht; damit wird nicht deutlich, *inwieweit, wie* und vor allem *ob* Gott noch ein rettender und befreiender Gott ist. Ein Gott, der nur mitleidet mit uns, überläßt das letzte und endgültige Wort dem Bösen und dem Leiden. Dann ist nicht Gott, sondern das Böse die definitive Allmacht. Und was bedeutet Gott dann den Menschen?

Wir werden daher die Lösung in einer anderen Richtung als diese vier Versuche suchen müssen.

Sinnvoll von Gott zu reden ist nur möglich aufgrund menschlicher Erfahrungen. Für Christen ist die Grundlage des Redens von Gott – neben der allgemeinen Grundlage ihres erfahrenden und interpretierenden Stehens in dieser unserer Schöpfungswelt – vor allem (und spezifisch) die Gotteserfahrung Israels und Jesu von Nazaret, eine im Glauben bejahte Erfahrung, die von seiten Gottes „Offenbarung" heißt. Und diese Erfahrung wird in einem Wechselspiel von Interpretation und neuen Erfahrungen weitergegeben. Nicht vor fünfzig Jahren, sondern heute stellen wir in der Tat die Frage, ob Gott allmächtig ist, während man dies früher selbstverständlich fand oder bloß autoritär verkündigte. Für die menschliche Erfahrung in der zweiten Hälfte des zwanzigsten Jahrhunderts ist diese Allmacht nicht mehr so selbstverständlich. Widerspricht nicht die ganze Geschichte der Menschheit dieser Allmacht? Widerspricht nicht Auschwitz – als Symbol von soviel teuflischem Bösen in unserer Geschichte – dieser Allmacht? Oder alles schuldlose Leiden und Unrecht in dieser Welt oder das Leid der Dritten Welt? Oder einmal im kleineren Maßstab betrachtet: Steht nicht schon die Tötung auch nur eines einzigen unschuldigen Kindes im Widerspruch zu Gottes Allmacht?

Falls wir auf solche Seufzer und Schreie nur antworten, daß Gottes Allmacht erst in der Endzeit, übergeschichtlich, offenkundig werden wird – einmal wird alles Böse dieser Welt in einem jenseitigen Dasein überwunden werden –, dann müssen wir damit rechnen, daß vor allem westeuropäische Christen in einer „fin de siècle"-Mentalität dabei die „Frage nach der messianischen Zukunft" mit seinen großartigen Erwartungen immer mehr verdrängen; sie scheinen sich von der Vorstellung aus den sechziger Jahren zu distanzieren, daß doch ein positiver Zusammenhang zwischen dem Reich Gottes und der beginnenden Überwindung des Bösen hier und jetzt schon in unserer Welt bestehen muß (ich erfahre das von theologischen Kollegen). Und für einen Christen, so meine ich, müsse doch deutlich sein, daß eine positive Verbindung zwischen dem „Reich Gottes" und dem „Reich menschlicher Freiheit" bestehe. Wenn wir hier und jetzt nirgends erfahren, wo und wie Gottes Macht gegen das Böse am Werk ist, ist ein Glaube an Gottes Allmacht bloße Ideologie, eine blinde Bekräftigung ohne die Möglichkeit einer Verifizierung oder Sinngebung. Dieses Problem möchte ich hier zur

Diskussion stellen. Dazu biete ich zuerst einen kurzen geschichtlichen Überblick, wie diese Problematik in der christlichen religiösen Erfahrungstradition entstanden ist.

Obwohl das so genannte apostolische Glaubensbekenntnis mit dem Bekenntnis von Gottes Allmacht beginnt: „Ich glaube an Gott den Vater, den Allmächtigen, Schöpfer des Himmels und der Erde", wäre es doch ein großer Irrtum, zu glauben, daß im *Alten* und *Neuen Testament* die Allmacht Gottes zentral stehe. Eher im Gegenteil: Die Geschichte Gottes mit Israel ist weithin die Geschichte jemandes, der seine Pläne ständig mißlingen sieht und immer wieder von neuem taktisch und strategisch auf die ungehorsame Initiative seines Partners reagieren muß, ohne offensichtlich die Macht zu haben oder haben zu wollen, diesen Partner nach seinem Willen zu zwingen. Das Böse scheint so übermächtig, daß in Gen 6,6 Gott sogar sagt, daß es ihn reue, diesen Menschen erschaffen zu haben, in Anbetracht des Reiches der Bosheit und des Leidens, das dieser in der guten Schöpfung angerichtet hat.

Und im Neuen Testament ist es nicht besser, werden wir doch dort mit dem allertraurigsten Tiefpunkt konfrontiert: Der Messias, der der Welt Heil bringen sollte, hängt wehrlos am Kreuz. Dort triumphieren freie, aber aufsässige Menschen, während der Heilbringer, Jesus, sich selbst nicht befreien kann oder will und sein Gott sich in völliges Schweigen hüllt.

Erst in der griechischen Übersetzung des Alten Testaments kommt für Gott der Ausdruck „Pantokrator", „Allherrscher", vor. Von der Patristik an wird Gottes Allmacht zu einer nicht mehr diskutierten Selbstverständlichkeit. Eine gute Zusammenfassung dieser Tradition ist die Quaestio „De divina potentia" aus der Summe des Thomas von Aquin. Doch schon Thomas weiß von einer gewissen Begrenzung der Allmacht Gottes. Er unterscheidet zwischen Gottes absoluter Allmacht („potentia absoluta"), mit der Er alles kann, was sinnvoll ist (was unter die „ratio entis" fällt), und, anderseits, seiner durch die Schöpfung bedingten Macht („potentia ordinata") (q 25, a. 5, ad 1), in der Er der unterschiedlichen Eigenart aller erschaffenen Dinge, der Eigenart von Sachen und Personen Rechnung trägt.

Einige Jahrhunderte später legten Humanismus und Renaissance einen größeren Nachdruck auf die menschliche Freiheit und Autonomie als im Mittelalter. Die Folge war, daß vom Ende des sechzehnten bis zum siebzehnten Jahrhundert in der Theologie gewaltige Spannungen bezüglich der Relation zwischen Gottes Allmacht und der menschlichen Freiheit entstanden. Die zentrale Frage war, ob die menschliche Freiheit Gottes Allmacht begrenzen könne oder nicht. Im Zusammenhang mit dem Molinismus gerieten sich Jesuiten und Dominikaner in die Haare mit ihren Auffassungen, wie die beiden in Einklang zu bringen seien, bis der Papst 1607 eingriff und alle Polemik über diese Frage für eine Zeitlang verbot.

Inzwischen kannte die Reformation dasselbe Problem: Vor allem Remonstranten und Gegen-Remonstranten stritten darüber, ob der Mensch mit seinem freien Willen Gottes Gnade widerstehen könne oder nicht. Die Remonstranten griffen auf Apg 7, 51 zurück: „O ihr Halsstarrigen und Unbeschnittenen an Herz und Ohren! Ihr widerstrebt allzeit dem Heiligen Geist, wie eure Väter, so auch ihr", und behaupteten, daß dies möglich sei. Aber sie wurden in den Dordtschen Lehrsätzen (III/IV, spec. 10–12) verurteilt. Es ging also darum, ob der Mensch gegenüber Gottes Auserwählung zur Seligkeit (wie man damals sagte) eine eigene Initiative entwickeln kann.

Mit der Aufklärung im achtzehnten Jahrhundert wurde die menschliche Mündigkeit, auch Gott gegenüber, noch schärfer betont als zu Beginn der Neuzeit. Und in diesem Zusammenhang begann man damals von der „Selbstbegrenzung" Gottes zu sprechen; man nannte diese Theologen „kenotikoi", aufgrund von Phil 2, 7, wo von der „Selbstentäußerung" oder „kenosis" Gottes bei der Inkarnation die Rede ist. Aber diese Selbstentäußerung wurde bei den Kenotikern oft als eine Art „Selbstauslöschung" Gottes verstanden, etwas wie ein Vorgriff auf die „Tod-Gottes"-Theologie.

Schließlich sagte als einer der Ersten Dietrich Bonhoeffer in seinem berühmt gewordenen Werk „Widerstand und Ergebung", das er während seiner Gefängnishaft geschrieben hatte: „Allein der leidende Gott kann helfen."[20] Gott selbst wird also als Opfer der menschlichen Autonomie und Mündigkeit gesehen. In Christus stirbt Gott an der Autonomie des Menschen. Davon angeregt, hat der niederländische „Neue Katechismus" von 1966 das Bekenntnis von Gottes Allmacht mit dem Bekenntnis von Gott, der in einer Welt des Werdens und der Sünde leidet und kämpft, verbunden[21]. Das sind die allgemein bekannten Hauptlinien eines historischen Überblicks über das in Frage stehende Problem.

In Anbetracht dieser ganzen Vorgeschichte spreche ich lieber nicht von der Ohnmacht oder Machtlosigkeit Gottes, sondern von seiner Wehrlosigkeit, weil Macht und Ohnmacht einander widersprechen, während „Wehrlosigkeit" nicht unbedingt Gottes Macht zu widersprechen braucht. Denn aus Erfahrung wissen wir, daß derjenige, der sich verletzlich verhält, das Böse manchmal entwaffnen kann.

Der Schöpfungsglaube ist für den Christen vielleicht nicht der Brennpunkt seines Glaubens, sondern der Hintergrund und Horizont alles christlichen Glaubens. Christen bekennen, daß wir nach Gottes Bild geschaffen sind. Erschaffen werden heißt einerseits, als Geschöpf in Gottes absolute gnadenhafte und rettende Nähe aufgenommen zu werden, bedeutet aber anderseits, von Gottes Seite aus gesehen, eine Art „Zurücktreten Gottes", *der dem anderen Raum gibt.* Denn der nichtgöttliche, beschützte eigene Raum ist notwendig, wenn Gott diesen anderen, den Menschen, zu seinem Bundespartner machen will. Eine echte Partnerschaft setzt einen eigenen Beitrag, Freiheit und Initiative von beiden Seiten voraus; sonst ist es keine Partnerschaft. Indem er schöpferisch dem Menschen Raum gibt, verhält Gott sich verletzlich; es ist ein Abenteuer voller Risiken. Es wagen, Menschen erschaffend ins Leben zu rufen, ist von Gott aus gesehen ein Zeichen des Vertrauens in den Menschen und in dessen Geschichte, ohne daß dem Menschen dazu auch nur eine Bedingung gestellt oder eine Garantie abverlangt wird. Die Erschaffung des Menschen ist ein Blankoscheck, für den Gott allein selbst Bürgschaft leistet. Indem Gott Menschen mit einem eigenen, endlichen und freien Willen erschafft, tritt er freiwillig Macht ab. Dadurch macht er sich bis zu einem gewissen Grad vom Menschen „abhängig" und somit verletzlich.

Das macht die rettende Gegenwart Gottes, seine Immanenz beim Geschöpf, nicht ungeschehen. Aber diese schöpferische Kraft Gottes bricht nie von außen her ein. Seine Kraft ist im Inneren vorhanden; Augustinus sagt sogar „interior intimo meo": Gott ist inniger in mir selbst, als ich mit mir selbst identisch bin. Deshalb kennt die göttliche Allmacht nicht die destruktiven Facetten menschlicher Machtausübung, sondern sie wird dadurch in unserer Welt „wehrlos" und verletzlich. Sie zeigt sich als eine Liebeskraft, die einlädt, Leben schenkt und Menschen befreit, zumindest für den, der sich diesem Angebot öffnet. Zugleich bedeutet das aber, daß Gott nicht gegen die menschliche Weigerung auftritt.

Die Sünde in der Schöpfungswelt macht den Schöpfer in der Tat bis zum äußersten wehrlos. Diese Herrschaft des Bösen scheint außerdem in unserer Geschichte universal und unausrottbar; die Theorie von der Erbsünde bezeugt, daß auch der Katholizismus, nicht nur die Reformation, den Nachdruck auf die schwere Sündhaftigkeit in unserer Welt gelegt hat. Wenn der Mensch es vorzieht, seine Freiheit zu gebrauchen, um sich der von Gott gewollten Gemeinschaft mit ihm und der gegenseitigen menschlichen Solidarität zu entziehen, wenn man also die von Gott geschenkte Freiheit und den von Gott geschenkten Raum für sich selbst gebraucht, macht man sich zum Gegenspieler Gottes und erlegt man der Macht Gottes Grenzen auf. „Siehe, ich stehe an der Tür und klopfe an", sagt das Buch der Offenbarung (3, 20): Gott steht an der Schwelle und klopft an die Pforte, aber wenn wir nicht freiwillig öffnen, kommt er nicht hinein. In Achtung vor unserer Freiheit lehnt er es ab, den Zugang zu unserem Herzen und unserem freien Willen zu erzwingen. Doch bleibt er rettend, vergebend gegenwärtig; er geht nicht weg und klopft weiter an.

Nochmals: „Diese Grenze" ist nicht Gottes Grenze, sondern unsere Grenze: diese Grenze unserer Endlichkeit und vor allem die Grenze unserer freien Sündhaftigkeit. Aber Gott ist auch über diese Grenze hinaus rettend zugegen, notfalls als schließlicher Richter. Aber dazwischen ist er in der Tat wehrlos.

Die Christen müssen von einer falschen, unseligen und unmenschlichen Prädestinationslehre wegkommen, ohne daß sie dabei Gott zum großen Benachteiligten unserer Geschichte machen. Wir müssen frei werden von einer „seit Jahrhunderten" festgelegten und von Gott „ausgeklügelten" Weltgeschichte, ohne daß wir dadurch Gott selbst durch unsere Geschichte schachmatt setzen lassen. Es ist nichts vorherbestimmt: In der Natur herrschen Zufall und Determinismus; in der Welt der menschlichen Tätigkeit gibt es die Möglichkeit freier Entscheidungen. Deshalb ist die geschichtliche Zukunft auch Gott nicht bekannt; andernfalls wären wir und unsere Geschichte nur ein Puppenspiel, bei dem Gott die Drähte zieht. Auch für Gott ist die Geschichte ein Abenteuer, eine offene Geschichte für und von Menschen.

Wenn ich sage, daß ich an Gott glaube, der das Risiko eingegangen ist, die Welt zu erschaffen, dann bedeutet dieses mein Vertrauen, daß die Welt letztlich der Ausdruck des Willens Gottes sein wird, und zwar auf eine Art und Weise, die jetzt noch nicht wahr ist und die jetzt sogar im Widerspruch zu empirischen Erfahrungen steht. Wir können heute daher Gottes Willen nie im Detail identifizieren. Einer der Grundfehler bestimmter an Gott glaubender Menschen ist, daß sie zu wissen behaupten, welches in Einzelheiten hier und jetzt „der Wille Gottes" ist. Wir erinnern uns: Die Sturmflut von 1953 in den Niederlanden wurde von Menschen als eine Strafe Gottes für die Sünde oder zumindest als göttliche Ermahnung angesehen, wie heute von manchen Gläubigen Aids in der gleichen Weise als Strafe Gottes ausgelegt wird. Wenn ich gläubig bin, bin ich das nicht mehr in einer bizarren „ersten Unschuld" wie dieser, sondern in einer Phase „zweiter Naivität", die durch die Kritik hindurchgegangen ist.

3. Ethos als *religiöse* Herausforderung

Zunächst einige Definitionen, um keine Mißverständnisse aufkommen zu lassen. Unter „dem Religiösen", „dem Mystischen" oder „dem Theologalen" verstehe ich alles, was im christlichen Leben Gott selbst zum ausdrücklichen Objekt hat. Unter „dem Ethischen" dagegen verstehe ich hier direkt alles, was zum ausdrücklichen Objekt die Humanisierung oder die Förderung des Menschen als Menschen hat. Im ersten Kapitel wurde gesagt, daß das Ethische eine eigene autonome Konsistenz besitzt, daß aber anderseits das Ethische, als in die mystische Dimension des Glaubenslebens aufgenommen, „transfinalisiert" wird: Es wird zu einem Ausdruck des kommenden Reiches Gottes. Das soll jetzt noch näher erläutert werden.

Ausgangspunkt für mich ist die Tatsache aus der christlichen Erfahrunstradition, daß die Liebe zu Gott und die Liebe zu den Menschen nicht zusammen addierbar sind: Sie bilden beide ein und dieselbe göttliche Tugend, wenn auch in einer gewissen Spannungseinheit. Das gilt ebenso für das Negativ-Ethische, das heißt: für das Menschenunwürdige, das wir, religiös, denn auch Sünde nennen. Die sittliche Verfehlung, bei der wir den Menschen oder seine Umgebung verunstalten und verletzen, ist ein Zeichen dafür, daß wir dabei sind, Gott aus unserem Leben zu verbannen. Es gibt keine Begegnung mit Gott (Glaube wie auch Sünde), die nicht durch eine Begegnung mit der Welt in ihrer eigenen Konsistenz vermittelt ist. Daher ist es immer gefährlich, von der Sünde als von einer menschlichen Ablehnung Gottes oder als Sünde gegen Gott zu sprechen, wenn wir nicht zugleich aufzeigen, wo diese Verweigerung auch unser Menschsein schädlich trifft.

Wie das Religiöse oder Theologale auch Ausdruck im Ethischen findet, das dann zum Zeichen für die Echtheit unserer Gottesliebe wird, so wird die ethische Rationalität wieder zu einem Kriterium, das ideologisierende Aspekte des mystischen oder religiösen Lebens entlarven kann. Denn in Anbetracht seiner eigenen Struktur ist das Christentum stets von einer doppelten Gefahr bedroht: entweder durch Absorption des Menschlichen in das Göttliche (auf der Linie des alten Monophysitismus) oder durch Reduzierung des Göttlichen (hier des Theologalen) auf das Menschliche (hier das Ethische, vor allem in seiner makroethischen oder politischen Dimension). Aber das christologische Modell zeigt uns, daß „das Göttliche" nicht neben und über, sondern gerade im „Menschlichen" sich zeigt und Ausdruck findet; dasselbe gilt für dessen Kehrseite: Die Sünde gegen Gott entfremdet den Menschen auch von sich selbst; und Menschenrechte übertreten heißt zugleich Gottes Rechte mit Füßen treten.

Das „Gottesproblem" verfolgt uns weiter und zwingt uns, immer fundamentalere Fragen zu stellen.

In der Neuzeit kommt die allgemeine menschliche Erfahrung der ethischen Forderung, nicht als abstraktes Prinzip, sondern als die Realität der Person des in Not befindlichen anderen, die mich auffordert, mich sogar aufruft und meine Freiheit mit Beschlag belegt, in Betracht als ein bevorzugter Platz, wo eine sinnvolle Erfahrung Gottes benannt werden kann. Dieses Phänomen hat vor allem Emmanuel Levinas analysiert. Die Erscheinung oder Epiphanie des „anderen" zerbricht den Anspruch meiner Totalität und Ich-Bezogenheit: Der andere ist wirklich anders, transzendent [22]. „Indem ich dem anderen empfangend begegne, wird meine Freiheit in Frage gestellt." [23] Damit besteht eine Priorität der ethischen Forderung vor dem religiösen Appell. Eine Religion, die Menschen knechtet und erschlägt, ist wesensgemäß ein falscher Gottesglaube oder, zumindest, eine Religion, die sich selbst falsch interpretiert und den Kontakt mit den eigenen, wahren Wurzeln verloren hat.

An erster Stelle steht: das Antlitz des anderen als ethische Herausforderung für meine freie Subjektivität. Die Priorität des Humanen oder der Menschenwürde ist, vor allem in unserer modernen menschlichen Erfahrung, der konkrete Kontext, in den das Gottesproblem gültig und auch zeitgemäß sinnvoll gestellt werden kann. Gibt es einen Gott des Heils, der dann auch enorme Konsequenzen für die menschliche Lebenspraxis hat? Es gibt in unseren Erfahrungen eine Dimension, die alle totalitären Forderungen empirischer Wissenschaften durchbricht, nämlich die ethische Erfahrung der nicht ableitbaren Forderung, welche die andere Person an mich stellt. In ethischer Weise dem anderen begegnen heißt keineswegs ihm als einem „alter ego" begegnen gemäß der kantianischen Forderung: „anderen nicht zu tun, was du selbst nicht willst, daß man dir tut" (die Logik des Fairplay aus der bürgerlichen Aufklärung); ebensowenig ihm als einem Element einer „Totalität" (Mitglied eines Staates, einer Gesellschaft oder der menschlichen Gattung) begegnen. Es heißt: ihm als einem ursprünglichen, einzigartigen transzendenten „anderen" begegnen, zu dem ich in eine asymmetrische Beziehung gesetzt bin. Es heißt weiter: Ich kann der anderen Person begegnen als jemandem, dessen Existenz Forderungen an mich stellen kann, Forderungen, die sich nicht aus dem ableiten lassen, was ich moralisch von ihm fordern kann.

Diese absolute Forderung der Person des anderen in seiner transzendenten Andersheit kann ich sodann zweifellos zu einem allgemeinen ethischen Prinzip verallgemeinern und daraus die Folgerung ziehen – wie Kant es getan hat –, daß auch von ihm gefordert wird, mich nicht zu kränken. Aber das Prinzip, daß der unschuldige andere nicht gekränkt werden darf, ist auf das nicht ableitbare konkrete Phänomen der persönlichen Andersheit gegründet, und ich kann dieses Prinzip anwenden, um meinen Interessen zu dienen, allein deshalb, weil ich für andere dieser einzigartige andere sein kann. Levinas kommt zu der klaren Einsicht, daß das, was die andere Person von mir fordern kann, nicht eine Konsequenz dessen ist, was ich von ihm fordern kann[24]. Das ethische Person-sein des anderen steht in einer Art nicht-gegenseitigen realen Verhält-nisses zu mir, anders als mein Personsein zu dem anderen steht. Grundlegend ist das eher ein Phänomen transzendenter persönlicher Andersheit als der Teilhabe an lauter Gemeinschaftsbelangen.

Es ist etwas Besonderes um das Verhältnis der Freiheit des anderen zu meiner Freiheit. Denn dieses Verhältnis ist ethisch asymmetrisch[25]. Der andere ist nicht deshalb transzendent, weil er, wie ich, frei wäre. Seine Freiheit genießt eine Überlegenheit, die aus seiner Transzendenz kommt[26]; Levinas wendet sich damit gegen die Ich-Bezogenheit des Sar-treschen „pour soi" (das Ich).

„Der andere zwingt sich mir auf als eine Forderung, die diese Freiheit dominiert, und von daher als etwas, was *ursprünglicher* ist als alles, was in mir vorgeht": „Autrui dont la présence exceptionnelle s'inscrit dans *l'im-possibilité* éthique où je suis de le tuer, indique la fin du pouvoir. Si je ne peux plus pouvoir sur lui, c'est qu'il déborde absolument toute idée que je peux avoir de lui."[27] Die außerordentliche Gegenwart des ande-ren kommt zur Kristallisation in der ethischen Unmöglichkeit, in der ich mich befinde, ihn zu töten. Daß ich nicht länger irgendeine Macht über ihn habe, weist darauf hin, daß er jede Idee, die ich von ihm haben kann, absolut übersteigt. Das ist das Gegenteil der modern-bürgerlichen Frei-heit seit dem cartesianischen Cogito, das sich selbst als unabhängig von „dem anderen" erklärt.

Die Priorität des Ethischen schließt dann ein, daß es keine Erkenntnis Gottes ohne soziale Beziehungen gibt. Der andere ist für Levinas nicht eine Vermittlung, nicht eine Inkarnation Gottes, sondern durch die eige-nen Züge seines Antlitzes die Manifestation der Höhe, auf der Gott sich offenbart[28]. Und er schließt daraus, daß das, was sich nicht auf eine zwi-schenmenschliche Beziehung reduzieren läßt, letztlich eine primitive Form von Religiosität ist: „le face-à-face demeure situation ultime"[29].

Diese Auffassung von Levinas führt jedoch in eine Sackgasse oder Aporie. Der andere ist nicht nur Ursprung eines ethischen Anspruchs auf mich; er ist oft auch mögliche Gewalt und mögliches Unrecht, wie auch ich es für ihn bin. Um den Sinn der ethischen Forderung zu retten, muß ich also akzeptieren, daß es die Mühe lohnt, ja sogar ethisch ver-pflichtend ist, der ethischen Forderung nach Gerechtigkeit und Aner-kennung des anderen zu gehorchen, *selbst wenn* der andere tatsächlich Grund von Unrecht und Gewalt ist. Hier wird mit Recht, unter anderem von Y. Labbé[30], eine Idee von Kant übernommen: Wenn allein der Mensch, sogar der andere, *Ursprung von Wert und Sinn* ist (wie Levinas sagt), dann gibt es überhaupt keine Garantie dafür, daß das Böse nicht das letzte Wort über unsere Existenz als ethisch verantwortliche Wesen hätte. Der Mensch als einziger und letzter Grund der Ethik führt daher zu einer Aporie. Und das ist vor allem der Fall in der Ansicht von dem asymmetrischen ethischen Verhältnis zwischen dem anderen und meiner Freiheit; denn der andere ist auch der stets drohende, mögliche Grund von Unrecht.

Ein ziemlich dramatisches Beispiel kann illustrieren, worauf ich hinaus will. Angenommen, in einer Diktatur bekommt ein Soldat unter Todesstrafe den Befehl, eine unschuldige Geisel zu erschießen, einzig und allein weil sie zum Beispiel Jude oder Kommunist oder Christ ist. Er weigert sich aus Gewissensgründen, den Befehl auszuführen. Doch weiß er mit Gewißheit, daß er dann selbst erschossen wird, zusammen mit dieser Geisel (die allerdings von einem anderen erschossen wird). Aber in dieser Weigerung erkennt der Soldat an, daß die erniedrigte Bestürztheit der Geisel ein unausgesprochener und vielleicht unaussprechlicher moralischer Aufruf ist, den er als Forderung erfährt. Der andere nimmt seine Freiheit in Beschlag: er erfährt, daß es ethisch unmöglich ist, diesen Mann zu töten, und weigert sich daher, den Befehl auszuführen.

In dieser entwaffnenden Gewissenshandlung des Soldaten, die einerseits (wie Levinas es ausdrücken würde) auf „das Ende der Vermögen" hinweist, steht anderseits etwas Paradoxes, etwas, was sogar am Rande des Absurden liegt. Denn die sittliche Gebärde des Soldaten ist nicht nur ineffektiv im Hinblick auf das Leben der Geisel (ein anderer erschießt ihn), sondern bedeutet außerdem unmittelbar das Ende des eigenen Lebens mit allen seinen nicht-realisierten Möglichkeiten (auch er wird erschossen). Der Soldat ist also offensichtlich ethisch „mobilisiert", aufgerufen und dringend aufgefordert zu einer nicht zu beschönigenden augenscheinlich-absurden Gebärde. Das ist Wehrlosigkeit auf die Spitze getrieben, und doch liegt darin „das Ende der Vermögen".

Daß der andere eine ethische Forderung auf mich hin ist, führt also zu einer Aporie: Einerseits besteht keine Garantie, daß das Böse – Gewalt und Unrecht, Marter und Mord – nicht das letzte Wort über unsere endlichen Welterfahrungen haben wird, und anderseits besteht eine gewisse Absurdität: eine offensichtlich nutzlose Gebärde, die niemand zu helfen scheint. Durch diese Aporie sind zwei ethisch aufrichtige „Lösungen" möglich. Einerseits indem man von einer „heroischen Tat" spricht, wie Sartre oder Camus diesen Fall beurteilen würden: eine heroisch-freiwillige Tat um des Humanum willen. Anderseits in Richtung einer religiösen Antwort, wenn auch ebenfalls um menschlicher Werte willen.

Beide Lösungen erwecken eine Auffassung von der Wirklichkeit, in der durch Festhalten am Humanum – das ist der konkrete Mensch in seiner Unantastbarkeit – Menschen der Macht der empirischen Faktizität zum Opfer fallen, aber diese dadurch zugleich beschämen. Aufgrund der positiven Antwort jemandes auf den ethischen Aufruf eines anderen triumphiert, trotz allem Schein, die freiwillige Tat über den empirischen Triumph der Faktizität. Wir haben es in beiden Fällen mit der Hoffnung auf den endgültigen Sieg des Guten zu tun; Glaube an den Menschen, trotz allem.

Aber dann erhebt sich doch die Frage, worauf sich diese Hoffnung gründet. Welches sind die theoretischen Wahrheitsbedingungen dieser Hoffnung? In der religiösen Antwort ist Gott selbst der Grund dieser Hoffnung und gibt es begründete Hoffnung. Welches ist aber der Grund für den nicht-religiösen, humanistischen Glauben an den endgültigen Sieg des Guten über den scheinbaren empirischen Triumph des tatsächlichen Bösen? Einfach eine postulatorische Hoffnung, das heißt eine durch unseren freien Willen positivistisch erklärte Hoffnung gegen alle Hoffnung? Das mag zwar mutig und tapfer sein, aber ist es nicht ein Wunschtraum?

Glaube an die Menschheit trotz allem kann doch kein positivistischer Willensakt sein, denn sonst würde sich der Mensch an den eigenen Haaren aus dem Sumpf ziehen wollen. Die Möglichkeit einer emanzipatorischen totalen Selbstbefreiung steht im Widerspruch zu der Tatsache, daß Menschen nicht nur Gnade für ihre Mitmenschen sind, sondern auch Bedrohung, Gewalt und Vernichtung, immer wieder und mit immer raffinierteren technischen Mitteln. Sagen, daß das Martyrium nicht vergeblich sei und daß kommende Generationen, die die Geschichte davon hören, die Früchte des vergangenen Leidens pflücken würden, mag für manche oder sogar viele Menschen wahr sein. Aber der Fall des Soldaten kann sich in der Zukunft immer wieder ergeben. Somit läßt sich die Weigerung des Soldaten tatsächlich in einem profanen Sinn als eine prophetische Handlung aus der Hoffnung auf den endgültigen Triumph der Menschlichkeit interpretieren, wenngleich man sich dabei bewußt bleiben muß, daß diese Hoffnung weder geschichtlich noch anthropologisch begründet ist.

Ist es eine postulatorische Hoffnung? Natürlich kann auch solche Hoffnung gesellschaftliche und geschichtliche Wirkungen zum Guten haben. Die mutige Tat des Soldaten vermag die Bestrebungen eines bedeutenden Teils der Menschen in der Gesellschaft zu artikulieren und zu mobilisieren. Anderseits bedeutet eine Extrapolation einer geschichtlichen Tatsache noch kein „geschichtliches Entwicklungsgesetz"!

Gleichwohl darf man die humanistisch-agnostische und die religiöse Deutung eines solchen Martyriums nicht absolut einander gegenüberstellen. Die humanistische Hoffnung ist nicht schlechthin ein Postulat; sie hat einen Grund in einer autonom-ethischen, menschlichen Überzeugung. Denn man kann sagen, daß es Hoffnung auf den Triumph des

Menschlichen gibt, weil das Opfer dieses Soldaten weiß, daß es die Gerechtigkeit auf seiner Seite hat, daß sie nicht auf seiten des Machthabers
ist. Die menschliche Überzeugung von dem Vorrang der Gerechtigkeit
vor dem Unrecht liefert in der Tat einen Grund für eine solche Hoffnung. Im übrigen ist diese menschliche Überzeugung für den Gläubigen
genauso wahr und bildet gerade die Vermittlung seines Gottesglaubens.
Religionen und agnostischer Humanismus vertrauen weiter auf den
Vorrang der Gerechtigkeit vor Unrecht und Bosheit. Nach dem Zeugnis
von Simone de Beauvoir sagte der agnostische, einstmals sogar militant
atheistische Jean-Paul Sartre auf seinem Sterbebett: „Und doch vertraue
ich weiter auf die Humanität des Menschen." Die humanistische Hoffnung ist also nicht rein postulatorisch; die Überzeugung, daß man auf
seiten der Gerechtigkeit steht, gibt dieser Erwartung eine Grundlage; die
Hoffnung gründet auf dem Recht der Gerechtigkeit, trotz der Tatsache,
daß die erfahrbare Welt diesem Recht empirisch fortwährend widerspricht.

Der Humanist weiß aber letztlich nicht, ob die Wirklichkeit selbst unserer ethischen Überzeugung, auf seiten der Gerechtigkeit zu stehen,
recht geben wird. Der große Unterschied zu der religiösen Auffassung
besteht also darin, daß die rein ethisch fundierte Hoffnung zwar eine
Perspektive auf ein vielleicht höheres Maß von Menschlichkeit für
einige oder sogar viele Menschen in der Zukunft bietet, aber die vielen
gebrachten Opfer und die zahlreichen, die noch fallen werden, vergißt.
Die Gefallenen selbst kennen dann keine Befreiung oder Erlösung: Sie
haben gelebt, damit in Zukunft andere Menschen vielleicht nicht dasselbe Schicksal erleiden.

Im gläubigen Erleben dieser extremen ethischen Situation sieht und
erfährt der Gläubige die Wirklichkeit mit ihrer absoluten Begrenzung
zutiefst nicht als ein blindes Schicksal oder einen wilden Zufall, sondern
als in der Tat persönlich, nämlich von Gottes absoluter Heilspräsenz getragen. In von ihm nicht gewollten, nicht einmal geduldeten, aber faktischen „absurden Situationen" ist Gott uns doch heilbringend nahe. Das
Absurde wird nicht wegdiskutiert, ebensowenig rational begriffen oder
religiös gutgeheißen, aber für den Gläubigen hat es nicht das letzte
Wort: Gläubige Menschen vertrauen die Absurdität Gott an, der der
Quell reiner Positivität und das transzendente Fundament aller Ethik ist;
der mystische Quell jedes ethischen Einsatzes, der dem Opfer selbst
noch Hoffnung gibt, das außerhalb der religiösen Perspektive für immer
abgeschrieben ist. Nicht, daß der Martyrer seine mutige Tat beginge, um
„eine ewige Belohnung" zu erhalten. Doch ist seine geschichtliche Tat
selbst stärker als der Tod.

Der an Gott glaubende Mensch sieht im Glauben an das Recht des

Gerechten und Guten vor allem Unrecht eine Erfahrung des Meta-Humanen (denn Menschen können es in ihrer Geschichte offensichtlich nicht aufbringen): eine Erfahrung der absoluten Gegenwart der reinen Positivität Gottes bei dem historischen Gemisch von Sinn und Unsinn, welches das Phänomen „Mensch" und seine Geschichte heißt. Das bedeutet keine Herabsetzung des Menschen, indem man sich auf einen völlig Fremden, Gott, beruft. Denn diese Berufung auf Gott nimmt einerseits die Form der menschlichen Überzeugung an, daß Recht Vorrang hat vor allem Unrecht, und ist, anderseits, eine Berufung eben auf einen nicht völlig fremden, sondern auf den endgültigen, meist inneren Quell aller Gerechtigkeit: die innige Gegenwart der ausschließlich-positiven Wirklichkeit „Gott", einen Gott, der nicht den Tod will, sondern das Leben für die Seinen, für alle.

Damit kommt auch prägnant zum Ausdruck, daß für den Gläubigen, vor allem den Christen, der Gottesglaube in ein und derselben Bewegung den Menschen frei macht für die Liebe zu Gott und für die Liebe zum Mitmenschen und (wie ein weiteres Kapitel deutlich machen soll) vor allem für die besondere Liebe zu Armen und Ausrangierten (Mt 25, 40).

Der Einsatz für den Mitmenschen, bis zum ethischen Martyrertod, ist als ein menschlich nachfühlbarer Lebenskontext zu sehen, in dem (in einer mengenmäßig säkularen Welt) eine menschlich relevante, philosophisch sinnvolle Ahnung von Gott und seiner wehrlosen Übermacht einen Platz finden kann und eine eigene, für andere erkennbare Verständlichkeit hat. So erhält man Einblick in den religiösen Bezugspunkt, Gott, den Anderen, zu dem wir in einem Verhältnis theologaler, aber wesentlich auch realer asymmetrisch-ethischer Beziehung stehen.

Sowohl die humanistisch-säkulare als auch die gläubige Antwort auf den hier skizzierten ethischen Appell liegt also in einem „vergeblichen Opfer", entweder in einem heroischen Sinn oder als „vergebliches Liebesopfer" in einem tiefmenschlichen Sinn heiligen, nicht-heroischen Vertrauens auf Gott trotz allem. Das sind zwei menschliche Lebensmöglichkeiten, die beide ihre eigene Vernünftigkeit und Verständlichkeit in sich tragen. Für die Gläubigen ist die religiöse Deutung besser verständlich und vernünftiger. Der Nicht-Gläubige sieht in der agnostischen Deutung mehr Vernünftigkeit. Aber innerhalb dieses Kontextes wird das, was Gläubige mit Gott meinen, auch für Nichtgläubige verständlich. Der Gläubige findet für diesen Glauben genügend Zeichen in seiner menschlichen Erfahrung, und zwar ohne daß diese Erfahrungen an menschlicher Wirklichkeit verlieren.

Obwohl keineswegs der einzige Weg (es gibt viele Wege von und zu Gott), aber für den, den Bestürzung, manchmal Wut erfaßt, wenn er sieht, was „Mitmenschen" angetan wird, ist der nächstliegende, moderne Weg zu Gott: den Mitmenschen in dieser, unserer bösen Welt willkommen zu heißen, sowohl auf interpersonaler Ebene als auch durch Veränderung der Strukturen, welche Menschen knechten. Mit anderen Worten: dem Menschen interpersonal und politisch-strukturell befreiend begegnen. Das ist denn auch keine bloß theoretische oder spekulative Betrachtungsweise Gottes (ontologische Fundierungen oder dezisionistische Proklamationen freier Subjektivität), sondern eine metaethische, nämlich religiöse oder theologale Interpretation und vor allem Praxis einer mikro- und makroethischen menschlichen Möglichkeit. Das ist keine Metaphysik des Seins oder der freien Subjektivität. Man kann selbst in offener Gelassenheit und vielleicht Opferbereitschaft alles Elend der Welt passiv akzeptieren, doch kann man nicht passiv bleiben, wenn „andere" von diesem Leid und dieser Gewalt getroffen werden. Ich weiß: Bestürzung und Zorn sind in einer säkularisierten Welt nicht an sich ein religiöser oder heiliger Zorn, sie rufen nicht von selbst nach einem Gott, außer wo das Religiöse, vor allem das Christsein, schon vorhanden ist. Theologie kann keine Gottesbeweise liefern; sie ist dann wohl eine gläubige Reflexion über die Praxis der Gerechtigkeit und Liebe und deren Implikationen. Doch werde ich auf dieses Problem noch einmal zurückkommen, wenn die Einzigartigkeit Jesu von Nazaret als des Christus zur Sprache kommt.

Es geht dabei nicht nur um die *ethische Konsequenz* des religiösen oder theologalen Lebens. Vielmehr wird auf diese Weise die ethische, auch die politische Praxis zu einer wesentlichen Komponente des auf Gott gerichteten Lebens, der „wahren Erkenntnis Gottes": „Dem Schwachen und Armen verhalf er zum Recht. Heißt nicht das, mich wirklich erkennen? – Spruch des Herrn" (Jer 22, 16). Gott ist außerhalb einer Praxis der Gerechtigkeit und Liebe nicht zugänglich. Ich sage also nicht: Er ist allein zugänglich in der Praxis der Gerechtigkeit und Liebe. „Niemand hat Gott je geschaut; wenn wir einander lieben, bleibt Gott in uns, und seine Liebe ist in uns vollendet" (1 Joh 4, 12).

Schlußfolgerung

Vermittelt durch die menschliche Überzeugung, daß man Gut und Böse, Gerechtigkeit und Unrecht nicht als gleichberechtigt ansehen kann und daß somit das Recht auf seiten des Guten liegt, legt der Glaube an Gott die *theoretische Vermittlung* zwischen der menschlichen Hoffnung und dem Sieg des Humanum und der konkreten Realität unserer Geschichte. Die *praktische Vermittlung* zwischen dieser auf Gott gegründeten Hoffnung und der geschichtlich erfahrbaren Welt erfolgt durch die gottgläubige Praxis der Weltveränderung und -verbesserung; zugleich weiß man, daß dort, wo dies durch das Unrecht der Menschen mißlingt, damit noch nicht das letzte Wort gesprochen ist, weil die praktische Vermittlung in das Vertrauen auf Gott aufgenommen ist, dessen Zukunft-für-uns größer ist als unsere geschichtliche Zukunft. Somit ist der Gottesglaube die Grundlage einer welterneuernden prophetischen Praxis. Die gläubige Praxis trägt die Verheißung der Hoffnung. Schließlich wird (für Christen) die *geschichtliche Vermittlung* durch die eschatologische Erinnerung an den Tod und die Auferstehung Jesu vollzogen, der selbst eine für die Menschheit noch nicht eingelöste, aber doch begründete Verheißung ist. So wird die gottgläubige Hoffnung dialektisch mit dem Widerspruch der erfahrbaren Welt versöhnt – „versöhnt" nicht in einem undialektischen Harmoniemodell, sondern durch die kritische und produktive heilbringende Praxis lebender Menschen und durch den Glauben, daß hinsichtlich der erfahrbaren und widerspenstigen Welt immer ein Überschuß an Hoffnung vorhanden ist. Dieser Überschuß an Hoffnung hinsichtlich dessen, was jeweils schon in der Geschichte realisiert wird, liegt für den an Gott glaubenden Menschen in dem begründet, was er Gottes Schöpfung aufgrund von Heilsabsichten nennt: Gottes absolute Heilspräsenz bei dem, was er ins Leben gerufen hat. Gerade diese gnadenvolle Präsenz, in unserer Erfahrung vermittelt in und durch unsere wesentliche Endlichkeit und durch so viele Erfahrungen von Sinn wie negative Kontrasterfahrungen, bleibt ein unerschöpflicher, nicht zu säkularisierender Grund eines nie versiegenden Erwartungspotentials in der Menschheit.

Leben ohne Gottesglauben ist noch nicht dasselbe wie Leben in einer Welt, aus der Gottes aktive Heilstätigkeit verschwunden wäre (wenn auch allein der Gläubige einen solchen Unterschied machen kann)! Der Gottesglaube ist somit sowohl Bejahung als auch Kritik, und deshalb nicht bloß negative Kritik oder „ein göttlicher Vorbehalt". Gerade weil dieser Glaube bestärkend und bekennend, auch produktiv und befreiend ist, hat er eine kritische Kraft, die alle Formen der Unfreiheit und des Unheils unter Kritik bringt. Jede besserwisserische positive Auslegung dessen, was endgültiges Heil sein wird, läuft Gefahr, entweder zu menschlichem Größenwahn zu werden oder Gottes Möglichkeiten zu schmälern.

§ 4. Gott Gott sein lassen

Die von mir seit längerem gebrauchte, von manchen angefochtene Terminologie „vermittelte Unmittelbarkeit" erhält vor allem in unserer heutigen Zeit einen neuen Akzent.

Seit und vor allem nach der Aufklärung wurde die Nicht-Notwendigkeit Gottes für die Welt, für den Menschen und für dessen Gesellschaft deutlich. Das Leben des Menschen scheint auch ohne Glauben an Gott Sinn zu haben. In überzeugender Weise wurde das von Jacques Pohier analysiert [31]. Die Folge ist, daß wir über Gott nicht mehr in Begriffen des Bedürfnisses und der Funktion, der Bedeutung und des Nutzens für den Menschen denken können. In diesem Sinn transzendiert Gott die Kategorien des Notwendigen, des Nützlichen und Kontingenten. Ich selbst sagte schon: „Gott hätte es nicht zu geben brauchen!" Auch Menschen, die nicht an Gott glauben, finden ihr Leben in der Welt sinnvoll. Auch ohne Gottesglauben (was nicht dasselbe ist wie „ohne die Existenz Gottes") ist das menschliche Leben sinnvoll. Das ist der große Gewinn (auch für an Gott glaubende Menschen) des modernen „Nicht-Glaubens".

Mit anderen Worten: Gott läßt sich nicht auf eine Funktion des Menschen, der Welt oder der Gesellschaft reduzieren; in diesem Sinn kann man vom Ende des religiösen und metaphysischen Theismus sprechen, in welchem Gott im Dienst einer ideologischen Garantie einer bestimmten Ansicht von Mensch, Gesellschaft und Welt stand. Wir werden heute von Gott in Bezeichnungen sprechen müssen, die sowohl am Theismus als auch am Atheismus vorbeigehen. Die nur kurz dauernde amerikanische „Theologie vom Tod Gottes" hatte zumindest den Vorteil, dies deutlich gemacht zu haben: Die Hypothese von Gott ist auf vielerlei Gebieten nutzlos.

Gläubige werden schließlich so von Gott reden müssen, daß sie die ideologische Funktion der alten, klassischen politischen Theologien [32] vermeiden, aber sich anderseits ebensowenig in die vorgebliche oder sogenannte Neutralität der klassischen bekennenden Theologien verstricken. Nur dann ist befreiendes Reden von Gott, und damit Befreiungstheologie, möglich, religiös und menschlich sinnvoll und notwendig. In den Religionen steht die Endgültigkeit auf dem Spiel.

Daß Gott als finsteres Licht erfahren wird, schließt ein, daß der unendliche Gott *nicht* in seiner interpersonalen Beziehung zum Menschen *aufgeht,* selbst wenn er diese Beziehung absolut frei ins Leben ruft mit einer Freiheit, die mit seinem eigenen absoluten Wesen identisch ist! In diesem Sinn ist er zugleich un- oder überpersönlich *und* persönlich. Daß wir aber die begrenzende Individualität von Gottes Person-Sein leugnen müssen, hat Folgen sowohl für seine göttliche Identität als auch für seine persönliche Beziehung zum Menschen. Denn die interpersonale Beziehung zwischen Gott und Mensch darf man nicht nach dem Modell zweier Personen auffassen, die in ihrer begrenzenden und begrenzten Individualität einander gegenüberstehen und einander als endliche Wesen begegnen. Gott kennt diese Begrenzung nicht: In der Ich-Du-Beziehung zwischen Gott und Mensch umfaßt das göttliche Gegenüber sowohl das menschliche Ich als auch die ganze Beziehung.

Beten heißt daher, sich an Gott wenden, aber in dem Bewußtsein, daß er bei und in unserem In-der-Welt-Sein, bevor wir uns an ihn wenden, zutiefst schon gegenwärtig war und ist („interior intimo meo", sagte Augustinus). So ist ein mystischer Untergrund in jedem und für jedes Gebet vorhanden, und jedes Gebet erfordert wiederum letztlich auch ein mystisches Versunkensein in diesen Urgrund und Lebenshorizont. Mystik, auch christliche Mystik, hat also mit dem *göttlichen „Über-Persönlichen"* zu tun, aber dann doch eben als der trinitarischen Grundlage und Quelle dessen, was vor allem die jüdische, die christliche und die moslimische Tradition die *interpersonale Beziehung* zwischen Gott und Mensch nennt.

Das Paradox ist aber, daß dieses „göttliche Über-Persönliche", christlich gesehen, doch wieder als absolute Freiheit, reine Gnadenhaftigkeit des drei-einen Gottes gedeutet werden muß. Man kann in Gott nicht zwischen einer Zone der Freiheit und einer Zone der Notwendigkeit unterscheiden. Alles, was Gott ist und tut, ist absolut frei, mit der absoluten Freiheit des göttlichen ewigen Wesens selbst. Es gibt in Gott keinen Naturzwang und keine natürliche Notwendigkeit. Sowohl das Wesen Gottes als auch sein Dasein in drei göttlichen *Personen* ist Gottes absolutfreie Entscheidung („Aseität" in Ausdrücken absoluter Freiheit), weil wir in Gott „Freiheit" und „Kontingenz" weder identifizieren dürfen noch identifizieren können. Gottes drei-„persönliches" Wesen und sein Handeln in Schöpfung und Bund übersteigen die Kategorien der Notwendigkeit und der Kontingenz und der geschöpflichen Wahlfreiheit: Sein Wesen und sein Handeln sind absolute Freiheit und daher für uns „jeden Augenblick neu", nicht vorhersagbar.

Daher transzendiert die „innergöttliche Trinität" gewissermaßen doch die sogenannte „ökonomische" Trinität, das heißt die Dreieinheit, wie sie sich in der Geschichte des menschlichen Heils (= „oikonomia") zeigt. Aber auch hier handelt es sich um eine Transzendenz durch Implikation und nicht um ein noch tiefer „verborgenes Wesen" (eine Art „Wesenstrinität" gegenüber der „ökonomischen Trinität"), das die Offenbarung desselben in der Geschichte (in einem falsch verstandenen „eschatologischen Vorbehalt") bedrohlich korrigieren oder bestreiten würde. Wenn die christliche Offenbarung einen Sinn hat, dann ist, nach dieser christlichen Auffassung, Gott, wie er in sich selbst ist, genau so, wie er sich im Menschen Jesus von Nazaret in unserer Geschichte gezeigt hat: der Grund, warum Christen diesen Menschen „Christus" nennen: Gottes Gesalbten und Liebling. So gewinnen wir einen Ausblick auf sein *wahres* und *einziges* (wenn auch nicht voll anschauliches und erschöpfendes, weil in Jesu menschlicher Begrenzung wie durch ein Prisma gesehenes und doch einigermaßen gebrochenes) wirkliches göttliches Antlitz. Das menschliche Antlitz Jesu offenbart nicht nur das Antlitz Gottes in seinen sehr markanten Konturen, sondern verhüllt dieses Antlitz zugleich (weil es eine Offenbarung des unaussprechlichen Gottes durch Jesu *wirklichmenschlichen*, geschichtlichen und damit kontingenten und begrenzten Ausdruck ist). Allein deshalb schon weist Jesus von sich selbst aus den Weg zu dem unsichtbaren, dem unaussprechlichen und dem unnennbaren „Vater" (der göttlichen „archè" oder göttlichen absoluten Freiheit: in für uns kaum aussprechbaren, väterlichen und mütterlichen Zügen in Worte zu fassen oder zu visualisieren). Gerade deshalb läßt die christologische Offenbarung Gott in seiner Freiheit, auch anderswo andere Aspekte seiner Reichtümer zu zeigen. Damit sind wir aber schon bei einem dritten Kapitel angelangt: Gott der Schöpfer und Vater Jesu Christi.

DRITTES KAPITEL

Christen finden Gott vor allem in Jesus Christus

Einführung

Aus dem Vorausgegangenen ist ersichtlich geworden, daß alle Menschen, auch die Christen, vieles über Gott, und damit auch über Heil und Wohl der Menschen, eben im Zusammenhang mit Gott, aber außerhalb von Jesus Christus zu erzählen haben. Das macht das Christentum grundlegend schon sowohl für die profane Welt als auch für die anderen Weltreligionen offen. Mit anderen Worten: Reich Gottes, der zentrale Begriff in der religiösen Botschaft Jesu, ist weiter und reicher als das Christentum und die Kirchen Christi.

In diesem dritten Kapitel werden wir mit zahlreichen schwierigen Problemen konfrontiert. Zunächst einmal mit dem Problem des nicht geringen Unterschieds zwischen dem (theozentrischen) Profil des historischen Jesus von Nazaret und dem (christozentrischen) Bild des neutestamentlichen und somit „kirchlichen Christus". Sodann mit dem Problem der notwendigen (aber manchmal verfremdenden) kirchlichen Vermittlung des Glaubens an Jesus Christus. Und in einem pluralistischen Zusammentreffen verschiedener Kulturen und Religionen gibt es vor allem das Problem der Vereinbarkeit des Glaubens an die Einzigartigkeit und Universalität Jesu Christi mit einer positiven Bewertung der anderen Weltreligionen, ohne daß sich das Christentum selbst als überlegen, geschweige denn als „imperialistisch", als die eine wahre Religion ansehen kann, die alle anderen Religionen ausschließt (sie in Wirklichkeit denn auch oft vernichtete) oder annektierend einschließt (Buddhisten, Hindus, Muslims und andere werden dann ungefragt und unerwünscht als „implizite oder anonyme Christen" bezeichnet).

Die Begründung der Einmaligkeit Jesu Christi einerseits ohne Diskriminierung anderer Religionen, aber ohne anderseits einem „religiösen Indifferentismus" zu verfallen, in dem Sinn, daß alle Religionen gleichwertig wären, gehört mit zur Aufgabenstellung dieses Kapitels.

§ 1. Einheit und Spannung zwischen „Jesus von Nazaret" und dem „Christus des kirchlichen Glaubens"

Vorbemerkung

In dem, was sie spezifisch-christlich von Gott sagen wollen, sprechen Christen über Ihn von Jesus aus, den sie als den Christus, den Herrn, den Sohn bekennen. Anderseits kann nach der christlichen Erfahrungstradition niemand Jesus als „den Herrn" bekennen, außer in der Kraft des Geistes des Auferstandenen (vgl. 1 Kor 12,3). Schließlich ist gegenwärtiges Reden der Menschen von Jesus als dem Christus – und somit Christologie – nur möglich in und durch kirchliche Vermittlung. In der Kirche und durch die Kirche, durch Vermittlung von Mitmenschen, hören wir weiter die Geschichte von Jesus.

In der Kirche Christi geht es um die Geschichte von einem Juden, der in unserer menschlichen Geschichte erschienen ist und den, nach seinem Tod, begeisterte Jünger als „den Christus, Gottes einzigen Sohn, unseren Herrn" bekannten. In dieser Geschichte, wie sie zum erstenmal schriftlich in dem festgelegt wurde, was Christen das Zweite oder Neue Testament nennen, lesen wir, wie bestimmte Menschen auf die geschichtliche Erscheinung Jesu reagiert haben und wie sie dadurch ein neues, ein anderes Leben zu führen begannen. Darin lesen wir auch, wie andere Menschen, in einer genauso radikalen Reaktion, denselben Jesus heftig abgelehnt und ihn sogar durch eine Hinrichtung aus dem Weg geräumt haben.

Mit Hilfe des Neuen Testaments können wir, wie in einem Spiegel, in wesentlichen Zügen geschichtlich erkunden, wer Jesus war, wie er lebte, was ihn beseelte. Denn ihm suchten diese Kirchengemeinschaften nachzufolgen. Von ihm selbst haben wir keine Schriften, keine direkten Dokumente. Allein in der Widerspiegelung des Lebenswegs seiner Jünger bekommen wir ein Profil, ein Porträt Jesu zu sehen. So besteht offensichtlich eine dialektische Wechselwirkung zwischen unserem Verständnis des historischen Jesus und dem Glauben und der Praxis „der Kirche Christi".

Die späteren Jünger suchten für sich selbst zu begreifen, was Jesus für seine ersten Jünger bedeutet hatte und was er auch für ihr eigenes Leben hier und jetzt bedeutete und bedeuten konnte. Dieser erste Interpretationsprozeß schlug sich, zumindest teilweise, in den Schriften des Neuen Testaments nieder. Aus neutestamentlichen Geschichten geht hervor, daß das, was vom irdischen Leben Jesu ausgegangen ist, von solcher Art war, daß es entweder zu radikaler Nachfolge oder zu scharfer Ablehnung zwang.

Ferner stellen wir fest, daß die ganze Geschichte der Kirchen im Fallen und im Aufstehen aus einer stets neuen „sequela Jesu" besteht, einem Wandeln in den Fußstapfen Jesu, und in einem stets weiterfortschreitenden Interpretationsprozeß, in dem sich Christen, immer wieder konfrontiert mit anderen Situationen und Problemen in Kirche und Welt, in Treue zur überlieferten Tradition gläubig und doch kritisch auf das einlassen, was frühere Generationen weitergegeben haben.

Die Identität des „geschichtlichen Menschen Jesus" mit „dem Christus des Glaubens" oder „dem Christus der Kirche" ist eine Grundbehauptung des Neuen Testaments. Es sind keine einander ausschließenden Alternativen. Doch haben wir schärfer eingesehen, daß sie durchaus ein Spannungsverhältnis bilden, ohne welches das Christentum und das Evangelium kein Evangelium wäre. Es gibt für Christen keinen Jesus ohne das kirchliche Bekenntnis Christi, wie es kein kirchliches Bekenntnis ohne das menschenbefreiende Auftreten des historischen Jesus von Nazaret gibt.

I.
JESUS VON NAZARET UND JESUS CHRISTUS

Im ersten Band dieser Trilogie, „Jesus, die Geschichte von einem Lebenden", habe ich diese Beziehung weitgehend analysiert. Aus der vielen Literatur, die seitdem über dasselbe Thema erschienen ist (oft anläßlich dessen, was ich darüber 1974 geschrieben hatte), sind keine wirklich neuen Gesichtspunkte zutage getreten. Doch ist man sensibler geworden für manche Spannungen und deren Implikationen.

Ursprünglich ist die Bezeichnung „Jesus Christus" kein Eigenname, sondern ein Doppelname, der zugleich ein Bekenntnis ausspricht, nämlich das Bekenntnis der Jerusalemer Urgemeinde: Der *gekreuzigte* Jesus ist der verheißene Messias, der eschatologische Gesalbte des Herrn: „Gott hat ihn zum Herrn und Messias gemacht" (Apg 2,36; siehe Röm 1,3–4). Daß „Jesus Christus" ein Bekenntnisname ist, *kennzeichnet die Grundstruktur* aller Christologie; dieses Bekenntnis ist das Fundament und der Ursprung des Neuen Testaments[1]. Ohne dieses Bekenntnis hätten wir nie von Jesus von Nazaret gehört. Daß Jesus in unserer Geschichte bekannt geworden ist, hängt also wesentlich auch von dem christlichen Bekenntnis ab.

Aber seinerseits weist dieses Bekenntnis auf ein Wesen aus unserer menschlichen Geschichte hin: auf Jesus von Nazaret. Dieses Bekenntnis ist so, wie es ist, weil Jesus von Nazaret so war, daß er dieses Bekenntnis hervorlocken konnte. Alle Aussagen über Jesus im Neuen Testament, auch wenn sie Erinnerungen an geschichtliche Fakten aus dem Leben

Jesu sind, haben einen Bekenntnischarakter. Man spricht von Jesus, *weil man an ihn glaubt*, und nicht aus einem bloß historischen Interesse. Bedeutsam dabei ist aber die Tatsache, daß sich dieses Bekenntnis auf einen geschichtlichen Menschen bezieht, der als sehr singuläre Erscheinung in unserer Geschichte angesiedelt ist: Jesus von Nazaret, kein anderer und auch nicht irgendein mythisches Wesen.

Christologie ohne historisches Fundament ist leer und unmöglich. Diese Berufung auf die Geschichte ist in der Neuzeit zugleich Ausdruck eines christlichen Widerstandes gegen den ideologischen Mißbrauch des Namens Jesus Christus, denn der kirchliche Gebrauch des Namens „Christus" steht unter der Kritik des Namens Jesus: unter der Kritik seiner Botschaft und der besonderen Art seines Lebensweges, im Dienst an Gerechtigkeit und Liebe bis zum Tod.

II.
WAS DIE HISTORISCH-KRITISCHE METHODE DIE GLÄUBIGEN LEHRTE

Ich selbst hatte schon geschrieben, daß das heutige Interesse für den historischen Jesus nicht die Folge des modernen „Geschichtsbewußtseins" ist, sondern eine für das Christentum wesentliche Frage, weil wir von einem geschichtlichen Menschen, Jesus von Nazaret, und nicht von einer mythischen Gestalt bekennen, daß er der Christus ist[2].

Der von vielen festgestellte entschiedene Bruch zwischen dem „historischen Jesus" und dem „kirchlichen Christus" ist also nicht so sehr die Folge der modernen historisch-kritischen Methode, sondern des Verlustes des kirchlichen Zugriffs oder Einflusses auf Gesellschaft und Kultur. Gerade dank dieser Emanzipation erhielt die historisch-kritische Methode ihre Chance; zuvor war sie allein das Monopol der kirchlich-konfessionellen Schriftauslegung.

Es ist ein wissenschaftliches Studium der Schrift möglich, das nicht unter der Bevormundung durch die Kirche steht. Das ist eine selbstverständliche Errungenschaft der kritischen Exegese, welche die Bibel *als Literatur* untersucht, die jedem, der will, zugänglich ist. Diese wissenschaftliche Exegese wurde von seiten der Kirchen anfangs heftig bekämpft, weil sie einen „Bruch" zwischen dem Jesus, wie ihn die historisch-kritische Methode rekonstruieren kann, und dem Jesus, wie ihn die Kirchen bekennen, aufzeigte. Historisch wirkte sich dies, aufgrund des in der Entstehung des „historizistischen Positivismus" vorhandenen Rationalismus, in der Tat kritisch gegen die kirchliche

Tradition und zugunsten der Negation des „Christus des Glaubens" aus. Die Tatsache der neuzeitlichen freien, wissenschaftlichen Exegese der neutestamentlichen Texte hat eine latente, irreduzible Struktur der Christologie geoffenbart: die Spannung zwischen dem tatsächlichen Lebensweg, wie er von den vier Evangelien bezeugt wird, und den Hoheitstiteln Jesu, wie sie dieselben Evangelien bekennen. Ich selbst habe das Schwergewicht darauf gelegt, daß die Bedeutung Jesu nicht von diesen Hoheitstiteln aus, sondern vom konkreten Lebensweg Jesu aus interpretiert werden muß, wodurch alle vorhandenen Hoheitstitel „gebrochen werden"[3]. Die Spannung zwischen *Jesus* und *Christus* ist nicht die Folge der neuzeitlichen historisch-kritischen Annäherung, sondern dem Neuen Testament und aller Christologie strukturell eigen, und zwar in folgendem Sinn: Die Eigenart der „Alterität", die unverbrüchlich mit jeder geschichtlichen und somit kontingenten Wirklichkeit verbunden ist, macht verschiedene Interpretationen der Gestalt „Jesus Christus" möglich und notwendig. Aufgrund dieser Spannung zwischen dem „Jesus der Geschichte" und dem „Christus des Glaubens" kann niemand Jesus für sich annektieren.

Die historisch-kritische Methode wird erst dadurch subversiv gegenüber dem kirchlichen Glauben, daß sie frei ist von allem autoritären Zwang. Etwas spät fingen daher auch die christlichen Kirchen selbst an, die historisch-kritische Methode zu favorisieren, aber dann in apologetischem Sinn. Die geschichtlichen Untersuchungen könnten, so glaubte man, die Kontinuität zwischen dem „Jesus der Geschichte" und dem „Christus des Glaubens" aufzeigen. Aber ebendarin liegt eine Gefahr. Gerade das kann die Geschichte nicht; ein rein geschichtliches Vorgehen bringt uns von Jesus nie zum Christus.

Die Kirche bediente sich der Waffen des rationalistischen Feindes, um zu bestätigen, daß sie selbst im Recht sei. Der Modernismus war gerade der Widerstand gegen eine derartige kirchliche Domestizierung der historischen Methoden: Man will wissenschaftlich eine Autorität legitimieren, die man auf gesellschaftlichem und politischem Gebiet verloren hat. Ich bin mit C. Duquoc einer Meinung, daß die ganze Polemik um den Jesus der Geschichte und den kerygmatischen Christus oder den Jesus des kirchlichen Glaubens historisch weniger ein christologisches Problem war als vielmehr ein Gefecht gegen das exklusivistische Patent der Schriftinterpretation – von wem auch immer[4].

Wir dürfen daher, trotz aller Einseitigkeit der These Rudolf Bultmanns, nicht zu schnell den Kern der Wahrheit in seiner Grundintuition vergessen, nämlich seine Leugnung einer glatten Kontinuität zwischen dem Jesus der Geschichte und dem Christus des kirchlichen Glaubens. In der heutigen Situation der Kirchen, welche die geschichtlichen Forschungen nach Jesus von Nazaret apologetisch gebrauchen, um die Kontinuität zwischen „Jesus" und „Christus" aufzuzeigen, erfüllt Bultmann gegenüber dem kirchlichen Glauben aufs neue eine kritische Rolle.

Die historische Methode ist frei und unabhängig von jeder ihr fremden, äußeren Einmischung. Für die Kirchen bedeutet dies in der Tat, daß sie für ihr eigenes Zeugnis keine einzige andere Instanz haben als das „eigene Kerygma" und daß sie somit nicht von autonomen, historischen Methoden der Wissenschaft gemessen werden. „Jesus" gehört in der These Bultmanns zum inneren Gremium einer kirchlichen Familie. Ist das nicht von unschätzbarem Wert? Bultmann war also durchaus etwas auf der Spur, was richtig war![5] Dem kann man jedoch entgegenhalten: Wird die Glaubensverkündigung dadurch nicht für „immun" erklärt? Hat eine „geschlossene Gesellschaft" von Christen nicht auch enorme Nachteile?

Der Bruch (oder besser: der auffallende Unterschied) zwischen dem Jesus der Geschichte und dem Christus des Glaubens ist nicht erst ein modernes Problem, sondern findet seine Grundlage im Text des Neuen Testaments selbst. Der geschichtliche Streit zwischen wissenschaftlicher Bibelinterpretation und kirchlicher Bibelauslegung hat ein grundlegendes theologisches „christologisches" Problem aufgedeckt, und zwar: Die geschichtliche Gestalt Jesu von Nazaret ist keineswegs homogen mit seiner *Identität,* wie sie in und von der kirchlichen Verkündigung und Dogmatik formuliert wird.

Aus der Geschichte geht hervor, daß jede Periode sich ein eigenes Bild von Jesus bildet. Jesus wird also offensichtlich durch unterschiedliche menschliche Bedürfnisse und Interessen manipuliert. Wenn man diese Tatsache lächerlich macht, läuft man Gefahr, daß man den mindestens vierfachen Unterschied im evangelischen Bericht vom Lebensweg Jesu übersieht oder ebenfalls lächerlich macht. Entweder man will Jesus monopolisieren oder festlegen, indem man ihn auf das reduziert, was Duquoc „une vulgate officielle" nennt[6], mit anderen Worten, diese eine, legitime Interpretation Jesu und keine anderen Interpretationen dürfen dann gelten (was im Widerspruch zum Neuen Testament steht).

Gerade was die geschichtlichen Untersuchungen im Zusammenhang mit der Literatur, die das Neue Testament genannt wird, entdeckt haben, hat grundlegende Bedeutung für jede Christologie. Spekulative Theorien über Christologie von oben oder Christologie von unten gehen an den eigentlichen Problemen, um die es hier geht, vorbei; es sind oft Scheingefechte mit einer Aneinanderreihung von mannigfachen gegenseitigen Mißverständnissen. Die geschichtlichen Untersuchungen haben uns deutlich gemacht, daß es keine glatte Kontinuität zwischen dem

Jesus der Geschichte und dem Christus des Glaubens gibt. Anderseits ist die Bestätigung der Identität zwischen *Jesus* und dem *kerygmatischen Christus* eine Grundthese des ganzen Neuen Testaments[7].

Identität und Diversität zeigen, daß die biblische Geschichte Möglichkeiten und Perspektiven enthält, die nur dank der Vermittlung der heutigen Herausforderungen offenkundig werden; die Vielzahl der Christusbilder ist wesentlich für die Gestalt Jesu von Nazaret, wie ihn die biblische Erzählung zeichnet. Jesus ist tatsächlich ein geschichtliches und daher *kontingentes* Wesen; sein geschichtlicher Lebensweg muß die biblischen Erwartungen und die sogenannten Hoheitstitel erklären und nicht umgekehrt, und gerade dies geschieht im Neuen Testament. Jesus illustriert oder verkörpert nicht nur konkret, was an religiösen Ideen und Auffassungen schon vorhanden ist; dann gäbe es in Jesus fürwahr keine Originalität; dann legt man Jesus auch in einer einzigen Interpretation fest.

Der persönliche Lebensweg Jesu von Nazaret erklärt, was Messias, Sohn Gottes, Herr bedeutet, und diese letzteren sind keine Interpretationen, die sich Jesus selbst während seines irdischen Lebens gab. Was Sohn Gottes im Zusammenhang mit Jesus bedeutet, wissen wir nicht vorweg, auch die Tatsache, daß Israels König und Israel selbst Sohn Gottes genannt worden sind, kann uns nicht erzählen, in welchem Sinn Jesus Sohn Gottes genannt werden kann und genannt werden muß. Jesu eigener Lebensweg muß erklären, was diese Bezeichnung oder dieser Hoheitstitel beinhaltet. Dasselbe gilt für den Ausdruck: Jesus ist unser Erlöser. Weder alte noch neue Inhalte der Befreiung können hier dienlich sein, außer unter dem Kriterium des Lebenswegs Jesu aus dem biblischen Bericht oder in Beziehung zum Befreiungsbedürfnis in unserer heutigen Situation.

III.
DER WERDEGANG DER SCHRIFT ALS ZEUGIN DER KIRCHLICHEN VERMITTLUNG IM ÜBERGANG VON „JESUS" ZU „CHRISTUS"

Im ersten Kapitel habe ich von „alten biblischen und neuen heutigen christlichen Erfahrungen" gesprochen. In diesem Kapitel habe ich im Zusammenhang mit den Begriffen Erfahrungstradition einerseits und Situation anderseits zwar ausdrücklich auf die Notwendigkeit *geschichtlicher* Vermittlungen hingewiesen, aber ich habe dabei (um diesem dritten Kapitel nicht vorzugreifen) *einen* Aspekt dieser Vermittlung vorläufig absichtlich implizit gelassen. Diesen damals implizit gebliebenen Aspekt will ich jetzt ausdrücklich hervorheben, nämlich die kirchliche oder *ekklesiologische* Vermittlung aller Christologie.

In dem ersten Kapitel sagte ich, daß das Verständnis der Schrift, Glaubensverständnis, ein kritisches und hermeneutisches Unternehmen einschließe. Dort war die Rede von einer reziprok-kritischen Relation zwischen der christlichen Erfahrungstradition (Schrift und deren Auslegung durch die Jahrhunderte hindurch, wie auch der christlichen Praxis) und der heutigen Situation. Der Schrift als der Geschichte von dem Lebensweg, dem Tod und der Auferstehung Jesu kommt zwar eine gewisse Einmaligkeit zu, die in der weiteren Geschichte der Kirche nicht wiederholt werden kann. Anderseits gehört die Beziehung zur Gegenwart wesentlich zum Verständnis der Schrift, während diese Beziehung, nämlich zwischen dem Bericht der Schrift und unserer heutigen Situation, „außer-biblisch" ist, zumindest in dem Sinn: Die Schrift kennt nicht die Situationen, in denen wir heute leben, und kann uns mithin darüber direkt auch nichts sagen. Außerdem wird das Sprechen durch die Tatsache, daß es schriftlich niedergelegt oder, anders gesagt, *Text* wird, aus der genau situierten Enge einer lokalisierten interpersonalen Beziehung zwischen Sprecher und Hörer befreit. Wir gehören mit unserer Situation also selbst zu dem Bezugsraum des Textes. Daraus folgt, daß es ein innerer Bestandteil des besonderen *Sinns* eines Textes ist, offen zu sein für eine unbestimmte Anzahl von Lesern und, schon deshalb, für unterschiedliche Interpretationen.

Diese Vielzahl von Auslegungsmöglichkeiten hat mit der semantischen Autonomie des Textes zu tun, durch welche die Begrenztheit eines vielleicht ursprünglich ganz bestimmten Publikums (zum Beispiel der Christen von Korinth in den Paulusbriefen) überstiegen wird durch die Potentialität einer unbegrenzten Anzahl von Lesern und somit Interpreten, mit eigenen Lebenshorizonten. Wir selbst gehören als Leser zum Horizont der Schrift als Text.

Daher ist aktuelles Glauben (heutige gläubige und praktische Aktualisierung des Evangeliums) teilweise das Ergebnis eines Unternehmens von mancherlei Vergleichen zwischen Gegenwart und Vergangenheit, des Forschens sowohl nach Glaubensausdruck und Praxis damals und heute als auch nach der Situation damals und heute. Es liegt dann unvermeidlich ein kreatives (in dem Sinne: diskontinuierliches) Moment in jeder Glaubensinterpretation. In der Aktualisierung des Glaubens, das heißt in dem hier und jetzt konkreten Glauben, spielt daher die Kirchengemeinschaft (Gläubige mit ihren Leitern) eine vermittelnde Rolle. Das sehen wir schon beim Entstehen der Schrift selbst geschehen.

Für die Christen ist das neutestamentliche Bekenntnis Jesu Christi die Norm des interpretierenden christlichen Glaubens an Jesus von Nazaret.

Aber Jesus ist seit seinem Tod aus unserer Geschichte entschwunden. Er ist uns als solcher nur mittels eines Textes erreichbar, der selbst den Glauben der urchristlichen kirchlichen Gemeinden an Jesus wiedergibt. Dieser Text ist außerdem in Zeit und Kultur weit von uns entfernt. Das läßt uns die Frage nach der „christologischen Norm" schärfer stellen: Liegt diese in der Schrift, oder liegt sie in der in der Kirche aktiven, pneumatischen Wirkung des Geistes des abwesenden Auferstandenen? Hier droht die Gefahr einerseits eines Biblizismus, anderseits einer nicht vertretbaren, fast sachlichen und automatischen magisteriellen oder charismatischen Berufung auf den Heiligen Geist.

Aus der Struktur des Neuen Testaments können wir die Antwort auf diese Frage ablesen. Darin wird deutlich, daß die Autoren des Neuen Testaments Jesus mancherlei Worte in den Mund legen, die er geschichtlich nie gesprochen hat. Sie wenden das, was Jesus in einer anderen Situation gesagt oder getan hatte, kreativ auf neue Situationen an, die Jesus in seiner palästinischen Zeit nicht kannte oder kennen konnte. Sie handelten so, sogar mit Recht, weil sie davon überzeugt waren, daß Jesus, der nach christlicher Glaubensüberzeugung nach seinem Tod zum Vater aufgenommen war, von wo er seinen Geist sendet, gegenwärtig selbst zu Gläubigen spricht, die in einer ganz anderen Situation als die ersten Jünger zur Zeit Jesu leben[8]. Diese Gläubigen gingen davon aus, daß das, was Jesus in ganz bestimmten, besonderen Situationen gesagt hatte, in anderen besonderen Situationen und somit auch heute noch seine Bedeutung behält. Die darin mitbestätigte „universale Bedeutung" der Botschaft Jesu erfordert unter veränderten Umständen deshalb naturgemäß eine aktuelle Ergänzung: eine Aktualisierung.

In ihren mannigfaltigen Subjekten ist die Kirchengemeinschaft die Trägerin dieser Aktualisierung; sie weiß, daß Jesus in seiner Kirche lebt durch die Gabe des Geistes. Diese Aktualisierung und sogar gläubige Anpassung macht das historische Gedächtnis an das, was Jesus gesagt und getan hatte, keineswegs zunichte. Die jetzt lebende Kirchengemeinschaft legt Zeugnis ab von der lebendigen Aktualität des Evangeliums Jesu hier und heute, das seinen konstitutiven Niederschlag in der Schrift gefunden hat. Die Schrift bleibt also der notwendige Bezugstext, aber die Kirchengemeinden machen aus dem Text hier und heute ein *lebendiges* Wort aufgrund der aufrechterhaltenen Dialektik zwischen dem neutestamentlichen Bericht von dem Lebensweg und dem Tod des historischen Jesus einerseits und dem Leben von Gottes Geist, der als Geist des auferstandenen Jesus erkannt wurde, in der Kirche von heute anderseits.

Deshalb können wir „als Christen" nichts Sinnvolles über Gott sagen ohne Christologie, und wir können nichts über Christologie sagen ohne

Pneumatologie. Und das Reden sowohl über Christologie als auch über Pneumatologie ist unmöglich ohne lebendige Kirchengemeinschaft, unmöglich also ohne (zumindest implizite) Ekklesiologie. Aber wenn auch für Christen Gott und Christus, Geist und Kirche (somit auch: Theologie und Christologie, Pneumatologie und Ekklesiologie) eng zusammenhängen, so wird sich doch noch zeigen, daß wir alle diese Größen nicht ohne weiteres gleichsetzen können.

Aus diesen kurzen Betrachtungen geht hervor, daß die Schrift selbst also den Beweis liefert, daß die christliche Offenbarung nicht ohne *kirchliche* Vermittlung zu uns kommen kann. Die tatsächliche Anwesenheit der Kirche bei dem, was hier und heute in der Welt geschieht – die Situation (und das sind andere Dinge und Ereignisse als zur Zeit Jesu, ja unvergleichlich andere Situationen) –, ist daher die notwendige Vermittlung der Aktualität und Fruchtbarkeit des Evangeliums von Christus hier und heute.

Doch bedeutet die Feststellung der notwendigen kirchlichen Vermittlung bei der Aktualisierung des christlichen Glaubens keineswegs ein Plädoyer für Ekklesiozentrismus oder für die ausschließliche Zentralstellung des (unfehlbaren oder nicht unfehlbaren) Lehramtes in der Kirche. Die ganze lebendige Kirchengemeinde in Bekennen, Beten und Praxis ist Subjekt dieser Vermittlung.

Es besteht außerdem ein ziemlich starker Unterschied zwischen der einmaligen Situation der christlichen Urgemeinden und der Situation der nach-biblischen Kirche (sowohl ihrer Leiter als auch der Gemeinschaft als ganzer). Die Kirche ist sowohl heute als auch damals zwar „sequela Jesu", eine Gemeinschaft von Gläubigen, die Jesus folgen; sie will als solche, in den Fußstapfen Jesu, sichtbar und greifbar soziohistorisch Zeichen der Befreiung sein. Aber sie bringt keine neuen Evangelien mehr hervor und ist außerdem dem Evangelium oft untreu.

Das evangelische, apostolische Zeugnis in der Schrift besitzt eine Einmaligkeit, die das kreative Zeugnis unserer Kirchengemeinden in heutigen Situationen keineswegs hat. Die damalige kirchliche Vermittlung ist also spürbar verschieden von der kirchlichen Vermittlung heute. Das darf vor allem eine katholische Ekklesiologie, die oft fast nur auf päpstliche und bischöfliche Autorität gegründet wurde, nie vergessen. Das Verhältnis der Urkirche zur Schrift ist durchaus anders als das Verhältnis der heutigen Kirchen zu derselben Schrift, die der konstitutive Lebensraum aller Kirchen bleibt innerhalb des irdischen Raumes der Welt unserer menschlichen Geschichte, in der auch diese Kirchen leben.

Die Berufung auf den Geist ist zugleich eine Berufung auf die Vermittlung der ganzen gläubigen Kirchengemeinschaft; keineswegs ausschließlich eine Berufung auf Autorität oder, anderseits, auf verinnerlichtes individuelles Geistescharisma. Und diese Berufung auf den Geist, der in der Kirchengemeinde wirksam ist, ist zugleich eine Berufung auf die Heilige Schrift. Hier ist eine unvermeidliche Dialektik im Spiel.

§ 2. Der Lebensweg Jesu, den wir als den Christus bekennen

I.
DER (THEOZENTRISCHE) FOCUS DER BOTSCHAFT UND DES LEBENSWEGS JESU: REICH GOTTES ALS DAS EIGENTLICHE „ANLIEGEN JESU"

A. Die Botschaft vom Reich Gottes und von der Lebenserneuerung (metanoia)

Reich Gottes, das Schlüsselwort in der Botschaft Jesu, ist der biblische Ausdruck für das Wesen Gottes: bedingungslose und befreiende souveräne Liebe, insoweit sie im Leben der Menschen, die Gottes Willen tun, zur Geltung kommt und sich darin offenbart. Man könnte auch einfach von „Gott" sprechen, aber zur Zeit Jesu vermied man die unmittelbare Benennung Gottes.

Reich Gottes, wörtlich sogar: Königreich oder Herrschaft Gottes, ist eine Bezeichnung, die uns heutigen Menschen nicht liegt. Wir sind auch nicht an diese Terminologie gebunden, wohl aber an das, was damit gemeint war. Man kann den Begriff „Reich" in unserem modernen Sinn nehmen und ihn dann biblisch füllen. Reich bedeutet dann einen geographischen Raum, der von Bürgern – Reichsgenossen – bewohnt wird, die eine gemeinsame Gesetzgebung und Regierung haben. Reich Gottes ist dann der ganze weltliche Raum: die Ökumene oder bewohnte Welt der Menschen, in der das „Herrschen Gottes", des Schöpfers dieses Alls, bedeutet, daß Frieden, Gerechtigkeit und Liebe unter den Menschen herrschen, Frieden auch mit der ganzen natürlichen ökologischen Umwelt, ... wenn die Menschen sich in Freiheit auf das Reich Gottes einlassen.

Nach dem neutestamentlichen Bekenntnis hängt das „Nahekommen des Reiches Gottes" eng zusammen mit der Metanoia oder Lebenserneuerung der Menschen: „Die Zeit ist verstrichen (= erfüllt), und das Reich Gottes ist nahe. Kehrt um, und glaubt an das Evangelium" (Mk 1,15; siehe Lk 11,20; Mt 3,2; 4,17; 10,7). Daß für uns mit Jesus das Reich Gottes nahe gekommen war, erfuhren die Jünger Jesu in und durch ihre Metanoia: Durch ihren Glauben an Jesus wurde ihr Leben völlig anders.

Was vor allem meinte Jesus mit dieser für uns fremden Vorstellung? Das geht aus dem ganzen Lebensweg Jesu hervor: aus seinen Worten, seinen Gleichnissen und seinen Taten. Denn sein ganzes Leben stand im Zeichen seiner Botschaft und Praxis des Reiches Gottes: „Euch muß es zuerst um sein Reich und um seine Gerechtigkeit gehen; dann wird euch alles andere dazugegeben" (Mt 6,33). Bevor wir diese von Jesus verkündigte und betätigte „Praxis des Reiches Gottes" analysieren, können wir es so zusammenfassen: Reich Gottes ist die von Menschen bejahte oder willkommen geheißene aktive und ermutigende, heilsame Gegenwart Gottes unter den Menschen. Eine von Gott angebotene und von Menschen frei bejahte heilbringende Gegenwart, die vor allem konkret anschaulich wird in Gerechtigkeit und Friedensbeziehungen unter Menschen und Völkern, im Verschwinden von Krankheit, Unrecht und Unterdrückung, in Lebensneuheit von allem, was tot und tödlich war. Reich Gottes ist ein bekehrtes, neues Verhältnis (metanoia) des Menschen zu Gott, dessen greifbare und sichtbare Seite ein neuer Typ befreiender Beziehungen zwischen den Menschen untereinander in einem versöhnten Zusammenleben in einer friedlichen natürlichen Umwelt ist. Reich Gottes ist Gottes offenbarende und heilbringende Gegenwart in der Welt, von der ich in den beiden vorausgegangenen Kapiteln sprach. Reich Gottes ist ein *„Reich der Menschen"*, ein menschliches Reich, im Gegensatz zu den Weltreichen, die in Dan 7 durch Tiersinnbilder als Reiche der Macht des Stärksten symbolisiert werden. Reich Gottes ist die Aufhebung des schmerzlichen Gegensatzes zwischen Herrschern und Beherrschten (auch dort, wo Gott als ein solcher tyrannischer Herrscher angesehen wird).

Was Reich Gottes konkret bedeutet, geht über unsere menschliche Vorstellungskraft hinaus. Wir bekommen eine schwache Ahnung davon einerseits durch menschliche Erfahrungen von Güte und Gerechtigkeit, von Sinn und Liebe, anderseits im Spiegel unseres Widerstandes gegen Situationen, in denen wir das Menschliche in uns, persönlich und gesellschaftlich, als bedroht, geknechtet und entwürdigt erfahren. Aber nach christlicher Auffassung erhalten diese Erfahrungen erst ihr eigenes Relief vor dem Horizont des leuchtenden Lebenswegs Jesu: seiner Botschaft, wie sie vor allem in Gleichnissen vom Reich Gottes erzählt ist, sein persönliches Vorangehen in der Praxis des Reiches Gottes, die er durchhält bis in den Tod. Darin kommt die Vision von dem, was Reich Gottes für Menschen sein kann, zu ausdrucksvoller Gestalt. Reich Gottes hat wesentlich mit der Person Jesu von Nazaret selbst zu tun. Das Neue Testament hat dies in einer seiner ältesten Erinnerungen festgelegt, wenn es sagt, daß mit Jesus das Reich Gottes, Gott selbst, uns ganz nahe kommt.

152

Reich Gottes muß daher vom Leben Jesu aus näher qualifiziert werden: von der Tatsache aus, daß dort, wo Kranke bei Jesus erschienen, sie geheilt wurden; von der Begegnung mit „dämonischen Geisteskranken" aus, die bei ihrer Begegnung mit Jesus gesund wurden; von seiner Tischgemeinschaft und seinem Umgang mit „Zöllnern und Sündern" aus, das sind die damals marginalisierten, diskriminierten und sogar exkommunizierten Menschen; von der Seligpreisung der Armen und schließlich von dem ganzen unterdrückten Volk aus. Jesus faßt dies alles in einer einfachen Gebärde der Inschutznahme von Kindern zusammen, die ihm nach Ansicht seiner Jünger lästig fielen: Denen, die wie solche Kinder sind, gehört das Reich Gottes, war seine Reaktion (Mk 10,13–16; Mt 19,13–15; Lk 18,15–17). Als Johannes der Täufer durch seine Jünger Jesus fragen ließ, ob er der Messias sei, antwortete Jesus: „Blinde sehen wieder, und Lahme gehen; Aussätzige werden rein, und Taube hören; Tote stehen auf, und den Armen wird das Evangelium verkündet" (Mt 11,4–5; Lk 7,22–23), und Lukas läßt das sogenannte öffentliche Leben Jesu mit einer Predigt Jesu in der Synagoge über Jes 61,1–2 und 58,6 beginnen: „Er hat mich gesandt, damit ich den Armen eine gute Nachricht bringe" (Lk 4,18). Auch: „Selig, ihr Armen, denn euch gehört das Reich Gottes" (Lk 6,20).

Sowohl in den jesajanischen Schriften (Jes 3,4; 10,1–2; 11,4; 14,32; 26,5–6; 29,19; 32,7; 41,17; 51,21–22; 54,11; 58,7; 61,1; 66,1–2) als auch im Neuen Testament (Mk 14,5–7 parr; Mk 10,21 parr; Lk 14,13–21; 16,19–22; 19,8; 21,1–4; Joh 12,5–8; 13,29) bedeuten die Armen hauptsächlich: wirklich gesellschaftlich-wirtschaftlich arme, mittellose und unterdrückte Menschen. Daß für diese armen und verstoßenen Menschen Jesu Verkündigung und Praxis des Reiches Gottes eine *gute Nachricht* war, heißt nun nicht, daß „das Reich Gottes und seine Gerechtigkeit" (Mt 6,33) für diese Armen direkt Befreiung aus Armut, Mittellosigkeit und Unterdrückung besagt. Es bedeutet, daß Jesus die Armen ihrer Selbstverachtung, weil sie ausgestoßen sind, entrückt. Er gibt ihnen ihre Würde als Mensch, als Kind Gottes wieder. Wer in einer Gesellschaft, in der er wie ein Aussätziger an die Seite gedrückt ist, jemandem wie Jesus begegnet, der ihm wohlgesinnt gegenübertritt, ihm Tischgemeinschaft anbietet, wird der eigenen Selbstverachtung infolge gesellschaftlicher Ausstoßung entrückt. Ein erniedrigter, verachteter oder verstoßener Mensch, der von jemandem willkommen geheißen und empfangen wird und mit dem dieser ein Glas Wein trinkt, wird in seiner Menschlichkeit aufgerichtet, fühlt sich endlich angenommen und wagt wieder zu lachen. So werden arme und verachtete Menschen von Jesus erlöst und befreit. Dadurch können diese Armen schließlich auf den Wertmaßstab ihrer Gesellschaft verzichten, die sie so sehr erniedrigt hatte. Und diese neue wirklich befreiende Situation ist zugleich der mögliche Beginn einer gesellschaftlichen Selbstbefreiung, denn einem gesellschaftlichen Wertesystem aufgrund der Erniedrigung bejahend anzuhängen ist gerade die größte Barriere für die Selbstbefreiung von Armen und Unterdrückten. Daß, wie ich von lateinamerikanischen Befreiungstheologen wiederholt erfahren habe, unter armen und unterdrückten Menschen mehr gelacht, getanzt und gefeiert wird, liegt eindeutig auf der Linie der Seligpreisung Jesu: Das Reich Gottes gehört *schon jetzt* den Armen! Diese Seligpreisung der Armen ist nicht ein biblischer Trost, der sie still und friedlich halten soll, vielmehr die göttliche Erlaubnis, die Jesus ihnen gibt, als sich von Gott besonders geliebte Kinder stolz gegenüber einer gewalttätigen Gesellschaft aufzurichten. Nicht sie, die Armen, sind zu bedauern wegen ihres Armseins (wenn auch Armsein eine Schande und keineswegs ein Ehrentitel ist, auch nicht von Gott her); die Schande liegt nicht bei ihnen, den Armen, sondern anderswo, und die Opfer dieser merkwürdigen Schande sind gerade die Armen.

Durch die Speisung der Menge mit nur wenigen Broten und Fischen will Jesus deutlich machen, daß im Reich Gottes die Praxis brüderlichen und schwesterlichen Teilens gilt, nicht der Wille oder das Gesetz eines bestimmten Gesellschaftssystems, durch das Arme immer ärmer und Reiche immer reicher werden. Gerade indem es für arme und diskriminierte Menschen Partei ergreift, ist das Reich Gottes gleichzeitig eine Aufforderung an die Reichen, auszuziehen aus ihrer Selbstsucht und den Weg des brüderlichen Teilens zu gehen. Die Gleichnisse und die Lebenspraxis Jesu werden dies noch veranschaulichen.

Aus all dem darf man jetzt schon schließen: Erst vor dem Hintergrund eines scharfen Bewußtseins von der weltlichen sündigen Situation, von einem Zustand der Ungerechtigkeit und des Unfriedens, struktureller Armut, unnötigen Leidens und Kummers muß Jesu Verkündigung des kommenden Reiches Gottes und der Notwendigkeit einer Lebenserneuerung oder Metanoia, aufgrund seiner Erfahrung eines „auf Menschlichkeit bedachten Gottes" (um ein Schlüsselwort aus meinem Buch „Jesus, die Geschichte von einem Lebenden" zu wiederholen), verstanden werden.

B. Die Gleichnisse vom Reich Gottes

Was Jesus mit „Reich Gottes" und daher mit „Gott" meint, hat er vor allem in zahlreichen Gleichnissen verdeutlicht[9]. Die Ursprünglichkeit, mit der Jesus von Gott spricht, weicht in ihrer Substanz nicht vom alttestamentlichen Gottesbild oder Gottesbegriff ab. Aber bestimmte Akzente, vornehmlich der prophetischen Verkündigung dessen, was und wer Gott ist, erhalten in der Verkündigung Jesu eine so eigene Profilierung und fast Überbetonung, daß andere Aspekte des traditionellen Gottesbildes dadurch in den Schatten gedrängt werden. Insgesamt kann man sagen, daß Jesus zufolge sein Gott – der Gott Abrahams, Isaaks und Jakobs, der Gott des Mose, der Gott, den Jesus seinen „Vater" nannte – ein Gott ist, der sich nicht von einer Kaste frommer und tugendhafter Menschen in Beschlag nehmen läßt, die von sich selbst wissen, „daß sie nicht so sind wie dieser Zöllner und Sünder", und einer entsprechenden Belohnung für ihre treue Beobachtung des Gesetzes sicher sind. Nein, alle Gleichnisse widersprechen dieser Auffassung von Gott: Jesus zeigt, daß Gott sich auf die Seite der von der „rechtschaffenen Gemeinde" beiseite geschobenen, armen, unterdrückten, ausgestoßenen und sogar sündigen Menschen stellt. Aber dieser „Gott der armen Menschen und der Sünder" ist kein gutmütiger Trottel, kein nachsichtiger Gott; er beansprucht den ganzen Menschen und fordert von seinen Jüngern ein ungeteiltes Herz.

Das geht schon aus dem Gleichnis vom verlorenen Schaf hervor (Mt 18,12–14; Lk 15,4–7): Das Verhalten des Hirten illustriert die Haltung Gottes, wie Jesus sie uns vorlebt. Es handelt sich um einen Gott, der sich mehr besorgt fühlt um ein einziges verirrtes Schaf als um die neunundneunzig Schafe, die in Sicherheit sind. Das Gleichnis vom „verlorenen Sohn" unterstreicht dies noch (Lk 15,11–32). Die völlig überraschende Haltung des Vaters gegenüber dem weggelaufenen Sohn ruft prompt die Entrüstung des ältesten Sohnes (der ersten Hörer Jesu) hervor. Aber Jesus lehrt sie, daß der Sünder ihr Bruder bleibt und daß sie alle an Gottes Freude über die Bekehrung des Sünders teilnehmen müssen. Im Gleichnis vom Pharisäer und vom Zöllner (Lk 18,10–14) wird der fromme Pharisäer, der in der Tat das Gesetz vollkommen befolgt und Gott dankt, weil er nicht ist „wie jener Sünder dort", von Gott fortgeschickt. Der Zöllner, der sich unwürdig fühlt, vor Gott zu erscheinen, geht „gerechtfertigt" von dannen.

Auch im Gleichnis von den Arbeitern der elften Stunde (Mt 20,1–15) verkündet Jesus ein sehr provozierendes Gottesbild: Gott bleibt frei im Austeilen seiner Gaben und seiner Gunsterweise. Niemand hat durch seine guten Werke ein solches Anrecht auf Gott, daß er Gott in seiner Güte gegenüber jenen, die keine guten Werke vorlegen können oder zumindest weniger „Verdienste" haben, hindern könnte. Diese Haltung Gottes bedeutet dann für fromme und tugendhafte Menschen eine um so größere Herausforderung, als sie sich wirklich auf *Sünder* bezieht. Einem Sünder Vergebung zu schenken verschafft Gott mehr Freude als das Heil von neunundneunzig Gerechten.

155

Diese Gleichnisse sprechen letztlich von Gott, wenn er auch fast nie genannt wird. Sie lehren uns, daß Gott kein Garant privilegierter Stellungen in der bürgerlichen oder religiösen Gesellschaft sein will. Den zu seiner Zeit vorherrschenden und konformistischen Gottesbildern stellt Jesus einen Gott gegenüber, der behinderten, lahmen, unterdrückten, marginalisierten und sogar sündigen Menschen besondere Liebe bezeigt. Denn es ist nicht der vielleicht verborgene geistige oder ethische Adel armer und ausgeschlossener Menschen, der Jesus zu dieser besonderen Liebe bewegt. Aus freien Stücken bekümmert er sich in erster Linie um bestimmte Menschen, weil diese behindert, lahm, arm oder schwer krank sind. Es sind gerade auch diese Menschen, die seine Botschaft annehmen, während die gescheite und intelligente Elite des Volkes seine Botschaft ablehnt.

Jesus zeigt in den Gleichnissen „das andere Gesicht der Religion (= Kirche)": Seine Art, der „Gott der Menschen" zu sein, und zwar aller Menschen, macht ihn in erster Linie zum Gott der ausgestoßenen und ausgeschlossenen Menschen. Wer das aus dem Neuen Testament, vor allem aus den Gleichnissen, nicht heraushören kann, hat nichts von Jesu Botschaft vom Reich Gottes verstanden.

Vielleicht hat uns gerade unsere eigene Verbürgerlichung seit Jahrhunderten, unsere Zugehörigkeit zu der „rechtschaffenen Gemeinde", blind gemacht für den offenkundigen Sinn der Botschaft und der erhellenden Gleichnisse Jesu. Der Gott Jesu ist ein Gott, der sich nicht von den Lobbys frommer Menschen einkassieren läßt. Das ist einer der Kerne des Evangeliums Jesu. Wir müssen als Jünger Jesu Gott nachfolgen, „der seine Sonne scheinen läßt über Gute und Böse" (Mt 5,45). Das Verhalten, das Jesus von seinen Jüngern fordert, muß sie von den Zöllnern und Heiden (Mt 5,46–47) und von den Sündern (Lk 6,32–34) unterscheiden. Von Christen wird daher verlangt: „Seid barmherzig, wie es auch euer Vater ist" (Lk 6,36); stoßt also ihr, die ihr selbst sündig seid, Mitbrüder oder Mitschwestern nicht aus. Wer sich gegen gleich welche Formen der Diskriminierung wendet, hat Jesus auf seiner Seite. Das Gebot „Liebt eure Feinde" (Mt 5,44–45; Lk 6,35) liegt auf der Linie der radikalen Nächstenliebe Jesu. Wer dieses Gebot befolgt, wird „Sohn Gottes" genannt werden (Mt 5,9).

Anderseits ist dieser Gott der von Menschen ausgestoßenen Mitmenschen zugleich ein Gott, der das menschliche Herz ganz in Beschlag nimmt: radikal, aber ohne jeden Zwang und jede Gewalt: „Sucht sein Reich" (Lk 12,31; vgl. Mt 6,33), alles übrige (auch unsere primären Lebensbedürfnisse der Nahrung und Kleidung) wird uns dann (von Gott) zugeworfen werden. Aus einem Gleichnis, dem von dem Herrn und seinem vollkommenen Knecht (Lk 17,7–10), geht hervor, daß die vollkommenste Treue zu Gott und der vollkommenste Dienst kein einziges Recht gegenüber Gott schafft. Jesus verkündet die Spiritualität des Vertrauens auf Gott für Reich und Arm, nicht die Pseudo-Spiritualität einer Berufung auf eigene gute Werke, durch die man sich von „jenen Sündern dort" abschirmt und elitär absetzt.

Gerade wegen dieses Gottvertrauens wendet sich Jesus *besonders* an die Armen. „Armen wird das Heil verkündet." In großem Maße bestand Jesu Handeln darin, soziale Kommunikation zu stiften und Kommunikation vor allem dort zu schaffen, wo Exkommunikation, Ausstoßung, offiziell in Kraft war: gegenüber öffentlichen Sündern, wie Zöllnern und öffentlich ausgestoßenen Menschen, Besessenen und Aussätzigen, kurzum allen, die für unrein gehalten wurden. Gerade sie sucht Jesus auf, mit ihnen ißt er. Für das „offizielle" Judentum der damaligen Zeit ist der Gott Jesu ein dissidenter Gott. Das geht nicht nur aus der Botschaft und den Gleichnissen Jesu hervor, sondern wird auch durch seine Lebensweise bestätigt.

C. Jesu Praxis des Reiches Gottes

Reich Gottes ist eine neue Welt behobenen Leidens, eine Welt völlig heiler oder geheilter Menschen in einer Gesellschaft, in der Frieden herrscht und keine Herr-Knecht-Beziehungen, eine ganz andere Situation also als in der damaligen Gesellschaft: „ *Wie dort* darf es unter euch nicht sein" (Lk 22,24–27; Mk 10,42–43; Mt 20,25–26). Das Kommen dieser neuen Welt kann aber nicht ohne menschliches Handeln erfolgen, in dem Jesus uns vorangegangen ist.

Denn neben seiner Verkündigung stehen das Handeln Jesu und insbesondere auch die neutestamentlichen Wundergeschichten. Es kann geschichtlich nicht in Zweifel gezogen werden, daß zur Zeit Jesu und in der frühen Kirche von religiösen Verkündigern Phänomene bewirkt wurden, die nach dem Urteil der Zeitgenossen schlechthin Wunder waren. Die einzelnen Geschichten im Neuen Testament spiegeln das Bewußtsein der Erzähler wider, daß Jesus Wunder vollbrachte, auch wenn sie dieses Bewußtsein in Formen ausdrücken, die unserem Verständnis dieser Ereignisse nicht entsprechen. Sicher ist, daß sie in seiner Gesellschaft Lebensfülle in einer Weise erfuhren, die weit über ihre täglichen Erfahrungen hinausging. In diesem Zusammenhang sind die Wundertaten *Zeichen* der „heilen", geheilten Welt des Reiches Gottes, das darin gegenwärtig wird. Die Verkündigung der Nähe der Herrschaft Gottes und die Wundertaten Jesu gehören daher untrennbar zusammen.

Sowohl durch die Gleichnisse vom Reich Gottes als auch durch Jesu Praxis des Reiches Gottes wird deutlich, wie Jesus das menschliche, manchmal schonungslose Prinzip der Gerechtigkeit relativiert. Jesu Praxis und seine Gleichnisse verletzen heute oft unser Rechtsempfinden. Der Arbeiter der elften Stunde erhält genauso viel wie der Arbeiter der ersten Stunde (Mt 20, 1–17), und dem, der nichts hat, wird auch das, was er hat, noch genommen werden (Mt 25, 29).

Jesu will uns damit lehren, daß die Regeln für die Praxis des Reiches Gottes nichts mit den sozialen Spielregeln in unseren Gesellschaften zu tun haben; es ist ein alternatives Handeln. Jesus verteidigt nicht unmoralische oder anarchistische Menschen, er stellt sich wohl neben sie. Er entlarvt die Absichten der Eiferer für Gott und Gerechtigkeit; er nimmt diesen Eiferern sogar das, was sie haben: einen Eifer für Gott und das Gesetz, der Menschen ausschließt; er weist auf die perversen Wirkungen der Tugend hin, wie sie der ältere Bruder des verlorenen Sohnes (Lk 15, 11–32) zeigt, der sich süffisant über die Brot-Reue seines jüngeren Bruders äußert. Scharf wendet sich Jesus gegen die Hüter der sozialen Spielregeln. Strenge Gerechtigkeit kann manchmal die Exkommunikation von öffentlich schon ausgestoßenen Menschen einschließen. Das Kommen des Reiches Gottes kennt diese menschliche Logik der präzisen Gerechtigkeit nicht. Jesus will denen Hoffnung geben, die, sozial und menschlich gesehen, nach unseren menschlichen Spielregeln, eben keine Hoffnung mehr haben.

In einer bestimmten Tugendhaftigkeit und Vollkommenheit steckt etwas Subtiles, das Menschen tötet. Aus dem kirchlichen Leben ist die subtile Untugend dieser „Vollkommenheit" noch nicht verschwunden. Man verteidigt sogenannte unantastbare Gesetze und kränkt dabei Mitmenschen, die sowieso schon verwundbar sind. Das prangert Jesus an. Dieser Eifer bewirkt oft, daß Mitmenschen keinen Raum zum Atmen mehr haben. Jesus wendet sich gegen die weltliche Praxis, wenn das Gesetz den Ausschluß des anderen bewirkt. Wenn das Gesetz den Menschen zur Verzweiflung bringt, ist es aller Macht ledig. Der Arme und Ausgestoßene ist für Jesus das Kriterium für das eher kreative als destruktive Funktionieren des Gesetzes, als der Wille Gottes zum Vorteil der Menschen.

Auch die Tradition seines jüdischen Volkes, Israels, ist für Jesus nicht die letzte Maßgabe. Diese Tradition hat für ihn eine menschliche Legitimität, aber er unterwirft sich ihr nicht vorbehaltlos.

Das Neue an Jesu Haltung zum Gesetz, zur Tradition, zu den geltenden Gottesbildern entspringt nicht unmittelbar seiner transzendenten Autorität, die sich an die Stelle des Mose setzt. So wird das, was an Neuem in Jesus zutage tritt, ohne eine Vermittlung unmittelbar auf seine Göttlichkeit zurückgeführt, und so ist die kritische Kraft seiner menschlichen Entscheidung, der Grund auch, warum er verurteilt wurde, völlig bagatellisiert. Für Jesus ist Gott nicht der Garant der Gesellschaft, des Wohlstandes und der Familie.

Das Gottesbild Jesu wird bestimmt durch die durstigen, die fremden, die gefangenen, die kranken, die ausgestoßenen Menschen. In ihnen sieht er Gott (Mt 25). In seinem ganzen Verhalten lehnt Jesus die Gerechtigkeit als „absoluten Imperativ" ab (Mt 20,15–16). Gerechtigkeit ist für ihn nicht das letzte Wort. Jesus ergreift Partei für Menschen ohne Verteidiger, aber mit vielen Anklägern, die mit ihrer Berufung auf das Gesetz, mit dem Finger auf sie zeigend, Menschen ausstoßen und ihnen so noch einen Tritt geben.

Bei alldem ist sich Jesus bewußt, daß er so handelt, wie Gott es tun würde. In seinem und durch seinen Lebensweg *übersetzt* er Gottes Handeln auf die Menschen hin. In seinen Gleichnissen geht es um das eine verlorene Schaf, um eine verlorene Münze, einen verlorenen Sohn. Glaubensgenossen gegenüber, die an seinem Umgang mit unreinen Menschen Anstoß nehmen, will Jesus *durch sein Handeln* deutlich machen, daß Gott sich verlorenen und verletzten Menschen zuwendet: Jesus handelt so, wie Gott handelt. So liegt in ihm ein Anspruch, daß in *seinem* Tun und Sprechen *Gott selbst* anwesend ist. So handeln wie Jesus ist *Praxis des Reiches Gottes* und zeigt daher auch, was Reich Gottes ist: Heil für Menschen.

Daß das heilsame und heilende Auftreten Jesu und sein ganzes Lebensverhalten, das Menschen aus Not und Elend befreit, zu seinem Auftrag gehören, zeigt auch die Tatsache, daß Jesus seine Jünger aussendet nicht nur mit dem Auftrag, seine Botschaft der Sündenvergebung und des ewigen Lebens weiterzugeben, sondern auch mit dem Auftrag, „Menschen wieder gesund zu machen und zu heilen" (siehe Mk 3, 14–16; 6, 7 ff). Reich Gottes umfaßt Sündenvergebung, ist jedoch mehr als das. Die Menschen, die in Jesus Heil-von-Gott her erfahren durften, werden auch selbst aufgerufen, Jesus darin nachzuahmen, es sogar in noch höherem Maße zu tun (Joh 14,12), in rückhaltloser Liebe zum Mitmenschen. Die Begründung des Lebenswegs der Jünger Jesu liegt in dem Lebensweg, den Jesus während seines Lebens selbst gegangen ist.

D. Reich Gottes und Lebensweg Jesu

Was somit im Lebensweg Jesu besonders auffällt, ist die wesentliche Beziehung zwischen seiner Person und seiner Botschaft vom Näherkommen des Reiches Gottes. Mehr noch: Es besteht ein innerer Zusammenhang zwischen der Botschaft und ihrem Verkünder, wie es auch einen inneren Zusammenhang zwischen dieser Botschaft und dem ihr entsprechend konsequenten Handeln Jesu gibt. Mit seiner Person und mit seiner Botschaft und seinem Lebenswandel bürgt Jesus für den befreienden, menschenliebenden Gott. Aus dem Lebensweg Jesu wird für den Gläubigen deutlich, daß der Gott Jesu, der Gott Israels, *den Menschen ganz annimmt* und ihn durch diese Annahme in Beziehung zu sich selbst und zu anderen, in einer menschlich bewohnbaren Welt, zu erneuern sucht.

Dies alles setzt voraus, daß Jesus auch selbst aus der Überzeugung lebte, von Gott bejaht und anerkannt zu sein. Das hat die christliche Tradition später mit klareren Worten in der Glaubensaussage formuliert: Jesus steht zu Gott als Vater in einer Sohnbeziehung: Sohn Gottes. Aber der Grund für die Möglichkeit dieser kirchlichen Bezeichnung liegt in der geschichtlichen Wirklichkeit Jesu selbst begründet, vor allem in seiner „Abba-Erfahrung", die im Gegensatz zu dem, was er „in dieser Welt" erfuhr, die Quelle seiner Botschaft und Lebenspraxis der Zuwendung zum leidenden Menschen war[10].

Jesu Botschaft von Gott war so sehr in seinen handelnden, befreienden und Kommunikation stiftenden Umgang mit den Mitmenschen integriert, daß sich seine Verkündigung und sein Lebenswandel gegenseitig interpretieren, während sie zusammen den Menschen verändern und erneuern, indem sie ihn frei machen für den Mitmenschen in solidarischer Liebe, so wie Zachäus nach der befreienden Begegnung mit Jesus die Armen an seinem Besitz teilnehmen läßt. In seiner Zuwendung sowohl zum reichen Zöllner und zum Ausgestoßenen als auch zu den verletzbaren Kindern, Kranken oder Besessenen, Krüppeln und Armen macht Jesus unmittelbar das sichtbar, wovon er spricht; und so greift er hier und jetzt dem eschatologischen Heil, dem Reich Gottes, vor.

E. Lebensweg und Tod Jesu

Die Verkündigung des umherziehenden Lehrers, den man Rabbi nannte, während er, stärker noch als die Pharisäer, das Gesetz als den von ihm anerkannten Willen Gottes *zugunsten der Menschen* auslegte, ließ Herodes Antipas und die priesterliche Obrigkeit nicht unberührt. Die Überlieferung, der zufolge Simon, ein Pharisäer, Jesus vor der Lebensgefahr warnte, die ihm von seiten des Herodes drohte (Lk 13, 31), ist historisch besonders glaubwürdig, vor allem aufgrund der nach den siebziger Jahren bestehenden antipharisäischen Tendenz in vielen neutestamentlichen Texten. Jedenfalls wurde Jesus zu einem bestimmten Zeitpunkt aufgrund vieler Ereignisse klar, daß auch sein Lebensweg, so wie der Johannes des Täufers, durch einen schmachvollen Verwerfungstod gehen müsse.

Irgendwie, vielleicht in der dunklen Nacht des Glaubens, aber im Bewußtsein seines Auftrags, bezog Jesus seinen bevorstehenden Tod in seine Verkündigung des Reiches Gottes ein. Trotz des drohenden Todes blieb er seiner Botschaft treu und nahm bei einem festlichen Mahl Abschied von den Seinen. „Von nun an werde ich nicht mehr von der Frucht des Weinstocks trinken, bis das Reich Gottes kommt" (Lk 22, 18). Bald darauf wurde er hingerichtet, und zwar durch eine römische Kreuzigung: „unter Pontius Pilatus". Das steht nicht umsonst im christlichen Glaubensbekenntnis. Es impliziert, bei allem was der Kreuzestod theologisch auch sein mag, ein *politisches* Element.

Den Tod Jesu darf man nicht aus dem Kontext seines Lebenswegs, seiner Botschaft und seiner Lebenspraxis herauslösen; sonst macht man aus der erlösenden Bedeutung des Todes Jesu einen Mythos, manchmal sogar einen sadistischen Blutmythos. Gerade wenn man von Jesu Botschaft und Lebensweg absieht, die zu seinem Tod geführt haben, verdunkelt man den christlichen Tenor der Heilsbedeutung seines Todes. Der Tod Jesu ist der historische Ausdruck der Bedingungslosigkeit seiner Verkündigung und seines Lebenswegs, wobei für ihn die Bedeutung der verhängnisvollen Folgen für sein Leben völlig verblaßte. Jesu Tod war ein Leiden durch und für andere als unbedingte Geltung einer Praxis des Gutestuns und des Widerstandes gegen das Böse und das Leiden.

Sowohl die Juden als auch vor allem die römische Behörde hatten mit dem Justizmord an Jesus zu tun. Für bestimmte Juden, vor allem die sadduzäische Priesterkaste, die als Tempelherren gemeinsame Sache mit den Römern machten, war die Kritik Jesu an der konkreten Beobachtung des Sabbats, zum Nachteil von armen und mit dem Fingerzeig kenntlich zu machenden Menschen, wie auch seine Haltung gegenüber dem Tempel und seine Tempelkritik (man denke nur an die Tempelreinigung) ein Dorn im Auge. Man kannte diese Kritik zwar auch von seiten der jüdischen Glaubensgenossen aus der Diaspora. Aus den späteren, allerdings entstellten, neutestamentlichen Passionsgeschichten geht trotz allem hervor, daß das Motiv des „Abbruchs dieses Tempels" durch Jesus für bestimmte Juden bei seiner Verurteilung unverkennbar eine Rolle gespielt hat (was die Sabbatverpflichtung betrifft, siehe vor allem Ex 31, 12–17; siehe: Joh 2, 19; Apg 6, 14; Mk 11, 15–17 parr; Mk 13, 2 parr; 15, 29; Mt 26, 61; 27, 40, und das Buch der Offenbarung 21, 22, das den Nachdruck darauf legt, daß es eschatologisch keinen Tempel mehr geben wird). Danach war es, nicht so sehr für die Pharisäer (die in den Evangelienberichten wegen ihrer erst nach dem Jüdischen Krieg wirklich beherrschenden Stellung in Palästina, zu Unrecht global als Gegner Jesu dargestellt werden) – in den Leidensgeschichten kommen sie aber

nicht einmal vor –, sondern vor allem für den sadduzäischen, prohero-
dianischen und faktisch prorömischen Clan, kein Kunststück, Jesus als
einen für die Römer politisch gefährlichen Fall auszuliefern.

Man muß Leben und Tod Jesu als ein Ganzes sehen und darf die Bedeutung seines Todes nicht isoliert betrachten. Sein Leben für den anderen
hinzugeben ist in der Tat der größte Erweis von Liebe und Freundschaft,
jedoch nur dann, wenn eine andere Lösung konkret ausgeschlossen und
somit unmöglich ist! Nicht Gott, dem nach dem Buch Leviticus „Menschenopfer ja ein Greuel sind" (Lev 18, 21–30. 20, 1–5), hat Jesus ans
Kreuz gebracht. Das haben die Menschen getan. Zwar kommt Gott stets
in Kraft und Stärke, aber göttliche Kraft kennt keinen Gebrauch von
Macht, selbst nicht gegen Menschen, die seinen Christus kreuzigen.
Aber das Reich Gottes kommt dennoch, trotz des Machtmißbrauchs der
Menschen und ihrer Zurückweisung des Reiches Gottes.

F. Botschaft und Lebensweg Jesu rufen eine neue Frage wach

An Jesus als den Christus glauben bedeutet zutiefst: in Bekenntnis und
Tat anerkennen, daß Jesus eine bleibend konstitutive Bedeutung für das
Näherkommen des Gottesreiches und somit für die allumfassende Heilung und Heilmachung des Menschen besitzt. Es geht im wesentlichen
um die besondere, einzigartige Beziehung Jesu zu dem kommenden
Reich Gottes als Heil für Menschen, wie alle Religionen Ihn bekennen.
Daß Gott uns mit dem Kommen Jesu wirklich nahe kommt, ist eine
christliche Grundüberzeugung, die deshalb im christlichen Credo irgendwie zum Ausdruck kommen mußte.

Was Jesus gesagt und getan hat, so daß andere in ihm entscheidendes
Heil erfuhren, Heil-von-Gott her, ruft nämlich die Frage wach: Wer ist
er, daß er imstande ist, solche Dinge zu tun? Wenn er uns ein neues Verhältnis zu Gott und zu dessen Reich vermittelt, liegt es nahe zu fragen:
Wie ist sein Verhältnis zu Gott? Und wie ist Gottes Verhältnis zu ihm?

Daraus wird deutlich, daß Jesus *in seinem Mensch-Sein* durch sein Verhältnis zu Gott bestimmt wird. Anders gesagt: Das tiefste Wesen Jesu
liegt in seiner ganz besonderen persönlichen Bindung an Gott. Unser
Verhältnis als Geschöpf zu Gott ist zweifellos auch wesentlich für unser
aller Menschsein. Aber dieses Verhältnis bestimmt unser Menschsein
nicht in seiner Menschlichkeit. Nichts, kein Geschöpf, entgeht dieser
Beziehung; aber damit ist noch nichts über die Eigenart dieses Geschöpfes gesagt. Bei Jesus geht es um mehr.

Aus dem Neuen Testament geht einerseits hervor, daß Gott letztlich
nur vom menschlichen Lebensweg Jesu aus und in Begriffen dieses Le-

benswegs „definiert" werden kann, anderseits, daß Jesus als Mensch *in seiner vollen Menschlichkeit* zutiefst nur in Bezeichnungen seiner einzigartigen Beziehung zu Gott und zu den Menschen definiert werden kann. Gott gehört also durchaus zur Definition dessen, was und wer der Mensch Jesus ist.

Gott aber ist größer als selbst seine höchste, entscheidende und definitive Selbstoffenbarung im Menschen Jesus – „der Vater ist größer als ich" (Joh 14,28). Das *Menschsein* Jesu weist also wesentlich auf Gott und auf das Kommen des Reiches Gottes hin, für das er selbst sein Leben einsetzte, das heißt für weniger wert erachtete. Für Jesus war die Sache Gottes – das Reich Gottes als Heil von und für Menschen – größer als die Bedeutung des eigenen Lebens. In diesem sich selbst verleugnenden Hinweis auf Gott, den Jesus seinen Schöpfer und Vater nannte, liegt die Bestimmung, die eigentliche Bedeutung Jesu.

Für Christen ist Jesus daher a) die entscheidende und endgültige Offenbarung Gottes, und er zeigt uns b) gerade darin zugleich, was und wie wir Menschen letztlich sein können, sein müssen und eigentlich sein dürfen. Daher hat der Mensch Jesus in der Bestimmung dessen, was er ist, in der Tat mit dem Wesen Gottes zu tun. In Jesus offenbart Gott sein eigenes Wesen, indem er in ihm Heil von und für Menschen sein will. Um es mit dem Kirchenvater Irenäus zu sagen: a) Das Heil des Menschen liegt im lebendigen Gott, und b) Gottes Ehre liegt im Glück, in der Befreiung und im Heil oder Heilsein des Menschen.

Im Menschen Jesus fallen die Offenbarung des Göttlichen und die Erschließung des wahren, guten und wahrhaft glücklichen Menschseins in ein und derselben Person voll zusammen. Kern des ganzen Auftretens Jesu ist somit: Der auf Menschlichkeit bedachte „Gott der Menschen" will uns zu „Menschen Gottes" machen, die dann auch, wie Gott, auf Menschen und deren Menschlichkeit bedacht sind. Was in Jesus auffällt, ist die befreiende Vermenschlichung der Religion, die jedoch *Dienst Gottes* bleibt.

Im christlichen Credo der Kirchen wird diese Auffassung von Jesus vor den Hintergrund des Glaubens an Gott als den Schöpfer des Himmels und der Erde gestellt. Christlicher Glaube an die Schöpfung schließt ein, daß Gott uns liebt ohne Bedingungen und ohne Grenzen: unverdient unsererseits, grenzenlos. Schöpfung ist eine Tat Gottes, die uns einerseits unbedingt in unsere endliche, nicht-göttliche menschliche Eigenheit stellt, bestimmt zu wahrer Menschlichkeit, und die, anderseits, darin zugleich sich selbst in selbstloser Liebe als unser Gott darstellt: unser Heil und Glück – höchster Inhalt wahrer und guter Menschlichkeit. Aus freiem Willen erschafft Gott den Menschen zum Heil und zum Glück der Menschen selbst, aber in demselben Akt will er, ebenso souverän-frei, selbst der tiefste Sinn, das größte Heil und Glück des Lebens der Menschen sein.

Daher ist Gott, der Zuverlässige, in seiner absolut-göttlichen Freiheit für den Menschen *ständige Überraschung:* „Er, der ist, der war und der kommen wird" (Offb 1,8; 4,8). Erschaffend ergreift Gott Partei für alles Erschaffene, für alles Verletzbare. Die Sache des Menschen ist für den, der jüdisch-christlich an den lebendigen Gott glaubt, die Sache Gottes selbst, ohne daß dies die eigene menschliche Verantwortung für die eigene Geschichte beeinträchtigt und mindert. Aber zugleich, in einem, ist Gottes Sache auch die Sache aller Menschen.

Der Glaubensartikel: „Ich glaube an Gott, den Schöpfer des Himmels und der Erde, und an Jesus den Christus" bedeutet somit, daß für das Nicht-Göttliche, für das Verletzbare, Gottes Wesen befreiende Liebe in Jesus Christus ist. Gott, der Schöpfer, der Verläßliche, *ist* menschenbefreiende Liebe, und zwar auf eine Weise, die alle menschlichen, persönlichen, sozialen und politischen Erwartungen sowohl erfüllt als auch übersteigt. Christen haben dies alles erfahren und aus dem Lebensweg Jesu gelernt: aus seiner Botschaft und seiner damit übereinstimmenden Lebensweise, aus den konkreten Umständen seines Todes und schließlich aus dem apostolischen Zeugnis von seiner Auferstehung aus dem Totenreich.

II.

VOM THEOZENTRISMUS JESU ZUM CHRISTOZENTRISMUS DES NEUEN TESTAMENTS UND DER KIRCHE

A. *Von Jesus, der uns von Gott spricht, zur Kirche, die uns von Christus spricht*

Nach seinem Tod wird Jesus, der Verkünder, zu dem von der Kirche Verkündeten: zum Christus Gottes. Die Botschaft des Neuen Testaments ist unverkennbar christozentrisch. Doch bedeutet das in keiner Hinsicht Untreue gegenüber Jesus. Bei Jesus stand die Verkündigung des Reiches Gottes im Mittelpunkt, er will uns keineswegs eine Christologie geben. Diese aufzubauen ist Auftrag für seine Jünger: „Ihr aber, für wen haltet *ihr* mich?" (Mt 16,15; Mk 8,29; Lk 9,20). Aber er ließ ebensowenig einen Zweifel daran bestehen, daß eine wesentliche Beziehung zwischen dem näherkommenden Reich Gottes und seiner eigenen Person sowie seinem Auftreten besteht. In der kirchlichen Verkündigung Jesu als des Christus wird die Botschaft vom Reich Gottes unverkürzt bewahrt. Jesus nimmt im Neuen Testament keineswegs den Platz

Gottes ein, selbst nicht in den zuhöchst christologischen Äußerungen (Joh 1, 1; 20, 28; Hebr 1, 8–9): „Ihr aber gehört Christus, und Christus gehört Gott" (1 Kor 3, 23). Für das Neue Testament gilt: „Gott wird alles in allen sein" (1 Kor 15, 28).

Der Zutritt zum Reich Gottes wird nach Jesu Selbstverständnis durch die Art und Weise bestimmt, wie man auf seine Botschaft und sein Auftreten reagiert: „Ich sage euch: Wer sich vor den Menschen zu mir bekennt, zu dem wird sich auch der Menschensohn vor den Engeln Gottes bekennen" (Lk 12, 8–9 = Mt 10, 32–33). Wenn also das Reich Gottes eine weltweite Bedeutung hat, dann ist auch die Beziehung Jesu zu diesem Reich von *weltgeschichtlicher Bedeutung:* Jesus war sich bewußt, daß er beim Kommen und bei der Verwirklichung des Reiches Gottes eine besondere, einzigartige Rolle spielte. Die Wende vom Theozentrismus zum neutestamentlichen Glauben an Christus muß also aufgrund der eigenen theozentrischen Botschaft Jesu begründet werden.

Ob Jesu Selbstverständnis der Wirklichkeit entsprach, kann natürlich kein Historiker aufzeigen oder leugnen. Es waren gläubige Menschen, die in der Veränderung ihres eigenen Lebens erfuhren, daß Jesus der Christus ist. Alle Hoheitstitel im Neuen Testament finden ihren unmittelbaren Ursprung in der Erfahrung von Heil-von-Gott-her in Jesus Christus, durch das Gläubige ihr Leben verändert sahen. Den Zusammenhang zwischen dem Kommen des Reiches Gottes und persönlicher *Metanoia* oder Lebensumkehr erfuhren die Jünger Jesu in ihrem eigenen, lebenserneuernden Umgang mit Jesus. Es war Jesus, der ihr Leben umformte und sie in das Reich Gottes eintreten ließ.

Es besteht jedoch die Gefahr, daß Christen den ursprünglich theozentrischen Fokus des Auftretens Jesu vergessen und dann entweder in eine wenig besagende *Jesuologie* verfallen oder eine Reduktion vornehmen, durch die Gott in Christus absorbiert wird[11]; dabei wird seine rettende Gegenwart in Natur und Geschichte, ohne Jesus, in Gottes großer Schöpfungswelt praktisch geleugnet.

B. *Die Heilsbedeutung des Lebenswegs und des Todes Jesu*

In der christlichen Tradition wurde der Tod Jesu zu einem zentralen Thema, obwohl im Neuen Testament sehr viele ältere Schichten vorhanden sind, in denen keine gläubige Auslegung des Kreuzestodes Jesu gegeben wird. Doch darf man sagen, daß die christliche Verkündigung der Heilsbedeutung des Kreuzestodes Jesu auf den Grundtenor der eigenen Verkündigung Jesu zurückgeht. Jesus hat sich gegen die Vorstellung von einem triumphierenden Messias gewehrt. Erst in einer Neudefinition dessen, was Messias, Gesalbter, ist, kann dieser Titel auf Jesus angewandt werden.

Der Kreuzestod Jesu bestimmt den Begriff Messias neu: Der *gekreuzigte und verworfene* Jesus ist der Messias. Wie Gott, identifiziert sich Jesus vor allem mit ausgestoßenen und verworfenen Menschen, mit dem Unheiligen, so daß auch er selbst schließlich zu dem Verworfenen, dem Ausgestoßenen wird. Diese Identifizierung ist radikal. So besteht eine Kontinuität zwischen dem Lebensweg Jesu und seinem Tod, und wegen dieser Kontinuität findet die Heilsbedeutung Jesu ihren Höhepunkt im Kreuzestod und nicht in dem isoliert für sich betrachteten Kreuzestod.

Gott hat sich nach christlicher Auffassung in Jesus durch das Nichtgöttliche seines Menschseins hindurch und in diesem offenbart. Das ist innerhalb des Christentums jedoch auf unterschiedliche Weise interpretiert worden. Vor allem in dem „Zwei Naturen"-Schema Papst Leos des Großen kam man oft zu einer Art Paradox-Christologie, zwischen dem Extrem des Menschlichen und dem Extrem des Göttlichen unter Außerachtlassung des tatsächlichen Berichts der Evangelien. In diesen Erlösungstheologien geht es oft um eine abstrakte Dialektik zwischen „schwacher Menschlichkeit" („forma servi": der Gestalt eines Sklaven) und dem übermächtigen Gott („forma Dei"), in einer unhistorischen Sicht. Diese Sicht vergißt die souverän-freie Entscheidung Jesu, der jede Machtideologie ablehnt und deshalb jede Übertragung eines jüdischen „Messias"-Titels auf ihn selbst resolut von sich weist. Jesus ist nicht deshalb verurteilt worden, weil er sich als Mensch göttliche Titel anmaßte, und ebensowenig wegen seiner schwachen Menschlichkeit. Aus dem ganzen Bericht der Evangelien geht hervor, daß er wegen seiner souverän-freien menschlichen Lebensentscheidung verurteilt wurde, die für jeden subversiv ist, der auf Macht setzt und auf Macht aus ist. Die Autorität seines Auftretens war eine Herausforderung und führte zu einem Prozeß und einer Verurteilung: Sein Lebensverhalten zwang die Machthaber zur Selbstentlarvung. Er stellte die perversen Wirkungen eines bestimmten Eifers für die „Sache Gottes" zuungunsten der „Sache des Menschen" an den Pranger. Kurzum, die klare Entscheidung Jesu war: seine Verweigerung jeder messianischen Ideologie, die einerseits die Unterdrückten befreit, anderseits aber alle Unterdrücker unbarmherzig vernichtet, denn dies war damals das allgemein geltende „apokalyptische Modell"!

Aus dem ganzen Neuen Testament geht (trotz einiger andersgerichteter „Interpretamente") hervor, daß Jesus den Hauptnachdruck auf die „Gratuität" unserer Erlösung und Befreiung legt. Viele existierende Theorien über unsere Erlösung durch Jesus Christus berauben Jesus, seine Botschaft und seine Lebenspraxis ihrer subversiven Kraft, und, was schlimmer ist, sie sakralisieren die Gewalt zu einer innergöttlichen Wirklichkeit. Gott soll ein blutiges Opfer verlangen, das sein Gerechtigkeitsgefühl befriedigt oder besänftigt. Zuerst müsse die Sünde gerächt werden, und erst dann sei Versöhnung möglich. Die Verwerfung Jesu durch Gott soll uns dann mit Gott versöhnen. Eine solche Sicht widerspricht der ganzen Verkündigung und dem Lebensweg Jesu. Jesus weigert sich, die menschliche Gewalt in unserer Geschichte durch „göttliche Gewalt" zu heilen. Aus seinen drei Versuchungen in der Wüste geht klar hervor, daß er den Messias-Titel, in all seinen damals vorgegebenen jüdischen Erwartungen, resolut von der Hand weist.

Barmherzigkeit und Gerechtigkeit miteinander zu versöhnen ist ein Versuch, das Unversöhnliche zu harmonisieren. Als Mensch entscheidet sich Jesus für Barmherzigkeit und Gnade unter Außerachtlassung strafender Sanktionen für die Unterdrücker und die Bösen. Die Menschen scheinen sich nicht vorstellen zu können, daß es eine Freigebigkeit ohne irgendeine Nebenabsicht oder ohne Hintergedanken gibt und, anderseits, daß Gut und Böse nicht auf derselben Ebene liegen und die Konsequenzen des Bösen deshalb einer inneren, eigenen Logik folgen. (Im weiteren Verlauf dieses Kapitels werde ich diese innere Logik analysieren.)

Jesus wollte kein messianisch-politischer Führer sein, was aber nicht bedeutet, daß seine Botschaft und sein Lebensweg keine politische Bedeutung hätten. Ich bezeichne als „subversiv" Taten und Worte, welche die Autorität gesellschaftspolitischer Institutionen in Wirklichkeit untergraben. Die Grundentscheidung Jesu war: Macht abzulehnen, wodurch seine Worte und Taten eine unvergleichliche Autorität erhielten. Indem er selbst Verstoßung und Verwerfung akzeptiert, will Jesus nicht der Anführer der Ausgestoßenen sein. Damit will er unterstreichen, daß Verstoßenwerden kein Privileg ist, sondern der perverse Effekt einer oppressiven Gesellschaft. Das Schweigen Gottes, als Jesus am Kreuz hing, entspricht der Logik der Lebensentscheidung Jesu, der jeden Machtmessianismus ablehnte. Jesu Kreuzestod ist die Konsequenz eines Lebens im radikalen Dienst an der Gerechtigkeit und der Liebe, eine Folge seiner Entscheidung für arme und ausgestoßene Menschen, einer Entscheidung für sein Volk, das unter Ausbeutung und Unterdrückung litt. In einer bösen Welt ist jeder Einsatz für Gerechtigkeit und Liebe lebensgefährlich.

Die *Neudefinition*, die Jesus durch seine Verkündigung und seine Lebenspraxis sowohl von Gott als auch vom Menschen gegeben hat, erhält gerade in seinem Kreuzestod ihre höchste Bedeutung: Gott ist auch dort im menschlichen Leben anwesend, wo er nach menschlicher Auffassung abwesend ist. Die Vision vom Reich Gottes, von einer kommenden Welt, in der Wolf und Lamm sich nebeneinander hinstrecken und das Kind vor der Höhle der Schlange spielt, hätte man auch falsch verstehen können. Es klang den Jüngern vor Jesu Tod wie ein Triumph in den Ohren, fast zu schön, um wahr zu sein. Aber durch den Lebensweg Jesu sind sie klüger geworden. Wo das Gute triumphiert und Leiden und Unrecht weichen, wird Gott in der Praxis bezeugt. Ja, aber es ist noch mehr, und es gibt auch noch etwas anderes: Jesus weist darauf hin, daß Heil auch im Leiden und in einer ungerechten Hinrichtung vollzogen werden kann.

Jesus ließ uns so schön zu seinem Vater beten, daß sein Reich kommen möge, indem wir Menschen seinen Namen heiligen, indem wir hier auf Erden, hier und jetzt, seinen Willen vollbringen, wie die Engel das von jeher im Himmel tun. Ferner, sein und unser Vater möge die dreifache Funktion eines jüdischen Vaters tatsächlich ausüben, nämlich die täglichen Bedürfnisse seiner Kinder stillen, ihnen das von ihnen begangene Böse verzeihen, wenn sie es wirklich bereuen, und, schließlich, sie vor allem Bösen behüten. Aber Jesus, der uns so zu beten lehrte, hat am Kreuz selbst erfahren, daß auch sein Gebet mehr einem einsamen Monolog als einem Dialog von Wort und Antwort glich. Selbst für Jesus galt, daß einer, der wirklich den persönlichen Kontakt mit Gott sucht, den Eindruck hat, in seinem Gebet nur das leere Echo seiner eigenen Stimme zu vernehmen.

Am Kreuz teilte Jesus mit uns die Gebrochenheit unserer Welt. Das bedeutet aber, daß Gott in absoluter Freiheit, vor aller Zeit, bestimmt, *wer* und *wie* Er in seinem tiefsten Wesen sein will, nämlich ein Gott der Menschen, Bundesgenosse in unserem Leiden und unserer Absurdität, Bundesgenosse auch in dem Guten, das wir verrichten. *In* seinem eigenen Wesen ist er ein *Gott für uns*. Daher kann ich der klassischen Unterscheidung zwischen „Gott in sich" und „Gott für uns" keinen Sinn mehr abgewinnen.

Im Neuen Testament findet eine theologische Neudefinition verschiedener Gottesbegriffe wie auch eine Neudefinition des Menschen statt. Gott nimmt den Menschen bedingungslos an, und gerade durch diese bedingungslose Annahme *verwandelt* er den Menschen und ruft zu Umkehr und Erneuerung. Deshalb ist das Kreuz auch ein Gericht über unsere eigenmächtigen Ansichten: ein Gericht über unsere Wege der Erfahrung dessen, was Mensch-Sein und was Gott-Sein bedeutet. Darin offenbart sich zuhöchst und endgültig die Menschlichkeit Gottes, der Kern der Botschaft Jesu vom Reich Gottes: Gott, der *in* der Menschenwelt zu seinem Recht kommt, zu Heilwerdung und Glück der Menschen; auch durch Leiden hindurch. Gott stellt uns Menschen, auch dem Menschen Jesus, keine Bedingungen für sein erlösendes und befreiendes Auftreten: „Ja, *Gott war es*, der in Jesus die Welt mit sich versöhnt hat" (2 Kor 5,19). Nicht Gott, sondern die Menschen haben Jesus dem Tod überliefert; zugleich aber ist diese Hinrichtung das von Menschen bereitete Material für die höchste Selbstoffenbarung Gottes, wie aus dem neutestamentlichen Glauben an die Auferstehung Jesu hervorgeht.

C. *Der Glaube an die Auferstehung Jesu*

Zuallererst muß jedes vernünftige Wort in bezug auf die Auferstehung Jesu so sein, daß der schmachvolle Tod Jesu nicht vom Auferstehungsglauben her bagatellisiert wird. Jesu Tod ist historisch schlechthin ein wehrloses Geschehen. Von Jesu Sühnetod oder von dem erlösenden Wert dieses Todes zu sprechen kann ohne kritische Besinnung zu bloßer Ideologie werden. Das Kreuz ist kein Ehrenzeichen, sondern ein Fluch, sagt Paulus (Gal 3,13), ein Ärgernis und eine Schmach. Die Auferstehung Jesu behebt das nicht. Im Tod Jesu steckt an sich, das heißt aufgrund dessen, was Menschen mit ihm getan haben, nur Negativität. Es handelt sich in seinem Fall nicht um einen normalen Tod oder um die allgemein-menschliche Problematik des Todes als Dialektik von Tod und Leben, wie Bultmann und andere erklären; sondern um eine schmachvolle Hinrichtung, die in keinem Verhältnis – sogar in flagrantem Widerspruch – zu dem tatsächlichen Lebensweg Jesu steht. Tausende sind gekreuzigt worden, und trotzdem wird ihrem Kreuzestod keine universale Bedeutung beigemessen noch wird er Sühnetod genannt. Es kann also nicht an Jesu Tod als solchem liegen. Rein als Tod Jesu kann dieses Sterben keinen einzigen erlösenden oder befreienden Wert haben; im Gegenteil: Der Tod ist der Feind des Lebens.

Meine These ist: Wenn der Lebensweg Jesu keine antizipativen Merkmale der Auferstehung zeigt, ist sein Tod reines Scheitern, und dann ist der Auferstehungsglaube in der Tat (wie J. Pohier meint) lediglich eine Frucht menschlichen Verlangens. Ohne effektive Antizipationen der Auferstehung im irdischen Leben Jesu ist Ostern eine Ideologie. Aber Subjekt der Glaubensaussage „Er ist auferstanden" ist der historische Jesus von Nazaret, der an die Verheißung glaubte, indem er dieser in seiner Botschaft und vor allem in seiner Lebenspraxis Gestalt gab. Jesu Glaube an die Verheißung als Quell einer ursprünglichen Praxis antizipiert historisch den Sinn der Auferstehung und damit Gottes Übermacht über das Böse. Jesus ist in seinem Lebensweg ein „Schon", zwar noch im Horizont des Todes, aber eines Todes, der in Hoffnung schon besiegt ist. Die Kraft Gottes war schon im Leben Jesu selbst wirksam, und daran partizipiert sein Tod. Erst unter dieser Voraussetzung ist der Glaube an die Auferstehung keine Ideologie! Wenn allein Jesu Tod (wie vor allem für Bultmann und in etwa auch schon für den Apostel Paulus gilt) historisch seine Auferstehung antizipiert, ist diese Auferstehung unvermeidlich die Negation einer Geschichte.

Man kann daher die Wehrlosigkeit Jesu am Kreuz nicht von der freien Kraft und dem Positiven, das sich in seinem tatsächlichen Lebensweg der Solidarität mit unterdrückten Menschen aus einem absoluten Vertrauen auf Gott offenbarte, trennen. Es ist Gott um ein glückliches Dasein von Menschen zu tun, die unter der Bedrohung durch die Natur, die soziale Unterdrückung und die Selbstentfremdung leben. Jesus setzt sich so sehr dafür ein, daß seine Sorge um das eigene Überleben dabei verblaßt und nicht einmal eine Rolle spielt. Unterdrückung darf nicht sein; das Recht des Stärkeren darf im Leben der Menschen untereinander nicht gelten. Unterdrückung ist Unrecht und Ärgernis. Jesus weigert sich also, das Böse als gleichberechtigt mit dem Guten anzusehen, und er handelt entsprechend. Jesu Lebensweg selbst ist daher Praxis des Reiches Gottes, historische Vorwegnahme der Auferstehung, und sein Tod bildet einen Bestandteil dieses Lebenswegs.

So können wir von seinem Tod als von einer wehrlosen *Übermacht*, einer Entwaffnung des Bösen sprechen. Daß schon das irdische Leben Jesu positive Antizipationen der Auferstehung zeigen muß, wenn der Glaube an die Auferstehung nicht ideologisch sein soll, war übrigens schon eine Einsicht der ersten Christen; diese Einsicht kommt auch in der Geschichte, in der die synoptischen Evangelien von einer Transfiguration Jesu während seines irdischen Lebens sprechen, deutlich zum Ausdruck.

So können wir begreifen, warum gerade am Ort der tiefsten Enttäuschung, dem Kreuz, bei den Jüngern ein befreiender Glaube zum Durchbruch kommen konnte. Wir wollen dessen Inhalt näher analysieren.

Der Psalm, den Jesus am Kreuz betet und der mit den Worten beginnt: „Mein Gott, mein Gott, warum hast du mich verlassen?", endet in einem Dankgebet auf Gottes bleibende, wenn auch schweigende rettende Gegenwart. Gott war nicht machtlos, als Jesus am Kreuz hing, wohl wehrlos, verletzbar, wie Jesus verletzbar war. Die Grunderfahrung der ersten Jünger nach Karfreitag war: Nein, das Böse, das Kreuz, kann nicht das letzte Wort haben; Jesu Lebensweg ist richtig und *ist* das letzte Wort, das in seiner Auferstehung besiegelt wird. Zwar war das Kreuz einerseits die Besiegelung der Übermacht des Menschen über Gott, doch ist Gott

170

beim sterbenden Jesus zugegen, und zwar als reine Positivität, wie er das beim lebenden Jesus war. Leiden und Tod bleiben dann absurd und dürfen nicht, auch nicht im Fall Jesu, mystifiziert werden; aber sie haben nicht das letzte Wort, weil der befreiende Gott am Kreuz Jesus absolut nahe war, wie er es während des ganzen Lebenswegs Jesu war. Aber das war eine Gegenwart ohne Macht oder Zwang. Paulus sagt: „Das Törichte an Gott ist weiser als die Menschen, und das Schwache an Gott ist stärker als die Menschen" (1 Kor 1,25): Es war nahe Gegenwart Gottes in Kraft, aber ohne Machtmißbrauch.

So kann Gott versöhnend anwesend sein, und wir dürfen von dem erlösenden und befreienden Lebensweg und Tod Jesu sprechen. Gott *verbirgt* seine Übermacht über das Böse und *drückt sie zugleich* in seiner Wehrlosigkeit *aus,* um uns den Raum zu geben, wir selbst in Solidarität mit unterdrückten Menschen zu werden. In dieser Wehrlosigkeit wahrt er aber zugleich seine Übermacht, weil seine Wehrlosigkeit die Folge seines Kampfes gegen das Böse in einer bösen Welt ist. Das messianische „Leidenmüssen" Jesu ist „von Gott her" kein Müssen. Durch Menschen wird es mittels Jesu Gott aufgedrängt, und trotzdem werden Gott und Jesus dadurch nicht schachmatt gesetzt. Nein, nicht kraft der Auferstehung als solcher, die dann als eine Art Kompensation für das geschichtliche Mißlingen der Botschaft und der Lebenspraxis Jesu aufgefaßt würde. Sondern weil das „Gutes tuende Umherziehen in Palästina" selbst schon der Beginn des Reiches Gottes war, eines Reiches, in dem Tod und Unrecht keinen Platz mehr haben. In Jesu Praxis des Reiches Gottes wird seine Auferstehung schon vorweggenommen. Der Osterglaube spricht aus, daß Mord – also jede Form des Bösen – keine Zukunft hat. Gerade deshalb ist der Tod besiegt. Der Gekreuzigte ist auch der Auferstandene.

Erst wenn wir uns die Wehrlosigkeit des Kreuzes vor Augen gebracht haben, können und dürfen wir auch nach der Bedeutung der Auferstehung Jesu suchen. Allein ein „neues Handeln" Gottes – (allerdings ist dieses Neue das ewig-junge, freie Wesen oder der eine Akt von Gottes Gott-Sein selbst und nicht sozusagen ein kompensierender „zweiter Akt") – konnte das geschichtliche Leben Jesu über den Bruch seines Todes hinweg mit „dem Christus des kirchlichen Glaubens", mit dem Bekenntnis: „Er ist wahrhaft auferstanden" verbinden. In der Auferstehung von den Toten, Gottes endzeitlichem Handeln in bezug auf Jesus, den Gekreuzigten, wird das Urteil Gottes über Jesus wie auch seine Wertschätzung Jesu sowie der Botschaft, des Lebenswegs und des Todes erst deutlich für den Gläubigen. Osterglaube setzt ein neues Handeln Gottes in bezug auf den gekreuzigten Jesus voraus. Darin kommt zunächst zum verbalen Ausdruck, wie Gott sich zu Jesus verhält – in der Rezeption und Interpretation der Jünger Jesu. Paulus hat dies gut verstanden, als er gegenüber den korinthischen Leugnern der Auferstehung ausdrücklich bemerkte: „Einige Leute haben keinen Begriff von Gott" (1 Kor 15, 34). Deshalb ist die Wirklichkeit der Auferstehung, durch die der Auferstehungsglaube erst ins Leben gerufen wurde, die Probe sowohl auf das von Jesus verkündete *Verständnis Gottes* als auch auf unsere *soteriologische Christologie*. In der Auferstehung verleiht Gott der Person, der Botschaft und dem ganzen Lebensweg Jesu Authentizität. Er drückt ihnen sein Siegel auf und widerspricht dem, was Menschen Jesus angetan haben.

Ebenso wenig, wie der Tod Jesu von seinem Leben getrennt werden kann, ist auch seine Auferstehung von seinem Lebensweg und Tod zu trennen. Wenn man Tod und Auferstehung Jesu zum Kern der christlichen Botschaft extrapoliert, verschweigt man letztlich den prophetischen Gehalt des ganzen Auftretens Jesu; das wäre ein paulinisches Kerygma ohne die vier Evangelien, und Paulus ist erst im Rahmen des ganzen Neuen Testaments kanonisch.

Zuallererst müssen wir sagen, daß christlicher Auferstehungsglaube in der Tat eine erste evangelische *Bewertung* von Jesu Leben und Kreuzestod ist, vor allem die Anerkennung der inneren, durch nichts ungeschehen zu machenden, unwiderruflichen Bedeutung von Jesu Verkündigung und Praxis des Reiches Gottes. Man höhlt den Auferstehungsglauben aus, wenn man diese erste Dimension herausnimmt.

Aber dieser Glaube umfaßt noch mehr, und auch dieses Mehr steht im Zusammenhang mit dem Leben und dem Tod Jesu. Die Auferstehung Jesu ist zweitens der Durchbruch oder die Manifestation von etwas, was schon in Jesu Leben und Tod vorhanden war, nämlich seine Lebens- oder Gnadengemeinschaft mit dem lebendigen Gott, eine Gemeinschaft, die durch keinen Tod gebrochen werden konnte. Diese Lebensgemeinschaft ist, und zwar schon auf Erden, der Anfang dessen, was ewiges Leben genannt wird.

Drittens liegt in der Auferstehung auch ein Aspekt des göttlichen Gerichts über das, was Menschen getan haben. Auferstehung ist nicht bloß (über den Tod hinaus) die Verlängerung der Lebensgemeinschaft Jesu mit Gott, sie ist im Keim die Einsetzung des Reiches Gottes: Erhöhung und Verherrlichung Jesu bei Gott. „Ich glaube an Jesus: *den Herrn.*" Seine Botschaft und sein Lebensweg selbst haben eine eschatologische Bedeutung und erhalten diese nicht erst von der Auferstehung her.

Doch bleibt diese dreifache theologische Argumentation eine Abstraktion, die wir theologisch nicht einmal gut plazieren können, wenn wir dabei von der lebendigen, *pneumatischen* Gegenwart des verherrlichten

Jesus in seiner Kirche absehen. Durch diesen christlichen Glauben an die Auferstehung Jesu bleibt der gekreuzigte, aber auferstandene Jesus über seine Jünger in unserer Geschichte wirksam. Jesu Auferstehung, seine Geistsendung, die Entstehung der christlichen Gemeinde Gottes als Kirche Christi, die aus dem Geist lebt, und das neutestamentliche Zeugnis von alldem und somit der Glaube an die Auferstehung *definieren* einander gegenseitig, ohne miteinander identifiziert werden zu können.

Man kann sagen, daß die aufgrund der Auferstehung Jesu zustande gekommene „Kirche Christi" das ist, was im Neuen Testament zutiefst mit den Erscheinungen Jesu gemeint ist: *In* der *versammelten* gläubigen Kirchengemeinschaft *erscheint,* das heißt ist wirksam gegenwärtig, der gekreuzigte, aber auferstandene Jesus. Wo die Kirche Jesu Christi lebendig ist, betend und menschenbefreiend in der Nachfolge Jesu lebt, kennt der Glaube an die Auferstehung daher keine Krise. Anderseits kann ich es mir nicht versagen zu bemerken: Lieber kein Glaube an das ewige Leben als einen Gott bekennen, der Menschen im „Hier und Heute" verdemütigt, kleinhält und politisch erniedrigt mit dem Blick auf ein besseres Jenseits.

Diese pneumatische Gegenwart Jesu in den Gläubigen hat Folgen für das christliche Leben. Wie sich im Leben Jesu positive Antizipationen der Auferstehung und damit der gnadenvollen Übermacht Gottes nachweisen ließen (und lassen müssen, wenn der Auferstehungsglaube nicht zu einer Ideologie werden soll), so gilt etwas Ähnliches für die Christen: In der Wehrlosigkeit des eigenen Lebens muß die Übermacht Gottes *erfahrbar* sein, andernfalls würde man sie mit einem rein autoritär vorgebrachten Glauben bejahen.

Wer nach diesem aktuellen Erfahrungsmoment sucht, muß sich meines Erachtens zuerst den Unterschied zwischen unserer durch Zeit gebundenen Existenz und Gottes Ewigkeit gut vergegenwärtigen. Als Menschen wissen wir, daß Schweigen ein Moment jedes Dialogs, jedes Sprechens ist. Wie ist das nun in einem Dialog zwischen Mensch und Gott zu verstehen? Was ist denn nun ein Menschenleben von höchstens siebzig bis neunzig Jahren für den ewigen Gott? Ein Bruchteilchen in seinem göttlichen Leben; ein Seufzer, ein Moment, in dem wir kaum ein paar Worte zum zuhörenden Gott sagen können. Deshalb schweigt Gott in unserem irdischen Leben: Er horcht auf das, was wir ihm zu sagen haben. Gott kann erst antworten, wenn unser flüchtiges Leben auf Erden beendet ist.

Könnte es nicht sein, daß sich der lebendige Gott unser ganzes Leben lang äußerst interessiert, schweigsam unsere Lebensgeschichte anhört, bis wir uns ganz ausgesprochen haben und jeder sein eigenes Leben in

Gott hineingesprochen hat? Auch wir dulden doch nicht, daß ein anderer uns ständig in die Rede fällt, bevor wir zu Ende gesprochen haben. Auch Gott tut das nicht. Für ihn ist unser ganzes Leben sozusagen ein Atemzug, der wichtig ist. Und diesen nimmt Gott ernst; deshalb schweigt er, das heißt, er hört sich unsere Lebensgeschichte an. Gerade weil er größer ist als unser Menschenherz, spricht er nie wie eine klar nachweisbare Stimme in unserem Innersten, sondern ... wie ein „göttliches Schweigen", ein Schweigen, das erst nach unserem Tod für uns eine erkennbare spezifisch göttliche Stimme und ein spezifisch göttliches Antlitz erhält. Solange sich der Ewige noch unsere fünfzig- oder gar hundertjährige Lebensgeschichte anhört, scheint der ewige Gott für uns tatsächlich machtlos und wehrlos zu sein. Darin verbirgt sich für unser geschichtliches Dasein zugleich eine verzweifelte Heimsuchung und eine Erfahrung voll Hoffnung und Erwartung.

Aus dieser christlichen Auffassung von Lebensweg, Tod und Auferstehung Jesu erhalten für uns sowohl „Gott" als auch „Jesus" eine eigene kritische und produktive, befreiende Kraft. Das von Jesus proklamierte und praktizierte Kriterium der Humanisierung – und zwar über alle menschlichen Erwartungen des begehrten und stets bedrohten Humanums hinaus –, diese Leidenschaft für die Menschlichkeit des Menschen, für seine Integrität und sein Heilsein, als Sache, die Gott am Herzen liegt, ist keine Reduktion des Evangeliums. Denn Evangelium ist nicht nur eine frohe Botschaft über Jesus, sondern über den Gott Jesu, den Schöpfer des Himmels und der Erde, den Gott aller Menschen.

Die Botschaft Jesu umfaßt das Reich Gottes in seiner ganzen Höhe und Tiefe, Breite und Länge, nicht nur die Vergebung der Sünden und das ewige Leben, wenn auch und sogar vor allem dies. Jesus verkündete letztlich die absolute, gnadenhaft wirksame Nähe des schöpferischen und heilbringenden Gottes beim Menschen in all seinen Dimensionen. Den Inhalt dessen, was Gott ist, und den Inhalt dessen, was der Mensch sein kann, den Inhalt also auch des menschlichen Heils, lernen wir Christen stammelnd vom Lebensweg Jesu her auszusprechen.

Wir werden zu neuen, wahrhaft menschlichen Lebensmöglichkeiten befreit. Aus allem Vorausgegangenen können wir zumindest dies festhalten: Durch Jesu Erlösung erfahren Christen die Freiheit, zu akzeptieren, daß wir trotz Sünde und Schuld von Gott angenommen sind,
– die Freiheit, in dieser irdischen Welt ohne großes Mißtrauen gegenüber dem Dasein leben zu können,
– eine Freiheit, dem Tod voll Vertrauen, daß er nicht das letzte Wort hat, ins Auge zu sehen,
– die Freiheit, uns selbstlos für andere einzusetzen in dem Vertrauen,

daß ein solcher Einsatz letztlich durchaus von entscheidender Bedeutung ist (Mt 25),

– die Freiheit, Erfahrungen des Friedens, der Freude und der Kommunikation zu akzeptieren und sie als – wenn auch fragmentarische – Manifestationen der heilbringenden Gegenwart des lebendigen Gottes zu verstehen,

– die Freiheit, sich an dem Kampf für wirtschaftliche, gesellschaftliche und politische Gerechtigkeit zu beteiligen,

– die Freiheit, frei zu sein von sich selbst, um frei zu sein für andere, frei, um anderen Gutes zu tun.

Alle diese Erfahrungen sind für Christen eine christliche Erfahrung des Glaubens an den Gott, der sich in Jesus Christus als das heilige Mysterium allumfassender Liebe erschlossen hat: Erfahrungen des Heils-von-Gott-her.

Christliche Erlösung ist in der Tat Befreiung von der Sünde. Befreiung von Sünde hat aber auch einen kulturellen Kontext. In unserer Zeit schließt das christliche Verständnis der Sünde auch das Erkennen systematischer Kommunikationsstörungen wie Sexismus, Rassismus und Faschismus, Antisemitismus, Haß und Groll gegen Gastarbeiter, westliches kulturelles und religiöses Überlegenheitsgefühl ein. Die christliche Gemeinschaft stiftende Liebe schließt daher auch die Anerkennung der Notwendigkeit ein, sich von Herzen bei dem heutigen Handwerk politischer, kultureller, gesellschaftlicher Emanzipation zu beteiligen.

III.
REICH GOTTES: „SCHON UND NOCH NICHT"

A. *Die heutige Erfahrung des Reiches Gottes als Grundlage für eine feste Hoffnung auf eine von Gott entworfene eschatologische Endvollendung*

Oben wurde in diesem Kapitel gesagt, daß dort, wo Menschen im Glauben Jesus begegneten, Kranke geheilt, Dämonen ausgetrieben, Sünder zur Einkehr gebracht wurden und Arme ihre Würde entdeckten. In all diesen Begegnungen mit Jesus wurde hier und jetzt sowohl von Jesus als auch von dem, der ihm begegnete, Reich Gottes erfahren. Die Saat des Reiches Gottes keimt und reift schon hier und jetzt auf Erden. Reich Gottes ist nicht eine nicht-irdische, andere Welt, sondern die Vollendung der Wiederherstellung dieser, unserer zerrütteten Welt. Deshalb ist die heutige Erfahrung von Menschen, die in der Nachfolge Jesu fragmentarische Zeichen des Reiches Gottes in dieser, unserer Welt setzen, mit die Grundlage einer auf Jesus gegründeten festen Hoffnung auf ein einst vollendetes Reich Gottes. Zu welcher Höhe und Tiefe, zu welcher Länge und Breite wird dieses einmal vollendete Reich Gottes, das wie ein Senfkorn in dieser Welt „klein begonnen hat", schließlich heranwachsen?

Das Undefinierbare des gesuchten und immer fragmentarisch gefundenen und außerdem immer wieder bedrohten Humanum, das heißt der eschatologischen Fülle und Freiheit des Menschen, kann nur symbolisch zur Sprache gebracht werden: im Reden in Gleichnissen und Metaphern, die jedoch weiter reichen als die verarmende Schärfe unserer rational definierenden Begriffe (wie sehr wir diese auch brauchen, um nicht in chaotische Zustände zu geraten). Vier große Metaphern, in vielen Klängen und Zungen in der jüdischen und christlichen Bibel artikuliert, legen uns die Richtung dessen nahe, was nach Gottes Traum in bezug auf das Glück der Menschen mitsamt allen ihren Mitgeschöpfen Menschlichkeit schließlich sein wird:

a) Das endgültige Heil oder die radikale Befreiung der Menschheit zu einem brüderlichen und schwesterlichen Zusammenleben und einer Lebensgemeinschaft, in der es keine Herr-Knecht-Verhältnisse mehr gibt, Schmerz und Tränen ausgelöscht und vergessen sind und in der Gott alles in allen sein wird, wird *„Reich Gottes"* genannt.

b) Das völlige Heil und Glück der einzelnen Personen (in der Bibel „sarx", Leib oder Fleisch, genannt) innerhalb dieser vollendeten Gemeinschaft nennt die christliche Glaubenstradition *„Auferstehung des Leibes"*, das heißt der menschlichen Person bis in ihre menschliche Leiblichkeit hinein, Leiblichkeit als sichtbare Orchestration, die eigene Melodie einer Person, an der auch andere sich erfreuen (wenn auch diese verherrlichte Leiblichkeit nichts zu tun hat mit der zurückgebliebenen Leiche, so hat sie doch alles mit meiner persönlichen Leiblichkeit, in der ich auf Erden gelebt habe, zu tun).

c) Die eschatologische Vollendung der unversehrten, für Menschen lebensnotwendigen ökologischen Umwelt wird nahegelegt durch die große biblische Metapher von *„dem neuen Himmel und der neuen Erde"*. Nicht eine andere Welt (das würde Verachtung und Verwerfung der ursprünglichen guten Schöpfung bedeuten), sondern unsere irdische, aus Zerfall erlöste Welt – wenn ich auch nicht weiß, wie ich mir das vorstellen soll; die Möglichkeit, sich dies vorzustellen, ist übrigens für uns, hier und jetzt, völlig unwichtig: Es bleiben noch viele Überraschungen!

d) Schließlich wird die konstitutive Rolle oder Bedeutung Jesu (in der Tat eines Menschen irgendwo aus Nazaret), den Christen als den Christus bekennen, im Zustandekommen einerseits schon jetzt von Fragmenten des Reiches Gottes und, anderseits, auch in der eschatologischen Endvollendung dieses Reiches, öffentlich allen kund werden, wenn wir dies auch jetzt nur im biblischen Bild des „maranatha" (komm, Herr Jesus) als tiefstes Bewegtsein und tiefstes Verlangen des Christentums ausdrücken. Dieses eschatologische, eigentlich in menschlicher Sprache nicht artikulierbare Bild (Parusie Jesu Christi) wird jedoch genährt durch die Erfahrung einer Erinnerung an das, was Christen schon jetzt (siehe den folgenden Abschnitt), wenn auch mit einiger Scheu, im Grunde doch gewagt die Einmaligkeit Jesu Christi nennen. Was im Christentum die Parusie oder Wiederkunft Jesu bei der Endvollendung des Reiches Gottes genannt wird, ist letztlich das Transparentwerden der eigentlichen Bedeutung Jesu von Nazaret vor allen, inmitten so vieler Weltreligionen, in den Augen Gottes selbst.

Diese vier bildlichen Visionen der von Gott für die Menschen erdachten endgültigen Zukunft* beeinflussen schon jetzt das Handeln der Christen in der Welt, und zwar nicht unbestimmt oder ungezielt, sondern in einer ganz bestimmten, nämlich durch die Dynamik der vier Symbole angedeuteten Richtung: Sorge für eine bessere Gesellschaft für alle, vor allem für Ausgestoßene und für jene, die abseits stehen, für verletzte Menschen; sowohl Pastoral der Kommunikation als auch nicht nachlassende Gesellschafts- und Kulturkritik dort, wo es sich um offensichtliches Unrecht handelt; Sorge für den menschlichen Leib, für die menschliche seelische und gesellschaftliche Gesundheit; Sorge auch für die natürliche Umwelt des Menschen; Sorge für die gesunde Haltung christlichen Glaubens, christlicher Hoffnung und Liebe; Sorge für sinnvolles liturgisches Beten und für das sinnvolle Sakrament; schließlich Sorge für die individuelle Seelsorge, vor allem von einsamen Menschen, „die keine Hoffnung mehr haben" (1 Thess 4,13). Aus dieser eschatologischen Hoffnung schöpft die christliche Spiritualität, mit der Christen dies alles tun, sowohl ihre Kraft als auch ihre Freude.

B. *Hat diese vierfache „himmlische" Zukunftsvision für „böse Menschen" ein Pendant?*

Im Matthäus-Evangelium ist in der Geschichte vom Endgericht die Rede nicht nur von der endgültigen Befreiung der Menschen, sondern auch von einer Verdammnis: „Weg von mir, ihr Verfluchten, in das ewige Feuer, das für den Teufel und seine Engel bestimmt ist" (Mt

---

* Vielleicht (ich weiß es nicht: biblische Visionen haben etwas Klassisch-Unsterbliches) müssen wir im Jahr 1990 nach anderen, noch ausdrucksvolleren Metaphern suchen, die dasselbe suggerieren (dazu brauchen wir Dichter, die auf derselben Frequenz auf die Sensibilität der Bibel abgestimmt sind)!

25, 41). Das geht in Wirklichkeit auf das literarische Genus der Apokalyptik zurück, in dem neben der Erhöhung der Unterdrückten alle Unterdrücker von ihrem Thron gestürzt und vernichtet werden. Das Christentum hat jedoch nicht in allem dieses apokalyptische Modell übernommen, denn tatsächlich brachte die Auferstehung Jesu keine einzige der Wirkungen hervor, wie sie von den apokalyptischen jüdischen Visionären erwartet wurden. Um das Ausbleiben dieser Wirkungen „zu verbrämen", sprachen manche Christen von einer göttlichen Verschiebung der Parusie und des eschatologischen Endgerichts. Innerhalb eines apokalyptischen Horizonts mußte man wohl so sprechen: Ein Aufschub der Vernichtung aller Unterdrücker gehört in dieses Denkschema beim endgültigen Sieg der Unterdrückten. Aber nach Ostern ging (und geht bis auf den heutigen Tag) die Geschichte der Unterdrückung und Gewalt einfach weiter, als ob es Jesus nicht gegeben hätte. In der apokalyptischen Erwartung der Vergeltungsstrafen für Böse und Unterdrücker wurde man enttäuscht.

Christen aber betrachten die Wirkung des Ostergeschehens von dem die Gabe der Vergebung schenkenden, durch den auferstandenen Jesus geschenkten Heiligen Geist aus. Die Sendung des Heiligen Geistes und die Vergebung, die uns durch den gekreuzigten und auferstandenen Jesus von Nazaret geschenkt wurde, stellt für uns das Problem dar, was mit den Unterdrückern in unserer Geschichte geschieht. Jesus selbst spricht nicht von Sanktionen für die Unterdrücker, wie es die Apokalyptik getan hat. Er bricht mit diesem apokalyptischen Modell; die christliche Erfahrungstradition spricht nur von einem eschatologischen Gericht. Aber den Befreiungstheologen zufolge schließt eine Befreiung, die nicht schon eine geschichtliche, zumindest vorläufige Form erhält, faktische Mitschuld an der Gewalt ein, die nach dem Ostergeschehen in unserer Menschenwelt einfach weitergeht.

Die rein eschatologische Lösung kann, wie auch Marx sagte, in der Tat auf verfremdende Weise in unserer Geschichte wirksam werden. Bekannt ist vom vierzehnten bis achtzehnten Jahrhundert die Angst, die in ganz Europa durch die Vision vom Letzten Gericht herrschte. Architektur, Malerei und Literatur sind voll davon. Auch im Neuen Testament haben wir Visionen „permanenten Leidens", einer Verdammnis bis in Ewigkeit (unter anderem Offb 20, 10). Während wir in derselben Bibel hören, daß Gott sich in Jesus zum Nächsten der ausgestoßenen Menschen macht, soll es nach apokalyptischer Auffassung neben dem Reich Gottes auf ewig ein „Reich der Verdammten und Leidenden" geben, ein Reich endgültig aus dem Reich Gottes ausgestoßener Menschen: ein Reich ständig leidender Menschen. Und dieses Höllenleiden bliebe dann auf ewig ohne eine sinnvolle Perspektive, weil in der Hölle diesem Leiden wesensgemäß keine einzige therapeutische Bedeutung zugeschrieben werden kann. Es ist dann nur die Verewigung der Revanche: Rache und Vergeltung. Es würde sich dabei zugleich um die Verewigung des Leidens handeln, wenn auch des Leidens der Unterdrücker, während wir als niederländische Christen heute schon Mühe haben mit der sinnlosen Ausstoßung der seit dem Zweiten Weltkrieg gefangengehaltenen (und erst 1989 freigelassenen) sehr alten und kranken „Nazigefangenen von Breda".

Manche Christen (wie Peter Berger in den Vereinigten Staaten) haben zwar gesagt: „Es gibt so viel zum Himmel schreiende Bosheit, daß es so etwas wie einen Himmel geben muß." Denn man könnte denken, vielleicht sehr menschlich: Können die Opfer die Ewigkeit fröhlich in Gesellschaft eines Adolf Hitler verbringen? Ich kann diese Reaktion verstehen. Selbst sehe ich es so: „Himmel" und „Hölle" sind in erster Linie anthropologische Möglichkeiten, das heißt: Entscheidungen des Menschen selbst. Nicht Gott, sondern der Mensch ist der Erfinder der Hölle ... eben durch sein menschliches Verhalten! In seiner situierten Freiheit ist der Mensch tatsächlich sowohl zum Guten als auch zum Bösen fähig. In diesem Sinn sind Himmel wie Hölle menschliche Möglichkeiten. Ob es – das ist eine ganz andere Frage – in Wirklichkeit Menschen gibt, die sich endgültig für das Böse entscheiden, weiß ich nicht. Das kann kein einziger Mensch feststellen; das Gericht darüber kommt allein Gott zu. Aber aufgrund der menschlichen Möglichkeiten sind die biblischen Bedrohungen und Perspektiven von „Himmel und Hölle" ein therapeutisch und pädagogisch sinnvolles Zukunftsbild. Sie beziehen sich auch auf etwas Wirkliches. Ob diese anthropologische, innere Möglichkeit damit auch eine Möglichkeit Gottes ist, steht auf einem anderen Blatt. Der Ausspruch Theresias von Lisieux: „Je crois dans l'enfer, mais je crois qu'il est vide" – „Ich glaube an die Hölle, aber ich glaube, daß sie leer ist", scheint mir keineswegs unbiblisch zu sein.

Auch in verschiedenen religiösen Erfahrungstraditionen besteht dasselbe Problem: Manche Kirchenväter sprechen von einer allgemeinen „apokatástasis" oder einer allgemeinen „recapitulatio", womit gemeint ist, daß jeder Mensch gerettet wird. In der nicht-christlichen Reinkarnationslehre sehen wir ebenfalls eine ähnliche Auffassung: Letztlich wird jeder gerettet. Nur die Art und Weise, wie man sich dies vorstellt, ist verschieden, auch in menschlich-vernünftiger Verständlichkeit.

Doch habe ich meine Bedenken gegen diese etwas allzu oberflächlichen leichten Lösungen. Sie suggerieren meines Erachtens eine zu billige Auffassung von Erbarmen und Vergebung, bagatellisieren außerdem die Dramatik des realen Geschehens in dem Konflikt zwischen Unterdrückern und Unterdrückten, zwischen Friedliebenden und Gewalttätern, zwischen Guten und Bösen in unserer Menschengeschichte.

Die heutige Verkündigung schweigt von Hölle, ewiger Verdammnis und Gericht; sie sind nicht mehr von der Kanzel zu hören, nur noch in einigen Filmen zu sehen. Nach einer jahrhundertelangen gewaltigen Inflation einer mit Drohungen arbeitenden Verkündigung kommender Verdammnis stellen wir jetzt ein unbehagliches Schweigen fest; es besteht eine allgemeine Allergie gegen allerletzte Sanktionen, ja auch gegen die Todesstrafe auf Erden.

Ich selbst sehe es (nicht so sehr mit einigem Zögern, ebensowenig apodiktisch, sondern als ein vernünftig-christliches, plausibles Verständnis von Bibel und Tradition in einer modernen Zeit) so:

Himmel und Hölle sind asymmetrische Glaubensaussagen: Man kann sie nicht als auf gleicher Ebene stehend ansehen. Der christliche Glaube an das ewige Leben, an die Gestalt des „Himmels", hat seine Grundlage nicht in der griechischen Bejahung der Unsterblichkeit der menschlichen Seele als eines geistigen Wesens, sondern in der gnadenvollen Lebensgemeinschaft mit Gott (ausgedrückt in menschlicher Solidarität) während des irdischen Lebens. (Früher sprach man vom „Stand der Gnade".) Diese positiv bejahte Lebensverbindung mit dem lebendigen, ewigen Gott kann durch den Tod nicht zunichte gemacht werden. In Jesus besiegt Gott den Tod für jene, die, wie Jesus, in der Geschichte das Reich der Liebe und der Freiheit antizipieren. So gibt es einen „Himmel".

Auf derselben symmetrischen Ebene kann es dann keine Hölle für die bösen Menschen geben. Aber die Bösen und Unterdrücker strafen sich durchaus selbst auf ewig. Denn wenn Lebensgemeinschaft mit Gott die Grundlage ewigen Lebens ist, dann ist das Fehlen dieser Lebensgemeinschaft (nicht so sehr durch theoretische Leugnung der Existenz Gottes, sondern durch eine Lebenspraxis, welche der Solidarität mit dem Mitmenschen radikal widerspricht und sich gerade darin von jeder Lebensgemeinschaft mit Gott ausschließt) zugleich die Grundlage eines nicht-ewigen Lebens dieser Menschen. Das scheint mir „der zweite Tod" des endgültigen definitiven Sünders (wenn es einen solchen gibt). Das ist „die Hölle": Nicht-Teilnahme am ewigen Leben, aber dann nicht als ewig Gefolterter, sondern als einfach beim Tod nicht mehr existierend. Das ist der biblische „zweite Tod" (Offb 20,6). Diese Sanktion ist die Frucht des eigenen Lebensverhaltens und nicht ein positiver Akt eines strafenden und ausstoßenden Gottes, der Sünder in das höllische Feuer verweisen würde (wie auch immer als Folterung aufgefaßt): Es ist einfach kein Grund für ewiges Leben vorhanden. Sie haben Gottes Heiligkeit widerstanden und sind unfähig zum Lieben. Niemand im Himmel wird sich ihrer je erinnern.

Es ist für mich gerade als Christ, der mit dem Evangelium vertraut ist, eine unvorstellbare Situation, daß, während im Himmel Freude herrscht, sozusagen unmittelbar neben diesem Himmel Menschen leben sollen, die auf ewig nach Atem ringen und die Strafe höllischer Peinen (wie auch immer man sich diese vorstellen mag: geistig oder leiblich) in alle Ewigkeit erleiden. Anderseits berücksichtigt der Gedanke an den zweiten oder endgültigen Tod Gottes Heiligkeit und Zorn über das beispiellose Böse, das zum Nachteil von Armen und Unterdrückten geschehen ist.

Letztlich ist also niemand aus dem Reich Gottes ausgestoßen: Es gibt dann allein das „Reich Gottes", ein Reich befreiter und freier Menschen, ohne daß diese in der Nachbarschaft ein Reich endgültig ausgestoßener Menschen hätten. Die Bösen haben kein ewiges Leben; ihr Tod ist in der Tat das Ende von allem: Sie haben sich selbst von Gott und der Gemeinschaft der Guten ausgeschlossen, sie erwartet auch kein neuer Himmel und keine neue Erde. Sie sind einfach nicht mehr da und können nicht einmal das Glück erfassen, dessen sich gute Menschen dann erfreuen. Aber es gibt kein höllisches Schattenreich neben dem ewigen fröhlichen Reich Gottes. Das ist der Asymmetrie zwischen dem, was wir Himmel und Hölle nennen, inhärent. Den Seligen bleibt erspart, daß, einen Steinwurf von ihrem ewigen Glück entfernt, Mitmenschen durch irgendwelche leibliche oder geistige Peinen gequält werden sollen.

Die „trauernde Stadt" Dantes neben freudvollen Palästen der himmlischen Seligen ist ein pädagogisches Bild: Destruktive Unterdrückung, anhaltende Bosheit *hat keine Zukunft*. Sie ist ohne Hoffnung, aufgrund ihrer eigenen Logik. In Bosheit und Bösem ist nichts vorhanden, was für ein ewiges Leben in Betracht käme, nichts, was in ein Reich der Freiheit und Liebe integriert werden könnte. Durch eigene Leere und gewichtslosen Inhalt schwindet der schlechte, ehemals so mächtige böse Mensch (wenn es einen so endgültig sündigen Menschen überhaupt gibt; darüber kann ein Sterblicher nicht urteilen) durch eigene Logik im absoluten Nichts, ohne daß sich die Seligen durch einige Baracken neben dem Himmel gestört zu fühlen brauchten, in denen ihre früheren Unterdrücker ewig gequält werden. Gerade diese Erfahrung haben sie schon einmal in ihrem irdischen Leben gemacht. Ein zweitesmal, und dann auf ewig, wäre für sie reine Gotteslästerung.

Zumindest das stelle ich mir mit einigem Zögern als die plausibelste christliche Lösung vor, zumindest im Gegensatz zu dem Modell, nach dem diese Tradition in ihrer Vergangenheit diese Einsicht meistens artikuliert und verkündet hat. In dieser Vergangenheit wurde nicht unterschieden zwischen den dort mit Recht verteidigten Rechten von Gottes Heiligkeit und deren Auswirkung auf das konkrete endgültige Schicksal hartnäckiger Sünder. Anders gesagt: Man stellte Gut und Böse auf ein und dieselbe Ebene, man vergaß die Asymmetrie der beiden. Man übersah auch die groteske Endlichkeit im Größenwahn des Bösen.

Natürlich hat auch das Gute seine innere Logik. Aber daraus folgt nicht, daß wir genauso wie „die Hölle" auch den Himmel in der gleichen Weise entmythologisieren und den Himmel daher in der Freude der Tugendhaftigkeit auf Erden ohne jede Perspektive auf ein ewiges Leben suchen müßten. Auch hier besteht Asymmetrie zwischen dem Verhältnis Gottes zum Bösen und seinem Verhältnis zum Guten. Was das Böse betrifft, so besteht überhaupt kein Bedürfnis nach einem transzendenten Faktor. Thomas von Aquin wagt sogar den Begriff „causa prima" (erste Ursache) auf Geschöpfe anzuwenden, wenn es ausschließlich um Negativität geht[12]. Das Gute dagegen findet seinen allerletzten Grund (oder „causa prima") in Gott. Die innere Logik des Bösen *endet* daher in der endlichen Sterblichkeit des Menschen, während die innere Logik des Guten in der ewigen Liebe Gottes *kulminiert,* der den guten Menschen (trotz seiner noch vielen Unebenheiten) bei seinem Tod festhält und über die dem Menschen inhärente Grenze hinweg zu sich holt.

Es gibt also keine Zukunft für Bosheit und Unterdrückung, während das Gute und somit der gute Mensch noch über die Grenze des Todes hinweg Zukunft kennt, dank der ausgestreckten Hand Gottes, die ihn auffängt. Gott rächt sich nicht: Er überläßt die Bosheit ihrer eigenen, beschränkten Logik! Also besteht tatsächlich ein ewiger Unterschied zwischen Gut und Böse, zwischen Frommen und Bösen (der tiefsten Intention des Unterschieds zwischen Himmel und Hölle), aber den Frommen bleibt es erspart, sich über die quälende, ewige Verdammnis der Mitmenschen freuen zu müssen. Gottes unantastbare Heiligkeit besteht vielmehr darin, daß er niemand unter Zwang in das Reich Gottes als das einzige Reich befreiter und freier Menschen eintreten lassen will. Das „Eschaton" oder das Allerletzte ist ausschließlich positiv; es gibt kein negatives Eschaton oder keine negativen Letzten Dinge. Das Gute, nicht das Böse, hat das letzte Wort. Das ist die Botschaft der menschlichen Lebenspraxis Jesu von Nazaret, den Christen daher als den Christus bekennen.

§ 3. Königreich Gottes: universale Schöpfung und persönlich-situiertes Heil-von-Gott-her in Jesus Christus

I.
MENSCHEN ALS GESCHICHTE VON GOTT NACH DAVIDISCHEM KÖNIGSMODELL

Einführung

Was im Vorausgegangenen analysiert wurde, kann ich mit Hilfe alttestamentlich-jüdischer Modelle noch einmal neu formulieren, um schließlich von diesen einzelnen Modellen aus zu einer universal-menschlichen Fragestellung zu kommen.

Im Ersten oder Alten Testament finden wir zwei große unterschiedliche Ansichten von der menschlichen Geschichte in ihrer Beziehung zu Gott. Sowohl die *deuteronomische* als auch die *jahwistische* Auffassung von Israels Königtum, das im zehnten Jahrhundert vor Christus unter Samuel und Saul eingeführt wurde, ist dabei wichtig für das Verständnis des jüdisch-christlichen Begriffs der Herrschaft oder des Reiches Gottes. Dabei müssen wir mitbedenken, daß die Vorstellung „Reich Gottes" später, vor allem in der Epoche der intertestamentarischen Apokalyptik, verschiedene neue Nuancen erhält, und diese haben das Neue Testament mit beeinflußt.

Als sich etwa vier Jahrhunderte nach der Einführung des Königtums in Israel die deuteronomische Theologie in einem großartigen historischen Entwurf auf diese älteren Ereignisse besinnt, ist die Einrichtung des Königtums schon völlig fehlgeschlagen. Die Auffassung dieser Theologie ist daher, daß allein JHWH, der Herr, „in Israel herrscht" und daß dort, wo Gott herrscht, alle Herrschaft von Menschen über Menschen zu bestehen aufhört. Es gibt somit kein weltliches Königtum. Denn wenn 1 Sam 8,11–18 „menschliche" Herrschaft beschreibt, hören wir nur von Ausbeutung und Abgaben, von Militärdienst und von Besitzenteignung: von Sklaverei. Deshalb wird dem Volk, das einen König will, wie das bei anderen Völkern der Fall ist, beschwörend gesagt: „An jenem Tag werdet ihr wegen des Königs, den ihr euch erwählt habt, um Hilfe schreien, aber der Herr wird euch an jenem Tag nicht antworten" (1 Sam 8,18). Gerade deshalb, weil allein der Herr König Israels ist (1 Sam 12,12), kann die Einführung des Königtums nur Knechtung und Ausbeutung des Volkes bedeuten. Dann ergeht es Israel wie anderen weltlichen Königreichen.

Aber es kam zum Königtum in Israel. Die deuteronomische Theologie konnte über diese Tatsache ebensowenig hinweggehen und löste das

Problem mit einem Kompromiß: Gut, wenn ihr weiter insistiert, dann sollt ihr eben einen König haben! Aber das schließt doch ein: „Wenn ihr den Herrn fürchtet und ihm dient, wenn ihr auf seine Stimme hört und euch seinem Befehl nicht widersetzt, wenn sowohl ihr als auch der König, der über euch herrscht, dem Herrn, eurem Gott, folgt" (1 Sam 12,14), dann herrscht letztlich weiterhin allein Gott; dann gibt es Heil und Frieden für die Menschen in Israel. Für diese Theologie ist Herrschaft Gottes Befreiung des Menschen, keine menschenunterdrückende Theokratie. Mehr noch, die geschichtliche Tatsache der „Hinausführung Israels aus Ägypten" durch Gott ist, in damaligen Rechtsbegriffen, der Rechtsgrund des Herrseins Jahwes über Israel. Ebendeshalb muß Israel seinem Befreier „folgen", das heißt, allein dem Herrn dienen und keine anderen Bindungen dulden: Dienstpflicht gegenüber dem Herrn heißt befreit sein von allen anderen Unterwerfungen. Man dient nur *einem* Herrn.

So darf man das Reich Gottes tatsächlich auch eine *Herrschaft* nennen, aber als Herrschaft *Gottes* ist sie für Israel zugleich die Aufhebung jeder entfremdenden Herrschaft, die Absage an alles Herrschen von Menschen über Menschen und an selbstauferlegte Bindungen. *Alles loslassen* „um des Reiches Gottes willen": das ist die einzige frei machende Herrschaft. Denn dies bedeutet ein Herrschen von Gerechtigkeit und Liebe, ein Herrschen, das die Kleinen aufrichtet (Dtn 7,6–9). Unseren heutigen, aufgrund neuzeitlicher Erfahrungen verständlichen Unmut über das, was das Wort Herrschaft wachruft, müssen wir (in Erinnerung an diese deuteronomische Erfahrungstradition) ablegen, nicht zugunsten einer Theokratie oder eines ebensosehr mißbrauchten Begriffs von Gottes Allmacht, sondern zugunsten des Heilsangebots Gottes, das sich solidarisch zeigt mit menschlicher Ohnmacht und die Erniedrigten aufrichten will. Denn das ist Herrschaft Gottes: Reich Gottes.

Die ältere, anders ausgerichtete jahwistische Theologie war ebensowenig blind für das Versagen der Könige Israels. Diese Strömung hatte schon lange vor der soeben analysierten deuteronomischen Theologie eine ganz andere Königstheologie erarbeitet. Für diese Tradition ist die Einsetzung eines eigenen Königshauses in Israel im zehnten Jahrhundert mit all ihrem Synkretismus das völlig neue, gleichsam säkularisierende Ereignis aus diesem Jahrhundert, das auf eine ganz bestimmte Weise mit der sakralen Vergangenheit Israels bricht. Wie es später auch Jesus machen sollte, konnte David die sakral-rituellen Vorschriften unbehindert übertreten. Wenn er Hunger hat, nimmt er die heiligen Schaubrote weg (1 Sam 21,1–6; siehe Mk 2,23–28). Er übertritt die Reinheitsgesetze im Zusammenhang mit dem Tod seines eigenen Sohnes

(2 Sam 12,16–23). Und wie Jesus die überreiche Verwendung von Nardenöl bei der Salbung in Betanien großmütig duldet, gießt der durstige David das kostbare Betlehem-Wasser „sinnlos" auf den Boden aus, aus Solidarität mit seinen Mannen, obwohl es unter Lebensgefahr von drei seiner tapferen Krieger aus dem besetzten Betlehem geholt worden war (2 Sam 23,13–17; vgl. Joh 12,1–8). Dieser weise Mann, König und zugleich Menschensohn, tut dies alles, weil er weiß, daß Gott unbedingtes Vertrauen in ihn, den König, setzt.

Aber auch der freie David hält den Herrn an sein Wort (2 Sam 7,25). Der Jahwe treue König ist der freie Statthalter Gottes, der – nach dem Vorbild von Gottes Schöpfertätigkeit als Ordnung chaotischer Urkräfte – jetzt selbst die tatsächliche menschliche Geschichte nach eigenen weisen Einsichten von Chaos zu Ordnung oder zu Shalom wird neuschaffen müssen. David, „der kleine Mann", „von der Weide hinter den Schafen weggeholt" (2 Sam 7,18b; 7,8c), „aus dem Staub genommen" (1 Kön 16,1–3; siehe 1 Sam 3,6–8; Ps 113,7; Gen 2,7) und selbst nicht vertrauenswürdig, wird aus dem Staub erhoben und von Gott mit rückhaltlosem Vertrauen beschenkt (2 Sam 7,8–12): vom Staub oder Nichts erhoben zum König (offenbar eine alte stereotype Inaugurationsformel bei der Einsetzung eines Menschen zum König). Er, David, wird aufgrund dieses göttlichen Vertrauens nach eigener Weisheit Ordnung schaffen und frei und verantwortlich Geschichte machen müssen zugunsten seines Volkes. Das Wohl dieses Volkes hängt von der Weisheit des Königs, des Lebensquells aller, ab.

Die jahwistische Tradition wußte, daß der Nachkomme Davids mit diesem Auftrag gescheitert war. Sie weiß, daß Gott ihm das vorwarf und ihn deshalb züchtigte (2 Sam 7,14). Aber diese Tradition hört nicht auf zu bekennen: „Er, Gott, wird aber nie seine chesed (oder Huld) von David nehmen" (2 Sam 7,15). Das Vertrauen in den König wird von Gott nie zurückgenommen.

Das Besondere an dieser jahwistischen Tradition (die im Neuen Testament weiterwirkt) liegt darin, daß sie die Geschichte der Menschen, von Adam an, aus den Erfahrungen mit dem davidischen Königshaus zu verstehen sucht (für die Endredaktion des Alten Testaments damals schon eine abgeschlossene, vergangene Geschichte). Die Botschaft dieser Texte lautet aber: Das, was in der davidischen Geschichte geschehen ist, ist typisch für unser aller Menschsein. Was mit David geschah, ist der Verstehensschlüssel, der die uns allen eigentümliche condition humaine erschließt; es ist der Spiegel der eigenen Geschichte eines jeden von uns.

In der Tat, in der jahwistischen Tradition ist „der Adam" des sogenannten zweiten Schöpfungsberichts „der königliche Mensch" oder

„Menschensohn", das heißt jeder Mensch, aber aufgefaßt nach dem Modell des Königs David: aus dem Staub oder Nichts, von Gott eingesetzt als sein Vasallenkönig oder Wesir auf Erden (siehe Gen 2,7)[13]. Der Schöpfer schenkt dem nichtigen, wie David „aus dem Staub erhobenen" Menschen sein vollstes Vertrauen. Ihm, dem Menschen, wird als Legat von Gott der Garten, die irdische Wohnstätte, anvertraut. Er muß nach Ehre und Gewissen verantwortlich und frei selbst erkennen, was ihm darin zu tun obliegt, wenn auch innerhalb der von Gott gesetzten Grenzen („nicht von diesem einen Baum zu essen": ein alter Mythos wird in dieser Königstheologie umgeschrieben). Der Mensch ist selbst für die irdische Geschichte verantwortlich und wird, wie König David, aus dem Chaos Ordnung und Schalom schaffen müssen. Ihm sind innerhalb geschöpflicher Grenzen die Welt und die Geschichte anvertraut, und Jahwe vertraut dem Menschen darin.

Aber wie David versagt, so versagt auch „der Mensch", jeder Adam, jeder Menschensohn: Jedermann. Gott bestraft sie, wenn auch stets mit Erbarmen. Denn sein Vertrauen in den Menschen nimmt er nicht zurück. Trotz allem *verzweifelt Gott nicht am Menschen*, das ist die jahwistische Schöpfungsbotschaft – nicht „eine Lehre" von irgendwoher, sondern eine genaue geschichtliche Erfahrung: eine interpretierte Erfahrung realer Fakten innerhalb „des davidischen Modells". Gott vertraut dem Menschen an, das Chaos unserer – der menschlichen – Geschichte in Schalom und Ordnung, in Heil von und für Menschen zu verwandeln. Dazu ist, laut Gottes souverän-königlichem Dekret, dem Menschen der Schöpfungssegen gegeben. Gottes Treue ist größer als alles menschliche Versagen. Sein Reich kommt und wird einmal inauguriert und vollendet werden. Er, Gott, wahrt den Menschen sein Vertrauen.

II.
GOTTES VERTRAUEN IN DEN MENSCHEN WIRD SCHLIESSLICH IN JESUS NICHT ENTTÄUSCHT

Für das Zweite oder Neue Testament ist *der Mensch Jesus* – Menschensohn, Davidssohn, zweiter Adam – der endgültige Verstehensschlüssel der menschlichen Lebensexistenz, in der Israels alter Traum feste Gestalt gewinnt: Endrealisierung der rückhaltlosen Treue Gottes zur Menschheit und die vollkommene menschliche Erwiderung dieses göttlichen Vertrauens. In Jesus erhalten sowohl die Treue Gottes zum Menschen als auch die Gegentreue des Menschen zu Gott ihre geschichtliche definitive Grundlage, während diese Geschichte doch weiter ihren offenen, als solchen unentschiedenen Weg geht.

Während seines Lebens hatten die Jünger Jesus gefragt: *„Herr, wie werden wir sein, wenn dieses Endreich anbricht?"* Aber in den späteren, neutestamentlichen Kirchen war die Situation inzwischen ganz anders. Die Frage lautete dann: *„Herr, wie sollen wir, als Christen, inmitten dieser Welt leben?"*, denn nach Jesu Tod ging die Geschichte einfach weiter. In Erinnerung an die Inspiration Jesu und in vielen Orientierungen beantwortet vor allem das Evangelium nach Matthäus diese Frage in der Bergpredigt. Und diese Bergpredigt steht im Kontext der Seligpreisungen armer, weinender und unterdrückter Menschen (Mt 5,3–12) wie auch im Kontext der großen, alttestamentlichen, „jesajanischen" Prophetie, die Jesus zu der seinen gemacht hatte: „Der Herr hat mich gesalbt. Er hat mich gesandt, damit ich den Armen eine frohe Botschaft bringe und alle heile, deren Herz zerbrochen ist, damit ich den Gefangenen die Entlassung verkünde, und den Gefesselten die Befreiung, ... damit ich alle Trauernden tröste, die Trauernden Zions erfreue, ihnen Schmuck bringe anstelle von Schmutz, Freudenöl statt Trauergewand, Jubel statt der Verzweiflung" (Jes 61,1–3).[14]

Eine Botschaft für Arme, Weinende und Unterdrückte: das ist der Kern der Seligpreisungen und des Grundgesetzes des Christseins in dieser Welt. Wie lautet der Inhalt dieser Botschaft an die Armen? „Eine frohe Botschaft und Rettung, nämlich: Dein Gott ist König" (Jes 52,7), das heißt, Gerechtigkeit und Liebe wohnen jetzt unter den Menschen. Dazu „habe ich, der Herr, dich berufen ... als ein Licht für die Völker" (Jes 42,6). Verschiedene alttestamentliche Traditionen laufen hier zusammen.

Jesus hat sich so sehr mit dieser Botschaft identifiziert, daß für das Neue Testament dieses Evangelium Jesu nicht zu trennen ist von seiner Person, wie oben schon analysiert wurde. „Euaggelion", Evangelium, ist nicht nur „Jesus von Nazaret", sondern wesentlich auch Jesus, bezeugt als der Kommende: „der Christus, sein einziggeliebter Sohn, unser Herr". Kein Evangelium ohne Jesus, aber auch kein Evangelium ohne den kommenden Christus, wie ihn die Kirchen bekennen.

So sind Botschaft und Person Jesu durch eine lange Geschichte mit den großen jüdischen Heilserwartungen des nahenden Königreichs Gottes verbunden, verbunden auch mit den königlich-messianischen Erwartungen Israels als Modell allgemein-menschlicher Erwartungen, und schließlich verbunden mit der Schöpfung als Anfangspunkt sowohl aller Geschichte, in der Gott seinen Kampf gegen die chaotischen Mächte dem Menschen anvertraut, als auch der kommenden Endvollendung der Schöpfung in einem neuen Himmel und einer neuen Erde. „Der Mensch" oder „der Menschensohn" – zuerst der König, danach jeder Mensch – ist *letztlich* „Jesus von Nazaret" (siehe auch in Hebr 2,8–9 diesen Übergang vom „Menschen" zu „Jesus Christus"). In Jesus wird Gottes gewagtes Vertrauen in den Menschen nicht enttäuscht. Trotz allem – sogar trotz der Hinrichtung des eschatologischen Propheten – kommt Gottes Reich doch. Die Person Jesu, sein Leben, sein Tod und seine Auferstehung sind dessen Inauguration. Der Schöpfungsverheißung widerspricht die tatsächliche Geschichte der Menschen immer wieder, aber sie gibt Menschen auch immer wieder die Kraft und den Mut, nicht zu versagen. Jesus ist *der Mensch,* in dem der Schöpfungsauftrag – und somit die Geschichte und der Bund – geglückt ist, wenn auch unter den Bedingungen unserer Leidensgeschichte. Die Folge ist, daß *Vertrauen in diesen Menschen* die Konkretisierung des *Glaubens an Gott, den Schöpfer des Himmels und der Erde",* ist, der durch seinen Schöpfungsakt dem Menschen rückhaltloses Vertrauen schenkt. „Er liebte uns, als wir noch Sünder waren" (Röm 5,8). Dies allein schon macht die neutestamentliche Botschaft universal, denn dadurch ist sie – mittels und letztlich über die jüdische und christliche Geschichte hinaus – im universalen Schöpfungsgeschehen verankert: im Glauben an Gott, den Schöpfer des Himmels und der Erde, der deshalb richten wird „die Lebenden und die Toten". Gerade diese in Gottes Schöpfung grundgelegte Universalität des besonderen Phänomens Jesus müssen wir in bleibender geschichtlicher Konkretheit näher analysieren.

§ 4. *Der einmalige und definitive Charakter der Sendung Jesu Christi als eines geschichtlichen Auftrags und der Grundlage für die Kirche und ihre Sendung in die Welt*

Einführung

Der neutestamentliche Begriff „der eschatologische Prophet" schließt ein, daß dieser Prophet eine weltgeschichtliche Bedeutung hat. Das ist eine christliche Glaubensüberzeugung, die ihre Grundlage in Jesus selbst findet. Letzteres geht vor allem aus einer anderen, von Matthäus und Lukas benutzten Quelle hervor, wobei alle Garantien gegeben sind, daß sich darin ein geschichtliches Echo des eigenen Selbstverständnisses Jesu vernehmen läßt: „Selig ist, wer an mir keinen Anstoß nimmt" (Lk 7,23 = Mt 11,6), weiter ausgeführt in derselben Tradition: „Ich sage euch: Wer sich vor den Menschen zu mir bekennt, zu dem wird sich auch der Menschensohn vor den Engeln Gottes bekennen. Wer mich aber vor den Menschen verleugnet, der wird auch vor den Engeln Gottes verleugnet werden" (Lk 12,8–9 = Mt 10,32–33; vgl. Lk 7,18–22 =

Mt 11, 2–6; und Lk 11, 20 = Mt 12, 28), Traditionen, die dann bei den Synoptikern eine weitere Entwicklung und Ausweitung erfahren haben (Mt 12, 32; Lk 12, 10; Mk 3, 28–29). Die Bejahung einer realen Beziehung zwischen der Entscheidung, die Menschen in bezug auf Jesus treffen, und ihrer endgültigen Schicksalsbestimmung (wie sie durch das Johannesevangelium noch stärker betont wird) geht geschichtlich in ihrem Kern zweifellos auf das Selbstverständnis Jesu zurück: Zwischen dem Kommen des Reiches Gottes und der Person Jesu von Nazaret besteht ein Zusammenhang.

Für Christen steht nach dem Zeugnis des Neuen Testament Jesus in einer konstitutiven oder wesentlichen Beziehung zum universalen Reich Gottes für alle Menschen, da für Christen gilt: „Einer ist Gott, einer auch Mittler zwischen Gott und den Menschen" (1 Tim 2, 5), Jesus Christus; „in keinem anderen ist das Heil zu finden. Denn es ist uns Menschen kein anderer Name unter dem Himmel gegeben, durch den wir gerettet werden sollen" (Apg 4, 12). Auch der johanneische Jesus sagt: „Ich bin der Weg und die Wahrheit und das Leben; niemand kommt zum Vater außer durch mich" (Joh 14, 6). „Denn so hat uns der Herr aufgetragen: Ich habe dich zum Licht für die Völker gemacht, bis an das Ende der Erde sollst du das Heil sein. Als die Heiden das hörten, freuten sie sich" (Apg 13, 47). Auch der andersgerichtete, aber genauso christliche Paulinismus sagt: „Da nämlich durch einen Menschen der Tod gekommen ist, kommt durch einen Menschen auch die Auferstehung der Toten. Denn wie in Adam alle sterben, so werden in Christus alle lebendiggemacht werden" (1 Kor 15, 21–22). Was in Jesus geschah, ist eine Tatsache „ein für allemal" (Hebr 9, 12); das Geschehene gilt für alle Nationen, Völker und Kulturen, es ist in Raum und Zeit universal relevant. Die nachpaulinische Tradition sagt sogar: „Er ist das Ebenbild des unsichtbaren Gottes" (Kol 1, 15). Das gleiche hören wir somit in allen evangelischen Traditionen. „Wer ihn sieht, sieht den Vater" (Joh 14, 19).

Alle diese Aussagen sind natürlich *Glaubens*aussagen; sind bekenntnishafte Sprache, keineswegs wissenschaftlich objektivierende oder konstatierende und darin verifizierbare Sprache. Doch hat letztere durchaus kein exklusives Patent auf Wahrheit. Wir können diese absoluten Aussagen des Neuen Testaments aber auch nicht hermeneutisch weginterpretieren oder verharmlosen, indem wir sie auf Glaubensrhetorik oder übertriebene Stilblüten reduzieren, wie Geliebte zueinander sagen: „Du bist so schön wie kein Mensch auf der Welt."

Bekenntnishafte Sprache hat aber auch etwas mit ähnlicher Äußerung der vollkommenen Hingabe eines Menschen an den geliebten anderen zu tun. Sie ist relationale Sprache; sie sagt in der Tat auch etwas über die subjektive Beziehung eines Menschen zu einem (einer) anderen und über die volle Hingabe an einen anderen aus. Aber bekenntnishafte Sprache geht darin keineswegs auf, sie hat auch eine objektive (wenn auch nicht objektivierende) Seite. Eine bestimmte bekenntnishafte Sprache will etwas Wirkliches über den Menschen sagen, der diese völlige und radikale Hingabe anderer tatsächlich bewirkt und sie auch wert ist. Liegt der unmittelbare Grund einer solchen Sprache in einer persönlichen oder kollektiven Erfahrung, so vermittelt diese Erfahrung auch etwas Tieferes. Der letzte Grund der Einmaligkeit Jesu, von der diese Schriftzitate sprechen, ist dem neutestamentlichen Zeugnis zufolge: „In ihm wohnt die Fülle Gottes" (Kol 1, 19); oder nach dem so genannten apostolischen Glaubensbekenntnis: „Er ist der Christus, Gottes einziggeliebter Sohn, unser Herr."

Diese Schriftzitate weisen eindeutig auf das christliche Bewußtsein hin, daß sich in Jesus von Nazaret Gott selbst auf eine solche Weise geoffenbart hat, daß dadurch sein Heilswille für die ganze Menschheit sichtbar wurde, und zwar auf entscheidende und endgültige Weise. Der Gott und Vater Jesu „will, daß alle Menschen gerettet werden und zur Erkenntnis der Wahrheit gelangen" (1 Tim 2, 4), *auch dann also, wenn sie Jesus Christus nicht kennengelernt haben.* Ob diese Offenbarung dann auch *normativ* für andere Religionen ist, steht auf einem anderen Blatt. Denn hier können mancherlei Doppeldeutigkeiten entstehen, wenn wir das Wort „normativ" oder „Kriterium" verwenden, weil diese Wörter durchweg auf der Ebene wissenschaftlicher Objektivität gebraucht werden, während die Behauptung, daß in Jesus Gottes endgültige und entscheidende Offenbarung stattfindet, eine *Glaubensaussage* ist, keine feststellende und somit keine außerhalb des eigenen Glaubens verifizierbare Behauptung.

Ich habe dieses Buch mit einem Zitat aus dem Konzil von Florenz-Ferrara begonnen, das aufgrund dieser neutestamentlichen Texte alle Nichtchristen in die Hölle verdammt, während dies vom Zweiten Vatikanischen Konzil in Wirklichkeit radikal bestritten wird. Das weist schon darauf hin, daß man die Einmaligkeit Jesu, den wir als den Christus bekennen, in der Tat auch in einem falschen, exklusivistischen oder inklusivistischen Sinn verstehen kann und in der Vergangenheit tatsächlich oft falsch verstanden hat. Christen bekennen, was nach ihrer Erfahrung Gott in Jesus von Nazaret für sie getan hat. An sich schließt dies kein Urteil darüber ein, wie Menschen in anderen Religionen Heil von Gott erfahren.

Gerade infolge dieser, durch das Neue Testament bezeugten eschatologischen oder endgültigen Bedeutung des Lebenswerks Jesu werden wir in unserer Geschichte mit dem Phänomen *Kirche* konfrontiert.

I.
KIRCHE: KRAFT DES GEISTES ZEUGIN DES LEBENSWEGS JESU

A. Die ekklèsia Gottes: Gemeinde Gottes

Das Wort „Kirche" („church", „kerk", „kirk" und so weiter) kommt vom griechischen „kyriakè", das heißt „dem Herrn angehörend", wie das „kyriakon", der Tag des Herrn oder Sonntag. Die griechische und die lateinische Bezeichnung „ekklèsia" (ecclesia) ist anderer Herkunft. Der neutestamentliche Gebrauch des Namens „ekklèsia" – die versammelte Gemeinde, die sich selbst Kirche nennt (heute sagen wir: Kirchengemeinde) – hat mit dem jüdischen Dtn 23, 2–9 zu tun. Dort ist die Rede von Bedingungen für den Zutritt zur „Gemeinde des Herrn": Zugang zu der „qehal JHWH"; im Griechischen „ekklèsia tou Kyriou"[15]. In der jüdisch-griechischen Septuaginta-Übersetzung wurde das hebräische Wort qahal (Zusammenkunft: Versammlung, Ansammlung oder Zusammenrottung) bald mit „ekklèsia", dann wieder mit „synagôgé" übersetzt. Mit Ausnahme von Jak 2, 2 entschieden sich die jüdischen Christen aber ausschließlich für „ekklèsia", jedoch nicht (wie manchmal behauptet wurde[16]) um sich durch die Vermeidung des Wortes Synagoge von den Juden, die nicht an Jesus glaubten, abzusetzen. Sie entschieden sich für „ekklèsia", um im Anschluß an den profanen Gebrauch von „ekklèsia", eine ganz konkrete, an Jesus glaubende Versammlung einer jüdischen Bruderschaft in einer bestimmten Stadt zu bezeichnen. Im profanen Griechisch der damaligen Zeit bedeutete „ekklèsia" das Zusammenkommen der freien (männlichen) Bürger einer Polis oder Stadt, um Wahlen abzuhalten oder wichtige Beschlüsse zu fassen. Die Christen übernahmen diese Bezeichnung, und das nuancierte den Ausdruck aus Deuteronomium.

Von einer Gemeinschaft als von einer „ekklèsia" reden heißt von einer bestimmten Gruppe von religiösen Menschen reden, die sich zum Kult versammeln: eine kultische Versammlung, in der man im Geist Gott dankt und ihn preist, zu Prophetie und ethischen Ermahnungen kommt und die Anliegen der Gemeinschaft bespricht. Daher finden wir im Neuen Testament Ausdrücke wie „die Kirche, die in Korinth ist", „die Kirche, die in Rom ist". Die Bedeutung ist etwas anders in dem Ausdruck „die Kirche Gottes", „die Kirche Christi", „die Kirche Gottes in Jesus", „die Kirche in Jesus"[17]. In diesen Fällen handelt es sich um die Gesamtkirche; im Gegensatz zu dem, was man früher dachte, ist dieser Gebrauch nicht eine spätere Entwicklung des Begriffs Kirche, sondern von Anfang an auch ursprünglich (siehe schon Gal 1, 13; 1 Kor 15, 9 und Phil 3, 6). Gerade dieses Kirchenbewußtsein der frühesten Christen ist wichtig für das Verständnis der Beziehung zwischen diesen christlichen Gemeinschaften, dem irdischen Jesus und Israel. Dieser Begriff schließt nicht unbedingt eine aus der jüdischen Synagoge entfernte oder verbannte Kirche ein. „Die Kirche Gottes" bezieht sich auf eine ganz konkrete, geschichtliche Gemeinde, zum Beispiel die Kirche von Jerusalem oder von Antiochien, aber sie geht über die Grenzen jeder einzelnen oder lokalen Gemeinde hinaus.

Gerade der neutestamentliche Ausdruck „Hè kat' oikon ekklèsia" oder Hausgemeinde weist darauf hin, daß das kirchliche Bewußtsein der ersten Christen keineswegs einen Bruch mit dem jüdischen Israel in sich schloß. Die frühe Kirche hat den „oikos", das griechisch-römische städtische Familienhaus, zur pastoralen Basis für die ganze christliche Bewegung genommen, denn neben diesen Hausversammlungen blieben die ersten Christen dem Tempel oder der Synagoge treu. So ist die Rede von „der ekklèsia, die zusammenkommt im Haus von Aquila und Priska" in Ephesus (1 Kor 16,19) oder „in Rom" (Röm 16,5); „die ekklèsia, die zusammenkommt im Haus des Philemon" in Kolossä (Phlm 2); „die ekklèsia, die zusammenkommt im Haus der Nympha" in Laodicea (Kol 4,15) usw. Daraus geht auch hervor, daß die ersten Christen sich innerhalb des Judentums als eine „freie Genossenschaft" (ein Collegium) betrachteten, das sich „im Hause von ..." versammelte nach damaliger griechisch-römischer Gewohnheit: „Collegium quod est in domu Sergiae Paulinae", die freie Genossenschaft oder die freie Vereinigung, die sich im Hause von N.N. versammelt. Gerade dieser Gedanke einer freien Genossenschaft und von Hausgemeinden macht deutlich, daß sich die ersten Christen der Tatsache bewußt waren, daß sie als Bruderschaft, als Bewegung (oder, nach einer Terminologie des prorömischen jüdischen Historikers Flavius Josephus, als „philosophische Schule") innerhalb der jüdisch-religiösen Gemeinschaft verblieben.

B. Jüdische Wurzeln des kirchlichen Christentums

Unter „Judentum" versteht man in akademisch-exegetischen Kreisen durchweg die Glaubensgemeinschaft, die sich seit der Makkabäerzeit in der Mitte des zweiten Jahrhunderts vor Christus bis zum Jüdischen Krieg (66–70/72) gebildet hat[18]. Andere nennen diese Zeit das „frühe Judentum". Es war eine Glaubensgemeinschaft, die in Kontinuität mit Israels älterer Geschichte stand, von ihr jedoch verschieden dadurch, daß sie in dieser Bundesgeschichte die Wurzeln ihrer eigenen Geschichte sah und schon eine bestimmte Schrift als biblischen Kanon anerkannte. Man kann sagen, daß die Geschichte Israels bis zum zweiten Jahrhundert vor Christus die konstitutive Phase ist, während später die interpretative

Phase einsetzte. Juden wie Christen beziehen sich auf diese kanonische Schrift, wenn auch aufgrund einer anderen hermeneutischen Beleuchtung. Die Christen tun dies im Licht des Geschehens mit Jesus Christus, die Juden im Licht der späteren Talmud-Tradition. Dadurch wird das Wort „jüdisch" zu einem doppeldeutigen Begriff.

Jesus selbst war Jude, nicht nur der Herkunft nach, sondern auch in seinem Herzen. Auch seine Jünger waren Juden, ebenso jene unter ihnen, die Griechisch sprachen. Letztlich war die ganze älteste Kirche jüdisch. Die Bindung der christlichen Gemeinde oder Kirche an das Judentum ging erst gegen Ende des ersten Jahrhunderts verloren. Die Einzigartigkeit Gottes (man denke an das „sch^{e}ma Jisrael", ein Gebet, das die Juden dreimal täglich beten; siehe Dtn 6, 4) war auch das Grundbekenntnis der ersten Christen. Dieser eine Gott hatte sich auf besondere Weise in Israel geoffenbart. Der Glaube an den einen Gott, den Schöpfer und den in der Geschichte Handelnden, war der Kern der Botschaft Jesu und ist Juden und Christen gemeinsam. Im jüdischen Christentum bekam dieses Handeln Gottes in Israel seinen zentralen Brennpunkt in Gottes Handeln in dem Juden Jesus von Nazaret: „Einer ist Gott . . . einer der Herr, Jesus Christus" (1 Kor 8, 6). In den späteren großen christlichen Glaubensbekenntnissen bleibt das „Sch^{e}ma Jisrael" der allumfassende Hintergrund und Horizont sowohl der Christologie als auch der christlichen Pneumatologie: „Ich glaube an den einen Gott, den Allmächtigen, Schöpfer des Himmels und der Erde."

Gottes eine Wirklichkeit und seine Hinwendung zum Menschen in der Geschichte beherrschen die Botschaft Jesu und den Glauben von Juden und Christen. Juden und Christen leben aus den alten Verheißungen, die Israel anvertraut sind. Auch für die ersten Christen war Israels Bibel die einzige kanonische Bibel. Ein anerkanntes „Neues Testament" gab es nicht vor dem Ende des zweiten Jahrhunderts, doch gab es wohl die lebendige Verkündigung des Heils, das Juden, Jünger Jesu, in diesem Jesus erfahren hatten. Auch die Christen gingen anfangs noch weiter zur Synagoge oder zum Tempel; sie ergänzten diese religiöse Praxis durch Hausversammlungen aufgrund ihrer Erfahrungen mit Jesus, den sie als den Christus bekannten.

Trotz verschiedener Formen der Gemeinsamkeit gab es Besonderheiten, die ab und zu zu Spannungen führten, so wie man innerhalb des Judentums auch innere Spannungen kannte und gekannt hatte. Nicht die Hinrichtung Jesu war es, die zum Bruch zwischen Juden und anfänglich jüdischen Christen führte. Für die ersten Christen, alles Juden, war es klar, daß der Tod die Folge der Aktion einer bestimmten Gruppe, nicht des jüdischen Volkes als solchem war. Es waren gerade Juden, die aufgrund der Kreuzigung Jesu und ihres Glaubens an die Auferstehung zur

Umkehr kamen und die evangelische Botschaft akzeptierten. Doch mit der Zeit kam es zu immer mehr Reibungen zwischen Juden, die Jesus ablehnten, und Juden, die Jesus als ihren Heiland anerkannten. Anfangs war dies jedoch einfach eine innerjüdische Kontroverse.

Zur Zeit Jesu war das Judentum bei vielen Bürgern des römischen Reiches hoch angesehen. Der jüdische Monotheismus und seine konsequente Moral zogen viele Menschen, die ihre Sicherheit verloren hatten, an. Viele Heiden sympathisierten mit dem Judentum: die sogenannten „Gottesfürchtigen" (die nicht beschnitten waren) und vor allem die „Proselyten" (die beschnitten waren). Außerdem kam ein Jude (entweder Jude oder Gottesfürchtiger oder Proselyt) auf zehn Einwohner des römischen Reiches[19]. Seit dem dritten Jahrhundert vor Christus gab es unter den Juden auch viele, die man „Hellenisten" nannte: Juden, die treu der jüdischen Glaubensgemeinschaft angehörten, aber Griechisch sprachen, sowohl in der Diaspora als auch in Palästina und Jerusalem. So war es auch unter den ersten jüdischen Christen. Das Christentum blieb nicht auf Palästina beschränkt. Vor allem in Jerusalem waren sogar innerhalb der christlichen Gemeinde die Beziehungen zwischen den jüdischen Christen, die Hebräisch (Aramäisch) sprachen, und den jüdischen Christen, die Griechisch sprachen, nicht die besten. Die griechischsprechenden Juden (auch die Christen unter ihnen) standen dem Tempelkult kritischer gegenüber und waren Vertreter einer freieren Gesetzesauslegung, sie wurden von den nichtchristlichen, aramäischsprechenden Juden mit Mißtrauen angesehen und auch von den aramäischsprechenden Christen in Jerusalem zurückgesetzt und übergangen. Diese Hellenisten mußten auf die Dauer Jerusalem verlassen. Vor allem nach der Hinrichtung des christlichen Hellenisten Stephanus durch die (aramäischsprechenden) Juden wurde der Verbleib der jüdisch-hellenistischen Christen in Jerusalem unhaltbar. Sie wichen über Samarien und Phönizien vor allem nach Antiochien aus, wo schon bald eine lebendige christliche Kirchengemeinde entstand. Es waren diese Hellenisten, die zum erstenmal das Evangelium zu den Heiden brachten.

Aufgrund dessen wie auch durch die baldige Mission unter den Heiden entstand eine gewisse Entfremdung zwischen den palästinisch-jüdischen Christen und den hellenistisch-jüdischen Christen. Deshalb wurde Barnabas von Jerusalem nach Antiochien gesandt, um diese im wesentlichen hellenistisch-jüdische christliche Gemeinde enger an die Mutterkirche von Jerusalem und an die palästinischen Gemeinden zu binden. Schließlich wurden die sich steigernden Spannungen in einer Versammlung der Apostel in Jerusalem vorläufig beigelegt (Apg 11,22.25–26; 15,1–5; Gal 2,1–10; allerdings sind in Apg 15,6–33 viele redaktionelle Elemente des Lukas zu erkennen). Doch blieben auch für die hellenistisch-jüdischen Christen, trotz ihrer Befreiung von konkreten Gesetzesvorschriften, das jüdische Grundbekenntnis Israels und die Verheißungstradition Israels einfach in Kraft. Außerdem blieb das Gesetz, wie es in seiner Grundintention im Gebot der Gottesliebe und der Nächstenliebe niedergelegt war (Mt 23,37–40; siehe 5,43–48 parr; 9,13; 12,7; 23,23), auch für Jesus und seine Jünger schlechthin der Ausdruck des Willens Gottes. Zur Zeit Jesu war aber die jüdische Glaubensgemeinschaft bei weitem nicht so uniform wie in der späteren Talmudzeit. Diese darf also nicht als Norm für neutestamentliche Situationen genommen werden, was manchmal vergessen wird.

Die christliche Mission unter den Heiden hatte vor allem bei den sogenannten „Gottesfürchtigen", die unbeschnitten blieben und einen loseren Zusammenhang mit den jüdischen Gemeinden hatten, Erfolg. Ihre Integration in die christliche Gemeinde hatte zur Folge, daß es schon bald viele Christen in den christlichen Gemeinden gab, die fast keine Kontakte mit jüdischen Gemeinden hatten. Und nach kurzer Zeit bildeten diese auch durch den Erfolg der Mission unter den Heiden die Mehrheit der Christen. Darin liegt unverkennbar einer der vielen Faktoren der Entfremdung zwischen Synagoge und Kirche. Doch darf man nicht vergessen, daß im ersten Jahrhundert nach Christus die Heiden, die Christen wurden, in der Mehrzahl über den jüdischen Glauben zum Christentum gekommen sind und daher noch mit den jüdischen Traditionen vertraut waren. Die jüdischen Wurzeln des Neuen Testaments sind denn auch grundlegend und vielleicht heute noch nicht genügend ans Licht gebracht.

Anfangs waren alle Christen Juden; die Christen aus dem Heidentum bildeten eine kleine Minderheit. Allmählich aber, schon in der Mitte und vor allem gegen Ende des ersten Jahrhunderts, verschob sich diese Zahl zugunsten der Heidenchristen. Diese neuen christlichen Gemeinden hatten oft überhaupt keine Verbindung mit jüdischen Gemeinden, wie schon deutlich aus den Briefen an die Christen von Kolossä und von Ephesus hervorgeht. Die Entfremdung vieler christlichen Kirchen von der jüdischen Glaubensgemeinschaft bedeutete damals aber keineswegs einen Bruch mit dem Judentum oder ein zielbewußtes Streben danach. Der Bruch entstand erst gegen Ende des ersten Jahrhunderts, und zwar durch einen gegenseitigen Ausschluß, wobei die Synagoge die Initiative ergriff.

Nach dem für das Judentum größten Unheil der Zerstörung des Tempels und der Stadt im Jüdischen Krieg (70 nach Christus) organisierte sich innerhalb von etwa zwanzig oder dreißig Jahren die jüdische Glaubensgemeinschaft neu. Das war das Werk der Pharisäer, die dabei den jüdischen Glauben einigermaßen auf die eigene pharisäische Tradition reduzierten und andere, ebenfalls von altersher authentisch-jüdische Elemente verschwiegen. In den neunziger Jahren legten sie auch endgültig den biblischen Kanon (den Tenach) fest, wobei sie stark die Rechtgläubigkeit betonten (eine Tendenz, die wir dann allenthalben aufkommen sehen, auch unter Christen, wie wir im Neuen Testament feststellen können, ebenso bei heidnischen Religionen in jenen Jahren). Die Pharisäer unterschieden damals zwischen Rechtgläubigen und „minim", Irrlehrern, zu denen auch die jüdischen Anhänger Jesu gerechnet wurden. Davon zeugt der sogenannte Ketzersegen, der wahrscheinlich in jenen Jahren in das alte Achtzehngebet eingefügt wurde. Dieser besteht aus einer Reihe von achtzehn Segnungen (berachôt), die täglich in der Synagoge rezitiert wurden. Die vermutlich älteste Version der hinzugefügten Segnung lautet: „Für die Abgefallenen gebe es keine Hoffnung (...) Mögen die Christen (notserim, Nazaräer) und die Ketzer (minim) in einem Augenblick vergehen; mögen sie ausgelöscht werden aus dem Buch des Lebens und nicht mit den Gerechten eingetragen werden. Gesegnet seist du, Herr, der die Überheblichen zu Fall bringt."[20] Diese Segnung, der die Christen unmöglich zustimmen konnten, machte ihren Ausschluß aus der Synagoge endgültig. Damit wurde ein ganz wesentliches Band zwischen Judentum und Christentum zerschnitten, zuallererst von den Juden selbst. Die Christen waren damals noch in der Minderheit.

Der Bruch kam aber nicht einseitig und ausschließlich von seiten der Juden. Vor allem die Substitutionstheorie, die in der einen oder anderen Form von manchen Christen vertreten wurde, schließt eine christliche Trennung vom Judentum ein: Durch die Verwerfung Jesu, so lautet diese These, hat das Judentum seine Heilsfunktion verspielt. Jetzt ist nicht mehr Israel, sondern die Kirche das neue Gottesvolk. Die Kirche ist das neue Israel. Paulus vertrat diese Theorie nicht; im Gegenteil, er lehnte sie ab. Aber Ansätze dazu lassen sich doch zum Beispiel in Mt 21, 43 finden (obwohl es sich hier noch um einen Gegensatz zwischen Juden und jüdischen Christen und nicht zwischen Juden und Christen aus dem Heidentum handelt)[21]. In einer nichtchristlichen, aber häretischen Strömung wurde in der Mitte des zweiten Jahrhunderts von Marcion sogar ein Bruch zwischen dem fundamentalen Glaubensbekenntnis der Juden und dem des Christentums herbeigeführt: Das ganze Alte Testament wurde verworfen, auch sein Gott. Das rechtgläubige Christentum dagegen erkannte auch weiterhin das fundamentale jüdische Glaubensbekenntnis als das seine an und akzeptierte das Alte Testament als das Buch der Verheißungen, wenn dieses Buch auch nach unserem

Empfinden oft in gezwungener Weise insgesamt auf Jesus Christus bezogen wurde. Das Christentum verurteilte Marcion.

Zweifellos gibt es im Neuen Testament Texte, in denen eine frühchristliche Kritik am jüdischen Gesetz und an den jüdischen Traditionen (halacha) zu finden ist[22]. Ein Anti-Judentum ist aber in ihm nicht zu finden. Man darf nicht vergessen, daß die jüdischen Christen dabei eine innerjüdische Kritik übernahmen. Später wurden diese Texte zwar in anti-jüdischem Sinn interpretiert, aber innerhalb des Neuen Testaments sind sie ganz anders zu verstehen und bleiben sie eine innerjüdische Polemik. Wir dürfen hier nicht einen hermeneutischen Fehler begehen, wie es manchmal geschieht, denn Kritik an einer bestimmten These oder einem bestimmten Text kann aufgrund der historischen Nachwirkung dieser These, einer Idee oder eines bestimmten Textes notwendig sein, aber diese Kritik fällt nicht mit der Verwerfung der ursprünglichen Intention dieser These, dieser Idee oder dieses Textes zusammen. Denn im Neuen Testament haben Juden das Wort: jüdische Christen (vielleicht mit Ausnahme des Lukas).

Erst vom zweiten Jahrhundert an entstanden ein Christentum und eine christliche Theologie, die mit dem Glauben und der Tradition des Diaspora-Judentums nicht mehr vertraut waren. So wurde das Christentum in seinem Selbstverständnis immer mehr seinen jüdischen Wurzeln entfremdet. Das Welt- und Menschenbild des Hellenismus wurde der neue Verstehens- und Erfahrungshorizont auch der Christen. Das Christentum wurde mit der Zeit mehr durch seinen Dialog mit den heidnischen Religionen und der heidnischen Philosophie als durch Reflexion auf die eigene jüdische Herkunft gekennzeichnet.

Solange die Christen zum Judentum gehörten, genossen sie alle Vorteile einer vom römischen Reich anerkannten „rechtsgültigen oder erlaubten Religion", denn das war damals die jüdische Religion. Aber vom Ende des ersten Jahrhunderts an, als es zu einem Bruch zwischen Christentum und Judentum kam, bis zum vierten Jahrhundert waren die Christen vielen Kirchenverfolgungen ausgesetzt. Als eine vom Judentum losgekommene, selbständige Kirche stellte sie keine „religio licita" dar. Das war die soziohistorische Kehrseite des Ausschlusses und des Bruchs mit dem Judentum. Mit der bekannten konstantinischen Wende entstand aber für Judentum und Christentum eine völlig neue Situation. Das Christentum wurde zur Staatsreligion, und vom fünften Jahrhundert an wurde die Freiheit der Juden immer mehr eingeschränkt, wodurch sie in schwere Bedrängnis gerieten. Es entstand auch eine christliche Literatur von sehr schlechter theologischer Art: eine apologetische Polemik ge-

gen die Juden, vor allem bei syrischen und kappadozischen Kirchenvä-
tern: der „Gottesmord" durch die Juden und anderes (vor allem in Syrien
hatte der Antisemitismus schon von jeher vorchristliche Wurzeln). Das
Mittelalter hat diese neue Tradition fortgesetzt; es ist diesbezüglich gekennzeichnet durch Inquisition, Judenverfolgung und erzwungene Be-
kehrungen, dazwischen ab und zu Perioden einer milderen „Duldung"[23].
Das „holocaustum" vor allem der Juden im zwanzigsten Jahrhundert ist
für diese und für die ganze Menschheit ein tragischer und absurder Tiefpunkt in einer langen Geschichte der Verfolgung und Folterung, Enteh-
rung und menschlicher Entwürdigung. Die Christen haben zu diesem
absurden Bösen beigetragen.

Diese Christen hätten besser daran getan, auf den Apostel Paulus zu hören. Denn in einer sehr emotionalen Erörterung erklärt der jüdische
Christ und frühere Pharisäer Paulus in Röm 9–11 seine Auffassung von
der Beziehung zwischen Judentum und Christentum[24].

Für Paulus ist das Evangelium „eine Kraft Gottes, die jeden rettet, der
glaubt" (Röm 1,16): „zuerst den Juden, aber ebenso den Griechen (oder
Nicht-Juden)". Gott gegenüber stehen alle Menschen, Juden wie Heiden, in der Schuld. Das löst die Frage aus: Warum haben die Juden denn
einen Vorrang vor den Heiden (Röm 3,1)? Darauf antwortet Paulus: Den
Juden sind Gottes Verheißungen anvertraut (Röm 3,2b). Diese Verheißungen bleiben in Kraft. Daß einige aus dem jüdischen Volk untreu waren, besagt nichts über Gottes bleibende Treue gegenüber seinem Volk:
Ihre Untreue hebt Gottes Treue nicht auf (Röm 3,3). Dies alles hatte Paulus schon zu Beginn seines Briefs gesagt, aber vom neunten Kapitel an
kommt er zu einer ausdrücklichen Behandlung des Problems.

Wenn es um die Kindschaft Abrahams geht, ist es nötig, einen Unter-
schied zu machen zwischen den Kindern „dem Fleisch nach" und „den
Kindern der Verheißung" (9,6–13). Kraft freier Entscheidung macht Gott
auch jene zu seinem Volk, die nicht zu seinem Volk gehörten (9,14–29).
So haben Menschen, die Heiden waren, das Heil erreicht, das viele
Israeliten nicht erreicht haben (9,30–10,4). Gerettet werden, am Heil
Anteil haben, setzt das gehorsame Hören auf die Heilsbotschaft, setzt
Glauben voraus. Viele aus Israel haben die Botschaft des Heils zwar ge-
hört, jedoch nicht angenommen (10,5–21). Aber Paulus betont mit
Nachdruck, daß ein Rest aus Israel, zu dem er auch selbst gehört, die
Botschaft im Glauben angenommen hat, was darauf hinweist, daß Gott
sein Volk nicht im Stich gelassen oder verstoßen hat (11,1–10).

Aber der Nicht-Glaube vieler hat dazu geführt, daß zunächst Heiden
in großer Zahl der Gemeinschaft mit Jesus Christus beigetreten sind
(11,11–16). Daraus leitet Paulus dann ab, erstens, daß die Gemeinschaft

derer, die an Christus glauben, unlöslich mit ihren jüdischen Wurzeln verbunden bleibt (11, 17–24). Diese Verbindung ist nicht zufällig oder ist nicht nur die Entstehungsgeschichte des Christentums. Sie weist auf einen bleibenden und wesentlichen Zusammenhang hin, der in der Theologie denn auch thematisiert werden muß. *Zweitens:* Weil das Wort Gottes nie kraftlos oder ungültig wird, bleibt die Heilsverheißung an und für Israel immer in Kraft. Das geht für Paulus aus der Tatsache hervor, daß ein Rest von Israel an Jesus glaubte (11, 25–32). Außerdem zeichnet Paulus eine Perspektive, wobei er kühn als Prophet auftritt. Am Ende der Zeiten, so weiß er zu erzählen, wird „ganz Israel" gerettet werden. Zwar wird unter heutigen Exegeten über die richtige Interpretation dieses Textes gestritten. „Ganz Israel", so sagen manche, steht dem „Rest Israels" gegenüber, und das entspricht der „vollen Zahl der Heiden" (11, 12).

Doch hat Paulus im neunten Kapitel den Akzent vor allem auf einen Unterschied in der Kindschaft Abrahams, nämlich zwischen Kindern dem Fleisch und Kindern der Verheißung nach, gelegt. Nun, auch in seinem Vergleich mit der Aufpfropfung der Heiden auf den ursprünglichen, jüdischen Ölbaum sagt er, daß Zweige aufgrund ihres „Nicht-Glaubens" herausgebrochen, aber von Gott wieder eingepfropft werden, „wenn sie nicht am Unglauben festhalten" (11, 20–23)[25]. Er vertraut als Christ weiter auf Gottes Verheißung an Israel. Dann beschließt Paulus seine engagierte Darlegung mit Dank und Lobpreis an Gottes weisen und unergründlichen Heilsplan (11, 33–36): Juden wie Nicht-Juden steht letztlich das Heil offen. Gottes Heil in Jesus ist für die ganze Menschheit, für Juden jedoch zuerst, sagt Paulus.

Man kann also sagen, daß nach Ansicht des Paulus Judentum und Christentum nicht nur eine gemeinsame Vergangenheit haben: Das Christentum wurzelt im Judentum. Aber Juden und Christen haben außerdem eine gemeinsame Zukunft. Judentum und Christentum halten an den Verheißungen des Tenach (für Christen das Alte Testament) fest: Die Juden warten noch auf die endzeitliche Befreiung, wie die Christen auf die verheißene endzeitliche Vollendung dessen warten, was in Jesus Christus an angebrochenem Heil schon vorhanden ist. Für beide ist die im Alten Testament verheißene endzeitliche Zukunft identisch. Der zweite Bund hat den ersten Bund nicht rückgängig gemacht.

Dies alles findet außerdem schon seine Grundlage in der vorchristlichen Taufkatechese Johannes des Täufers. Johannes, der vorchristliche Jude, bricht mit dem Ruhm und Stolz seiner Zeit auf die Kindschaft Abrahams, zumindest wenn diese Kindschaft als ein ethnisches Vorrecht angesehen wird, das bei Gott Geltung haben soll. Gott gegenüber gibt fleischliche Abstammung überhaupt keine Heilsgarantie. Schon nach Ansicht des Täufers, eines vollblütigen Juden, kennt Gott auch andere Wege, Menschen zu Kindern Abrahams zu machen. Das Vorrecht Israels, die Kindschaft der Verheißung, die an Abraham erfolgte, bleibt auch für Johannes ohne weiteres in Kraft, aber dieser jüdische Täufer eilt dem voraus, was der Christ gewordene Jude Paulus über Israel als den ursprünglichen Ölbaum und über die Heiden als den auf ihn gepfropften Zweig sagen wird. Es gibt Heil für jeden, der für Gottes Heilsangebot offen sein will. Bevor dies zu einem christlichen Bekenntnis wurde, war es im Mund Johannes des Täufers schon ein jüdisches Bekenntnis.

C. Kirche als Zeugin des Lebenswegs Jesu zum Reich Gottes

In den letzten Jahrzehnten haben Exegeten manchmal die Frage gestellt, ob Jesus während seines irdischen Lebens wirklich eine Kirche gestiftet hat und ob man ihn als Stifter einer neuen Religion bezeichnen kann. Nicht nur rein historisches Interesse, sondern oft auch bestimmte ideologische Vorstellungen ließen diese kritische Frage stellen, zum Beispiel der von manchen Juden und Christen gemachte Vorwurf der Entfernung der christlichen Kirche aus der jüdischen Synagoge, während Jesus seine Sendung doch auf Israel beschränkt habe; oder eine ausgerechnet christliche, manchmal radikale Kritik an der Tatsache, daß die empirische „Kirche Christi" wenig oder nichts mit der Sendung Jesu, mit seiner Botschaft vom Reich Gottes und der entsprechenden Praxis Jesu zu tun habe, sondern ihr historisch völlig entfremdet sei.

Historisch ist offenkundig, daß Jesus nicht die Absicht gehabt hat, eine neue religiöse Gemeinschaft zu gründen, und die christliche Urgemeinde ist sich denn auch durchaus bewußt, daß sie innerhalb des jüdischen religiösen Verbandes lebt. Jesus hatte sich an ganz Israel gewandt; sein Ziel war die Sammlung, Erneuerung und Ausrüstung ganz Israels im Hinblick auf das Reich Gottes. Ebensowenig hatte Jesus die Absicht, im Gegensatz etwa zu den Essenern, in Israel einen *heiligen Rest* zu gründen. Die Berufung der *Zwölf* ist Symbol des Zwölf-Stämme-Reichs Israels. Auch die aramäischsprechende christliche Urgemeinde fühlte sich allein zu Israel gesandt, wenn auch damit „wirkungsgeschichtlich" keineswegs das letzte Wort gesprochen ist. Jedenfalls legen alle neutestamentlichen Texte Zeugnis von einer Universalität ab, die über Israels Grenzen hinausreicht (und selbst darin liegen diese Texte auf der Linie einer bestimmten jüdischen Tradition).

Die Eingrenzung der Sendung Jesu auf die zwölf Stämme Israels bedeutet aber nicht, daß die christliche Kirche nicht Frucht des Lebenswerkes Jesu sei. Eine solche Folgerung würde von einer verengten

Auffassung davon zeugen, was ein historisches Ereignis ist. Man tut dann so, als hätte Geschichte nur mit expliziten menschlichen Absichten zu tun; man übersieht dabei soziologische Strukturen, auch das, was man „Wirkungsgeschichte" nennen kann, und diese kann nicht idealistisch auf menschliche Intentionen reduziert werden. Oder man verwechselt die religiöse Botschaft mit soziokulturellen Voraussetzungen einer bestimmten Zeit, in die die Botschaft eingebettet ist. Denn das Christentum erscheint nicht in einem soziokulturellen Vakuum. Ursprünglich gehörte, so sagen manche, die Erwartung eines nahenden Weltendes zu den impliziten Annahmen eines großen Bereichs der jüdischen Kultur zur Zeit Jesu [26]. Die Frage ist dann aber, ob Jesus diese Annahmen mit zum Objekt seiner Botschaft gemacht hat oder ob er die Botschaft des in ihm und durch ihn kommenden Reiches Gottes innerhalb einer auch für ihn selbstverständlichen religiös-kulturellen Annahme des nahenden Weltendes verkündigt, in dem alle Zukunft, auch die Zukunft einer Kirche, unmöglich wird.

Geschichte ist aber mehr als das Ergebnis menschlicher Absichten. Denn es steht mit Sicherheit fest, daß Jesus hundertprozentig hinter seiner Botschaft stand und von dieser Botschaft gewollt hat, daß sie von den Menschen im Glauben angenommen werde. Die Überzeugung Jesu, daß ein wesentlicher Zusammenhang zwischen dem von ihm verkündeten Kommen des Reiches Gottes und seiner Praxis des Reiches Gottes besteht, und die daraus folgende Glaubensüberzeugung seiner Jünger, daß die Sendung Jesu eine definitive, eschatologische und universale Bedeutung hat (wie das Neue Testament klar bekennt), macht – als nach dem Tod Jesu die Zeit ihren normalen Fortgang findet (was unverkennbar der Fall ist) – eine Fortsetzung der irdischen Sendung Jesu über die begrenzte Zeit seines irdischen Lebens hinaus durch seine Jünger notwendig. So einfach ist das. Die Sendung der Apostel und die Sendung der nachapostolischen Kirche sind also notwendig aufgrund des auf und in Jesus gegründeten und von den Christen erkannten eschatologischen und endgültigen Charakters seines Auftretens, seines Lebenswegs und seiner ganzen Lebensbedeutung. Die einmalige Sendung Jesu unter die Juden bleibt dabei unangetastet, weil der Inhalt der kirchlichen Sendung die Verkündigung des Reiches Gottes durch Jesus und Jesu eigener jüdischer Lebensweg dorthin bleiben.

Tatsache ist, daß Jünger Jesu zu sein ein wesentliches Element seiner Botschaft ist. „Kirche", wie sich ihre Gestalt geschichtlich später auch darstellen wird, bedeutet daher wesentlich eine „sequela Jesu": in den Fußstapfen Jesu aus vielen eine Gemeinschaft bilden, die sowohl vom Reich Gottes als auch von dem eigenen Lebensweg Jesu dorthin zeugt. So steht der historische Jesus am Ursprung der historischen Kirche –

was nicht heißt, daß die Gestalten der Kirche, wie sie sich im Verlauf der Geschichte konkret strukturiert und entwickelt hat, auf Jesus zurückgehen, noch daß die Kirche in ihrem tatsächlichen geschichtlich-kontingenten Wachstum eine so und nur so von Gott gewollte *notwendige* Entwicklung durchgemacht hat, noch daß sie als Kirche unvermeidlich neben Israel oder die Synagoge treten mußte. Wenn Christen das trotzdem meinen, bezeichne ich es als geschichtlich ungereimt; es dürfte von ideologischem Fundamentalismus zeugen.

Wenn dieser Glaube an Jesu Botschaft und diese gemeinsame Nachfolge Jesu tatsächlich von Jesus beabsichtigt waren – und das läßt sich geschichtlich kaum leugnen –, dann impliziert dies, anthropologisch und soziologisch, daß beim Fortgang unserer Profangeschichte der christliche Glaube und die Nachfolge Jesu, gerade um christlicher Glaube und christliche Gemeinschaft sein und bleiben zu können, institutionelle Aspekte bekommen werden und in Wirklichkeit bekommen haben. Der kommunielle und der institutionelle Aspekt lassen sich in der Kirche nicht voneinander trennen, wie auch Ekklesiologie und Soziologie im Zusammenhang mit dem konkreten Phänomen Kirche nicht voneinander zu trennen sind. Ob Jesus direkt oder indirekt eine Kirche oder gar eine neue Weltreligion gestiftet hat, ist daher in diesem Gedankengang eine falsche Frage. Was gilt, ist folgendes: Aufgrund dessen, was Jesus war, sagte und tat, kann und muß man das historische Phänomen, das sich Kirche Christi nennt, ohne weiteres als eine göttliche Stiftung Jesu für die Menschheit bezeichnen.

Nochmals: Wenn nach Jesu Tod unsere menschliche Zeit Fortgang findet, erwächst die Notwendigkeit der kirchlichen Verkündigung unmittelbar aus der universalen und definitiven Bedeutung der Botschaft und des Lebenswegs Jesu. Innerhalb unseres geschichtlichen Verständnis- und Erfahrungshorizonts einer nach Jesu Tod weitergehenden Geschichte ruft der biblische *eschatologische* Sinn der Geschichte und des Lebenswegs Jesu von Nazaret eine neue, „kirchliche" Geschichte der christlichen Verkündigung ins Leben, mit den Implikationen eines Auftrags der Kirche (der Amtsträger und der gläubigen Gemeinde), die Glaubensgemeinschaft in dem verkündeten Glauben zu bewahren, für jedes Glied der Glaubensgemeinschaft Sorge zu tragen, das gemeinsame christliche Leben sowohl im liturgischen Kult und im Kirchenaufbau als auch in der aktiv-befreienden und zum Guten produktiven Anwesenheit bei den Menschen in der Welt zu leiten.

Die christliche Urgemeinde, die „ekklèsia" oder Gemeinde Gottes, verstand sich von Anfang an als das endzeitliche Gottesvolk, in dem ganz Israel im Glauben an Jesus Christus und dessen evangelische Botschaft versammelt wird. Damit ist also nicht gesagt, daß die Kirche als endzeitliches Gottesvolk per se eine von Israel getrennte, besondere Religion werden mußte. Doch läßt sich anderseits nicht leugnen, daß die Erscheinung Jesu Israel vor eine Entscheidung gestellt hat: „Selig ist, wer an mir keinen Anstoß nimmt" (Lk 7, 23). „Dieser ist dazu bestimmt, daß in Israel viele durch ihn zu Fall kommen und viele aufgerichtet werden, und er wird ein Zeichen sein, dem widersprochen wird" (Lk 2, 34). Die Entstehung der Kirche war ein sehr komplizierter Vorgang, jedoch so, daß dieser vom Gläubigen als das Werk Gottes, der sich in Jesus durch den Geist sein eschatologisches Volk erwirbt, angesehen werden darf. Die Kirche *ist* nicht das Reich Gottes, doch zeugt sie symbolisch von diesem Reich durch ihr Wort und Sakrament, und sie greift in ihrer Praxis effektiv diesem Reich vor, sie antizipiert es: indem sie hier und jetzt in neuen Situationen (anders als zur Zeit Jesu) tut, was Jesus für die Menschen zu seiner Zeit getan hat: den Menschen aufschließen für das Kommen des Reiches Gottes, Kommunikation unter den Menschen stiften, sich um arme und an den Rand gedrängte Menschen kümmern, Gemeinschaftsbande unter den Hausgenossen des Glaubens schaffen und solidarisch allen Menschen dienen.

D. Vergangenheit: Die lebendige Erinnerung an Jesus (kirchliche Überlieferung) und die Gegenwart des Heiligen Geistes

Was Jesus – allein durch das, was er war, tat und gesagt hatte, bloß durch sein Auftreten als dieser bestimmte Mensch – uns hinterlassen hat, war eine *Bewegung,* eine lebendige Gemeinschaft von Gläubigen, die zu dem Bewußtsein gelangte, das neue Volk Gottes zu sein: die eschatologische „Sammlung" Gottes. Nicht ein heiliger Rest, sondern Erstlinge der Sammlung von ganz Israel und letztlich der ganzen Menschheit. Mit anderen Worten: eine eschatologische Befreiungsbewegung mit dem Ziel, alle Menschen zu sammeln und zur Einheit, zum Frieden zu bringen: zum Frieden untereinander, miteinander und mit allen Völkern und mit der Natur. Und dies alles aufgrund der Einheit mit dem lebendigen Gott.

Die Erfahrung von Gottes Sorge für die Menschen, die vor dem Hintergrund der Glaubensgeschichte Israels aus der Botschaft und dem Lebensweg Jesu von Nazaret offenkundig geworden war, war der Ursprung der ersten Welle der Jesusbewegung, die insbesondere von hebräisch-aramäisch-sprechenden und Christen gewordenen Juden getragen wurde. Ein Echo davon finden wir vor allem in der ältesten Schrift des Zweiten Testaments: 1 Thess 1, 9–10 (siehe auch: Apg 14, 15;

17, 22–31 und Hebr 6, 1–2). Der erste Abschnitt darin ist ein vor-paulinisches Kerygma an die Heiden, das zurückgeht auf das jüdische Modell einer Missionspredigt oder eines Unterrichts für Heiden, die der Synagoge beitreten wollen: Durch das Bekenntnis der Einmaligkeit Gottes schwören Heiden ihrem Polytheismus ab und werden auf das Judentum aufgepfropft.

In dem frühjüdischen Modell ist ein dreigliedriges Glaubenscredo für Proselyten zu erkennen: a) Glaube an den einen Gott, den Schöpfer; b) Glaube an das Gericht über nicht-bußfertige Menschen; c) eschatologische Hoffnung für diejenigen, die sich bekehren. Schöpfung, Gericht, Heil. Die ersten Christen fügen dem dann das Spezifisch-Christliche hinzu, indem sie den vorgegebenen Text ändern: „Um vom Himmel her seinen Sohn zu erwarten ... Jesus, der uns dem kommenden Gericht Gottes entreißt." Das war wohl eines der ältesten christlichen Glaubensbekenntnisse. Aber im Neuen Testament kamen in Wirklichkeit vor allem Wortführer aus jenen Segmenten der alten christlichen Jesus-Bewegung zur Sprache, die von griechischsprechenden Diaspora-Juden getragen wurden, die Christen geworden waren. In ihren Kreisen wurde diese jüdische, von Christen getragene Bewegung grundsätzlich zu einer universalen Missionskirche: einer Kirche aus „Juden und Heiden".

Für diese Christen der zweiten und dritten Generation war nicht direkt die Erfahrung des historischen Jesus (dem sie nie begegnet waren) die unmittelbare Grundlage ihres Glaubens, ihres Kirchenaufbaus und ihrer Sendung, sondern ihre Geisttaufe: ihre Taufe im Namen Jesu, nachdem sie die ihnen kirchlich verkündete Botschaft Jesu gehört und angenommen hatten. Der Gott dieser Christen war und ist vor allem der Gott, der Jesus bei seinem Tod nicht im Stich gelassen, sondern ihn gerade zum „lebendigmachenden Geist" gemacht hat (1 Kor 15, 45). Christen, die in ihm getauft wurden, werden selbst denn auch *pneumatikoi* genannt.

Die Struktur dieser Gemeinde-Erfahrung – das Selbstverständnis dieser Glaubensgemeinschaft – ist neutestamentlich transparent: Das kraft des Pneumas oder Heiligen Geistes vorhandene neue Leben der Gemeinde bringt diese Glaubensgemeinschaft in Zusammenhang mit dem Lebenswerk und dem Tod Jesu von Nazaret. *Pneuma* und *Anamnese:* lebendige Erinnerung an die durch die Kirche überlieferte Geschichte wie auch das überlieferte Verhalten und der Lebensweg Jesu von Nazaret und die handelnde Gegenwart des Geistes Christi in dieser kirchlichen Glaubensgemeinschaft bilden die beiden Seiten ein und derselben Medaille. Auf unterschiedliche Weise wird dies im Neuen Testament thematisiert; die Urform lautet: „Keiner kann sagen: ‚Jesus ist der Herr!', wenn er nicht aus dem Heiligen Geist redet" (1 Kor 12, 3). Glaube an den

Herrn, an den auferstandenen Jesus – Entstehung und Bestand der „Kirche" – ist der Empfang des Geistes. „In Christus sein" und „im Geist leben", individuell und kollektiv, sind im Neuen Testament mit sehr feinen Nuancen gleichbedeutend.

E. „Communio" und Institution

Kirche als „communio" steht nicht der Kirche als „Institution" gegenüber; beide rufen einander hervor und haben einander nötig. Aber die kommunielle und institutionelle Kirche – die in die konkrete Wirklichkeit eingebettete Kirche – steht einer bürokratischen und zentralistischen Administration der institutionellen Dimension gegenüber, wenn darin engstirnige Kirchenpolitik, unevangelische Kriterien, Willkür und Kränkung von Menschen erfolgen. In ihrer empirischen Erscheinungsform ist und bleibt die „Kirche Gottes und Jesu Christi" in der Tat ein historisch-mehrdeutiges Phänomen; das gehört zum historischen Statut der Kirche als einem Werk gläubiger Menschen. Immer, wenn die Kirche auf das Reich Gottes hinweist, wird sie in ihren eigenen Reihen auch stets auf den mit diesem biblischen Schlüsselbegriff verbundenen Begriff „Metanoia" oder Lebenserneuerung hinweisen müssen, die nie vollendet ist. Ohne diese immer wieder neu aufzunehmende Lebenserneuerung wird die Kirche aus einer ursprünglichen Befreiungsbewegung zu einem Machtinstitut, das Menschen unterdrückt, herabsetzt und leiden macht. Deshalb steht die Kirche selbst, in Haupt und Gliedern, ständig unter der evangelischen Kritik des Reiches Gottes als eines Reiches der Freiheit: der Nicht-Macht und wehrloser Verwundbarkeit.

Trotz und in ihrem Stehen unter dem evangelischen Aufruf der nie vollendeten Bekehrung : „Ecclesia semper purificanda"[27] – ist die empirische Kirche, die christliche Weltreligion, die echte Frucht der Botschaft und des Lebenswegs Jesu. Sie gehört wesentlich zu der „Wirkungsgeschichte" des historischen Phänomens Jesus von Nazaret. Und doch bedeutet das nicht, daß man im Leben Jesu sozusagen einen punktuellen Akt oder eine solche Situation aufweisen kann, durch den oder in dem er formell seine Kirche „stiftet". Das ist auch nicht notwendig. So gestellt, ist die formelle Frage, ob der irdische Jesus die Kirche gestiftet hat, eine falsche Frage.

Der biblischen Ermahnung zufolge „beginnt das Gericht Gottes beim Haus Gottes" (1 Petr 4, 17–18), und dieses Haus ist die Kirche als eschatologisches Volk Gottes. Die göttliche Verheißung, die auf der Kirche ruht: „Die Mächte der Unterwelt werden sie nicht überwältigen" (Mt 16, 18) und positiver: „Ich bin bei euch alle Tage bis zum Ende der Welt" (Mt 28, 20 b), bedeutet, daß wir als Christen hoffen dürfen, daß der Inhalt der frohen Botschaft, die Evangelium heißt, so kraftvoll, überraschend und definitiv ist, daß es immer genügend Menschen, Männer und Frauen, geben wird, die sich in der kirchlichen Bewegung um das Evangelium scharen und die Fackel des christlichen Glaubens weiterreichen und darin Kirche aufbauen wollen. Es bedeutet keineswegs automatische Garantie von Heil und Wahrheit.

II.
Gute und falsche Fragen im Zusammenhang mit der Einzigartigkeit der christlichen Kirche

In der Geschichte des Christentums wurde bis vor kurzem allgemein angenommen, daß das Christentum der Träger absoluter Wahrheit sei. In Wirklichkeit haben sich die christlichen Kirchen im Lauf der Zeit auch so verhalten. Ein richtiger Anspruch auf befreiende Universalität wurde imperialistisch zu einem kirchlichen Absolutheitsanspruch verdreht.

Dem stehen harte geschichtliche Tatsachen gegenüber. Die Geschichte der Menschheit zeigt uns eine Sammlung unterschiedlicher Lebenswege, ein vielfarbiges Angebot an „Heilswegen": Judentum, Christentum und Islam; Hinduismus und Buddhismus; Taoismus, Konfuzianismus und Shintoismus; Animismus, afrikanische und indianische Wege zu Heil und Segen. Wir bezeichnen sie alle als „Religionen", das heißt, wir sind davon überzeugt, daß es zwischen all diesen unterschiedlichen Phänomenen eine wesentliche Übereinstimmung gibt. Deshalb werden sie mit *einem* Begriff bezeichnet: Religion.

Auch „Nostra Aetate" (Nr. 1), eine Erklärung des Zweiten Vatikanischen Konzils, sagt, daß „die Menschen von den verschiedenen Religionen Antwort auf die ungelösten Rätsel des menschlichen Daseins erwarten, die heute wie von je die Herzen der Menschen im tiefsten bewegen". Mit anderen Worten: Durch das Angebot einer Heilsbotschaft und das Aufzeigen eines Heilswegs antworten die Religionen auf eine fundamentale Lebensfrage der Menschen. In der gleichen Tonart (aber dann funktionalistisch, was nicht dem eigenen Wesen der Religion als Gratuität entspricht) sprechen moderne Soziologen (zum Beispiel H. Lübbe) zwar sehr allgemein, aber mit Recht von Religionen als von „Systemen der Letztorientierung" oder „Systemen der Kontingenzbewältigung"[28]; allumfassende Sinngebungssysteme oder Systeme, die uns helfen, geistig, emotional und vor allem existentiell mit unserem verwundbaren, unbeständigen Dasein in einer ambivalenten Gesellschaft ins reine zu kommen.

Doch bestehen darüber unter Kulturforschern und Religionsphilosophen Mißverständnisse – auf der zweifachen Linie einer entweder essentialistischen oder nominalistischen Annäherung mit Hilfe „allgemeiner Bezeichnungen" („universalia") dessen, was man „Religion" nennt. Mit einem Ausdruck von Wittgenstein können wir daher meines Erachtens besser sagen, daß es zwischen den vielen Religionen „Familienähnlichkeiten" gibt. Dann ist eigentlich keine Rede von einem oder mehreren „gemeinsamen Kennzeichen" noch von „Idealtypen". Nun, Phänomene, die Ähnlichkeiten zeigen und aufgrund dessen mit ein und demselben Ausdruck bezeichnet werden (zum Beispiel „Religion"), sind (wie die Mitglieder einer bestimmten Familie, würde Wittgenstein sagen) alle einmalig in ihrer spezifischen Kombination oder Figuration von Kennzeichen. Aber aufgrund von „Familienähnlichkeiten" können sie, trotz ihrer Einzigartigkeit, doch miteinander verglichen werden (auch die Semiotik denkt in der gleichen Richtung).

Als soziokulturelles Phänomen und als Sinngebungssystem ist auch das Christentum eine Religion neben anderen Religionen: eine von vielen. Christen aber finden für sich selbst allein Rettung in Jesus, den sie als den Christus bekennen. Daher stellten sie (aufgrund eigener Weltanschauung und Lebenshaltung) im Verlauf ihrer Geschichte die Frage, wie „Heiden", Nicht-Christen, denn ihr Heil bewirken können, war doch ihre Kenntnis der Einzigartigkeit Jesu nicht nur Ausdruck einer subjektiven Überzeugung. Dem christlichen Bekenntnis zufolge bezieht sich diese Anschauung auf etwas Wirkliches. Mit anderen Worten: *Sie ist wahr* (wenn auch gerade das eine Glaubensaussage und nicht eine wissenschaftlich aufweisbare und zu verifizierende Wahrheit ist; man kann sie also Nicht-Christen gegenüber nie als Waffe gebrauchen).

Aus dieser Glaubensüberzeugung, in der Wahrheit zu sein, mußten, früher oder später, die Christen die Frage nach der Heilsmöglichkeit von Nicht-Christen stellen. Indirekt geschah dies schon vom Beginn des Christentums an: Schon das Zweite (oder Neue) Testament sagt, daß Gott das Heil „aller" Menschen will (1 Tim 2, 4); und dann will er das auch auf wirksame Weise, die der Situation der Menschen angepaßt ist (auch wenn sie Christus nicht kennen). In einer Predigt des Petrus sagt Lukas es noch deutlicher: „Wahrhaftig, jetzt begreife ich, daß Gott nicht auf die Person sieht, sondern daß ihm in jedem Volk willkommen ist, wer ihn fürchtet und tut, was recht ist (Apg 10,34–35).

Die eigentliche Thematisierung dieses Problems, wie Menschen „selig werden können", wenn sie Christus nie kennengelernt haben, begann vor allem in der Neuzeit und wurde erst in unseren Tagen zu einem grundlegenden, zentralen, ja schier unlösbar scheinenden theologischen Problem[29]. Das Christentum ließ damit nicht seinen Universalitätsanspruch – die Botschaft Jesu von universaler Befreiung –, aber seinen exklusivistischen und inklusivistischen Absolutheitsanspruch fallen.

In großen Zügen war das gegenüber der vorausgegangenen jahrhundertelangen Tradition ein eindeutig neuer Weg. Doch war es kein Bruch, weil sowohl das Erste als auch das Zweite Testament und die kirchlichen Traditionen (wenn auch nie klar oder herzhaft ausgesprochen) in den anderen Religionen ebenfalls gute Dinge anerkannten.

In jüngster Zeit ging Karl Rahner noch weiter. Er erkannte nicht nur die individuelle Heilsmöglichkeit der Anhänger anderer Religionen an, sondern sprach diesen Religionen als solchen auch Heilswert zu; auch sie sind „Heilswege" zu Gott[30]. Jean Daniélou und Henri de Lubac äußerten sich in der gleichen Richtung. Doch die schon offenen Aussagen des Zweiten Vatikanischen Konzils in „Lumen Gentium", „Nostra Aetate" und „Ad Gentes" (Texte, denen die Werke von Rahner und Ratzinger, von Daniélou und de Lubac übrigens nicht fremd waren) gingen, zumindest wörtlich, nicht so weit. Implizit scheint auch Hans Waldenfels diese neuzeitliche (von Rahner beeinflußte) These etwas zu weit zu gehen, wenn er schreibt, daß, wenn auch Nicht-Christen doch ihr Heil finden, „dies dann nicht ‚trotz', sondern jedenfalls ‚in' ihrer Religion geschieht. Die Formel: ‚durch' ihre Religion werden Christen eher vermeiden"[31], fügt er ausdrücklich hinzu. Ich selber verstehe diese Zurückhaltung gegenüber einer Religion als Gesellschaftssystem nicht so recht; offensichtlich befürchtet man, daß dadurch ein Kern von Wahrheit im alten Absolutheitsanspruch des „imperialistischen" Christentums angetastet wird.

Doch wird man Max Seckler beipflichten müssen, daß der Heilswert aller Religionen nicht einfach abstrakt und global poniert werden kann[32]. Einzeln wird man sich jede Religion ganz konkret, was ihre eigenen Werte und das darin implizierte Menschen- und Weltbild betrifft, ansehen müssen. Über letzteres hat jedermann ein Mitspracherecht: Wie will und sieht man sein eigenes Menschsein? Wenn auch (unvermeidlich) sehr schematisch, sucht das Zweite Vatikanum doch den Eigenwert des Judentums und des Hinduismus, des Buddhismus und des Islams zum Ausdruck zu bringen, und schließlich spricht dieses Konzil in der Kirchenkonstitution „Lumen Gentium" (c.16) außerdem von der Heilsmöglichkeit auch von Agnostikern und Atheisten. Damit befinden wir uns schon nahe bei der These, die ich im ersten Kapitel verteidigt habe: „Außer der Welt kein Heil"; in der Weltgeschichte vollzieht Gott durch Vermittlung von Menschen *Heil* und vollziehen Menschen auch Unheil. Um diesen Streit geht es.

In den letzten Jahren gehen manche Theologen noch weiter als Rahner. So dreht Heinz-Robert Schlette die früher gebrauchten Kategorien

um: Für ihn ist nicht das Christentum der „normale" oder „gewöhnliche
Heilsweg" zu Gott; das sind die anderen Religionen. Das Christentum
ist der „besondere" oder „außergewöhnliche" Weg zu Gott[33]. Weltstati-
stiken könnten dies sogar bestätigen. Es gibt (nach Untersuchungen aus
dem Jahr 1982) in der Welt 1,4 Milliarden (offizieller) Christen (das ist
ein Drittel der Weltbevölkerung), 723 Millionen Moslems, 583 Millionen Hindus und 274 Millionen Buddhisten[34]. Die Zahl der nichtchristlichen Gläubigen übertrifft die Zahl der Christen; dabei leben fast zwei
Drittel aller Christen außerhalb der westlichen Welt. Wenn auch Statisti-
ken nicht entscheidend sind, mahnen sie Christen doch zu Bescheiden-
heit: Es gibt mehr Anders-Gläubige als Christen in der Welt. Und diese
anderen sind nicht dumm oder stockblind!

Doch damit bezüglich des Selbstverständnisses moderner Christen
noch nicht genug. Kürzlich ging der Katholik P. Knitter noch einen
Schritt weiter als Schlette: Er leugnet jede Form des Universalitätsan-
spruchs des Christentums, ohne jedoch einem religiösen Indifferentismus zu verfallen[35]. Unter Christen herrscht in unserer Zeit tatsächlich
eine bestimmte, neue Form von „Indifferentismus": Alle Religionen sind
gleich. *Das sind sie natürlich nicht,* denn schon ihre Auffassungen vom
Menschen sind ziemlich verschieden, und eine Religion, die zum Beispiel den ältesten Sohn Gott zum Opfer bringt, ist sicher nicht einer Religion gleichwertig, die das ausdrücklich verbietet. Hier gelten auch
Humanitätskriterien!

Zwar ist die eigene Religion in jeden Vergleich von Religionen miteinander einbezogen, doch kann man der Wahrheitsfrage letztlich nicht
ausweichen. Diese Wahrheitsfrage stellt sich in Wirklichkeit jedoch innerhalb eines „hermeneutischen Zirkels" und läßt sich auf endgültige
Weise erst eschatologisch beantworten. Das Problem ist also, ob hier
nicht inzwischen viele offene Fragen vorliegen, die sich spekulativ nicht
lösen lassen, und außerdem, ob man auch die richtigen Fragen stellt und
nicht falsche (die sich nie lösen lassen). Zudem braucht das Ergebnis der
Wahrheitsfrage in bezug auf die eigene Religion für andere Religionen
keineswegs unbedingt diskriminierend zu sein. Keine einzige Religion
schöpft die Wahrheitsfrage aus. Deshalb müssen wir „in religiosis" sowohl Absolutismus als auch Relativismus hinter uns lassen.

Unsere Zeit hat sich in vielen Punkten von dem spezifisch-modernen
Wahrheits- und Universalitätsanspruch seit der Aufklärung „befreit".
Logisch und praktisch hat Vielheit heute Priorität vor der Einheit. Das
alte und neuplatonische griechische Einheitsideal ist für moderne oder
postmoderne Menschen keineswegs noch eine Norm. Der auf alle Menschen Anspruch erhebende Monotheismus des Judentums, des Christentums und des Islams wird von vielen (oder manchen) als etwas

Totalitäres empfunden[36]. Manche sehen darin eine der Ursachen für den Wechsel vieler westlichen Menschen zu asiatischen Religionen. Der Ausspruch: „Alle Religionen sind gleichwertig" läßt sich aus diesem postmodernen Zeitgeist also verstehen, wenn er auch banal und gründlich falsch ist.

Die Frage ist aber, ob der Monotheismus mit seinem Universalitätsanspruch nicht auch eine Kritik an diesem Zeitgeist und eine Herausforderung sein kann. Der Zeitgeist ist ebensowenig an sich normativ! Der universale Heilsanspruch Jesu und die menschliche Vernunft, die sich des Leidens der Menschheit erinnert, können ebenso Kritik an dem liberalen Pluralismus unseres Zeitgeistes liefern. Es gibt auch eine banale Form von Toleranz.

Das Christentum hat die eigene Wahrheit und die Einzigartigkeit (die nicht zu leugnen sind) zwar oft als Absolutheitsanspruch ausgelegt, wodurch alle anderen Religionen für minderwertig gehalten wurden, während man das Gute, das in ihnen zu finden ist, schon als auf eminente Weise im Christentum selbst vorhanden ansah. Man entdeckte dann „christliche Werte" in den anderen Religionen, beraubte sie aber ipso facto ihrer eigenen Identität. Die Folge dieses religiösen und kulturellen „Imperialismus" war, daß die moderne Geschichte des Kolonialismus und der Mission zu einem großen Teil auch eine Zeit der Unterdrückung fremder Kulturen und Religionen gewesen ist, nicht nur in der Missionierung im 16. Jahrhundert, sondern auch seit und während der Aufklärung[37].

Doch verschlossen sich Asien und praktisch alle Länder, in denen der Islam herrscht, dem Christentum; diese universalen Religionen entdeckten auch ihren eigenen Anspruch auf Einzigartigkeit[38]. Deshalb wurde in der westlichen Öffentlichkeit das Christentum immer mehr als eine Religion unter vielen angesehen und außerdem, geschichtlich, als eine Religion, unter der viele nichtchristlichen Kulturen und andere Religionen schwer gelitten haben. Dieser Klimawandel im westlichen Denken war von selbst mit einer Privatisierung des Christentums als Religion verbunden: Im eigenen Herzen konnte man das Christentum getrost als die eine wahre Religion anerkennen, wenn dies nur keine Konsequenzen für andere und für die bürgerliche Öffentlichkeit hatte.

Wir werden also, in Anbetracht dieser Geschichte, in einer bestimmten Richtung suchen müssen, wobei in Zusammenhang mit dem, was „Religion" heißt, sowohl Absolutismus als auch Relativismus vermieden werden. Die Frage nach der Wahrheit des Christentums stellen ist, wie man früher oft glaubte, keineswegs gleichzusetzen mit der Frage nach der Überlegenheit des Christentums. Es geht um die Frage nach der christlichen Identität, die die religiöse Identität anderer achtungsvoll anerkennt, die sich von anderen Religionen herausfordern läßt und die aufgrund der eigenen Botschaft auch andere Religionen herausfordert. Kurzum: Wir werden mit anderen Fragen konfrontiert als denen, die man früher gestellt hat, mit mehr produktiven und für alle Parteien fruchtbaren Fragen.

Wir stellen jetzt also andere Fragen, wenn es auch für den christlichen Gläubigen weiterhin gilt, daß er „allein im Namen Jesu von Nazaret" Heil findet. Und in dieser christlichen Perspektive stellen sich dann Fragen, ob und wie man zum Beispiel als Hindu Christ sein kann, mit anderen Worten, ob es eine Hindu-Version des Christentums geben kann. Das ist keine Frage spekulativer Annäherung an andere Religionen, sondern die Frage eines vielleicht jahrhundertelangen Versuchs, zu einer „gemeinsamen Erfahrung" zu kommen. Denn nur eine gemeinsame Erfahrung kann zu einer gleichlautenden hermeneutischen Auslegung führen. Diese gemeinsame Erfahrung gibt es gegenwärtig noch lange nicht. Deshalb stehen wir meines Erachtens vor der Frage, ob der Pluralismus der Religionen ein *faktisches* oder ein *prinzipielles* Phänomen ist. Die Folgen der Antwort darauf sind ziemlich wichtig für die eigene Auffassung von der Ökumene der Weltreligionen und letztlich vom Weltfrieden, der durch die Intoleranz von Religionen und somit aufgrund ihres manchmal beanspruchten exklusiven oder inklusiven Absolutheitsanspruchs im Lauf der Zeit und auch in unseren Tagen in vielen Ländern durch verschiedene Religionskriege auf eine harte Probe gestellt wird.

In diesem Buch behandele ich nicht das, was man seit einigen Jahren eine „Theologie der Religionen" nennt (wenn meine Darlegungen auch zu einem Teil mit einer solchen Theologie der Religionen zusammenfallen). Mir ist es hier unmittelbar allein um die Identität und somit richtige Selbstbestimmung des Christentums zu tun, wodurch diese Religion sich auch korrekt gegenüber anderen Religionen zu situieren versteht: einerseits ohne Absolutismus oder Relativismus, andererseits ohne Diskriminierung oder Überlegenheitsgefühl.

III.
UNIVERSALITÄT UND HISTORISCHE KONTINGENZ DES LEBENSWEGS JESU

Im Gegensatz zu dem früheren, mit durch den herrschenden Zeitgeist bestimmten Absolutheitsanspruch des Christentums liegt meines Erachtens die positive Annahme der Verschiedenheit der Religionen im Wesen des Christentums beschlossen[39]. Das Problem ist nicht mehr so, wie es auf der Ebene des früheren Problembewußtseins gestellt war: Ist das Christentum die eine, wahre Religion, oder ist es (in einer milderen Fassung) eine bessere Religion als alle anderen? Denn bei diesen Vergleichen wurde der Begriff „Religion" vom Vergleichenden (aus welcher Religion auch immer) aus der eigenen Religion genommen; von den Christen also vom Christentum. Das Problem ist vielmehr: *Wie kann das Christentum seine eigene Identität und Einzigartigkeit aufrechterhalten und zugleich der Verschiedenheit der Religionen in einem nicht-diskriminierenden Sinn einen positiven Wert zuerkennen?* So gefragt, ist nicht das Gemeinsame in vielen Religionen, sondern gerade ihre Verschiedenheit voneinander, die ihre Einzigartigkeit und Eigentümlichkeit bildet, für das Christentum relevant. Wenn dies zutrifft, muß man im Christentum selbst ein Fundament für dieses christlich-neue, offene und nicht-übertragbare Verhältnis zu anderen Weltreligionen aufzeigen können.

Dieses Fundament liegt meines Erachtens in der Botschaft und Praxis Jesu vom Reich Gottes, mit allen sich daraus ergebenden Konsequenzen. Denn das Christentum ist in seiner Eigenart und Einzigartigkeit als Religion wesentlich an eine unüberwindliche „historische Partikularität" und somit an Regionalität und Begrenztheit gebunden. Deshalb ist (wie alle Religionen) auch das Christentum begrenzt: begrenzt in Ausdrucksweise, auch in Anschauung und konkreter Praxis. Christen haben es manchmal schwer, dieser Wirklichkeit nüchtern zu begegnen. Doch gehört diese Begrenztheit zum Wesen des Christentums (sogar ausgesprochen vor allem dann, wenn Christen in ihrer Theologie das „Inkarnationsmodell" verwenden – was in dieser Tradition doch als dominantes Paradigma gilt).

Das Besondere, Eigentümliche und Einmalige des Christentums ist, daß es gerade in dieser historischen und damit begrenzten Partikularität Jesu von Nazaret – den Christen als die persönlich-menschliche Manifestation Gottes bekennen – das Leben und Wesen Gottes findet. Darin bekennen sie, daß Jesus zwar eine *„einzigartige"*, aber doch „kontingente", das heißt geschichtliche und somit begrenzte, Erscheinungsform der Gabe des Heils-von-Gott für alle Menschen ist. Wer diese Tatsache des konkreten individuellen Menschseins Jesu, gerade in seiner geographisch bestimmten und soziokulturell erkennbaren und darin begrenzten „Mensch"-Eigenschaft, übersieht, macht aus dem Menschen Jesus eine „notwendige" göttliche Emanation, wodurch in der Tat alle anderen Religionen im Nichts verschwinden, was offensichtlich in wesentlichem Widerspruch zu dem tiefsten Sinn aller christologischen Konzilien und Bekenntnisse und letztlich zum Wesen Gottes selbst als absoluter Freiheit steht. Die Menschheit Jesu wird in dieser Auffassung zu einer (doketistischen) Scheinmenschheit entwertet, während man damit anderseits die Identität aller nichtchristlichen Religionen bagatellisiert. Gleichwohl haben im Lauf der Zeiten Christen gerade die geschichtliche und somit begrenzte Eigenart des Christentums einfach verabsolutiert. Das hat das historische Elend des empirischen Christentums eingeleitet, entgegen der ursprünglichen evangelischen Echtheit.

Doch bedeutet die Offenbarung Gottes in Jesus, wie sie uns das christliche Evangelium verkündet, keineswegs, daß Gott eine geschichtliche Partikularität (und sei es die Jesu von Nazaret) verabsolutiert. Aus dieser Gottesoffenbarung in Jesus lernen wir, daß keine einzige geschichtliche Singularität absolut genannt werden kann und daß deshalb, durch die in Jesus vorhandene Relativität, jeder Mensch Gott auch außerhalb Jesu begegnen kann, nämlich in unserer weltlichen Geschichte und in den darin entstandenen vielen Religionen. Auch der auferstandene Jesus von Nazaret *weist* über sich selbst hinaus weiter *auf Gott hin*. Man könnte sagen: Gott weist über Jesus Christus im Geist auf sich selbst als Schöpfer und Erlöser hin: als auf einen Gott der Menschen, *aller* Menschen. Gott ist absolut, aber keine einzige Religion ist absolut.

Die Singularität Jesu, durch welche der Ursprung, die Eigenart und die Einzigartigkeit des Christentums bestimmt werden, impliziert also, daß man die Unterschiede zwischen den einzelnen Religionen bestehen läßt, und nicht darin, daß man diese aufhebt. Die Manifestation Gottes in Jesus schließt die „Religionsgeschichte" nicht ab, wie unter anderem aus der Entstehung des Islams als nachchristlicher Weltreligion hervorgeht. Und niemand, auch nicht der Islam, kann leugnen, daß auch nach ihm noch andere Weltreligionen entstehen können und entstehen werden. Trotz aller kritischen Fragen hierzu können bestimmte heutige neureligiöse Bewegungen diese Hypothese stützen.

Es gibt – die Tatsache ist unverkennbar – zwischen allen Religionen sowohl Konvergenzen als auch Divergenzen. Unterschiede dürfen aber nicht per se als Abweichungen beurteilt werden, die ökumenisch beseitigt werden müßten; sie müssen als positiv angesehen werden. (Von wem und kraft welcher Kriterien könnte man übrigens Divergenzen beurteilen?) Gott ist aber zu reich und zu über-bestimmt, als daß er *in seiner Fülle* von einer bestimmten und somit begrenzten religiösen Erfahrungstradition ausgeschöpft werden könnte. Gewiß, nach christlicher Anschauung „wohnt die Fülle Gottes leibhaftig in Jesus". Neutestamentliche Texte zeugen davon für Christen (Kol 2,9; siehe Kol 1,15; Hebr 1,3; 2 Kor 4,4). Aber diese „Leibhaftigkeit" – oder „dieses Wohnen (von Gottes Fülle) in Jesu *Menschheit*" – kennzeichnet gerade die *kontingente* und begrenzte Form des Erscheinens Jesu in unserer Geschichte. (Sonst würde man dem von allen christlichen Kirchen verurteilten Doketismus huldigen, das heißt, daß das Göttliche nur in Scheinmenschheit in Jesus erschienen sei.)

Infolge von alldem können, dürfen und müssen wir sagen, daß mehr (religiöse) Wahrheit *in allen Religionen zusammen* vorhanden ist, als in einer einzelnen Religion, was auch für das Christentum gilt. Es gibt deshalb „wahre", „gute" und „schöne" – überraschende – Aspekte in den (in der Menschheit vorhandenen) vielfachen Formen des Einvernehmens mit Gott, Formen, die in der spezifischen Erfahrung des Christentums keinen Platz gefunden haben und finden. Es sind Unterschiede in dem Erlebnis des Verhältnisses zu Gott, Unterschiede, die sich bei allen inhärenten Ähnlichkeiten nicht beseitigen lassen. Es gibt unterschiedliche authentisch-religiöse Erfahrungen, die das Christentum, gerade wegen seiner geschichtlichen Eigenart, nie thematisiert oder praktiziert hat und, *vielleicht* (ich sage das vorsichtig, aber doch selbstsicher), wegen der spezifisch eigenen Akzente, die Jesus gesetzt hat, auch nicht thematisieren kann, *ohne diese eigenen Akzente ihrer jesuanischen Schärfe und letztlich ihrer spezifischen Christlichkeit zu berauben.*

Aus alldem lerne ich, daß (auch im christlichen Selbstverständnis) die Vielzahl der Religionen nicht ein unbedingt zu beseitigendes Übel ist, sondern vielmehr ein von allen zu begrüßender befruchtender Reichtum. Damit ist keineswegs geleugnet, daß die historisch prinzipiell nicht aufzuhebende Pluralität der Religionen innerlich genährt und getragen wird *von einer innerhalb unserer Geschichte ausdrücklich nicht mehr thematisierbaren und nicht-praktizierbaren Einheit:* eben der Einheit des (von Christen bekannten trinitarischen) Gottes, sofern diese transzendente Einheit in den immanenten *Familienähnlichkeiten* zwischen diesen Religionen widergespiegelt wird und uns gestattet, all diesen unterschiedlichen religiösen Phänomenen eben den Einheitsnamen „Religion" zu geben [40].

Die Eigenart, die Identität und die Einzigartigkeit des Christentums gegenüber diesen anderen Religionen liegen dann darin, daß das Christentum eine Religion ist, die das Verhältnis zu Gott an eine geschichtliche und damit sehr situierte und darin beschränkte Singularität koppelt: an *Jesus von Nazaret.* Das ist die Einzigartigkeit und Identität des Christentums, aber zugleich seine unvermeidliche geschichtliche Begrenzung. Dabei wird wohl deutlich, daß (aufgrund der Gleichnisse Jesu und der Praxis des Reiches Gottes) der Gott Jesu ein Symbol der Offenheit, nicht der Geschlossenheit ist. Damit ist eine positive Beziehung des Christentums zu anderen Religionen gegeben, zugleich jedoch die Einzigartigkeit des Christentums gewahrt, und ist schließlich auch der christlichen

loyalen Bejahung der Positivität der anderen Weltreligionen entsprochen.
Die Wahrheitsfrage wird damit keineswegs umgangen, aber als Wahrheit gilt dabei, daß niemand die Wahrheit gepachtet hat und daß niemand die Fülle des Reichtums Gottes für sich allein in Anspruch nehmen kann. Diese für Christen einigermaßen neue Einsicht geht aus der Tatsache hervor, daß wir jetzt auch neue Fragen stellen, die man früher noch nicht stellen konnte, und zwar geläutert durch vergangene (und wieder neue!) sinnlose Religionskriege und unfruchtbare Diskriminierung. Dabei huldigen wir nicht dem banalen modern-liberalen Prinzip, daß alle Religionen gleichwertig seien oder alle gleich relativ oder sogar gleich unwahr (wie manche Atheisten behaupten)!

Christologie ist eine Interpretation Jesu von Nazaret: In ihr wird erklärt, daß der Gott Jesu der Erlöser aller Menschen und in diesem Sinn der ausschließliche Erlöser ist. Aber was erlöst, was Befreiung und Erlösung vermittelt, ist nicht die Interpretation, sondern das Erlösungsmittel selbst. Mit Recht hat vor allem der Theologe A. Pieris aus Sri Lanka, schärfer als ich dies in meinem Buch „Jesus, die Geschichte von einem Lebenden" getan hatte, darauf hingewiesen, daß wir nicht durch die Hoheitstitel Jesu erlöst werden, sondern durch das Erlösungsmittel selbst, in welchen Sprachsystemen dieses Mittel auch erfahren und ausgedrückt wird[41]. „Jesus" erlöst uns, nicht „Christus". Hoheitstitel entstammen einer bestimmten Kultur und sind in anderen Kulturen oft unbrauchbar. Außerdem ist die Erlösung durch Jesus erst insoweit einzigartig und universal, als das, was in Jesus geschah, in seinen Jüngern fortgesetzt wird. Ohne Beziehung zu einer erlösenden und befreienden Praxis von Christen hängt die Erlösung, die damals von Christus gebracht wurde, in einer rein spekulativen, dünnen Luft. Nicht der Bekenntnisausruf: „Jesus ist der Herr" (Röm 10,9) bringt für sich selbst Erlösung, sondern „derjenige, der den Willen meines Vaters tut" (Mt 7,21). Man muß den Lebensweg Jesu auch selbst gehen; dann erhält der Lebensweg Jesu konkret eine universale Bedeutung (Mt 25,37–39; 44–46). Tatkräftige, wenn auch fragmentarische, aber wirkliche Heilung von Menschen ist denn auch der beste Beweis für Befreiung!
Die Behauptung, daß Jesus der universale Erlöser ist, schließt ein, daß Christen in unserer Geschichte die Früchte des Reiches Gottes hervorzubringen beginnen. So empfängt Christologie ihre Authentizität aus der konkreten Praxis des Reiches Gottes: Die Geschichte des Lebenswegs Jesu muß sich in seinen Jüngern fortsetzen, erst dann ist es sinnvoll, von der Einzigartigkeit und Eigenart des Christentums zu sprechen. Mit Recht spricht A. Pieris denn auch von „einer miterlösenden Funktion

des korporativen Christus"[42], der Gemeinde Gottes. Wie wir oben gesagt haben, ist dieser Lebensweg, in der Nachfolge Jesu, durch zwei wesentliche Merkmale gekennzeichnet: Er ist der Weg der Ablehnung eines jedweden Machtmessianismus, aus einer souverän-menschlichen inneren Freiheit (in diesem Widerstand gegen unterdrückende Mächte liegt der menschliche freimütige Einsatz für die armen und die unterdrückten Menschen: Solidarität der Liebe), und dieser Lebensweg schließt die „via crucis", das Kreuz, ein. Darin liegt die Einzigartigkeit Jesu. Der „Beweis" dafür ist: Durch die Jahrhunderte hindurch zeugen Christen von diesem Lebensweg, *indem sie ihn gehen,* bis zum zeugnishaften Martyrium. „In meinem irdischen Leben ergänzen, was an den Leiden Christi noch fehlt" (Kol 1, 24), wie man es antik ausdrückte. Widerstand und Hingabe. Das bringt uns zu folgender Konkretisierung.

IV.
HEUTIGE KONKRETISIERUNG DER CHRISTLICHEN
UNIVERSALITÄT ODER KATHOLIZITÄT

Universalität des christlichen Glaubens bedeutet, daß die christliche Glaubensgemeinschaft eine offene Gemeinschaft ist. Leider hat die institutionelle Kirche die Neigung gehabt, gerade ihre nichtuniversalen, geschichtlich ererbten, an eine bestimmte Kultur und Zeit gebundenen singulären Züge zu universalisieren und sie der ganzen katholischen Welt uniform aufzuerlegen: in Katechese (man denke an den „Weltkatechismus"), in Liturgie und in Kirchenordnung, auch in der Theologie und bis vor kurzem sogar in einer uniformen Sprache (dem Latein). Universalität – im Griechischen heißt das „Katholizität" – bedeutet aber, daß sich der christliche Glaube (kritisch) jedem Menschen, jedem Volk und jeder Kultur öffnet. „Universal" bedeutet: was gleichermaßen für alle gilt. Dieses Universale muß sich denn auch in allen und in jedem inkarnieren, ohne daß sich alle Potentialitäten und Virtualitäten des Universalen in diesen bestimmten Inkarnationen erschöpfen. Innerhalb des heutigen Kontextes bitterer struktureller Weltarmut erhält die universale Offenheit und universale Einladung der evangelischen Botschaft eine sozial ganz konkrete Dimension und eine gleichsam neue Ortsbestimmung. Dazu regen mich vor allem lateinamerikanische, asiatische und afrikanische Formen der Befreiungstheologie an, und seit langem ist dies auch Thema meines eigenen theologischen Forschens.
Es geht um eine „konkrete Universalität", indem die christlichen Gläubigen die Anliegen der Entrechteten dieser Welt auf sich nehmen und solidarisch sind mit dem Ruf nach Gerechtigkeit armer und stimmloser

Menschen. Die Sache der Gerechtigkeit ist eine Sache aller. Freiheit und Menschenrechte sind für alle Menschen da; und wenn das nicht der Fall ist (mit anderen Worten: Wenn es nur Rechte sind, die einige Menschen für sich selbst beanspruchen), dann gibt es keine Menschenrechte! Wenn Rechte nur für einen Teil der Menschheit gelten, würde durch diesen Teil der Menschheit das Unrecht legitimiert und die Diskriminierung sanktioniert werden. In dem Maße, in dem die Kirche Partei ergreift für die Armen und Entrechteten und solidarisch ist mit den elementaren Rechten des unmündig gemachten Nicht-Menschen (G. Gutiérrez), nimmt sie diese Universalität konkret in sich auf, denn die „katholische Universalität" ist nicht nur von Anfang an mit der Eigenart des christlichen Glaubens mitgegeben, sie ist auch ein kontextuell zu realisierender Auftrag.

In der heutigen sozialpolitisch-ökonomischen Epoche strukturellen Unrechts für die Mehrheit der Menschen *universalisiert* daher nicht allein noch vor allem die *karitative Diakonie* das christliche Evangelium unter allen Menschen (wie Mutter Teresa sie selbstlos praktiziert), sondern insbesondere die *politische Diakonie*, die nämlich die Ursachen dieses strukturellen Unrechts beheben will und darin die Universalität der Menschenrechte und der menschlichen Würde erkennt. Die aktive Präsenz der christlichen Kirchen bei armen und entrechteten Menschen, die Bereitschaft, dem Angst- und Notruf der Unterdrückten Stimme zu geben, haben daher eine universale Bedeutung: *Bedeutung für alle* – auch für Reiche und Mächtige. Gerade die Option für Arme und Verstoßene ist eine innere Konsequenz der spezifisch-christlichen universalen Menschenliebe. Denn dadurch, daß armen und unterdrückten Menschen das Reich Gottes zugesagt wird, werden zugleich (nicht so sehr die Reichen als solche, sondern) die unterdrückenden Gewalttäter verurteilt und dadurch zu Bekehrung und Rettung aufgerufen. Die Verwandlung der Welt zu höherer Menschlichkeit, zu Gerechtigkeit und Frieden gehört daher wesentlich zu der „Katholizität" oder Universalität des christlichen Glaubens; und das ist schlechthin eine nichtdiskriminierende Universalität.

Für Christen kommt es darauf an, durch christliche Praxis – in den Fußstapfen Jesu – von dem zu zeugen, den sie als ihren Gott bekennen: dem Gott Israels, dem Vater Jesu Christi, der sich einen Anwalt der Armen nennt, Schöpfer des Himmels und der Erde, der von keiner einzigen Religion exklusiv für sich selbst in Anspruch genommen werden kann. Aber dann müssen wir uns (wenn wir die evangelischen Akzente bewahren wollen) dabei doch den eigenen Akzent des Gottesbegriffs Jesu scharf vor Augen halten. Deshalb, *noch einmal:* Worin liegt diese christliche Eigenart, das eigene Engagement und die Ergriffenheit Jesu von Nazaret, der Christen auch heute noch, unter anderen Verhältnissen, als sie zur Zeit Jesu herrschten, Gestalt geben wollen? Auf einem Umweg und jetzt innerhalb eines anderen Kontextes will ich noch einmal auf das hinweisen, was schon in der ersten Hälfte dieses dritten Kapitels deutlich geworden ist.

Die europäische Aufklärung war eine Reaktion der Vernunft auf die sogenannten „positiven Religionen" (konkret vor allem das Christentum), insoweit sich diese als Feind aller Veränderungen, allen Fortschritts und aller Emanzipation offenbarten und soweit sie regionalen und singulären Werten und Normen eine absolute Gültigkeit zuerkannten, die unmittelbar verpflichtend allen Menschen, wo auch immer in der Welt, aufzuerlegen seien. Die Aufklärung war ein Protest gegen den faktischen Imperialismus positiver Religionen.

Damit gab die Aufklärung dem Kampf für Emanzipation eine rationale Grundlage; sie war, mit Recht, eine Kritik an menschenbedrohenden Gottesbildern. Gott wurde dabei jedoch außerhalb jeder Berührung mit unserer Geschichte gestellt. Gerade weil Gott außerhalb unserer Geschichte gestellt wurde, wurde die Aufklärung nur eine halbierte Emanzipation und Befreiung. So leitete auch die Aufklärung eine neue Knechtung anderer Völker ein. Und das rückte auch die Missionierung im 19. Jahrhundert in die Nähe des westlichen Neo-Imperialismus.

Oben haben wir gesagt, daß die Kritik an bestimmten Gottesbildern, vor allem an Auffassungen von Gott, die das Menschsein des Menschen bedrohen, auch ein wesentlicher Aspekt der evangelischen Botschaft Jesu von Nazaret ist; das ist sogar ein Brennpunkt in dieser Botschaft. So war aufgrund einer religiösen Quelle und daher (anders als in der Aufklärung) aufgrund der christlichen Glaubenseinsicht, daß Gott persönlich bei den Menschen und ihrer Geschichte beteiligt ist, das Christentum aus einer theologalen Quelle ursprünglich zugleich ein Impuls zu Befreiung und Emanzipation. Auch wurde anhand der Gleichnisse Jesu und seiner Praxis des Reiches Gottes analysiert, daß der biblische Begriff von Gott wesentlich verbunden ist mit einer Praxis der Menschen, die Mitmenschen befreit, wie uns Jesus darin voranging. Gerade weil im Verlauf der Kirchengeschichte diese Verbindung erschlaffte und sogar vergessen und Gott dabei zum Schlußstein und zur Garantie alles menschlichen Wissens, menschlichen Ordnens und Handelns „objektiviert" und darin zu Legitimierung der feststehenden Ordnung und deshalb zum Feind aller Veränderung, Befreiung und Emanzipation ausgerufen wurde, war die Krise der Aufklärung geschichtlich nicht nur möglich, sondern sogar „unvermeidlich".

Dies alles hatte anderseits dann zur Folge, daß im Deismus der Aufklärung (und in seinen unmittelbaren und mittelbaren Nachwirkungen) die biblische „Anrufung" Gottes verschwand und nur ein säkularisierter und halbierter Befreiungs- und Emanzipationsprozeß übrigblieb – eine halbierte Freiheitsbewegung. Christlich gesehen, geht es aber um das unzerreißbare Band zwischen *Gottesverehrung* (sagen wir: Gebet und Mystik) und *Befreiung* im vollsten und allseitigen Sinn dieses Wortes. Diese mystische und befreiende Botschaft (begleitet von einer entsprechenden biblischen Praxis, der Nachfolge Jesu) allen verkündigen, die sie hören wollen, ist das gute Recht der Christen. Aber sie müssen sich dabei doch an ein Wort des Amos erinnern, das ich als Motto diesem Buch vorangestellt habe: „Wohl habe ich Israel aus Ägypten heraufgeführt, aber ebenso die Philister aus Kaftor und die Aramäer aus Kir" (Am 9,7)!

V.

DIE UNIVERSALITÄT JESU IM ZUSAMMENHANG MIT DER FRAGE
NACH DEM UNIVERSALEN SINN DER GESCHICHTE

A. Erfahrung von Sinn und von Wahrheit

Daß die Frage nach Sinn erst mit einer modernen westlich-bürgerlichen Gesellschaft entstanden sei, wie manchmal gesagt wird, bezeichne ich sowohl als historisch-kritisch unhaltbar wie auch als ideologisch, im negativen Sinn. Die Mythen der alten Menschheit sind historisch nichts anderes als Antworten auf Fragen nach Sinn, und sie sind älter als alle Philosophie und alle Wissenschaften. Gerade aus den Mythen als Sinndeutungen sind sowohl die Philosophie als auch die Wissenschaften entstanden. Religions- und Kulturhistoriker, wie auch Historiker des gesellschaftlichen Werdeprozesses menschlichen Wissens haben uns deutlich gemacht, daß dort, wo Menschen leben, irgendwie die Frage nach dem Sinn des menschlichen Daseins gestellt wird.

Menschen suchen nach dem alles tragenden und allumfassenden Sinn, der verschiedene Bereiche des menschlichen, individuellen und gesellschaftlichen Lebens zu einem Sinnganzen verbindet. Die konkrete Auslegung dieser Frage nach Sinn erhielt immer wieder neue Gestalt von seiten und innerhalb des ganz konkreten kulturgeschichtlichen und gesellschaftlich-wirtschaftlichen Kontextes von Gesellschaftsgruppen von Menschen. Anfangs ging es nur um den Sinn der Sippengemeinschaft; die Außenstehenden waren „Nicht-Menschen", das heißt nicht Menschen der eigenen Sippe. In dem Maße aber, wie sich durch den Abschluß von Bündnissen verschiedene Sippen allmählich zu größeren gesellschaftlichen Verbänden zusammenschlossen, erweiterte sich auch der Begriff „humanum", Menschlichkeit. Auch die Frage nach Sinn erhielt so andere Konturen, bis sie sich zu der Frage nach dem Sinn alles menschlichen Lebens, letztlich der ganzen Menschengeschichte auswuchs. Die Frage nach einem Sinnganzen hat es aber immer gegeben. Nur besteht eine eindeutige Entwicklung in dem, was man als ganz und somit als menschlich betrachtet. Anfangs war das in der Tat „die eigene Sippe" gegenüber allen anderen. Jetzt aber geht es um den Sinn alles menschlichen Lebens, auch des Lebens „des anderen", letztlich um den Sinn der Geschichte aller Menschen. Was also in seiner Ausdrücklichkeit erst in der modernen Zeit entstanden ist, ist die Frage nach einem universalen Sinn, der die ganze Menschengeschichte, die gesamte Menschheit umfaßt. Der menschliche Lebenshorizont ist erweitert, aber es geht um dieselbe Frage nach Sinn.

Jede Gesellschaft bekam außerdem, durch innere Differenzierung, auf die Dauer ihre eigenen Spezialisten, die sich auf Sinnfragen verlegten. Das weitete sich zunächst zu einem „mythologein" oder vielen mythischen Geschichten aus, später zum Theologisieren. Noch später begann man dann, nach dem „logos", der tiefen, auch für die menschliche Vernunft vertretbaren Bedeutungs- und Wahrheitskraft aller Mythen und der Theologie zu suchen. Erst in der Zeit des Nominalismus, im 14. Jahrhundert, entstanden daraus zwei voneinander unabhängige, autonome sinnsuchende Wissenschaften: Philosophie und Theologie. Als von Haus aus Antipositivisten haben sich Philosophen und Theologen immer wieder zu Vertretern nicht von analytisch erklärenden Wissenschaften, sondern von Sinnwissenschaften gemacht. In der jüngeren abendländischen Geschichte wurde (auf der Linie des Aristoteles) dieser Sinn vor allem in dem „meta" oder dem Jenseits der Physik, das heißt in dem, was jenseits der Grenze der Physik liegt, gesucht: „Metaphysik". Sinnwissenschaft wurde zu metaphysischer Seinswissenschaft. Um die verschiedenen Weltanschauungen (eine Frucht der Sinnfragen) in den Griff zu bekommen, wandte man sich beim Suchen nach einem Horizont in der Neuzeit auch einem „meta" oder Jenseits des Alltäglichen, nämlich Meta-Theorien, zu. Schließlich, in unserer heutigen Zeit, wurde vor allem der Sinn der menschlichen Praxis entdeckt, und man erfährt die Notwendigkeit einer „ Meta-Praxis", eines engen Zusammenhangs zwischen Denken und Handeln. So gerät diese schon jahrhundertealte Problematik momentan in die Dialektik von Theorie und Praxis.

Dies alles weist darauf hin, daß durch die Sinnlosigkeit und die Bedrohung, in die das menschliche Leben tatsächlich eingebettet ist, die Frage nach Sinn mit unserem konkreten, geschichtlichen Menschsein selbst mitgegeben und nicht eine willkürliche oder bürgerliche Konstruktion ist. Doch muß man sich bewußt bleiben, daß die Frage nach Sinn auch zu früh gestellt werden kann, nämlich ohne eine vorausgehende analytische Untersuchung darüber, wo, wie und wann „Unsinn" in unserer Geschichte entsteht. Denn das unausrottbare Bedürfnis der Menschen nach Sinn und Verstehen steht nie isoliert von der historischen und gesellschaftlich situierten Geschichte, in der sich „Menschlichkeit" und „Unmenschlichkeit", oft vermischt, in Zeit und Raum zeigen. Aber mit alldem läßt sich die Sinnfrage nicht beiseite schieben.

Oben sagte ich schon, daß vor allem seit der Aufklärung der Begriff „universale Wahrheit" seiner wesentlichen Geschichtlichkeit entzogen wurde, entzogen auch den Menschen als persönlichen Subjekten. Wahrheit wurde, anders als in der Wahrheitsauffassung der Griechen, doch genauso eine Wahrheit an sich, subjektlos. Universale Wahrheit kann aber nur bedeuten, daß sie für alle menschlichen Subjekte und nicht nur für gesellschaftlich und wirtschaftlich und infolgedessen intellektuell privilegierte Menschen gilt. Wirklichkeit wird nur von erfahrenden Subjekten zur Sprache gebracht, so daß Wahrheit nicht nur eine primäre Beziehung zur Wirklichkeit einschließt, sondern auch eine Beziehung zu Subjekten: Wahrheit ist auch auf universalen Konsens hingeordnet, wenn sie wirklich universal, das heißt schlechthin Wahrheit genannt werden soll. Das hat grundlegende Folgen für den Wahrheitsbegriff.

Zwar muß man der analytischen Philosophie nachsagen, daß erst eine sinnvolle Aussage eine Anwartschaft auf Wahrheit oder Unwahrheit hat. Sinn und Wahrheit sind also zu unterscheiden. Aber die analytische Auffassung von diesem Unterschied erfordert eine Korrektur. Aufgrund seines eigenen theologischen Projekts bejaht W. Pannenberg diesen Unterschied, aber er fügt mit Recht hinzu, daß sich die Frage nach Wahrheit letztlich nicht äußerlich additiv zu den Fragen nach „Sinn" und „Bedeutung" verhält[43]. Eine alle Erfahrung umfassende Sinnganzheit fällt durchaus mit Wahrheitsoffenbarung zusammen. Denn eine solche Sinnganzheit läßt wesensgemäß keine einzige Erfahrung zu, welche die Wahrheit dieses erfahrenen Sinns problematisch machen könnte.[44] In der allumfassenden Sinnganzheit (falls es die geben sollte) fallen *Sinnerfahrung* und *Wahrheitserfahrung* zusammen. Zweifellos. Aber ohne diesem schließlichen Zusammenfallen von Sinn, Relevanz und Wahrheit widersprechen zu wollen, muß ich doch eine erhebliche Modalität anbringen.

Die Frage nach universalem Sinn ist nicht nur von menschlichem Denken, sondern auch von der geschichtlichen Wirklichkeit selbst her als Frage rational genauso unvermeidlich wie unlösbar[45]. Denn wirkliche Geschichte wird überall dort vollzogen, wo Sinn und Unsinn neben- und übereinander liegen, miteinander vermengt sind, wo Freude und

Leiden sind, Lachen und Weinen: Endlichkeit. Die Verknüpfung von Sinn und Unsinn – eben das Gewebe der Geschichte (wie oben schon analysiert wurde) – läßt sich daher wegen der bleibenden Widerspenstigkeit alles sinnlosen Leidens von uns nicht in einem zusammenhängenden *theoretischen* Projekt rational angehen.

Doch kann man sagen, daß persönliche Erfahrungen nur aufgrund der darin unvermeidlich logisch implizierten Frage nach gänzlichem Sinn möglich sind. Diese logisch implizierte Frage besagt einerseits keineswegs, daß die Universalgeschichte in Wirklichkeit unbedingt einen endgültig positiven Sinn haben muß. Und sie kann anderseits ebensowenig die Tatsache des Überschusses an Unsinn und Unheil theoretisch und logisch wegdiskutieren. Logos, Sinn und Faktizität, Geschichten von Sinnlosigkeit, von Unrecht und Leiden stehen daher in einer theoretisch unlösbaren Spannung zueinander. Daher kann die theoretische Vernunft rational nicht einem universalen Gesamtsinn der Geschichte vorgreifen. Da außerdem der geschichtliche Werdeprozeß nicht abgeschlossen ist, steht auch jede persönliche Sinnerfahrung unter einem *theoretisch* unlösbaren, grundlegenden Zweifel. Denn sollte das Ganze unsinnig sein, so bezieht sich das auf jede persönliche Sinnerfahrung, die dann an diesem letztlichen Unsinn partizipiert. Über Sinn kann also endgültig nicht allein von der theoretischen Vernunft an sich entschieden werden. Wird die *praktische Vernunft* hier denn Rat schaffen? Und wenn ja, wie?

Sollte die Geschichte einen endgültigen, totalen Sinn haben, dann kann dieser Sinn nicht unter einem logischen Totalitätszwang stehen, zumindest wenn sie den Namen menschliche Geschichte verdient: Freiheitsgeschichte, gemacht auch unter den Bedingungen von Zufall, Unfreiheit und Determiniertheit. Dieser universale Sinn kann weder idealistisch noch materialistisch „entwicklungslogisch" festgelegt werden. Denn dann würden wir die konkreten Leidensgeschichten der Menschen letztlich nicht mitzählen. Ein übergroßer Brocken realer Geschichte wird dann als Abfall, als Sägemehl der Geschichte betrachtet, um das niemand sich kümmert.

Dieser sogenannte Überschuß an Leiden, Unrecht und Sinnlosigkeit entzieht sich dem Logos der theoretischen Vernunft. Er läßt sich theoretisch nicht einordnen, rational nicht sinnvoll deuten. Ein theoretisches Reden vom endgültigen, totalen Sinn der Geschichte ist daher nicht *sinnvoll:* Es würde konkret Unempfindsamkeit für die weltgeschichtlichen und persönlichen Dramen, die unvermeidlichen und auch die vermeidbaren Katastrophen in unserer Geschichte bedeuten. Zumindest darin hat (ohne damit seinem Neopositivismus zuzustimmen) Hans Albert wohl recht, wenn er vom „Mythos der totalen Vernunft" (gemeint als theoretische Vernunft) spricht[46]. Aber im Gegensatz zu dem, was Albert behauptet, ist damit keineswegs der Totalitätsbegriff selbst für sinnlos erklärt. Das Verhältnis zwischen Teil und Ganzem, das von einer langen hermeneutischen Tradition als logisch unvermeidlich angesehen wurde, läßt sich, als rational gegebenes Problem, in jeder persönlichen Erfahrung von Sinn schwerlich leugnen[47]. Jedoch die unumgängliche Schwierigkeit bei einer rein theoretischen Thematisierung des universalen Sinns der Geschichte, von Sinnganzheit als logisch impliziert in jeder persönlichen Erfahrung von Sinn, findet ihre Grundlage im geschichtlichen Erfahrungsprozeß selbst. Denn dieser ist einerseits nicht abgeschlossen und konfrontiert uns andererseits auch mit unerträglichem Unsinn.

Daraus folgt dann: Eine Thematisierung von universalem Sinn kann sinnvoll allein in einer praktisch–kritischen Intention vollzogen werden, das heißt in einer Perspektive, in der durch menschliches Handeln Schritt für Schritt ein Stück Sinnlosigkeit beseitigt wird. Die Thematisierung oder Reflexion muß daher von einer Praxis allmählicher Befreiung getragen werden, die den Weg zu totalem Sinn vorbereiten und freimachen soll. Mit anderen Worten: Totaler Sinn kann sich nur mit Hilfe *geschichtlicher Erfahrungen und eines Engagements* vollziehen, er kann nicht in einem theoretischen Vorgriff spekulativ ausgetüftelt werden: eben weil die konkrete Geschichte ein Gemisch von Sinn und Unsinn ist. Das weist darauf hin, daß es unmöglich ist, von einem totalen und universalen Sinn der Geschichte zu sprechen, wenn man eine bestimmte Praxis, die alle Menschen, ohne Benachteiligung irgend jemandes, zu freien Subjekten einer lebendigen Geschichte machen will, außer Betracht ließe.

Der Abfall der Geschichte, den die theoretische Vernunft nicht in den Griff bekommen kann (man denke an Hegel), bleibt jedoch als Erinnerung eine Kraft, ein kognitiver Stachel im Rücken der praktischen Vernunft, die – wenn sie Vernunft bleiben will – dadurch zu befreiendem Handeln gezwungen wird, das den Unsinn aus der Geschichte wegholen will. Die geschichtliche Wirklichkeit lehrt aber, daß innerhalb der Geschichte dieses befreiende Handeln wesentlich begrenzt, fragmentarisch bleibt; die Geschichte der Sündhaftigkeit und des Unsinns wiegt weiter schwer. Das hindert nicht, daß der Protest der in unserer menschlichen Geschichte nie verstummenden Leidensgeschichten gegen Unrecht und Folter ein Stachel bleibt, den nie aufzugebenden *Sinn* in der Geschichte zu realisieren und Unrecht und Sinnlosigkeit darin zu bekämpfen. Dies alles läßt jedoch die Frage stellen: Ist rein profane Freiheitsgeschichte nicht per se eine halbierte Emanzipations- und Freiheitsgeschichte?

B. Christliche Erfahrungstradition als praktischer Vorgriff auf universalen Sinn

In ihrer betenden und befreienden Praxis (wenn auch in Treue und Untreue) kann die christliche, biblische Erfahrungstradition, als lebendige
Erinnerung an die Botschaft, das Leben und den Tod des auferstandenen
Jesus, der menschlichen praktischen Vernunft einen Anstoß und eine
ganz bestimmte Orientierung geben. Diese christliche Erfahrungstradition bezeichnet den Menschen nicht als den Herrn der Wirklichkeit,
Gott allein ist der Herr der Geschichte. Gott weiß dem fragmentarisch
befreienden Handeln der Menschen noch Zukunft zu geben.

Diese religiöse Erfahrungstradition sieht in der Praxis des Reiches
Gottes als der Zukunft für alle Menschen, wie diese im Reden und in
den Taten Jesu schon gegenwärtig wurde, einen praktischen Vorgriff auf
ein universales Reich der Gerechtigkeit, des Friedens und der Liebe, aller und für alle, mit Gott als lebendigem Mittelpunkt und verbindendem
Faktor dieser solidarischen Gemeinschaft. Das erhoffte und noch unver-
mutete Gesuchte – im Neuen Testament in kraftvollen Bildern wie Reich
Gottes, universale Bruder- und Schwesternschaft, himmlisches Gast-
mahl, Freiheit der Kinder Gottes, universales Reich der Gerechtigkeit
und des Friedens ausgedrückt – ist in der christlich-religiösen Erfahrungstradition nicht eine vage und noch gänzlich ausstehende Utopie,
ebensowenig ein theoretischer Vorgriff auf einen totalen Sinn der Geschichte. Das Erhoffte ist vielmehr anschaulich antizipiert in einem Lebensweg und einer Lebenspraxis: dem Lebensweg Jesu, dessen Person,
Botschaft und Praxis, trotz geschichtlichen Mißlingens am Kreuz, durch
seine Auferstehung von den Toten von Gott als in der Tat eine Praxis
des Reiches Gottes bekräftigt wurden: als Heil für alle Menschen. Geschichtlich besiegt werden, leiden, erhält in dieser Lebensgeschichte
eine eigene kognitive, aber theoretisch nicht einzuordnende Bedeutung
und Kraft für die Menschheit bei ihrem langen Weg auf der Suche nach
Wahrheit und Gutheit, nach Gerechtigkeit und Sinn.

Nach christlichem Glaubensbekenntnis ist in Jesus nicht eine theoretische, sondern eine praktische Prolepse oder Antizipation *der neuen Welt*
gegeben, in der auch Menschen ohne Heil, nämlich den leidenden und
besiegten Menschen, sogar den Toten, Heil zugesagt ist. Der Praxis der
Erde und der Kritik des Himmels – zur Zeit Jesu schon aktuell – stellt
Jesus die Praxis des Reiches Gottes gegenüber. So erhält die gesuchte,
vor allem „gute Welt" schon Profil, wenn auch unter den Bedingungen
der „alten Welt", in der Lebenspraxis und der Hinrichtung Jesu. Deshalb
erregt dieser Lebensweg nicht nur Irritation wegen des immer neu entstandenen Unrechts, sondern auch Anregung zu alternativem, Sinn rea-

lisierendem, befreiendem Handeln. Schließlich gibt dieser Lebensweg, wegen seines Inhalts, über allen Pragmatismus hinaus dem Handeln der Christen in der Welt Orientierung und Richtung.

Die Universalität des christlichen Heils ist ein Angebot von Heil-von-Gott-her an alle Menschen, so sagte ich oben – ein Heilsangebot, um auch selbst in Freiheit durch eine evangelische Praxis, in der Nachfolge Jesu, tatsächlich Heil und Befreiung für alle zu verwirklichen. Das Heil, das als Verheißung für alle in Christus grundgelegt ist, wird universal, nicht dank der Vermittlung einer abstrakten und universalen Idee, sondern kraft seines kognitiven, kritischen und befreienden Charakters in einer und durch eine konsequente Praxis des Reiches Gottes. Es handelt sich also nicht um eine rein spekulative, theoretische Universalität, sondern um eine Universalität, die allein durch die Verbreitung der Geschichte von Jesus, den die Christen als Christus bekennen, und durch christliche Praxis in den fragmentarischen Gestalten unserer Geschichte realisiert werden kann.

Aber: ohne Fragmente auch kein volles Heil! Das in Jesus grundgelegte und uns als Verheißung gegebene Heil oder den *totalen Sinn* kann man also nicht als eine „transzendentale" Allgegenwart des christlichen Evangeliums auffassen. Es ist eine geschichtliche Gegenwart der christlichen Inspiration und Orientierung durch die Geschichte von Jesus und durch seine und unsere, ihm nachfolgende geschichtlich konkrete Praxis der Befreiung, welche die Lebensgemeinschaft mit Gott als dem Quell und Grund total-menschlicher Freiheit erfährt: als Heil nicht nur für eine bestimmte, privilegierte Klasse, auch nicht allein von Lebenden oder einmal Überlebenden, sondern für alle, auch für abgeschriebene, unterdrückte und endgültig tote Menschen.

C. In der Orthopraxis steht die Orthodoxie auf dem Spiel

Die Folgerung aus dem Vorausgegangenen ist: Wirklich befreiende und lebensrelevante Wahrheit, und somit das schließliche Zusammenfallen von Sinnerfahrung und Wahrheitserfahrung, steht auch unter dem Primat der kognitiven, kritischen und befreienden Kraft von Erinnerungen an Leidensgeschichten. Wenn die praktische Vernunft diese Erinnerungen ernst nimmt, treiben sie die Vernunft zu einem ganz bestimmten befreienden Handeln an. Durch dieses Handeln wird Wahrheit erst praktisch und universal gemacht, gültig nicht nur für einige privilegierte Menschen, sondern für alle und jeden. „Was wahr ist", muß für alle Menschen, auch für tote und besiegte Menschen, relevant sein[48]. Diese universal befreiende Praxis ist nicht ein nachträglicher Überbau über oder bloß eine Konsequenz aus einer theoretisch schon als universal erkannten Wahrheit, sondern sie ist die geschichtliche Vermittlung der Manifestation von Wahrheit eben als einer universalen, für alle Menschen geltenden Wahrheit.

In dieser Perspektive kann man sagen, daß im rechten Handeln, in Orthopraxis, durchaus die geschichtliche Manifestation der Rechtgläubigkeit oder Orthodoxie auf dem Spiel steht. Wenn Wahrheit universal sein, also Wahrheit sein will, dann wird sie auch praktisch vermittelt, sogar auch politisch-gesellschaftlich vermittelt. Obwohl der christliche Glaubensinhalt eine eigene kognitive Kraft besitzt, die in der Nachfolge Jesu im Leben der Kirchen (wenn auch unter Fallen und Aufstehen) zu geschichtlicher Manifestation kommt, so läßt sich diese kognitive, kritische und befreiende Kraft doch nicht mit der kognitiven Kraft einer Theorie oder einer theoretischen Antizipation von universalem Sinn identifizieren.

Die christliche Grundgeschichte von Jesus, als Geschichte von Leben und Tod des auferstandenen Jesus und als Geschichte von der kirchlichen Nachfolge Jesu, ist keine theoretische Antizipation universalen Sinns, sie ist eine in der Geschichte Jesu als des Christus grundgelegte Geschichte von Vertrauen und Hoffnung, die sich geschichtlich, wie in Jesus, in einer Botschaft universaler Gerechtigkeit und universalen Friedens von und für einen jeden in einer solidarischen Praxis manifestieren, die innere Freiheit und ein von Zwang befreites Zusammenleben für alle Menschen zu verwirklichen hofft. Dieser Glaube – dessen Inhalt letztlich eine Hoffnung ist, keine Theorie: „Glaube aber ist: feststehen in dem, was man erhofft" (Hebr 11, 1) – ist konkret denn auch eine Glaubenspraxis, wenn man den christlichen Glauben nicht auf eine rein intellektuelle Bejahung bestimmter Glaubensinhalte reduzieren will. Auf dieser letzteren Ebene (die traditionell durchweg die „fides quae" genannt wird) kann man nämlich kaum behaupten, daß eine diesem Glaubensinhalt gemäße oder nicht-gemäße Praxis über den Wahrheitswert dieser Glaubensaussagen entscheide. Auch theoretische Ideologien kennen ihre Anhänger mit einer treuen und konsequenten Praxis, aber diese kohärente Praxis entscheidet keineswegs über den Wahrheitsgehalt der vertretenen Theorie. Dann würde zum Beispiel die hartnäckige Treue, mit der manche der Nazi-Ideologie gefolgt sind, die Wahrheit des Nationalsozialismus beweisen!

Bei der Frage, um die es sich hier (mit Bezug auf die fides qua) handelt, geht es um den Primat der christlichen Narrativität und der christlichen Praxis vor aller theologischen Theorie. Befreiendes Glaubenshandeln erfordert nicht weniger, sondern mehr kritisch-theoretische Analyse[49]. Die reziprok-kritische Korrelation, von der der Schluß des ersten Kapitels handelte, impliziert daher eine wirklich kritische Einheit von Theorie und Praxis. Die Korrelation zwischen einerseits dem christlichen Glauben (mit seiner eigenen narrativ-praktischen Struktur und der darin mitgegebenen kognitiven, kritischen und befreienden Kraft) und anderseits aktuellen Erfahrungen innerhalb einer modernen Gesellschaft wird letztlich nur auf der Basis einer Praxis produktiv durchgeführt werden können, die Heil für alle realisieren und dadurch die Wahrheit eben als universale zu ihrem Recht kommen lassen will.

Damit ist zugleich gesagt, daß die Aporien, in welche die heutige Theorie-Praxis-Problematik geraten ist, sei es in idealistischem, sei es in materialistischem Sinn, ihren Ursprung in der Verkennung der eigenen kognitiven, kritischen und befreienden Kraft finden, die weder der eigenen kognitiven Kraft der theoretisch-kontemplativen Erkenntnis eigen ist und sich deshalb nicht auf diese reduzieren läßt noch der ebenfalls kognitiven Kraft manipulierender oder beherrschender Praxis und sich nicht auf diese reduzieren läßt. Es geht im Glauben um die kognitive Kraft, die der Geschichte von einer „pathischen" Praxis eigen ist, vor allem der pathischen Kraft von Leidensgeschichten sehr konkreter Menschen[50]. Denn wer nicht idealistisch denkt, muß die vom Christentum verkündete universale Menschenliebe innerlich mit solidarischer Parteilichkeit für jede verletzte und angeschlagene menschliche Existenz verbinden. Wenn das nicht der Fall ist, haben wir es mit einem abstrakten Aufklärungs-Universalismus zu tun, der in Wirklichkeit immer einen Bund mit den Mächtigen dieser Erde schließt. Um ihrer Universalität willen, die niemanden ausschließt, ist die christliche Liebe, gesellschaftspolitisch gesehen, konkret parteiisch – oder sie ist gesellschaftlich-konkret nicht universal!

VI.
DER ALLE UNSERE IDENTIFIKATIONEN FLIEHENDE GOTT

Im zweiten Kapitel war die Rede von dem dreifachen Lebensweg im mystischen Sprechen von Gott: der „via affirmativa, negativa et eminentiae": Gott ist letztlich der Unsichtbare und Unnennbare. Doch sollte darüber in diesem dritten Kapitel im Zusammenhang mit der Einmaligkeit Jesu, die inzwischen analysiert wurde, näher gesprochen werden. Der Augenblick dafür ist jetzt gekommen.

In zwei Veröffentlichungen, nämlich: „An Asian Theology of Liberation" und „Love Meets Wisdom. A Christian Experience of Buddhism"[51] hat A. Pieris darauf hingewiesen, daß das Christentum mit seiner Verabsolutierung des Liebesgebots (der Einheit von Menschenliebe und Liebe zu Gott) einen Dialog mit der Weisheit (gnosè) als dem Grundprinzip der asiatischen Spiritualität eingehen muß. Die östliche Weisheit relativiert in radikaler Weise die kreatürliche Welt, wie auch unsere menschliche Anstrengung für eine bessere und gerechtere Welt. Sie weist damit, von ihrer Seite aus gesehen, zugleich auf die Einseitigkeit des christlichen Prinzips der universalen Nächstenliebe (in ihrer karitativen und auch gesellschaftspolitischen Dimension) hin. Der asiatische Mensch hat eine größere Gelassenheit gegenüber Unrecht und Leiden. Die Gnose will überhaupt keine Identifikation dessen, was oder wer Gott ist. Gott ist unvorstellbar anders, als er in Jesus erschienen ist.

Trotz der auch im Christentum vorhandenen „negativen Theologie" legt dagegen das neutestamentliche Christentum den Nachdruck darauf, daß Gott uns im Menschen Jesus sein Antlitz gezeigt hat; es ist das Thema und auch der Grundgedanke dieses ganzen Buches. In diesem Kapitel sagte ich, daß dies das Besondere des Christentums ist: Der Gott aller Menschen zeigt in Jesus von Nazaret, wer er ist, nämlich universale Menschenliebe. Und der historische, kulturell situierte Ausdruck dieser evangelischen universalen Botschaft ist Jesus Christus.

Das Christentum hat also die Intention, Gott zu identifizieren; gerade das ist seine Eigenart. Für Christen ist Jesus die Definition Gottes; sonst hat ihre Christologie keinen Sinn. Zugleich ist es, auch für Christen, eine Definition Gottes in *nicht-göttlichen Termini,* nämlich in und durch das geschichtlich-kontingente Menschsein Jesu. Die in Jesus erscheinende Definition Gottes weist letztlich doch auf einen fliehenden unsichtbaren Gott, der sich allen Identifizierungen entzieht; sonst hat „Mystik" keinen Sinn. Deshalb habe ich gesagt, daß die Vielzahl von Religionen nicht nur ein historisches Faktum ist, über das wir hinauskommen müßten, sondern eine prinzipielle Tatsache. Es gibt in anderen Religionen echte religiöse Erfahrungen, die im Christentum nie in Praxis umgesetzt oder thematisiert worden sind und, so fügte ich hinzu, vielleicht auch nicht möglich sind, ohne Jesu Identifizierung Gottes ihre Eigenart zu nehmen.

Muß Christologie dann der Mystik, oder muß Mystik der Christologie weichen? Alle christlichen Mystiker ringen mit diesem Problem und haben (meines Erachtens abgesehen von Hadewich und Teresa von Ávila) die Neigung, die Christologie zu relativieren; sie (das gilt vor allem zumindest für Eckhart und Johannes vom Kreuz) wissen nicht recht, wie sie die Christologie in ihre Mystik einordnen sollen. Und dann droht die Gefahr, daß man das Christentum als eine historische Spezifizierung eines unveränderlichen, übergeschichtlichen metaphysisch-religiösen Kerns sieht, von dem alle Religionen nur die zufälligen Einkleidungen sind.

Aber die Gott identifizierende menschliche Erscheinung Jesu kann ein Christ nicht zugunsten einer Transzendenz aufgeben, die sich aller

Identifizierung entzieht. Damit gäben wir unseren eigenen christlichen Glauben preis. Außerdem würden wir aus dem Auge verlieren, daß Gottes Wesen absolute Freiheit ist, absolute Initiative, sei es auch von Ewigkeit her, und kein auf und in sich selbst ruhendes metaphysisches Mysterium. Nicht wir Christen identifizieren Gott. Es ist eine freie Initiative des lebendigen Gottes zu uns hin.

Was ich oben sagte, bleibt auch für Christen gültig: Alle *unsere* Gottesbilder müssen letztlich wieder zerschlagen werden. Aber in Jesus, dem Christus, geht es nicht um ein menschliches Projekt oder Produkt. Bei ihm handelt es sich um ein Gottesbild, das nicht wir produziert haben: Wir entziffern nur das Gottesbild, das uns, nach christlichem Bekenntnis, von Gott her in Jesus Christus gegeben ist. Diesem Bekenntnis zufolge ist es Gott, der sich selbst im und durch den Lebensweg Jesu von Nazaret identifizieren läßt. Dies aufzugeben würde für jeden Christen bedeuten, daß er dem Christentum den Rücken kehrt. Aber durch diese christliche Glaubensaussage, so sagte ich schon, wird nicht geleugnet, daß in den Grund- und Quellerfahrungen anderer Religionen der religiöse Mensch – und das nicht zu Unrecht – davor zurückschreckt, Gott aufgrund selbstkonstruierter Gottesbilder zu identifizieren. Und das gilt genauso für Christen: Alle Gottesbilder von Christen, die von der biblischen Grundintention abweichen, fallen unter den Abbruchhammer des Gottesbildes, das Jesus von Nazaret selbst ist.

Die kritische Frage lautet jedoch: Ist die Identifizierung, die Jesus selbst uns von Gott gibt, eine „offene" oder eine „geschlossene" Identifizierung?

In der die Welt relativierenden, sowohl östlichen als auch westlichen Mystik sehe ich (neben der Tatsache einer nichtreligiösen Mystik) vor allem zwei auseinanderliegende, nicht in Einklang zu bringende Richtungen. In der einen Richtung läßt man vor allem durch Einkehr und Verinnerlichung die Welt für immer hinter sich. Man kann dies die Mystik „Gott und allein Gott" nennen: die radikale Verneinung alles Endlichen.

In der anderen Richtung dagegen kommt man, wie in der ersten Strömung, anfangs ebenfalls zu innerer Leere, Gelassenheit und innerer Freiheit. Aber mit Hilfe dieser Selbstentsagung und Loslösung von aller Anhänglichkeit an das Vergängliche gelangt man schließlich zu dem nicht-identifizierbaren Gott, von dem man „an Ort und Stelle" jedoch erfährt, daß er der unaussprechliche Ursprung aller Geschöpfe ist. Denn der Vorgang der radikalen Verneinung des Endlichen ist ein Versuch, Gott gerade in seinem Gott-Sein, in sich selbst, zu finden. Mit Recht! Aber dort merkt man dann, daß Gottes Wesen eben nicht eine Verneinung des Geschöpfes ist: Er erschafft das Geschöpf in seiner endlichen, aber eigenen Autonomie und Würde.

Bei Gott erfährt man, daß Er in absoluter Freiheit wesentlich Schöpfer, der Liebhaber des Endlichen ist, und zwar mit der Absolutheit einer für uns unergründlichen göttlichen Liebe. In dieser mystischen Sicht will Er denn auch der Geliebte der ganzen Schöpfung sein. Wer Gott als Gott in seiner inneren Eigenart finden will, kann dann die Geschöpfe nicht ausschließen. Und gerade in dieser Sicht wird konsequent die besondere, sogar einmalige Stellung des Menschen Jesus von Nazaret innerhalb der Weltgeschichte auch für nichtchristliche Formen der Mystik zumindest begreiflich und nachvollziehbar, ohne jegliche Diskriminierung anderer Religionen.

Diese Form der mystischen „Gelassenheit" (Eckhart, Johannes vom Kreuz, Franziskus und auch viele buddhistische Formen der Mystik) läßt sich mit dem prophetischen Christentum durchaus vereinbaren. Bei Jesus ist gerade seine mystische „Abba"-Erfahrung der Grund seines prophetischen Auftretens. Denn in solcher Mystik kann die Liebe zu allen Menschen und die allumfassende mitgeschöpfliche Liebe als Ausdruck der Liebe zu Gott voll zu ihrem Recht kommen. In dieser Mystik ist reichlich Raum für den Kampf für Gerechtigkeit und Liebe, für die Heilung der Schöpfung: für alles, was in dieser vergänglichen Welt lebt. Ein Buddhist wird in dieser Mystik nicht einmal eine möglicherweise stechende Mücke absichtlich töten, sondern das Fenster öffnen, um das Tier davonfliegen zu lassen. Mit der ersteren Form der Mystik – der radikalen Verneinung alles Endlichen als letzte mystische Reaktion – kann das Christentum dagegen nie zu einer Synthese kommen, nur in Dialog treten, in ein Gespräch von zwei aufeinander nicht reduzierbaren Religionen.

Als ich in einem vorausgegangenen Kapitel über die autonome Ethik sprach, die für Christen innerhalb eines mystischen Kontextes erfahren wird, wurde dort schon offenkundig, daß universale Menschenliebe: leibliche, geistige und gesellschaftliche Befreiung und Bejahung von Mitmenschen, letztlich eben nicht in rein ethischen Termini ausgedrückt werden kann. Es geht um eine christliche universale Nächstenliebe, die eins mit der Liebe zu Gott und somit wesentlich theologal und mystisch ist. Wer an einer Eucharistiefeier lateinamerikanischer Gläubigen teilgenommen hat, kann die mystische Ergriffenheit ihres gesellschaftspolitischen Befreiungsdrangs sozusagen körperlich mitfühlen. Negativ gesehen, steckt etwas Absolutes in dem Unrecht, das Mitmenschen konkret-geschichtlich angetan wird, und deshalb kann man mit diesem Unrecht in oder mit ausschließlich ethischen Bezeichnungen und Kategorien nicht ins reine kommen (wenn auch nicht-religiöse

Menschen materiell die gleiche Radikalität erfahren können wie die an Gott glaubenden. Hier liegt nicht der kritische Punkt. Es geht übrigens nicht um eine christliche Apologetik, sondern für Gläubige um das eigene Glaubensverständnis.)

Daß die christliche Nächstenliebe, als beseelt durch die theologale mystische Ausrichtung auf Gott, ein offener und kein geschlossener Begriff ist, geht voll und ganz aus Jesu Gelassenheit und innerer Freiheit am Kreuz hervor. Bei Jesus war diese mystische Gelassenheit die höchste Konsequenz der Treue zu seiner Botschaft universaler Menschenliebe und in dieser vorrangig zu den armen, stimmlosen und beiseite gedrückten Menschen. Gerade am Kreuz zeigte sich der von Jesus identifizierte Gott trotzdem als der fliehende und unnennbare, nie in göttlicher Eigenart identifizierbare Gott. Deshalb schwieg auch Jesus bei dem Mysterium, trotz der den Psalmen gemäß auch von ihm ausgesprochenen Klage: „Warum? Warum?" Deshalb kann der Christ sagen: Aufgrund des Evangeliums Jesu Christi bekenne ich, daß der Name Gottes zu Recht mit der evangelischen Utopie von Gerechtigkeit und Liebe, mit dem Traum einer Befreiung zu immer besserer Humanität verbunden wird und daß dieser Name Gottes zu Unrecht mit der aktiven oder passiven Rechtfertigung (und sei es auch aus noch so göttlich mystischen Motiven) eines viele Menschen verletzenden und knechtenden gesellschaftlichen Wirtschaftssystems verbunden wird.

Als Christ dulde ich nicht die immense Folterung von Menschen in unserer Geschichte. Die in manchen nichtchristlichen Religionen oft bestehende prinzipielle „Gelassenheit" (gegenüber allen möglichen Übeln und Leiden) ohne einen vorausgehenden Widerstand (allerdings finden wir die gleiche zu schnelle „Gelassenheit" faktisch oft auch bei einzelnen Christen) erscheint mir als Christ als eine zu schnelle … Kapitulation vor Übel, Leid und Unrecht und somit als eine Art Beihilfe zum Bösen. Gerade Jesu Gelassenheit am Kreuz war, unter den Bedingungen der bösen Welt, die Konsequenz seines Widerstandes gegen diese böse Welt. Bei einer zu frühen Gelassenheit und Hinnahme des zu Unrecht auferlegten Kreuzes fehlt dann offensichtlich der heilige Zorn der Empörung über die Tatsache, daß jedes Kreuz menschenunwürdig ist.

In diesem Sinn sind Weltflucht und passive Gelassenheit meines Erachtens in der Tat nicht-christlich: nicht in Einklang zu bringen mit der religiösen Erfahrung von Christen. Wobei ich zugeben muß, daß der lebendige Gott in der Tat größer ist als diese Auffassung vom Christentum. Man könnte es, theologisch etwas kindlich und naiv, aber doch „treffend" und schärfer als mit theologisch abgemessenen Kategorien, vielleicht am besten so formulieren: *Gott ist nicht „derselbe" vor und nach seiner Schöpfung!* Dem müssen alle Mystiker Rechnung tragen.

VII.
KONSEQUENZEN FÜR DIE KIRCHLICHE MISSION UND
SENDUNG?

Alle Religionen haben und sind etwas Einzigartiges, aber deshalb sind sie noch nicht gleichwertig. Oben sagte ich schon, daß dem neutestamentlichen Evangelium zufolge das Christentum die definitive Herrschaft Gottes verkündet als fundiert in der Botschaft, dem Lebensweg und dem Tod des gekreuzigten, aber auferstandenen Jesus von Nazaret. Es geht um den „Gott aller Menschen"; den Schöpfer, Grund, Quell und Horizont der eschatologischen und schließlichen Einheit der Weltgeschichte. Dieser göttliche Schöpfer ist nicht Privatbesitz der christlichen Kirchen, wenn er auch mit dem Gott Israels und des Juden Jesus identisch ist, aber, nicht zu vergessen, auch mit dem Schöpfer und Lenker aller Völker.

Die Mission, die früher vor allem auf Seelenrettung und Heilsvermittlung ausgerichtet war (weil die Kirche damals als einzige Heilsvermittlerin angesehen wurde), ist durch die Veränderungen in der Auffassung vom Universalitätsanspruch des Christentums in eine Verlegenheitssituation geraten. Hier und dort leidet die Mission sogar unter dem Verdacht, überholt zu sein, oder man hört den Vorwurf, daß die Mission auf eine Form von Entwicklungshilfe reduziert wird.

Eine Theologie der Mission oder Sendung muß nicht nur das berücksichtigen, was wir die Einmaligkeit und zugleich die historische Begrenztheit des Christentums genannt haben, sondern auch das, was schon im ersten Kapitel zur Sprache gekommen ist, nämlich daß Gott in der menschlichen Geschichte selbst Heil bewirkt und daß die Kirche und ihre Sendung daher auf den zweiten, wenn auch nicht unwichtigen Platz rücken. Sie muß auch in Zusammenhang gebracht werden mit dem, was im ersten Kapitel der Bezug des Evangeliums zum heutigen Kontext genannt wurde: Die Gegenwart tritt in den Inhalt des Verständnisses des Evangeliums ein.

Es ist nicht so, daß Missionierung nur dann möglich ist, wenn von der Überzeugung ausgegangen wird, daß die eigene mitgebrachte Botschaft der religiösen Kultur der Menschen, an die der Missionar sich wendet, überlegen ist. In der Missionsspiritualität geht es vielmehr um ein Ergriffensein von dem Geschehen und dem Wert des Reiches Gottes, um in den Fußstapfen Jesu die Praxis dieses Reiches zu verwirklichen: innere Metanoia und Umformung der Gesellschaft und des eigenen Ichs in Richtung dieses Reiches, in Richtung einer größeren Menschlichkeit und gänzlichen Befreiung. Christen sind gezwungen, von Jesus Christus zu zeugen, also das Evangelium hinauszutragen, weil sie Gottes Reich der Gerechtigkeit und Liebe in der ganzen Welt fördern wollen.

Ich bin bei der Lektüre des Buches „Le cri de l'homme Africain" von Jean-Marc Ela sehr betroffen gewesen[52]. Dieser Autor sagt, die erste Aufgabe der Mission sei nicht die liturgische, katechetische und theologische Inkulturation des Christentums, sondern die Suche nach dem Reich Gottes in der Gestalt einer solidarischen menschlichen Gesellschaft. Das stimmt mit dem überein, was ich einige Seiten zuvor über die Universalität der Kirchen gesagt habe, die solidarisch sind mit der Freiheit und den Menschenrechten der Armen und Entrechteten.

Im allgemeinen befaßt sich die Mission vor allem mit „oeuvres de suppléance" – Aktivitäten, die eine Ergänzung dessen sind, was der Staat zu tun unterläßt. Gerade dies hält das bestehende Unrecht aufrecht. Den Menschen das Inakzeptable der Unterdrückung, in der sie leben, bewußtzumachen ist daher der richtige Ausgangspunkt für wahre Missionierung. Das war auch der Ausgangspunkt von Jesu Verkündigung der Königsherrschaft Gottes: seine Erfahrung des himmelschreienden Kontrastes zwischen dieser Welt des Unrechts und des Leidens und seinem Abba-Erlebnis oder seiner Erfahrung Gottes als väterliches und mütterliches Lebensprinzip zugleich.

Als Prophet muß der Missionar auf seiten der Unterdrückten stehen in dem Kampf, der tatsächlich um mehr Menschlichkeit und Heil, um eine bessere Zukunft ausgefochten wird. Gerade in diesem Kampf (was nicht unbedingt dasselbe ist wie Gewalt) liegt die Möglichkeit für das rechte Verständnis des Evangeliums und damit der Indigenisation, das heißt der Inkulturation dieses Evangeliums in die lokale Kultur. Der Konflikt, der durch die strukturelle Armut ins Leben gerufen wird, bestimmt den Inhalt des christlichen, evangelischen Zeugnisses mit. Statt des früheren Gegensatzes: „das Licht" des Christentums gegenüber der „Finsternis" der heidnischen Religionen, wird man sich heute des Konflikts zwischen „Reich Gottes" und dem, was die Bibel „diese Welt nennt", bewußt, das heißt der von Gott gut erschaffenen Welt, in die Menschen Unrecht und Sünde gebracht haben. Hier liegt der Ansatz für alle Missionierung. Die aktive Präsenz der christlichen Kirche an der Front dieser Konflikte ist die primäre missionarische Tat. Man zeigt das Evangelium mit Hilfe seiner befreienden Früchte für den Menschen.

Im ersten Kapitel wurde gesagt, daß die Kirchen nicht das Heil, sondern Zeichen des Heils sind. Es geht in den Kirchen um eine (faktische) Minderheit, die im Dienst einer Mehrheit steht, und nicht darum, möglichst viele Seelen für das eigene Haus zu gewinnen. In der aktiven Teilnahme von Christen am Kampf gegen Unterdrückung und strukturelle

Armut legt man Zeugnis vom Evangelium ab, und darin gewinnt dieses auch beispielsweise in der konkreten afrikanischen Situation Gestalt. Dazu gehört einerseits, daß man geduldig auf die nicht-säkularisierte, religiöse Kultur vieler Völker hört, daß man bei „den anderen" in die Lehre geht, und schließlich, anderseits, daß man die Geschichte von der alten christlichen Erfahrungstradition weitererzählt, aus der man als Christ selbst lebt und aus der man die Kraft bezieht, für unterdrückte und enterbte Menschen auf dieser Erde einzutreten. Nur in dieser aktiven Präsenz erhält die wirkliche Inkulturation eine Chance.

Mission umfaßt Evangelisation und gemeinschaftliche Entwicklungshilfe und Befreiungsarbeit: karitative und politische Diakonie, dies alles in einem. Die evangelische Sendung sucht Anschluß an jene Bevölkerungsschichten, in denen der Ruf der Menschheit nach Freiheit und menschlicher Würde, nach Gerechtigkeit und Frieden laut erschallt, denn die christliche Hoffnung und Zukunftserwartung werden erst wirklich konkret, wenn sie an die menschliche Tragödie von Armut, Unrecht und Unterdrückung anknüpfen. Auch das war der Ausgangspunkt der eigenen Sendung Jesu. Konkret erfordert dies dann jedoch eine prophetisch-kritische und sogar politische Diakonie gegenüber Menschen in Not.

Weil die christlichen Kirchen in ihrer kolonialen Vergangenheit eher auf seiten der Reichen und Mächtigen (von einigen guten Ausnahmen abgesehen) und nicht auf seiten des Volkes standen, fühlen sich in dem, was man „Missionsländer" (in Wirklichkeit die Dritte Welt) nennt, der Staat und die beherrschenden Klassen von einer Kirche „verraten", die fortan für die Menschenrechte der Armen und Unterdrückten eintritt. Dort, wo Kirchen mit den Mächtigen paktieren, werden sie beschützt und privilegiert, aber sie entfremden sich dem Volk. Dort wo sie mit dem Ruf des Volkes nach Gerechtigkeit solidarisch sind, stehen sie wegen der Ideologie der „nationalen Sicherheit" (im Dienst des nationalen und internationalen Kapitals) unter Polizeikontrolle, und es gibt unter ihren Mitgliedern Martyrer. Dann gilt das dramatische Dilemma: sich entweder integrieren oder Objekt der Erpressung werden.

Das ist das primäre Problem von Mission und Sendung im letzten Jahrzehnt dieses Jahrhunderts. Richtschnur dabei ist: Der Name Gottes wird zu Recht mit einer Utopie aufgrund der Verkündigung Jesu von Gottes Reich als einem Reich der Gerechtigkeit und der Liebe unter Menschen verbunden, und dieser Name darf somit nicht zur Rechtfertigung unseres bestehenden Wirtschaftssystems gebraucht werden, das seiner Struktur nach Menschen ausbeutet. Christen dürfen den Namen Gottes nur dort gebrauchen, wo er hingehört: in die Solidarität mit den Opfern unseres Wirtschaftssystems, in den Kampf um die Förderung und Neuverteilung der Arbeit, des Einkommens und geistiger Güter und anderes mehr.

Das Evangelium allen Notleidenden in der Welt zu bringen, nicht nur durch das Wort, sondern vor allem durch solidarisches Handeln und somit durch eine Befreiungspraxis, gehört zum Wesen des Christentums. Mission hat deshalb auch mit Fragen nach Gerechtigkeit und Frieden, nach Verteilung materieller und geistiger Werte, nach Verteilung von Arbeit und nach gerechteren Handelsbeziehungen zu tun. Gerade weil diese Probleme allein im Weltzusammenhang wirklich gelöst werden können, bekommt die Mission in unserer Zeit eine umfassendere Dimension. Durch die Tatsache, daß Christen Zeugnis von dem Evangelium von und für die Armen ablegen, schaffen sie immer neue Gruppen, die auch selbst die Fackel weiterreichen und, in der Nachfolge Jesu, an der Heilsinitiative Gottes teilnehmen. Das bedeutet jedoch, daß das Christentum mit seiner Botschaft und seinem eigenen Lebensweg für Menschen kein kategorischer Imperativ ist, sondern ein „Angebot" und darin, in seiner Eigenart, auch Dialog mit einer möglichen Kritik an anderen Religionen und einer Herausforderung derselben, die ihrerseits im Dialog ebenso kritisch und provozierend das Christentum befragen.

Die christliche Botschaft vom Reich Gottes mit ihrem Befreiungspotential bleibt in ihrer Eigenart ein Angebot an alle Menschen, zugleich auch eine Konfrontation mit anderen Religionen als solchen (und nicht nur mit ihren Mitgliedern). Auch die Kultur der Menschen, selbst ihre religiöse Kultur, kann evangelisiert werden, ohne daß diese Kulturen dadurch ihre spezifische Eigenart und Identität aufzugeben brauchen [53]. Und seinerseits kann auch das Christentum aufgrund anderer und in anderen religiösen Kulturen eine neue, christlich noch nicht erfolgte „Inkulturation" finden.

Eine Ökumene der Weltreligionen kann ebensowenig als *Religionsfrieden* bezeichnet werden, wenn man die religiösen Besonderheiten der einzelnen Religionen glättet zum Vorteil einer alle Religionen überwölbenden und in Wirklichkeit dann irreal abstrakten und auch eklektischen Allgemeinheit.

Wer zum Beispiel aus dem Christentum eine mystische Religion machen will, aus der zumindest schon die befreienden Akzente des profilierten Gottesbildes Jesu verschwunden wären – und das impliziert die parteiische Entscheidung für Arme und Entrechtete –, entstellt die Ursprünglichkeit des Christentums. In dieser Auffassung geht es dann nicht mehr um das christliche Evangelium. (Dasselbe gilt übrigens, wenn auch umgekehrt, für die besonderen Akzente der Identität von Religionen wie Buddhismus oder Islam.) Gerade in der eigenen Entscheidung für das Evangelium ist das Christentum (oft in Kritik an der eigenen geschichtlichen Vergangenheit und sogar Gegenwart) im Ursprung und in tiefster Irritation, Inspiration und Orientierung ein wahrhaft menschenbefreiendes religiöses Unternehmen.

VIERTES KAPITEL

Für eine demokratische Leitung der Kirche als Gemeinde Gottes

Einleitung

Es ist für alle, Christen und Nichtchristen, selbstverständlich, daß die Gemeinschaft, die sich die Kirche Christi nennt, nie in einem gesellschaftlichen, kulturell-politischen Vakuum lebt. Aus der Geschichte wissen wir, daß sich die Kirche, nach einer ursprünglichen, ersten Periode eines Gettolebens gegenüber ihrer heidnisch-römischen oder hellenistischen Umgebung, wenn auch nicht ohne eine kritische Distanz, meistens den Strukturen der sie umgebenden Gesellschaft angepaßt hat. Und diese beeinflußten wiederum die kirchlichen Strukturen[1]. Das war schon früh der Fall. Aber dieser Assimilationsprozeß, vor allem was die Strukturierung der kirchlichen Organisationen und die Einteilung der lokalen Teilkirchen betrifft, wurde noch deutlicher, als die Kirche zur Staatskirche wurde, teilweise nach Konstantin und ganz von Theodosius an. Sie hat gern die prachtvollen Insignien und Auszeichnungen des byzantinisch-kaiserlichen Hofs in Lebenshaltung, Kleidung und Prunk übernommen. Sie hat später die Feudalordnung, die Gebräuche und die Statussymbole des Adels übernommen, sowohl in den kirchlichen Strukturen als auch in der Ordnung und den Riten ihrer Liturgie. Bischöfe wurden zu Feudalherren und Kirchenfürsten.

Daher bekam diese Kirche später Schwierigkeiten mit den aufkommenden Gilden des mittelalterlichen Bürgertums, bei denen von kollektivem Mitspracherecht und geteilter Verantwortung aller Mitglieder die Rede war. Auch die Reformation, vor allem der Calvinismus, der damals schon einen mehr demokratischen Einschlag bekam (und diesem auch in seiner Kirchenordnung Ausdruck gab), hatte zur Folge, daß als Reaktion die katholische Gegenreformation noch mehr die hierarchische Autorität von oben her betonte. Im Ancien régime blühte diese kirchliche Hierarchie weltlich triumphal auf, bis man zur Zeit des europäischen Absolutismus auch innerkirchlich den Papst als einen absoluten Monarchen ansah, mit allen entsprechenden Vorrechten, als eine höchste Autorität, gegen die keine Ansprüche geltend gemacht werden konnten. Eine Art Höhepunkt einer bestimmten Ekklesiologie.

Doch wenn die demokratischen Strukturen unseres modernen Staatssystems Gemeingut werden, scheint die Kirche schier unüberwindliche Schwierigkeiten zu haben, ihre Strukturen den Forderungen nach Mitsprache und Mitbestimmung aller Gläubigen bei der Leitung der Kirche (wie diese dann auch konkret organisiert werden müßte oder könnte) anzupassen. Um dieses Zurückscheuen vor Teilhabe und Mitbestimmung des gläubigen Volkes zu begründen, beruft sie sich beständig auf das, was sie „die von Gott gewollte, hierarchische Struktur" der Kirche nennt. Diese hierarchische Gliederung der Kirche soll, nach göttlichem Plan, keine demokratischen Strukturen in der Kirche zulassen.

Dieses historische Mißverständnis (denn das ist es, wie die weitere Analyse zeigen wird) ist in unserer demokratischen Zeit eine der schmerzlichsten Friktionen zwischen dem katholisch-gläubigen Volk und seiner Leitung. Und in einer Zeit, die jedem monarchischen Absolutismus abgeneigt ist, vor allem einer monokratischen Führung oder einer elitären Oligarchie, die leicht entarten und Züge der Willkür annehmen, ist das besonders schmerzlich und wird als eigentlich unerträglich empfunden. Deshalb beschließen wir dieses Buch mit einer Untersuchung nach dem historisch konkreten Gesicht der Kirche.

§ 1. Das historisch konkrete Gesicht der Kirche

I.
ABSTRAKTE UND HISTORISCH GEFÄRBTE EKKLESIOLOGIEN

In der Tat können wir, sogar mit Hinweis auf die Verkündigung, die aus der Bibel, dem Alten und Neuen Testament, erschallt, abstrakt oder spekulativ über die Kirche reden. Wir können außerdem über das Phänomen „Kirche" performativ sprechen, das heißt, *so* müßte (nach kritischer und einmütig bejahter Analyse des Alten und des Neuen Testaments und der Glaubensgeschichte der Kirche) das konkrete Wesen der Kirche sein. Aber in beiden Fällen können wir nicht an den empirischen, konkret-geschichtlichen Erscheinungsformen der Kirche vorbeigehen. Denn neben allen Gaben und Vorteilen, die sie im Lauf der Zeit vielen Menschen materiell und geistig gebracht hat, hat sie zugleich Menschen, Kulturen, andere Religionen und auch, sagen wir: „alternative Christen", in der Vergangenheit einfach ausgeschaltet, sogar zerstört und vernichtet, und dies alles aufgrund nicht des von dieser Kirche verkündigten eigenen Evangeliums (allerdings wurde es doch so präsentiert), sondern in Wirklichkeit unter Berufung auf eigene, ideologisch imperialistische Rechthaberei.

Das sind Tatsachen, die wir erkennen und zugeben müssen, bevor wir auch als Christen zu einer Untersuchung übergehen können und müssen. In vielen, älteren und modernen, Ekklesiologien wird die negative Seite der empirischen Kirche, in der Glaubenssprache „Gemeinde Gottes" genannt, verschwiegen oder jedenfalls als solche kirchentheologisch nicht thematisiert. In unserer heutigen Situation geht das nicht mehr an. Nicht wegen der Befürchtung der Christen, daß dann andere, nämlich Historiker, uns Christen mit unserer eigenen geschichtlichen Vergangenheit konfrontieren werden, sondern weil wir als Christen, nicht in pathologischer Selbstbemitleidung (denn diese Gefahr droht auch hier), sondern einfach „Honest to God" und in menschlicher Würde, hier und jetzt das eigene Christsein nicht anders mehr verwirklichen können als zugleich in ausdrücklicher Distanzierung von dem, was ein ideologisch praktiziertes Christentum bis heute der Menschheit angetan hat und noch immer antut.

II.
DAS MYSTERIUM DER KIRCHE GEMÄSS DEM ZWEITEN VATIKANISCHEN KONZIL

A. Reich Gottes und die christlichen Kirchen

Im vorausgegangenen ekklesiologischen dritten Kapitel habe ich mich als Theologe sozusagen schon auf einen post-ökumenischen Standpunkt gestellt, wie ich es größtenteils auch in den ersten beiden Büchern dieser Trilogie getan hatte. Das geschah keineswegs aus ökumenischer Uninteressiertheit. Im Gegenteil. Absichtlich habe ich mich dort, auch oben in diesem Buch, zumindest ausdrücklich nicht auf kirchlich-konfessionelle Unterschiede eingelassen (wenn auch das Wissen um konfessionelle Unterschiede latent natürlich in all meinen Reflexionen eine Rolle spielt. Doch habe ich diese Unterschiede nirgends thematisieren wollen. Das ist meines Erachtens auch eine legitime Form eines theologischen Ökumenismus).

Der Standpunkt, „von dem aus" wir Christen – vielleicht bescheidener: wenigstens ich als Christ – denken, wird heutzutage (auch durch mancherlei kulturell-gesellschaftliche Umstände) immer mehr zur Ökumene der Weltreligionen und zur Ökumene der Menschheit, zu der auch Agnostiker und Atheisten gehören. Implizit habe ich mich im Vorausgegangenen (wie auch in meinem ganzen theologischen Forschen) auf diesen Standpunkt gestellt. Eigentlich und letztlich geht es (um ein früheres Wort von Johann Baptist Metz zu gebrauchen) um die „Ökumene der leidenden Menschheit". Zwar hat dieses menschliche Interesse an „der Menschheit" beim christlichen theologischen Schaffen meines Erachtens nicht zu unterschätzende Vorteile, aber ich vergegenwärtige mir dabei doch, daß in Wirklichkeit Christen, auch ich in meinem postökumenischen theologischen Denken, christlich gesehen zumindest in einer post-ökumenischen Zeit leben.

Mehr noch, gerade in diesen unseren Tagen leben Christen in einer Periode, in der die christlich-ökumenische Annäherung (zumindest auf der offiziellen Ebene der verschiedenen christlich-konfessionellen Kirchen) größere Schwierigkeiten und Hindernisse erfährt, als es in einem früheren Stadium der ökumenischen Bewegung, vor allem an der Basis, der Fall war, und zwar unter loyal toleranten behördlichen Instanzen der Kirche. Heute ist dies anders.

Aus diesem Grund wäre es irreal, wenn ich all das, was ich im dritten Kapitel von einem breiteren, sozusagen „methodisch über-christlichen postökumenischen Standpunkt" aus dargelegt habe, nicht noch einmal vor dem Licht der (aus vielen kirchenpolitischen Motivierungen und auch Interessen) nicht zu unterschätzenden heutigen Krise in der begrenzteren, nämlich *innerchristlichen* Ökumene betrachten wollte. Darin spielt das Zweite Vatikanische Konzil anfangs eine bedeutende Rolle.

Im Text der Vorbereitungskommission war gesagt worden, daß das biblische „Mysterium der Kirche" schlechthin „die römisch-katholische Kirche" sei[2]. Als dieser vorbereitende Entwurf während der ersten Konzilssession in den Vollversammlungen zur Diskussion kam, erhob sich gegen diese Vereinfachung aus dem Kreis des Weltepiskopats heftiger Widerspruch. Das Ergebnis war, daß ein neuer Entwurf verfaßt werden mußte.

Wie 1961 in Neu Delhi das Bekenntnis des Dreieinen Gottes zur Grundlage und Voraussetzung für die Mitgliedschaft vom Weltrat der Kirchen erklärt worden war, so sah der zweite, neue Entwurf das Mysterium der Kirche vor dem Hintergrund der Proklamation des Heilshandelns des Vaters durch den Sohn im Heiligen Geist[3]. Über die Sendung des Sohnes und die eigene Sendung des Heiligen Geistes wird die Kirche mit der souverän-freien Initiative des Vaters verbunden.

Während der erste Entwurf zur näheren Bestimmung der Kirche einfach an die Enzyklika „Mystici corporis" anzuknüpfen suchte, in der der Schwerpunkt auf den gesellschaftlich-juridischen und korporativen Aspekt der Kirche gelegt war (nicht ohne Anschluß an den Römer- und den Ersten Korintherbrief), suchte dieser zweite Vorentwurf sich vor allem vom Corpus-Begriff der paulinischen Gefangenschaftsbriefe inspirieren zu lassen: Die Gläubigen sind der „Leib Christi" durch ihre persönliche Vereinigung mit dem erniedrigten und erhöhten Leib des Herrn, kraft des Heilshandelns Gottes. Durch Taufe und Eucharistie wird im Glauben diese Vereinigung „in corpore Christi" bewirkt. Erst von daher wird der Übergang zur Situierung des gesellschaftlich-juridischen Aspekts des Begriffs „Leib" geschaffen: die Kirche als differenziertes und organisiertes Ganzes von Gaben und Diensten. Damit war man über die enge Perspektive der Enzyklika „Mystici corporis" hinausgelangt, vor allem weil der in dieser Enzyklika hervorgehobene Aspekt in einer mehr biblisch orientierten Richtung erweitert aufgenommen wurde. Der Nachdruck fiel dabei auf das Heilshandeln des erhöhten Christus, der, durch den Geist in sichtbaren kirchlichen Formen wirksam, die Gläubigen persönlich seinem Leib eingliedert. Dadurch ist die Kirche nur und wenigstens „im Keim und Anfang" das Reich Gottes[4].

In diese neue Perspektive wurden dann die Aussagen aus dem ersten Entwurfsschema hineingenommen: „Die sichtbare (Kirchen-) Gemeinschaft und der mystische Leib Christi sind nicht als zwei verschiedene Größen zu betrachten, sondern bilden eine einzige Wirklichkeit, die aus menschlichem und göttlichem Element zusammenwächst", nicht ohne Analogie mit dem menschgewordenen Wort[5].

Dann folgt: „Diese Kirche, in dieser Welt gestiftet und zur Gemeinschaft geordnet, ist die katholische Kirche, die vom Papst und von den Bischöfen in Gemeinschaft mit ihm geleitet wird", dem hinzugefügt wird: „obwohl außerhalb ihres Gefüges vielfältige Elemente der Heiligung gefunden werden können, die als der Kirche Christi eigene Wirklichkeiten auf die katholische Einheit hindrängen."[6] Kirche und Mystischer Leib sind somit ein und dieselbe Wirklichkeit, weisen jedoch auf zwei Aspekte *einer* Wirklichkeit hin. So ist die Kirche Sakrament, wirksames Zeichen der erlösenden Gnadenpräsenz Gottes in Jesus Christus.

Doch wurde auch dieser zweite, revidierte Entwurf Gegenstand einer gründlichen Kritik von seiten des Weltepiskopats. Man sträubte sich gegen eine unnuancierte Gleichsetzung des Mystischen Leibes mit der römisch-katholischen Kirche. Diese Gleichsetzung würde die eschatologische Spannung in der Kirche leugnen, und infolgedessen sei man geneigt, die himmlische Vollendung der Kirche schon in der noch auf Erden pilgernden Kirche realisiert zu sehen. Deshalb baten viele Bischöfe, statt des Kirchenkonzepts möge die Idee des Reiches Gottes in den Mittelpunkt gerückt werden. So könne die „Kirche auf dem Wege" schärfer profiliert werden, in dem nüchternen realistischen Bewußtsein, selbst auch der Erlösungsgnade Gottes zu bedürfen. Kardinal König und der englische Abt Butler betonten, daß die Dogmatische Konstitution über die Kirche erst dann als ökumenisch im Aufbau bezeichnet werden könne. So werde der Raum geöffnet, um loyal die *ekklesiale* Wirklichkeit der anderen, nicht-katholischen Kirchen zu bekennen, denn eigentlich darum ging es in der Debatte.

Der revidierte dritte Vorentwurf, der schließlich (zumindest in diesem Punkt) auch als Endredaktion in die Dogmatische Konstitution über die Kirche gekommen ist, trug (wenigstens in großem Maße, denn eine Minderheit legte weiter ihr Veto ein) diesen letzten Änderungsanträgen Rechnung. Diese Endredaktion ist, bei all ihrer Offenheit, ein Kompromiß. Innerhalb der trinitarischen Perspektive des früheren, zweiten Entwurfs betont die neue Version vor allem die „kyriale" Würde Jesu, das heißt Jesu als des „Herrn" (Kyrios), der auf Erden den verhüllten Beginn des Reiches Gottes in seinem Leben, seinem Wirken und seiner Person inaugurierte. Daraus sollte geschichtlich die Kirchenbewegung entstehen[7].

Deshalb fügt diese Version des Konstitutionsentwurfs zwischen das ausdrückliche Trinitätsbekenntnis und die verkündigte Bejahung des Mysteriums der Kirche das Kerygma von der Königsherrschaft oder dem Reich Gottes ein. Dieses göttliche Königreich wird offenbar und sichtbar in Christi Worten, Taten und Wundern, schließlich in seiner ganzen Person. Der erhöhte Jesus sendet seinen Geist und gibt seiner Kirche den Auftrag, das Reich Gottes zu proklamieren und damit sich selbst als „Keim und Anfang" dieses Reichs zu verkünden, jedoch in Pilgerschaft ausgespannt auf die eschatologische Vollendung[8]. Reich Gottes und Kirche werden also nicht gleichgesetzt, aber auch nicht auseinandergezogen: Die Kirche *verkündet* das eschatologische Reich, jedoch zuallererst durch ihr Wesen selbst, denn sie ist dessen Beginn.

Nachdem die verschiedenen biblischen Bilder und Metaphern, mit denen die Kirche bezeichnet wird, kurz wiedergegeben worden sind, konzentriert dieser dritte und letzte Vorentwurf der Dogmatischen Konstitution die Aufmerksamkeit auf das biblische Bild vom „Leib Christi". Noch durchsichtiger in der Formulierung als in dem früheren Entwurf, wird dieses Bild im biblischen Kontext des gestorbenen und verherrlichten Leibes des Herrn und des eucharistischen Brotes, das die Gemeinschaft mit Christi Leib gewährleistet, ausgeführt, ohne daß jedoch die Idee des strukturierten, sozialen Leibes aus dem Blick verschwindet[9].

In diesem Ganzen mit seinen neuen Akzenten taucht wiederum (wenigstens substantiell) der Satz aus dem allerersten Textentwurf auf, in Verbindung mit dem sichtbaren und dem pneumatischen Charakter der Kirche: „Die mit hierarchischen Organen ausgestattete Gesellschaft und der geheimnisvolle Leib Christi, die sichtbare Versammlung (coetus) und die geistliche Gemeinschaft (communitas), die irdische Kirche und die mit himmlischen Gaben beschenkte Kirche sind nicht als zwei verschiedene Größen zu betrachten, sondern bilden eine einzige komplexe

Wirklichkeit, die aus menschlichem und göttlichem Element zusammenwächst."[10] Die entsprechende „relatio" erklärt dies näher: „Es gibt keine zwei Kirchen, sondern nur eine, die zugleich himmlisch und irdisch ist."[11]

Diesem dritten Entwurf der Konstitution zufolge ist es diese Kirche, von der das Glaubenssymbolum bekennt, daß sie „einig, heilig, katholisch und apostolisch" ist. Von derselben Kirche wird dann gesagt: „Diese Kirche, in dieser Welt als Gesellschaft verfaßt und geordnet, ist verwirklicht in der katholischen Kirche, die vom Nachfolger Petri und von den Bischöfen in Gemeinschaft mit ihm geleitet wird. Das schließt nicht aus, daß außerhalb ihres Gefüges (compago) vielfältige Elemente der Heiligung und der Wahrheit zu finden sind, die als der Kirche Christi eigene Gaben auf die katholische Einheit hindrängen."[12]

Die „Gleichsetzung" des biblischen Kirchenmysteriums mit der Ecclesia catholica wird vorsichtig, fast diplomatisch und dadurch etwas doppeldeutig – eines politischen Abgeordneten würdig (es war auch eine Formulierung des flämischen Priesters, Senators und Theologen G. Philips aus Löwen) – so formuliert: „Haec Ecclesia ‚subsistit in' Ecclesia catholica." Diesem „subsistere in" gab Philips keineswegs eine spezifisch scholastische Bedeutung (allerdings hat die Minderheit die Formel gerade aufgrund der scholastischen Aura um eine solche Formel geschluckt. Subsistere, substantia: das waren in der Scholastik stark ontologische Wörter, vor denen die Minderheit die Segel strich). Aus den Konzilsakten geht aber hervor, daß „subsistere in" als Abschwächung des ersten, stärkeren Ausdrucks „Haec Ecclesia ‚est' Ecclesia catholica" gewählt wurde[13]. Der abgeschwächte Ausdruck wird verwendet, um gerade die Realität kirchlicher Bestandteile in den anderen christlichen Kirchen nicht auszuschließen. Die Begründung der Annahme oder Ablehnung der vorgebrachten Änderungsanträge über dieses „subsistit in" zeigt übrigens deutlich, daß es die Absicht der Kommission war, zwar anzudeuten, daß „die Kirche, deren inneres und verhülltes Wesen als Kirchenmysterium beschrieben worden war, hier auf Erden konkret in der katholischen Kirche gefunden wird"[14], aber in ihren Erläuterungen verrät die Kommission ihre zweite Absicht, die sich hinter der Hauptabsicht bei der Wahl des Ausdrucks „subsistit in" verbirgt: „Diese empirische Kirche offenbart das Geheimnis (der Kirche), aber nicht ohne Schatten, und das tut sie so lange, bis es in das volle Licht gebracht wird, wie auch Christus durch die Erniedrigung hindurch die Herrlichkeit erreichte."[15]

Es ist alles sehr umsichtig formuliert, man fürchtete sich sozusagen, Außenstehenden gegenüber zuzugeben, daß auch in der Kirche die

Sünde wuchert. Jedenfalls wird in dieser Endredaktion deutlich, daß (im Gegensatz zu postvatikanischen Versuchen, dem Wort „subsistere" nachträglich eine starke ontologische Bedeutung zu geben) dieses Wort seiner suggestiven Kraft wegen verwendet wurde, wobei das „sub" nicht ohne brisante Bedeutung ist: „sistit sub ...", das heißt: Was das Neue Testament mit seinem biblischen Kirchenmysterium im Auge hat, ist unter mannigfaltigen historischen Verhüllungen und Verformungen in der „Ecclesia catholica" vorhanden: Das Geheimnis ist zwar gegenwärtig, aber ...! Es ist auch anderswo, in anderen christlichen Kirchen, vorhanden, aber ...! Gerade die unkritische, fast ausschließliche Gleichsetzung von „Kirchenmysterium" und „katholischer Kirche" wird in dieser Formulierung beiseite geschoben.

Eine Begründung der Kommission, warum sie es ablehnte, bestimmte weitere Änderungsanträge aufzunehmen, wurde so erklärt: Die Kirche ist einzigartig, obwohl auch „außerhalb von ihr ekklesiale Elemente gefunden werden"[16].

Im Dekret „über den Ökumenismus" desselben Konzils wird nicht nur festgestellt, daß „außerhalb der sichtbaren Grenze der katholischen Kirche" viele ekklesiale Werte vorhanden sind, sondern zugleich, daß dies „zu unserer Erbauung" gereichen kann – die Katholiken können davon lernen – und daß es außerdem durch die Existenz verschiedener christlicher Kirchen für „die Kirche" schwieriger wird, „die Fülle ihrer Katholizität in allen ihren Aspekten in der Realität des Lebens auszudrücken"[17]. Der Prozeß der Transparentwerdung des „Kirchenmysteriums in der katholischen Kirche" erfolgt konkret „sowohl in Kraft als auch in Schwachheit": „in Sünde und in Läuterung"[18].

Dieser abgeänderte letzte Vorentwurf wurde mit 2144 Stimmen von 2189 Gesamtstimmen gebilligt. Die letzte Möglichkeit, um, sozusagen in elfter Stunde, durch Beantragung von „modi" oder allerletzten Änderungsvorschlägen diesen Text noch zu verbessern oder konservativ umzubiegen (eine Situation in letzter Instanz, wobei die offizielle zuständige Kommission ziemlich autonom entscheiden konnte, ob sie noch auf allerletzte Änderungsvorschläge eingehen werde oder nicht – es sei denn, daß „von ganz oben" ein intervenierendes Veto käme, was bei anderen Themen der Fall gewesen ist), brachte (zumindest im Zusammenhang mit diesem Thema) keine Änderungen. Der soeben analysierte Text wurde denn auch in Wirklichkeit der Endtext und somit die authentische Wiedergabe der Dogmatischen Konstitution selbst.

Doch ist es interessant zu bemerken, daß es letztlich noch einige Bischöfe gab, welche die schon ökumenisch aufgebrochene Formel („subsistit in") noch mehr nuancieren wollten, um den ekklesialen Charakter der nicht-katholischen christlichen Kirchen noch stärker zu betonen [19].

Die Absicht dieser Dogmatischen Konstitution ist klar: Das Geheimnis der Kirche Christi, „der Gemeinde Gottes", wie die Konstitution dies in großen wesentlichen Zügen vorab in ihrem ersten Kapitel skizziert hatte, ist keine idealistische oder irreale Vision, ebensowenig bloß eine kommende Wirklichkeit, die jetzt nirgends tatsächlich vorhanden wäre. Nein, dieses Geheimnis ist wirklich gegenwärtig in unserer Geschichte, in einer ganz konkreten Gemeinschaft, dieser Konstitution zufolge in der „Ecclesia catholica", die jedoch dieses Geheimnis in Schatten, Entstellungen und Verwachsungen vergegenwärtigt und es durch diese Entstellung manchmal oder oft fast unkenntlich macht, ohne daß diese Beeinträchtigungen jede Manifestation oder Transparenz dieses Geheimnisses in dieser Kirche kurzweg unmöglich machen würden. Das war die Vision des Zweiten Vatikanums, auch der Geist dieses Konzils. Das Konzil wollte hier gegenüber den anderen christlichen Kirchen sehr weit gehen, ohne dem jahrhundertelangen Selbstverständnis der Catholica untreu zu werden.

Es läßt sich nicht leugnen: Die Dogmatische Konstitution über die Kirche steht in einem bemerkenswert anderen Klima als die katholische Kirchentheologie der Zeit vor dem Konzil. Die Ablehnung gerade des vorkonziliaren Entwurfs der Konstitution durch das Zweite Vatikanum war konkret ein Widerstand gegen die einseitigen, auch triumphalistischen Akzente der Enzyklika „Mystici corporis". Ich will hier auf drei offenkundige Unterschiede hinweisen.

1. Auffallend ist der deutlich markierte Unterschied zwischen der Kirche auf Erden und dem Reich Gottes, jedoch unter Aufrechterhaltung ihrer inneren Verbindung und ihres Zusammenhangs.

2. Genauso auffallend hinsichtlich der vorkonziliaren Ekklesiologie ist die zwar nuanciert – nicht ohne viel Vorbehalt (allerdings wird dieser etwas prüde vorsichtig formuliert) – durchgeführte Identifizierung des biblischen Geheimnisses der Kirche, des mystischen Leibes, mit der römisch-katholischen Kirche, aber diese konziliare Erklärung schließt dann doch ein, wenn dies auch nur im Mollton gesagt wird, daß dasselbe biblische Geheimnis der Kirche, obschon unter wieder anderer Verhüllung und Entstellung als in den empirischen Entstellungen innerhalb der katholischen Kirche, auf andere Weise auch in anderen christlichen Kirchen vorhanden ist.

3. Aus dem Ganzen dieser Dogmatischen Konstitution über die Kirche geht schließlich auch hervor, wenn dies auch nicht mit gleichviel

Worten ausdrücklich zugegeben wird, daß diese Konstitution einen Unterschied zwischen Kirche „als Heilsinstitut" und Kirche „als Frucht göttlicher Erlösung" bejaht, mit anderen Worten zwischen dem Institutionellen in der Kirche und der eschatologischen Glaubens- und Gnadengemeinschaft, wenn auch dieser Unterschied inadäquat bleibt[29].

Im zweiten Kapitel dieser Konstitution, die von „dem Volk Gottes" handelt, wird von diesem Gottesvolk gesagt: „Gott hat die Versammlung derer, die zu Christus als dem Urheber des Heils und dem Ursprung der Einheit und des Friedens glaubend aufschauen, als seine Kirche zusammengerufen und gestiftet, damit sie allen und jedem das sichtbare Sakrament dieser heilbringenden Einheit sei."[21]

B. „Ecclesia sancta" (einig, heilig, katholisch und apostolisch), „sed semper purificanda"

Nach dem biblischen Verständnis „beginnt das Gericht Gottes beim Haus Gottes": bei Israel und der Kirche (1 Petr 4, 17–18). Daher hat das Zweite Vatikanische Konzil die reformatorische Sorge um die „Ecclesia semper reformanda" fast wörtlich übernommen: „Ecclesia semper purificanda"[22]. Denn von der Kirche unterwegs, deren Geheimnis im ersten Kapitel von „Lumen gentium" in Bildern beschrieben wird, sagt dasselbe Konzil: „Auf ihrem Weg durch Prüfungen und Trübsal wird die Kirche durch die Kraft der vom Herrn verheißenen Gnade Gottes gestärkt, damit sie in der Schwachheit des Fleisches nicht abfalle von der vollkommenen Treue, sondern die würdige Braut ihres Herrn verbleibe und unter der Wirksamkeit des Heiligen Geistes nicht aufhöre, sich selbst zu erneuern, bis sie durch das Kreuz zum Licht gelangt, das keinen Untergang kennt."[23] Die Überwindung der Schwachheit geschieht allein „durch die Kraft Christi und der Liebe"[24]. Darin bejaht das Konzil selbst eine reformatorische Auffassung, wenn es sagt, daß die Kirche „sancta simul et purificanda" sei: Sie ist heilig, bedarf aber immer wieder der Reinigung; sie muß zur Metanoia, zur Buße und Erneuerung kommen[25].

Diese Verheißung beruht nicht nur auf der Kirche als ganzer, sondern in besonderer, amtlicher Weise auch auf dem amtlichen Dienst in der Kirche[26], nämlich: sowohl in ihrer Funktion als verkündigendes Lehren[27] – als kultische und sakramentale Heiligung durch Gebet und Sakramentenspendung[28] – als auch schließlich in ihrer Funktion als pastoral leitende kirchliche Vollmacht.[29]

In Anbetracht aber der biblischen Mahnung, sich in der Schwachheit des Fleisches stets im Geist zu erneuern, die an das Volk Gottes insgesamt gerichtet ist, noch bevor (in dieser Dogmatischen Konstitution) von dem funktionalen oder ministeriellen oder amtlichen Unterschied zwischen Gläubigen und Amtsträgern die Rede ist, stehen sowohl die Hierarchie als auch das gläubige Volk unter der bleibenden Mahnung nie ablassender Erneuerung und der christlichen Rückkehr zu den Quellen.

Fazit: Die Kirche als Heilsgemeinschaft und als Heilsinstitut steht dem Zweiten Vatikanum zufolge unter der kraftvollen Verheißung des Herrn, der nicht zuläßt, daß sie untreu wird. Jedoch muß diese Kirche sich in der Kraft des Geistes immer wieder erneuern.

Die synchronische Bejahung der „Ecclesia indefectibilis" (das heißt einer Kirche, die nicht von ihrer Grundinspiration abfallen und sich nicht von ihren ursprünglichen Wurzeln lösen kann) und der „Ecclesia semper purificanda" (der Kirche, die sich stets einer Reinigung unterziehen muß) schafft schwere und heikle Probleme. Gerade aufgrund des ihr vom Herrn zugesagten Beistandes: „Die Mächte der Unterwelt werden sie nicht überwältigen" (Mt 16,18), also aufgrund der kraftvollen Verheißung des Herrn, nimmt der feste Kurs der Kirche oder ihre Indefectibilitas die geschichtliche Gestalt einer immer wieder von neuem durchgeführten Metanoia, Erneuerung und Selbstkorrektur an. Daraus geht schon hervor, daß es nicht eine Indefectibilitas in Triumphalismus, sondern eine Indefectibilitas in Schwachheit ist, in der Gottes Gnade triumphiert. Das schließt ein, daß es keine Indefectibilitas *trotz* der Schwachheit, das heißt automatisch, gibt, sondern eine Indefectibilitas in und durch die immerwährende Erneuerung in Glaube, Hoffnung und Liebe.

Die kirchliche Indefectibilitas ist daher nicht eine statische, sozusagen unerschütterliche, essentialistische Eigenschaft der Kirche, die an dem stets prekären existentiellen Glauben der Kirche in Gehorsam gegenüber Gottes Verheißung vorbeigehen könnte. Diese zugesagte Indefectibilitas wird erst im Glauben, im Vertrauen und *in* der ständigen Selbstkorrektur der Kirche wirksam. Dazu paßt das Wort „göttliche Garantie" nicht. Es ist zumindest irreführend, wenn es auch als juridische Extrapolation der Übermacht der Gnade gebraucht werden kann, die so stark ist, daß sie *in* der Glaubensantwort der Kirche wirksam ist. Aber eine juridische Objektivierung dieser im Glauben und in gläubiger Selbstkorrektur wirksamen Indefectibilitas ist unmöglich, weil das durch den Lebensweg Jesu Christi ins Leben gerufene Wesen der Kirche das existentielle Leben der Heilsgemeinschaft, eben als Frucht der Erlösung, impliziert.

In dieser Perspektive muß man auch die sogenannten vier Eigenschaften der Kirche sehen. Mit dem Credo des Konzils von Konstantinopel im Jahr 381 bekennen alle christlichen Kirchen: „Ich glaube die eine, heilige, katholische und apostolische Ecclesia oder Glaubensgemeinschaft." Im Zweiten Vatikanischen Konzil wird das von jeder Ortskirche gesagt, in der, falls sie in der Gemeinschaft mit den anderen Ortskirchen lebt, die universale Kirche gegenwärtig ist. Aber wir wissen, daß es diese Einheit nicht gibt: Die christlichen Kirchen sind gespalten. Wir alle leiden unter der eigenen Sündhaftigkeit und der unserer Kirchen. Die vier Eigenschaften beschreiben also nicht unsere wirklichen Kirchen in ihren geschichtlichen Gestalten, während anderseits keine Kirche einen mystischen Extrakt der Essenz „Kirche" vornehmen kann; Kirchen existieren nur in geschichtlichen Gestalten.

Das bedeutet anderseits nicht, daß diese vier Qualifizierungen der Kirche rein eschatologisch, eine Wirklichkeit des Endreichs, wären. Es bedeutet, daß alle christlichen Kirchen schon jetzt Elemente enthalten, die diese Einheit fordern, nämlich: ihren Glauben an einen Gott und einen Herrn, an eine Taufe und einen Tisch. Weil diese vier Eigenschaften in allen Kirchen gebrochen und in Mittelmäßigkeit, in singulärer oder verengender Verfestigung vorhanden sind, sind sie in allen Kirchen doch innere Imperative der Veränderung: Aufrufe, wirklich den Weg zur ökumenischen Endvollendung zu gehen. Die Dynamik dieser Strukturelemente in allen Kirchen fordert dieses Gebrochensein nicht heraus. Das Evangelium legitimiert nicht die Mittelmäßigkeit. Und die proklamierte Botschaft begründet keineswegs ein Sich-Abschließen in gesonderten Zufluchtsorten schützender Geborgenheit vor „dem anderen"! Die vier „Eigenschaften" der Kirche stellen alle christlichen Kirchen unter den Aufruf, sich zu bekehren. Man kann nicht allein von anderen christlichen Kirchen Bekehrung fordern. Alle lokalen und konfessionellen Kirchen sind „Kirche" in dem Maße, wie sie die „communio", die Kommunikation mit anderen lokalen Kirchen, bejahen, begünstigen und fördern können.

Ärgerlich ist nicht, daß es Unterschiede gibt, ärgerlich ist, daß diese Unterschiede als Hindernis für die communio gebraucht werden (anderseits will man, mit Recht, aus der Einheit auch keine Komödie machen; man nimmt die Unterschiede ernst). Aber stark nuancierte Einheit-in-communio erfordert keineswegs eine formelle, institutionelle und administrative Einheit und ebensowenig eine Superkirche. Die vier bezeugten „Eigenschaften" sind auch für die römisch-katholische Kirche keine Beschreibung ihrer eigenen konkreten Erscheinungsform, sondern, wie für die anderen Kirchen, auch für sie ein Imperativ. Ökumene ist keine Privat-Annektierung des Evangeliums durch irgendeine konfessionelle

Kirche, sondern „Selbstentäußerung" aller und jeder christlichen Kirche. Zwar gibt es geschichtlich eine Pluralität als System des Ausschlusses, aber es gibt auch eine Vielfalt, die keine Opposition hervorzurufen braucht und in einer communio und gegenseitiger Anerkennung praktiziert werden kann. Verschiedenheit ist nur positiv innerhalb der communio mit dem anderen, in Achtung vor dem anderen, der anders und uns doch nicht fremd ist.

Es gibt keine wahre Ökumene ohne den Versuch, die Pluralität der Kirchen theologisch zu verstehen und zu praktizieren: Wir müssen dasselbe erfahren und verstehen können ... in Verschiedenheit voneinander. Es gibt kein ewig gültiges Uniformitätsmodell, aber ebensowenig ein geschichtlich vorgegebenes, vorgeschriebenes Einheitsmodell, zu dem sich alle Kirchen bekehren müßten. Für die Ökumene als wahre Kirche Jesu, des Christus, brauchen wir alle christlichen Kirchen. Alle Christen müssen nach einer Einheit streben, für die ein Modell bis jetzt in keiner einzigen Kirche in voller Aktualität gegeben ist. Einheit ist für alle christlichen Kirchen Zukunft, nicht Rückkehr zu irgendeinem alten Zustand. Es gibt außerdem keine Gemeinschaft ohne innere Konflikte, außer in ou-topia (das heißt: nirgends außer in „Wunschdenken") und eschatologisch, im Himmel! Aber diese Endvollendung befindet doch über unsere Gegenwart aufgrund der menschlichen und christlichen Revolte gegen die unerlöste Gegenwart der Kirchen und der Welt.

III.

DAS SOGENANNTE „KLASSISCHE" UND DAS (MEHR BIBLISCH PROFILIERTE) ANDERE GESICHT DER KIRCHE

Wir haben es momentan nicht nur mit einem ökumenischen Stillstand und einer innerkirchlichen Polarisierung zu tun. Es besteht genauso ein Tiefstand und eine Polarisierung innerhalb der römisch-katholischen Kirche.

A. Kirche als pyramidale Hierarchie

In der neuplatonisch-hierarchischen Auffassung von der Kirche bildet die Kirche eine Pyramide, ein Stufensystem: Gott, Christus, der Papst, die Bischöfe, die Priester und die Diakone; unten die Ordensleute und dann die „Laien": zuerst noch die Männer und zum Schluß die Frauen mit den Kindern. Dieses Kirchenbild entwickelte sich in der zweiten Hälfte des ersten Jahrtausends und führte vom elften Jahrhundert an zu einer intensiven Zentralisierung der kirchlichen Macht in Rom. Nach dem Tridentinum erhielt dieses Kirchenbild juridische Züge, vor allem in den Werken des Jesuiten Bellarmin und des Dominikaners Torquemada. Dann wurde es allenthalben angenommen und seit dem neunzehnten Jahrhundert im Kampf gegen die moderne Welt noch verstärkt. Die Kirche wird beschrieben als eine um den Papst von Rom organisierte Gemeinschaft, deren Präfekten in jedem Bistum die Bischöfe sind und die lokalen Stellvertreter dieser Präfekten die Priester, eingesetzt, um die Herde, weit weg im Feld, zu weiden.

Die ideologische Legitimation dieses Kirchenbildes gründet auf zwei Pfeilern: 1. dem des einflußreichen Gewichts einer Christologie, die das Wehen des Geistes auf den untersten Ebenen der Kirche vergißt und die Rolle des Heiligen Geistes mit Hilfe der amtlichen Sukzession in der Praxis allein für die Hierarchie beansprucht, und 2. dem der gesellschaftlichen Bedeutung der päpstlichen Unfehlbarkeit. Nach dieser Auffassung wird der Papst zum „ Stellvertreter Christi" in dieser Welt, wie die Gouverneure die Stellvertreter des römischen Kaisers in weitabgelegenen Gebieten waren. Die Gabe des Heiligen Geistes wird so in bezug auf eine niedrigere Ebene, die der Gläubigen, darauf reduziert, daß sie gehorsam akzeptieren, was die Spitze der Hierarchie beschlossen hat und verkündet. Dieses Kirchenbild schließt die Mehrzahl der Gläubigen völlig von der Ebene aus, auf der Verwaltungsentscheidungen getroffen werden; Laien und vor allem Frauen sind darin nicht mehr *Subjekte*, Träger und Erbauer des Kirche-Seins und der Kirchengeschichte, sie werden zu Objekten hierarchischer Entscheidungen sowie männlicher Verkündigung und Seelsorge.

Fatal bei alldem ist außerdem, daß sich die Autorität, die bestimmte päpstliche Handlungen unter juristisch kontrollierten, genau umschriebenen Umständen haben können, in Wirklichkeit auf *die Person* des Papstes verschiebt, der dann als Person unfehlbar gemacht wird. Daß der Papst für persönlich unfehlbar gehalten wird, ist römisch-katholisch gesehen eine Häresie, wenn auch eine der wenigen Häresien, die von offizieller Seite nie verurteilt werden. Bestimmte päpstliche oder konziliare Entscheidungen, getroffen im Namen der ganzen Kirchengemeinschaft auf der Ebene der Herausforderungen, die für den evangelischen Glauben von vitalem Interesse sind, können unfehlbar sein, das heißt: In ihnen kommt, auf glückliche oder manchmal weniger glückliche Weise, doch christliche Wahrheit geschichtlich zur Sprache. Für Christen weist dies auf den Beistand des Heiligen Geistes hin, der das unverkürzte Evangelium sicherstellt, aber man erhöht damit nicht die Person des Papstes. Die Person des Papstes bleibt dabei das, was er ist, eine geniale oder mittelmäßige, eine pastorale oder in sich gekehrte, eine demokratische oder eine autoritäre Persönlichkeit.

Indem man von dieser kanonisch abgegrenzten Unfehlbarkeit einfach auf die Person des Papstes übergeht, beraubt man in Wirklichkeit alle anderen institutionellen Instanzen in der Kirche – sowohl die Bischöfe als auch die Glaubensgemeinschaft – ihrer ursprünglich christlichen Vollmacht und Eigenart. Päpstlicher Persönlichkeitskult als Folge dieser Unfehlbarkeitsmystik übersieht, daß die Petrusfunktion oder petrinische Einheits- und Kommunikationsfunktion in der Kirche nur *ein* Amt, und somit *ein* amtlicher Dienst unter vielen anderen Ämtern in der Kirche ist.

B. Intensivierung des hierarchischen Charakters:
antidemokratisches Gesicht der Kirche seit der Französischen Revolution
bis vor dem Zweiten Vatikanum

Anderthalb Jahrhunderte lang haben die kirchliche Hierarchie und ihre offizielle Theologie das fundamentale Grundanliegen der bürgerlichen Religiosität scharf abgelehnt. Man könnte diese Situation folgendermaßen kennzeichnen: Das Erste Vatikanische Konzil war die Kirchenversammlung einer sich selbst in einer modernen Welt überlebenden feudalistischen Hierarchie, während das Zweite Vatikanische Konzil eine Kirchenversammlung im Horizont des Bürgertums war, ein Konzil, auf dem die römisch-katholische Kirche ihren soziokulturellen Rückstand gegenüber den bürgerlichen Freiheiten aufgeholt hat, jedoch (und das ist eine Ironie der Geschichte) in einem Augenblick, da die westliche Welt harte Kritik an den gesellschaftspolitischen Schattenseiten des liberalen Bürgertums zu üben begann.

Obwohl dieselbe Kirche noch im siebzehnten und achtzehnten Jahrhundert den Protest der Jansenisten gegen die aufkommende selbstbewußte Modernität als Anachronismus abgelehnt hatte (und dadurch in Schwierigkeiten mit dem Buchstaben ihrer jahrhundertelangen „augustinisch-abendländischen" Vergangenheit kam), wurde nach der Französischen Revolution diese Kirche zur späten, aber resoluten Vorkämpferin der antimodernen Ideen des Feudalismus, die sie damals hartnäckig fast als Glaubenswahrheit gerade dort festhielt, wo es um Thesen ging, die regelrecht gegen die bürgerlichen Grundprinzipien dessen, was man heute „Modernität" nennt, verstießen.

Dem von den aufgeklärten Gläubigen gefeierten „bürgerlichen Christus", der in der modernen Gesellschaft seine Herrschaft fortan nur in innerer Sinngebung der Gläubigen (Religion ist Privatsache) und in einer Auffassung von der Kirche gelten lassen soll, nach welcher sich diese funktional bewähren müsse, um überhaupt Glaubwürdigkeit zu besitzen, stellte die Amtskirche das allumfassende „höchste Imperium

Christi" entgegen, unter dessen Machtbereich das ganze Menschengeschlecht fällt[30]. Man kann das im Zusammenhang mit der Herz-Jesu-Verehrung sehen, die zwar aus der Basis herausgewachsen ist, aber erst 1765 von Clemens XIII. gutgeheißen wurde, da diese Verehrung in die päpstliche Kirchenpolitik der damaligen Zeit paßte und von der kirchlichen Hierarchie als Instrument gegen die Aufklärung angesehen wurde. Diese Verehrung erreichte sodann ihren institutionellen Höhepunkt, als Papst Leo XIII. die Welt dem Herzen Jesu weihte.

Die Herrschaft Christi über die ganze Welt ist nach Ansicht aller Päpste, die gegen die Aufklärung waren, in die Hände der kirchlichen Hierarchie gelegt unter Ausschluß jedes anderen, auch des Volkes Gottes. Dies war eine hierarchische Reaktion auf die These der Aufklärung vom „Willen des Volkes". Mehr noch, wenn dieser vom Bürgertum begrüßte Volkswille nicht an die Anordnungen der kirchlichen Hierarchie und des Naturrechts (das von derselben Hierarchie rechtens authentisch ausgelegt wird) gebunden bleibt, dann kann nach Ansicht Pius IX. daraus nichts anderes folgen als die „ungezügelte Begierlichkeit der Seele, die eigenen Lüsten und Vorteilen dient"[31]. Das von der Kirche verkündigte Heilshandeln Gottes läßt sich ja nicht auf ein Subsystem der großen bürgerlichen Gesellschaft einschränken, wie das Bürgertum dies sah. Denn, so argumentiert Pius IX., dann werden die für autonom erklärten Machtbereiche der Wissenschaft und der Gesetzgebung prinzipiell den sogenannten eigen-religiösen Befugnissen der römisch-katholischen Hierarchie entzogen, die gerade die allumfassende Herrschaft Christi über die ganze Welt repräsentiert. Scharf verurteilte deshalb dieser Papst die Behauptung, daß „die Wissenschaft von den philosophischen und moralischen Gegebenheiten, genauso wie die bürgerlichen Gesetze, von der göttlichen und kirchlichen Autorität abweichen könne, ja sogar müsse"[32].

Auch wurde die bürgerliche Idee des Gesellschaftsvertrags verworfen, das heißt: daß allein jene Gesellschaftsform legitim ist, die aus Vernunftgründen den Bedürfnissen aller Individuen gerecht wird, die gleichgestellt sind. Seinerseits erklärt auf derselben Linie ein späterer Papst, nämlich Pius X., gegen die Modernisten, daß die Kirche nicht aus einem Bedürfnis nach Kommunikation der Gläubigen entstanden sei und daß ihre Kirchenordnung und ihre Amtsstruktur ebensowenig der Entwicklung gesellschaftlicher Strukturen entlehnt seien. Die Kirche entspringe direkt dem Willen Christi, und zwar so, daß die Gestalt, die sie von ihrem göttlichen Stifter erhalten hat, selbst durch den Papst nicht geändert werden könne[33].

Gemäß dieser kirchlich-hierarchischen Auffassung läßt sich Kirche-Sein nicht mit der modernen Freiheitsgeschichte und mit ihrem Demokratisierungsprozeß vereinbaren. In diesem Zusammenhang wird die kirchliche Reaktion auf die berüchtigte „Depesche" Bismarcks vom 14. Mai 1872 sehr interessant, weil sie, innerhalb ein und derselben feudalistisch-hierarchischen Auffassung, doch Akzentverschiebungen zwischen dem deutschen katholischen Episkopat und der strengeren vatikanischen Auffassung zeigt. In seiner Zirkulardepesche hatte Bismarck, der sich anläßlich der kommenden Papstwahl an die Gesandten des Deutschen Reiches bei fremden Mächten gewandt hatte, den Papst im Zusammenhang mit seiner Unfehlbarkeitserklärung und vor allem wegen des damit verbundenen Anspruchs eines absoluten Fürsten angegriffen. Dieser Anspruch enthülle, daß die Bischöfe der Ortskirchen als Geschäftsführer des Papstes fungieren müßten. Was ferner impliziere, daß die Bischöfe in den Augen anderer Regierungen eigentlich Beamte eines fremden Souveräns seien! Eines fremden Souveräns, der, als Unikum unter den modernen souveränen Staaten, sich selbst außerdem als absoluten Fürsten ansehe.

Rom verteidigend, lehnte der deutsche Episkopat diese Intervention Bismarcks ab. Dabei ist vor allem die Argumentation der Bischöfe bedeutsam. Ausdrücklich wird gegen den Vorwurf Bismarcks, daß der Papst sich als absolutistischen Monarchen hinstelle, gesagt: „Der Papst steht unter göttlichem Recht und ist an die durch Christus für seine Kirche getroffenen Anweisungen gebunden"[34]; er „ist an den Inhalt der Heiligen Schrift, an die Überlieferung und an die schon getroffenen lehramtlichen Entscheidungen gebunden"[35].

Der Ton dieser bischöflichen Reaktion ist anders als der der vatikanischen Dokumente. Abgesehen vom Ersten Vatikanischen Konzil, das die Unfehlbarkeit ganz bestimmter päpstlicher Aussagen in der Tat mit der Indefektibilität der ganzen Kirche und folglich mit dem Glauben des Gottesvolkes verbindet und diese Unfehlbarkeit also nicht verselbständigt oder vom „Glauben der ganzen Kirche" loslöst, haben die päpstlichen Anti-Aufklärungsdokumente darauf nirgends Nachdruck gelegt. Sie haben diese fundamentale anti-autoritäre Tatsache sogar ständig verschwiegen (bis vor allem das Zweite Vatikanische Konzil von neuem den Nachdruck darauf legte). Der Brief der deutschen Bischöfe betont absichtlich, daß der Papst nicht nach eigenem Gutdünken einfach Dogmen erlassen könne[36]. Rom legt den Nachdruck auf den Gehorsam aller gegenüber dem Papst, während der deutsche Episkopat diesen Gehorsam zwar nicht leugnet, aber den Nachdruck auf die Gebundenheit des Papstes an die Schrift und deren biblische Auslegung in der kirchlichen Überlieferung legt.

Aus dieser Stellungnahme der deutschen Bischöfe und der päpstlichen Gutheißung dieses Dokuments wird deutlicher, daß das Erste Vatikanische Konzil keineswegs die Absicht hatte, dem Papst auch nur irgendwelche absolute Macht zu verleihen. Soweit das Erste Vatikanische Konzil die päpstliche Unfehlbarkeit an die „indefectibilitas" bindet, mit welcher „der göttliche Erlöser seine Kirche bei endgültigen Entscheidungen in Glaubens- und Sittenlehren ausgerüstet haben wollte"[37], erkennt die Konstitution über die Kirche im Ersten Vatikanum zwar durchaus an, daß Gottes Heilshandeln in Jesus Christus nicht nur als unsichtbare Gnadenwirkung, sondern auch in den sichtbaren Gestalten der geschichtlichen Leitung der Kirche wirksam ist. Daraus zog die kirchliche Hierarchie jedoch die Folgerung, die große geschichtliche Folgen haben sollte, daß der Papst gemäß dem Ersten Vatikanum von niemand beurteilt werden könne. Das ist sogar der Hauptenor der Verkündigung des Dogmas durch dieses Konzil. Das Fehlen jeglicher Forderung nach einer gewissen Kontrolle der kirchlichen Hierarchie, der sogenannten „heiligen Herrschaft" der Kirche, war ein grundlegendes Ärgernis für jeden, auch den christlichen bewußt lebenden Menschen. Mit dem neuzeitlichen, demokratischen Lebensgefühl des Bürgers vertrug sich das nicht mehr.

Neben dem Gegensatz zwischen moderner Demokratie und kirchlicher Hierarchie gab es damals den Gegensatz zwischen dem bürgerlichen Fortschrittsglauben und der katholischen Kirche. Im Bürgertum entwickelte sich die Idee von der Geschichtlichkeit des Menschen und dem Glauben an den geschichtlichen Fortschritt der Menschheit. „Der Bürger" war zu jener Zeit der „neue Mensch": „homo novus". Gerade für die kirchliche Hierarchie war dieser neue Mensch „der alte Adam": der Sünder, der sich „säkularisiert", das heißt sich für mündig erklärt und sich aus der göttlichen – konkret: der kirchlich-hierarchischen – Gewalt emanzipiert. Nach Ansicht der Kirche damals war das eine heillose, sündige Anmaßung. In seiner Sozialenzyklika bezeichnet Leo XIII. die vom Bürgertum besungene werteschaffende Arbeit des Menschen konsequent als eine notwendige Buße: Last und Leid im Hinblick allein auf den Lebensunterhalt[38].

Nicht die vergesellschafteten Individuen, wie das Bürgertum dies sah, sondern die vorindustrielle Familie des Ancien régime wird von der kirchlichen Hierarchie als Keimzelle der Gesellschaft bezeichnet. Abgesehen von den vielen menschenunwürdigen Grausamkeiten, die während der Französischen Revolution begangen wurden, worüber schon Immanuel Kant (der seine Sympathie für diese Revolution keinesfalls verbirgt) schwere Bedenken äußerte, ist anderseits die kirchliche Verurteilung all dessen, was die Revolution an Gutem unserer Gesellschaft gebracht hat und was wir heute (auch das Zweite Vatikanum) als bürgerlich wertvolle Errungenschaften preisen, noch am stärksten im Schluß des „Syllabus" dokumentiert. Dort wird die These verurteilt, die behauptet, daß der „römische Pontifex sich mit dem Fortschritt, mit dem Liberalismus und der neuen Bürgerlichkeit aussöhnen kann und auch muß."[39] Gegenüber allem Fortschritt: Evolution oder Entwicklung, werden die geoffenbarten Dogmen „als vom Himmel gefallene Wahrheiten" dargestellt[40]. Dadurch wird auch der Gebrauch der ideologiekritischen, geschichtlichen Methode in Exegese und Theologie in ein schlechtes Licht gerückt und in Wirklichkeit verurteilt. Die kirchliche Autorität aber wird von niemandem legitim beurteilt oder verurteilt. Diese Autorität ist immun, denn sie partizipiert an Gottes Autorität. So spricht die Kirche.

Ein anderer (meines Erachtens vielleicht einziger) entscheidender Punkt der Reibungen zwischen Bürgertum und Lehramt in der Kirche (die anderen Reibungsprobleme lassen sich für beide Parteien leichter lösen) ist der Gegensatz zwischen dem Wahrheitsbegriff der Aufklärung und der nicht-historischen Wahrheitsauffassung der kirchlichen Hierarchie.

Vorab ist festzustellen, daß die offizielle Theologie der Kirche in diesem Punkt einige fundamentale Elemente der Aufklärung (die sogar älter sind als die Aufklärung) übernommen hat: die Bedeutung und das Gewicht der „natürlichen Vernunft", die Wahlfreiheit des Menschen und schließlich die natürliche Erkenntnis Gottes (letzteres bedeutet eigentlich: Wenn es um Gott geht, hat jeder vernünftige Mensch ein Mitspracherecht, denn dann handelt es sich um den Sinn des eigenen Menschseins. Allerdings war das wohl nicht die Hauptabsicht des Ersten Vatikanums). Abgesehen von diesen von der kirchlichen Hierarchie positiv anerkannten, jedoch von der Aufklärung vertretenen Einsichten, hat die kirchliche Behörde, gegen die Aufklärungseinsicht des Bürgertums, trotzdem alle Wahrheit Zeit und Raum entrückt, abstrakt verewigt und außerhalb von jeder Zeit und jedem Ort gestellt[41], wobei sie eindeutig Partei für die unmündige Volkskirche ergriff, die nichts von dem wissen will, was man heute „zu verantwortendes Christentum" nennt.

Bei diesem Glauben der Volkskirche liegt es auf der Hand, daß die offizielle Kirche selbstverständlich die Behauptung ablehnen wird, daß „die Wahrheit nicht unveränderlich ist, ebensowenig wie der Mensch selbst, weil sie sich mit diesem Menschen, in diesem Menschen und durch diesen Menschen mitentwickelt"[42]. So interpretiert Papst Pius XII. die Wahrheit in der Weise, daß sie keine Geschichte kennt. Nach seiner Argumentation muß die wechselvolle Geschichte sich nach der Wahrheit richten, wie sie in Jesus Christus geoffenbart ist und vom Heiligen Geist der Kirche überliefert wurde. Diese Wahrheit braucht keineswegs die heutigen Bedürfnisse des Menschen zu befriedigen und sich somit ebensowenig dem modernen Sprachspiel auszuliefern[43]. Diese hierarchische Auffassung geht so weit, daß man zu behaupten wagt, die Wahrheit lasse sich nur in der linguistischen Gestalt der scholastischen Metaphysik als objektivem Ausdruck des Willens Gottes finden. Die Geschichte wird damit dem Sinn entzogen, den Menschen als geschichtliche Subjekte ihr geben wollten. Die ganze menschliche Vermittlung, das Subjektsein des Menschen in der eigenen Geschichte, mit vielen Determinismen und Zufälligkeiten, entfällt, und Gott wird auf diese Weise gleichsam zum direkten Subjekt der Geschichte[44]. Ich gebe zu, mit Recht huldigt dieses Dokument Pius' XII. Gott als Subjekt der Geschichte, aber es läßt sich nicht leugnen, daß die Art und Weise, wie dieser Papst das formuliert, dem Menschen die Würde seines erwachten Bewußtseins, die bürgerliche Freiheit, nimmt.

Zuvor konnte Gregor XVI. unverständlicherweise sogar sagen: „Dieser abscheulichen Quelle des Indifferentismus entspringt die absurde und irrige Aussage oder, richtiger, dieser Wahnsinn, daß jeder Mensch die Freiheit des Gewissens besitze und diese in Anspruch nehmen dürfe. Der Weg zu diesem verderblichen Irrtum wird durch die Forderung nach voller und maßloser Meinungsfreiheit vorbereitet, die sich wild zur Vernichtung der religiösen und der staatlichen Ordnung ausbreitet."[45] Papst Pius IX. beruft sich später auf dieses Dokument seines Vorgängers. Leider übergeht die von A. Schönmetzer bearbeitete Neuausgabe (1963) des „Denzinger" die Stelle mit dem entsprechenden Zitat aus dem päpstlichen Schreiben (das in der Tat schlechthin das Gegenteil vom Zweiten Vatikanum gesagt hatte)[46], als ob es für die Geschichte der Theologie und der Kirche bedeutungslos wäre, daß die Amtskirche damals noch eine für jedes menschliche Verständnis so unbegreifliche Aussage aufrechterhalten hatte.

Die ersten kirchlichen Äußerungen, in denen ein Papst mit einiger Sympathie von einem demokratischen Staat spricht, stammen von Pius XII. am Vorabend des Weihnachtsfestes 1944, also kurz vor Ende des Zweiten Weltkriegs[47]. Er verurteilt dort den Staatsabsolutismus, der übrigens noch sorgfältig unterschieden wird von der „absoluten Monarchie" („über die ich jetzt nicht sprechen will", wird hinzugefügt). Aber das Datum dieser Aussage fällt mit dem Zusammenbruch des Nationalsozialismus und des Faschismus zusammen. Wäre dies einige Jahre früher gesagt worden, dann hätte die Aussage über einen demokratischen Staat glaubwürdiger geklungen. Damals wurde sie allenthalben als kirchenpolitisch ekklesiozentrischer Opportunismus ausgelegt. 1945 bedeutete die Entscheidung für die bürgerliche Demokratie zugleich eine Option der Kirche für das westliche Lager gegen den Kommunismus.

Die bürgerliche Demokratie wird denn auch nicht wegen ihrer eigenen Verdienste gewürdigt, sondern als eine neue Waffe gegen die kommunistischen Länder. Es blieb letztlich eine kirchliche Selbstverteidigung. Das geht um so deutlicher aus der Tatsache hervor, daß die Hierarchie im eigenen kirchlichen Bereich keinerlei Form von Demokratie duldet. Es bedeutet eine Option gegen das Volk. Nur allmählich wird unter den folgenden Päpsten die Ambiguität der hierarchischen Vorliebe für Demokratie in der bürgerlichen Welt verschwinden. Deshalb ist der bleibende Widerstand gegen demokratische Mitsprache und Mitverantwortung des „Volkes Gottes" in für die ganze Kirche wichtigen Entscheidungen der kirchlichen Behörde um so unverständlicher – oder gerade allzu verständlich!

Geschichtlich läßt sich die Tatsache nicht leugnen: Die Kirche fügte sich nur widerwillig in die moderne Trennung von Kirche und Staat, deren, aus ihrer hierarchischen Optik gesehen, nachteilige Folgen von ihr später größtenteils durch den Abschluß von Konkordaten aufgefangen wurden. Die richtige Glaubensaussage, daß der Glaube das ganze, auch das gesellschaftliche menschliche Leben durchdringen müsse, wurde damals (in einer rechtspolitischen Perspektive) kirchenpolitisch in dem Sinne wiedergegeben, daß das Institut Kirche in allen Bereichen des gesellschaftlichen Lebens einen Platz haben müsse. Eine Enzyklika, zur Einsetzung des Christkönigs-Fests erlassen, kennzeichnet umfassend die Haltung der Kirche in ihrem anderthalb Jahrhunderte währenden Kampf gegen die neuen Errungenschaften des liberalen Bürgertums.

Auch das Aufkommen der „Katholischen Aktion" war nicht so sehr oder vor allem als eine Förderung des Laienapostolats oder eine Emanzipation der Laien gedacht, sondern hatte auch den Zweck, daß die kirchliche Hierarchie, die in der liberalen Gesellschaft fortan aus der Öffentlichkeit verbannt war, mit Hilfe der Laien wieder Einfluß auf alle Bereiche der Gesellschaft gewinnen solle. Die Laien erhielten dadurch übrigens ein „Mandat" von seiten der kirchlichen Hierarchie: eine Art „missio canonica", woraus hervorgeht, daß es um die Macht der Hierarchie ging, an der wegen der liberalen Neutralisierung der kirchlichen Hierarchie katholische Laien dann teilhaben durften, um den hierarchischen Verlust zu kompensieren. Denn durch die Trennung von Kirche und Staat war die gesellschaftliche Macht der kirchlichen Hierarchie, im Gegensatz zu ihrer geschichtlich machtvollen Vergangenheit, tatsächlich lahmgelegt.

Wer diese offiziellen päpstlichen Dokumente aus der sogenannten „Pius-Tradition" – Pius IX., Pius X., Pius XI. und Pius XII. – und somit von anderthalb Jahrhunderten offiziell-kirchlichen Widerstandes gegen die guten Errungenschaften des liberalen Bürgertums (abgesehen von dem nicht zu bagatellisierenden Bösen und der Gewalt, welche die Französische Revolution über Europa gebracht hat) mit Texten aus dem Zweiten Vatikanum vergleicht: über Gewissensfreiheit, Religionsfreiheit, Fortschrittsglauben, Toleranz und Rechte des Menschen, Ökumenismus und weitgehenden Heilsuniversalismus, vor allem nach jahrhundertelangem kirchlichem Augustinismus, eine Art thomistischer Bejahung der Weltlichkeit der Welt und ihrer eigenen Autonomie auf vielerlei Gebieten und so weiter – muß zugeben, daß das Zweite Vatikanische Konzil die bürgerlichen Werte als Errungenschaften aus der Französischen Revolution mit offenen Armen (nachträglich gesehen hier und da etwas naiv) akzeptiert hat – nachdem die Kirche sich anderthalb Jahrhunderte lang mit feierlichen Bannflüchen dagegen zur Wehr gesetzt hatte. Nachträglich begreifen wir denn auch, daß die moderne Welt in diesen anderthalb Jahrhunderten kirchlichen Widerstands gegen alles, was neu, „modern" genannt wurde, dieser Kirche manchmal wütend, manchmal gelassen, aber mit Festigkeit den Rücken kehrte. Diese antimoderne Kirche hätte damals doch andere Kritik an dem „modernen Bürgertum" üben können – eine Kritik, die vor allem nach dem Zweiten Vatikanum „die Welt" selbst mit großem Ernst und großer Sachkunde am liberalen Bürgertum des achtzehnten und neunzehnten Jahrhunderts zu üben begann. Ebenso verständlich wird dann aufgrund dieser ganzen Vorgeschichte das Drama eines Erzbischofs Marcel Lefebvre, der in Wirklichkeit alle diese Auffassungen der antibürgerlichen römisch-katholischen Hierarchie von Leo XIII. bis zu Pius XII. auch nach dem sich distanzierenden, bei allen Kompromissen doch radikalen Umschwung des Zweiten Vatikanums hartnäckig vertrat.

Den Bruch mit der feudalistischen Vergangenheit der Kirche muß man für die römisch-katholische Kirche somit unverkennbar in die Zeit von 1962 bis 1965 legen: die Zeit des Zweiten Vatikanischen Konzils, wenn auch als offiziell-kirchliches Ergebnis dessen, was schon länger unter vielen Katholiken und ihren theologischen Wortführern lebendig war. In diesem Sinn ist das Zweite Vatikanische Konzil (für viele kultur- und gesellschaftskritische Theologen unter uns heute vielleicht eine etwas kompromittierende Feststellung) ein verspäteter Triumph der liberalen Theologie: Es war in Wirklichkeit ein liberales Konzil. In Anbetracht der antiliberalen Vergangenheit der katholischen Kirche hatten wir ein solches Konzil dringend nötig. Das Zweite Vatikanum war in der Kirche der Durchbruch der Errungenschaften der Französischen Revolution, 150 Jahre danach. Obwohl es damals um ganz andere Probleme ging. Meines Erachtens liegt darin (für Rechte und Linke) das Drama des großartigen Phänomens des Zweiten Vatikanischen Konzils. Es lassen sich, vor allem in der Pastoralkonstitution des Zweiten Vatikanums „Gaudium et spes", in der Tat Formeln finden,die an den Kampfruf der Französischen Revolution erinnern: „Liberté, Egalité, Fraternité". Man darf nicht vergessen, daß die Bischöfe (die an diesem Konzil teilnahmen) wie auch ihre theologischen Berater aufgrund ihrer pastoralen Praxis und der Fragen, die ihnen dabei am Herzen lagen, in der abstrakten, antimodernen Haltung der vatikanischen Hierarchie überhaupt kein Heil mehr sahen. Für sie war diese Haltung fremd und unverständlich. Die Probleme und Sorgen vor allem der „Missionsbischöfe" (eines damals nicht unansehnlichen Teils des Weltepiskopats) standen in direktem Widerspruch zu den vorkonziliaren, noch feudalistisch-hierarchischen Textentwürfen der römischen Vorbereitungskommissionen.

Aber die durch das Konzil endlich gewonnenen und gutgeheißenen nicht-feudalistischen Einsichten gerieten nach diesem Konzil selbst wieder in Konflikt mit der heutigen Gesellschafts- und Ideologiekritik und später mit der Volkstheologie der Befreiungstheologen aus verschiedenen Kontinenten. Das Zweite Vatikanum war ein Aufholversuch der (gegenüber dem, was in der Welt geschah) zu spät kommenden Kirche. Da waren das gewachsene und kritische Bewußtsein der Welt und das allgemein-menschliche Bewußtsein schon viel weiter fortgeschritten als die späten feudalistischen Träume, welche die Kirche immer noch hegte.

Im weiteren will ich zeigen, daß dieser – von der Kirche früher bekämpfte, aber jetzt von diesem Konzil (dem Zweiten Vatikanum) begeistert begrüßte – Aufholversuch, was die modernen weltlichen Errungenschaften, das vom Zweiten Vatikanum akzeptierte Einbringen der menschlichen Freiheitsgeschichte und ihrer relativen Autonomie betrifft, innerhalb des Phänomens „Kirche" mehr ungelöste als gelöste Fragen mit sich bringt.

C. Neue, post-vatikanische Perspektiven, angeregt durch das „bürgerliche"
Zweite Vatikanische Konzil

Das Zweite Vatikanische Konzil zeigte ein anderes Gesicht der Kirche; es hat das vorhergehende Kirchenbild zumindest theoretisch stark korrigiert. Leider gab es diesem neuen Bild noch keinen institutionell-kanonischen Schutz, aber dafür sollte, nach dem Wunsch Johannes XXIII., eine kommende Revision des kirchlichen Gesetzbuches sorgen (eine Revision, mit der nach dem Konzil begonnen wurde und die erst Ende

1983 offiziell vorlag, aber in einigen fundamentalen Punkten den Grundintuitionen des Zweiten Vatikanums zuwiderläuft). Noch bevor von kirchlichen Ämtern die Rede ist, definiert dieses Konzil die Kirche als das von Gott zusammengerufene Volk. Darin sind alle Gläubigen gleich, ebenbürtige gläubige Subjekte, „lebend aus dem Geist": freie Kinder Gottes.

Erst nachdem über das Gottesvolk auf dem Weg zur Endvollendung gesprochen wurde, ist in diesem Konzil die Rede von bestimmten Elementen, die die Kirche oder das Volk Gottes organisch strukturieren. Dadurch werden die Vollmachten des kirchlichen Amtes nicht außerhalb der Kirchengemeinschaft oder des Volkes Gottes gestellt. Die amtlichen Differenzierungen, die in diese Strukturierung kommen, berühren nicht das Recht des Volkes Gottes als Subjekt des Kircheseins. Alle Ämter sind für dieses Volk da, als ein Dienst. Daß auch diese Ämter besondere Charismen des Geistes sind, sagt noch nichts über deren institutionelle Regelung oder über die Möglichkeit einer Kontrolle der Amtskirche durch die Gläubigen.

Nun, die Art und Weise, wie die Kirche die Ämter tatsächlich organisiert, macht eine institutionell geschützte Basis für das freie Spiel des Heiligen Geistes in den gläubigen Laien unmöglich oder zumindest sehr schwierig. Daß das Amt ein Charisma des Heiligen Geistes ist, sagt außerdem nichts über die Frage, wie die Amtsträger benannt werden müssen. „Was alle berührt, ist auch eine Sache aller", war diesbezüglich die alte kirchliche und päpstliche Devise.

In seinem Kompromißcharakter gibt das Zweite Vatikanum manchmal, wenn auch ungewollt, noch Anlaß zu der pyramidalen Kirchenauffassung. Das Konzil bestimmt vorab das Recht und die Pflicht aller Gläubigen, als „christifideles" für die Kirche mitverantwortlich zu sein, aber aus einem späteren Kapitel von „Lumen gentium" (Kapitel 4) geht hervor, daß man in der Praxis eine „vorab bestimmte Harmonie" zwischen dem „gelebten Glauben der ganzen Kirchengemeinschaft" und dem, was die Hierarchie als Glaube und Leitung verkündigt und formuliert, postuliert, während die Gläubigen kein Mitspracherecht erhalten, weder in diesem Glaubensausdruck noch in der kirchlichen Leitung. Man erklärt dies so: Aufgrund des Willens Christi kann es keinen Gegensatz geben zwischen dem, was an Glaubensinhalt im Leben einer Kirchengemeinschaft vorhanden ist, und dem, was der Papst oder die Hierarchie anordnet. Denn – so die Argumentation – das Objekt des Lebens des Volkes Gottes ist das „geoffenbarte Geheimnis", und das Objekt der Verkündigung, des Kultes und der Administration durch die Hierarchie ist dasselbe Geheimnis, während die Grenzen der hierarchischen Vollmachten die Grenzen der Offenbarung sind. So kommt es zu einem glatten Gleichgewicht, einer positivistisch postulierten Harmonie (sozusagen einer „prästabilierten Harmonie", um einen Begriff des Philosophen Leibniz zu übernehmen) zwischen dem Leben der Gläubigen und der Lehre der kirchlichen Hierarchie.

Diese Idylle innerer Harmonie hat institutionell schwerwiegende Folgen. Denn sie verweist jeden tatsächlichen Konflikt zwischen den Gläubigen und der Hierarchie, wie auch jeden Konflikt zwischen einer lokalen Kirchengemeinschaft und der kirchlichen Spitze, in die Ordnung der Sündhaftigkeit: Ungehorsam auf seiten der Untertanen. Der Konflikt wird für lösbar gehalten von der Hierarchie, die, manchmal bis zur Anmaßung, an den Gehorsam der Gläubigen appelliert. Diese tatsächliche Praxis nicht weniger Bischöfe identifiziert das Mysterium der Kirche sozusagen *adäquat* mit einer innerkirchlichen Autorität-Gehorsam-Struktur, und sie verschweigt außerdem, daß die Kirchengeschichte nie eine solche harmonische Idylle von Obrigkeit, die immer recht hat, und von Gläubigen, die nur gehorchen müssen, gewesen ist.

In dieser Sicht wird die praktische Geschichte der Konflikte dann a priori als Frucht der Sünde gesehen, und zwar so, daß jeder Konflikt in dieser Logik zugunsten der stärkeren, nämlich der hierarchischen Position abgewiesen und zur Sünde auf seiten der Basis erklärt wird. Vor allem als psychologische Konsequenz aus dieser theologisch falschen Sicht entstehen sowohl Gefühle der Ohnmacht oder Nichtigkeit als auch Gefühle der Enttäuschung, des Widerstandes, manchmal sogar der Aversion. Auch die „Laien" begreifen, daß es Konflikte geben kann, die mit Sündhaftigkeit nichts zu tun haben, sondern auf unterschiedliche Einsichten und eine unterschiedliche Einschätzung der Heilsgeschichte zurückgehen, zum Beispiel was pastorale Interessen des Volkes und eigene Interessen der hierarchischen Organe betrifft. Und das wird in der Praxis nicht beachtet. Diese Methode, jeden Konflikt in der Kirche für nichtig oder sündhaft zu erklären, stellt die Hierarchie in eine immune oder sturmfreie Zone. Man sieht die Kirche in Wirklichkeit als eine „societas perfecta" an [48], als das vollendete Reich Gottes unter Leitung des „Stellvertreters" Christi, während sich auf seiten der Gläubigen nur folgsamer Gehorsam ziemt. In dem Maße, wie die Kirche treu ist, hat sie (nach dieser Auffassung) denn auch keine wirkliche Geschichte. Die tatsächlichen Konflikte, die es jemals gegeben hat und jetzt gibt, werden einfach zu einer Geschichte menschlicher Sündhaftigkeit der Gläubigen deklariert.

Gerade diese Auffassung von der Kirche, die nicht nur eine Auffassung ist, sondern in vielen Diözesen eine hierarchische Praxis, ist der Grund dafür, daß viele Gläubige an ihrer Kirche leiden. Weltweit und nicht nur in der niederländischen Kirchenprovinz zeigt sich deutlich, wie nach der sogenannten „Kölner Erklärung" sichtbar wurde, daß viele, Katholiken und auch Mitchristen, die der römisch-katholischen Kirche zugetan sind, um des Glaubens willen leiden. Wenn Hierarchie und Gläubige manchmal verschiedene Wege gehen, vergißt die Leitung oft, daß auch diese Gläubigen aus tiefem evangelischem Engagement und um der Kirche willen so handeln. Da wir alle sündige Menschen sind, ist es innerhalb der ideologischen Logik des pyramidalen Kirchenbildes kein Kunststück, bei Konflikten die Gläubigen einfachhin (ekklesiologisch zu Unrecht!) in Strenggläubige und Liberale einzuteilen. Wenn die kirchliche Hierarchie in ihren meisten Handlungen gerade fehlbar ist und doch kraft des Beistandes des Geistes, durch Höhen und Tiefen hindurch, die Kirchengemeinschaft auf festem evangelischem Kurs zu halten weiß und wenn sie, als Hilfe dazu, in einigen seltenen Fällen auch „unfehlbar" auftreten kann (dabei übrigens eine Unfehlbarkeit zeigt, die – sogar gemäß dem Ersten Vatikanischen Konzil – nur die Kursfestigkeit der ganzen kirchlichen Glaubensgemeinschaft kritisch widerspiegelt), warum soll dann gemäß diesem konziliar festgelegten Kirchenbild das Recht a priori bei Papst und Bischöfen liegen? Es gibt sogar gemäß dem Geist gerade des Ersten Vatikanischen Konzils auch so etwas wie den Glaubensgehorsam der Hierarchie gegenüber dem Glauben des Volkes Gottes, worauf John Henry Newman uns schon aufmerksam gemacht hat[49].

Mitverantwortung aller Gläubigen für die Kirche auf der Grundlage der Geisttaufe der Gläubigen schließt wesentlich (wie immer sich das konkret und zweckmäßig organisieren läßt) Teilnahme aller Gläubigen bei kirchenpolitischen Entscheidungen ein. Das Zweite Vatikanum zeigte dazu auch wenigstens einige institutionelle Ansätze, die dieses Mitspracherecht aller konkret möglich machen sollten: die römischen Bischofssynoden, die Regionalsynoden, die Bischofskonferenzen, die Priesterräte, die Diözesan- und Pfarräte von Laiengläubigen und die Gremien vieler katholischer Organisationen. Aber als diese Institutionen in der Praxis ihre vielfältige Fruchtbarkeit zeigten, wurden sie von oben ausgehöhlt und lahmgelegt. Außerdem pendeln sich die meisten Ausführungsdekrete nach dem Zweiten Vatikanischen Konzil hauptsächlich auf eine einzige Linie dieses Konzils ein (vor allem, wo dieses Konzil das Tridentinum und das Erste Vatikanum wiederholt), so daß die Wirksamkeit der anderen Linie desselben Konzils (eben das erfrischend Neue dieses Konzils) keinen institutionellen Halt erhält und deshalb – aufgrund des Gesetzes der Spannung zwischen *Charisma* und *Institution* – dazu verdammt ist, vorläufig aus dem Leben der Kirche zu verschwinden. Man kann in Wirklichkeit nicht ehrlich von Gleichwertigkeit aller in der Kirche sprechen (Gal 3, 26–28), wenn man die institutionellen Formen dieser Gleichheit nicht präzisiert oder nicht sicherstellen will.

D. Die Drosselung des Durchbruchs des Zweiten Vatikanums, post-vatikanisch legitimiert durch eine ideologische Berufung auf den Begriff „Kirche als Mysterium"

Mit der tiefen Einsicht, daß die Kirche ein „Mysterium" ist, ist in letzter Zeit viel Mißbrauch getrieben worden.[50] Der Mißbrauch gründet auf einem hartnäckigen dualistischen Mißverständnis.

Es ist für uns alle selbstverständlich: Die Kirche Jesu Christi lebt, wie jede Gemeinschaft, nie in einem soziohistorischen und politisch-kulturellen Vakuum. Die Gemeinschaft „Kirche" wehrt sich entweder gegen die weltliche, sie umgebende Umwelt oder geht, sei es aus evangelischen und pastoralen, sei es aus ideologischen Motiven, kritisch oder unkritisch einfach darauf ein. Im Laufe der Zeit hat sie somit viele Gesichter erhalten. Sie zeigte in ihrer geschichtlichen Erscheinungsform manchmal sehr anziehende, oft auch weniger sympathische, manchmal unschöne und in anderen Zeiten nichtssagende, neutrale Züge. Manchmal gab es in der Kirche nichts, für das man sich erwärmen konnte oder über das man sich hätte aufregen können; Gläubige sprechen dann von einer „faden Kirche", wie schon das Buch der Offenbarung zu der Kirche von Laodicea sagte: „Ich kenne deine Werke. Du bist weder kalt noch heiß. Wärest du doch kalt oder heiß!" (Offb 3,15). Es gab auch Zeiten, in denen wir die empirischen Kirchen in ihrem lokalen oder auch weltlichen Kontext nicht anders als sündhaft ansehen konnten, sündhaft vor allem durch Versäumnis, während ihre Heiligen, die es in Treue zum Evangelium stets gab, gleichzeitig ein verborgenes Leben führten oder den Martertod erlitten.

Gerade weil die konkrete Kirche eine Wirklichkeit ist, die von vielen Standpunkten aus zur Sprache kommen kann, bietet sich eine bestimmte Kirchentheologie oft als wirklichkeitsfremd dar. Von Gemeinschaften im allgemeinen haben viele Menschen schon eine spontane Erfahrung. Diese kann auch wissenschaftlich genauer analysiert werden. So hat unter anderem die Erkenntnissoziologie gezeigt, sowohl *wie* in einer Gemeinschaft Autoritätsstrukturen entstehen und *warum* sie entstehen als auch wie die eigene Lebensweisheit, deren eigentliche Trägerin eine bestimmte Kultur ist, sich auf die Dauer doch zur Spezialisierung (durch einige aus der Gemeinschaft) und zu einer Wahrnehmung der eigenen Werte und Anschauungen entwickelt, die allen am Herzen liegen und alle angehen.[51]

Das eigentliche Spezialsubjekt der Autorität in einer bestimmten kulturellen Erfahrungstradition sowie das Spezialsubjekt der Wahrnehmung, Verteidigung und Auslegung der Werte und der Weisheit des eigenen Volkes können manchmal zusammenfallen. Aber aufgrund des Inhalts der spezifischen Ausrichtung beider werden, durch gesellschaftliche Differenzierung und Aufgabenverteilung, die mehrfachen Interessen einer bestimmten Kulturtradition innerhalb dieser Gemeinschaft letztlich von verschiedenen Instanzen wahrgenommen werden. Dies alles kann man soziologisch analysieren, auch geschichtlich nachprüfen, und so kann man die soziologischen Gesetzmäßigkeiten von Entwicklungen und Konflikten zwischen verschiedenen Instanzen innerhalb einer Kulturgemeinschaft auch aufspüren.

Dies alles gilt genauso für religiöse Gemeinschaften, auch für die Kirche als Gesellschaft, die in religiöser Glaubenssprache „Gemeinde Gottes" genannt wird. Außerdem wird man, in einem „zweiten Diskurs", nämlich in religiöser Glaubenssprache, über dieselbe weltliche religiös-gesellschaftliche Wirklichkeit reden müssen. Was in Termini menschlicher Erfahrung beschrieben und soziologisch analysiert wurde, muß schließlich auch in der Sprache des Glaubens gesagt werden. Das schließt jedoch ein, daß die religiöse Glaubenssprache leer und nichtssagend wird, wenn sie nicht einen erkennbaren Hinweis auf reale menschliche Erfahrungen und darin implizierte autonome Strukturen enthält. Anderseits ist das Reden in Glaubenssprache über eine gesellschaftliche, empirisch zugängliche Wirklichkeit, wie es die Kirche tatsächlich ist, kein überflüssiger Luxus noch (wenigstens per se) ein ideologisches Reden über ein Geschehen, das schon aus rein weltlichen Gründen adäquat verstanden werden könnte. Die Heilsoffenbarung Gottes, die uns von und in der christlichen Erfahrungstradition der kirchlichen Glaubensgemeinschaft dargeboten wird, ist zwar eine *Gnade,* aber eine Gnade, die durch die Struktur geschichtlicher Erfahrungen *vermittelt* wird. Wer das vergißt, spaltet zum Beispiel das Geheimnis der Kirche sozusagen gnostisch und dualistisch auf in einen „himmlischen Teil" (der sich dann, in dieser Hypothese, allen soziologischen Annäherungen und aller Ideologiekritik entziehen würde) und einen „irdischen Teil", dem dann (in derselben Hypothese) offensichtlich alles Schlechte zugeschrieben werden darf. Das Zweite Vatikanum sagte dagegen: „Die irdische Kirche und die mit himmlischen Gaben beschenkte Kirche sind nicht als zwei verschiedene Größen zu betrachten."[52]

Die geschichtlichen Vermittlungen der Gnade Gottes auch wissenschaftlich (mit Hilfe der Human-, Verhaltens- und semiotischen Wissenschaften) zu untersuchen ist vor allem in einer Zeit, die (in allen Religionen) zu religiösem Fundamentalismus, zu Dualismus und zur

Flucht aus der eigenen Unsicherheit und Unwissenheit in die Arme eines Gurus oder des selbstsicheren „allwissenden" Leiters neigt, eine höchst dringende Notwendigkeit.

Wenn aber irgendwo in der Theologie von einer Stapelung von Pseudoproblemen gesprochen werden kann, dann gerade auf dem Feld der Beziehung zu all jenen Fällen, in denen menschliche Wirklichkeit und Gnadenwirklichkeit – wie etwa Freiheit und Gnade; emanzipative Selbstbefreiung und christliche Erlösung; Menschheit und Gottheit Jesu – als zwei verschiedene Wirklichkeiten *hinter*einander und *neben*einander gestellt werden, die man aufgrund dieser Voraussetzung sodann dialektisch mit Hilfe verschiedener theologischer Tricks miteinander in Einklang bringen muß. Häufig liegt das Pseudo-Problem darin, daß man ein und dieselbe Wirklichkeit, die in verschiedenen (beispielsweise wissenschaftlichen und religiösen) Sprachspielen besprochen werden kann, zu Unrecht als zwei verschiedene, einander entgegengesetzte oder nebeneinanderliegende *Wirklichkeiten* betrachtet. Man übersieht, daß diese eine Wirklichkeit, wegen ihres Reichtums, nur von zwei (oder mehreren) unterschiedlichen Aspekten, Fragestellungen und Sprachspielen aus voll (und selbst dann noch beschränkt-menschlich) zugänglich ist.
Wer die Mannigfaltigkeit der verschiedenen Aspekte aus dem Auge verliert, läßt entweder die Gnade erst dann in Kraft treten, wenn der Mensch aufhört, verantwortlich tätig zu sein, und das nennt man dann die Zone des „Geheimnisses"; oder er geht an der Wirklichkeit vorbei, daß man Gottes Gnade auf sehr unterschiedliche Weise empfangen kann, bis zur tatsächlichen Verweigerung dieser Gnade, auf die man sich beruft! Schöpfung und Erlösung, Christologie und Ekklesiologie werden dann auf Kosten autonom-menschlicher und geschichtlicher Erfahrungen und geschichtlicher Wirklichkeit proklamiert. Anstelle von Gnade in der Struktur geschichtlich vermittelter Erfahrungen und der Praxis der Menschen erhalten wir dann eine Stereophonie von einerseits mühsam-menschlicher Tätigkeit und andersseits direkter himmlischer Segnungen. Diese letzteren werden dann das eigentliche, wissenschaftlich nicht mehr ergründbare Geheimnis genannt. Das wahre Geheimnis liegt jedoch in der menschlichen Wirklichkeit selbst, als Geheimnis der Gerechtigkeit oder Treue gegenüber der Gnade in menschlichen Leitungs- und Entscheidungshandlungen, und als Geheimnis der Ungerechtigkeit dort, wo die Leitung und die Entscheidungen die Vermittlungsorgane des Heiligen Geistes links liegen gelassen oder nach eigenem Interesse interpretiert haben.
Was jedoch, in der Tat, einander diametral gegenübersteht, ist zum Beispiel menschliche Freiheit *als gedacht* und Gnade *als gedacht*. Mit ande-

ren Worten: Auf der Ebene der Begriffe und ihres linguistischen Ausdrucks werden beide Bezeichnungen – menschliche Freiheit und göttliche Gnade – durchaus neben- und nacheinander gedacht, aber in Wahrheit geht es um ein und denselben, in verschiedenen Sprachspielen zu entziffernden Lesetext. Gott und Geschöpf lassen sich nie zusammenaddieren und auf eine Zeile schreiben oder in einem Lehrsatz einfangen. Wo dies doch geschieht, werden zwei Sprachspiele durcheinandergewürfelt, und man wirft mitten in einem Schachspiel Trumpf As auf das Schachbrett, in dem Glauben, mit dieser Karte das Schachspiel gewinnen zu können. Das ist oft buchstäblich der Fall, wenn bestimmte Bischöfe eine immunisierende Berufung auf das „Geheimnis" der Kirche vornehmen gegenüber dem, was Sozial- und Verhaltenswissenschaften über dieselbe Kirche aussagen.

Glaubenssprache und empirisch-beschreibende Sprache beziehen sich nämlich auf ein und dieselbe Wirklichkeit, und man braucht somit nicht zwei sich widersprechende Wirklichkeiten, wie dialektisch auch immer, miteinander in Einklang zu bringen. Es gibt keinen Dualismus, und somit ist auch nichts in Einklang zu bringen. Es gibt Treue und Untreue gegenüber der Gnade, halbherzige Treue und halbierte Treue, guten Willen und weniger guten Willen, oder einfach Untreue, in vielerlei Schattierungen. Auch hier gilt: „sancta, sed semper purificanda!"

Der Vorwurf, der nicht selten aus bestimmten episkopalen und auch manchmal theologischen Ecken in den christlichen Kirchen vernommen wird, nämlich daß die heutigen Theologen zuviel bei den Humanwissenschaften in die Lehre gingen und somit (und in diesem „somit" verrät sich schon der Dualismus) zu horizontal dächten und so an der „vertikalen" Dimension des Mysteriums der Kirche vorbeigingen, geht in Wirklichkeit entweder auf eine dualistische, supranaturalistische oder fideistische Auffassung von religiösen Wirklichkeiten zurück. Es zeugt von einer Art religiösen Positivismus', der sich, vielleicht aus Angst oder Kurzsichtigkeit, durch Berufung auf das „Geheimnis" von einer wissenschaftlichen Durchleuchtung, von Ideologiekritik und theologischer Hermeneutik abgrenzt und immunisiert. Mit anderen Worten: Eine Form von Fundamentalismus, der sich augenblicklich überall ausbreitet, selbst in der katholischen Kirche, die immer geglaubt hat, dies sei eine irrige Eigenart des Protestantismus.

Kirchengemeinschaft als *Geheimnis* läßt sich nicht hinter oder über der konkret sichtbaren Wirklichkeit finden. Kirchengemeinschaft ist in dieser hier und jetzt deutlich nachweisbaren Wirklichkeit zu finden. Auch wir, allesamt an der Basis, sind ein Stück dieses lebendigen Geheimnisses. Zu dem, was wir Geheimnis der Kirche nennen, gehört zugleich das, was an der Basis geschieht. Das Tasten und Suchen, das Danebengreifen und vielleicht zeitweilige Irren und das Finden sind Teile der Erscheinungsform der einen großen Catholica, die in vielen christlichen Glaubensgemeinschaften mehr oder weniger verdichtet, etwas verwässert oder stark konzentriert, genau als Catholica hier und jetzt zu finden ist. Sie ist zu finden in Zusammenkünften von Basisgemeinden, von manchen Hausgemeinschaften, von Männern und Frauen, die im Namen Jesu, den sie als den Christus bekennen, zusammenkommen. Unter ihnen gibt es viele Menschen, die an und wegen der heutigen Welt und der eigenen Kirche leiden und in den Widerstand gehen gegen das Leiden, das Gott nicht will. Auch sie sind Teil des Geheimnisses der Kirche, auch sie feiern dieses Geheimnis und bezeugen es, und sie lassen sich nicht durch eine kirchenpolitisch kurzsichtige Leitung aus diesem Geheimnis der Kirche verbannen.

Zusammen sind diese Menschen Gottes ein wirkliches und wahrhaftiges Segment des „Volkes Gottes" – ein Ehrentitel, der vom Zweiten Vatikanischen Konzil „die Catholica" genannt wird: „subsistit in!" Darin sind auch wir, wir alle von der Basis, geborgen (= subsistit in), auch dann, wenn aus kirchenpolitischen Gründen (denn darum geht es und nicht um Evangelium und Theologie) Bischöfe keinen Dialog mehr mit denjenigen eingehen wollen, die für sie unbequeme Vertreter der Basis sind und trotzdem zum „Geheimnis der Kirche" gehören: „sancta et simul purificanda".

§ 2. Demokratische Amtsführung der Kirche

Einführung
Bei der kurzen Analyse des anderthalb Jahrhunderte langen und starren antibürgerlichen Widerstandes der hierarchischen Kirche wurde zum Schluß gesagt, daß das Zweite Vatikanische Konzil mit der Beendigung dieses Widerstandes viele Fragen unbeantwortet gelassen hat. Denn die wertvollen bürgerlichen Errungenschaften lassen sich nicht einfach in die Kirche einbringen, solange sich diese Kirche theoretisch und praktisch weiter auf ihre feudalistisch-hierarchische Amtsstruktur beruft.

Wir können sagen, daß eine Kirche, die ihre eigene Wahrheit, nämlich die befreiende Freiheit Jesu Christi, durch die Form ihrer autoritär-hierarchischen Vermittlung verhüllt, für die Gläubigen zu einer nicht-attraktiven und abstrakten Institution wird. Wir sehen denn auch, daß der Grund für die heilbringende Glaubenszustimmung der Gläubigen heutzutage immer weniger das Lehramt der Kirche ist. Die Wahrheit, welche die Kirche zu hüten hat – Gottes ewige Selbstoffenbarung in der geschichtlichen Gestalt des getöteten, aber auferstandenen Herrn Jesus Christus – ist selbst in eine konkrete geschichtliche Form der Verkündigung und Institutionalisierung eingebettet. Das impliziert eine Frage nach Treue, Untreue oder nachlässiger Gleichgültigkeit gegenüber dem Angebot der Gnade. So stellt sich heute die Frage, wie die Form sowohl der theologischen Argumentation als auch der kirchlichen Lehr- und Verwaltungsentscheidungen sein muß, um mit dem Wahrheitsempfinden der Gläubigen in einer modernen Welt in Einklang zu sein.

I.

MIT AUTORITÄT REDEN UND SICH ETWAS SAGEN LASSEN: UNTERWERFUNG DER GANZEN KIRCHE UNTER DAS WORT GOTTES

Jedes menschliche autoritätsvolle Reden ist in erster Linie ein Sich-et-was-sagen-Lassen, das heißt sich selbst, redend, unter Autorität stellen. Das ist das Statut jedes menschlichen sinnvollen Redens. Wie hoch der Mensch auch gestellt, wie sehr er auch fachkundig qualifiziert sein mag, keiner ist ohne weiteres Herr und Meister seines eigenen Redens. Zunächst einmal: Redend beruft er sich auf Sprache, eine Sprache, die der Redende selbst nicht erfunden hat, sondern die ihm vorgegeben ist. Zudem kommt jeder Mensch in einer Umgebung zur Welt, in der die Menschheitsgeschichte, die religiöse und die christliche Geschichte schon lange die Runde machen. Der Mensch kann nur den Faden der überlieferten Geschichte aufnehmen und höchstens ein sinnvolles Kapitelchen hinzufügen. Sprache und Erzählung – dies ist der Kontext, in dem Menschen in Wirklichkeit leben – besitzen also eine strukturelle Priorität vor jedem redenden Menschen. Er hat nicht aus sich selbst die Autorität, zu reden, denn bevor der Mensch, auch wenn er in Amt und Würden ist, spricht, wurde schon zu ihm gesprochen. Und hinter oder besser bei aller Sprache und Erzählung gibt es das Geheimnis der von uns nicht erdachten, sondern uns gebotenen „Wirklichkeit".

Diese ziemlich Heideggerianische Dialektik des Angesprochenwerdens und Gehörgebens, aufmerksamen Zuhörens und reagierenden Antwortens, um selbst sinnvoll und mit Autorität das Wort führen zu können, mag wahr und richtig sein; sie ist jedoch nicht so harmlos, wie sie scheint. Es ist eine halbierte und daher stets gefährliche und bedrohliche Teilwahrheit. Sie geht an einer anderen, eher verborgenen Dialektik vorbei. Denn Sprache kann ideologisch mißbraucht und sogar als

270

Machtstruktur wirksam werden (siehe Kapitel 1, wo dies analysiert wurde). Die überlieferte Geschichte (auch die christliche) erfuhr im Lauf der Zeit verschiedene, manchmal unbewußte Verformungen und wurde auf diese Weise auch als Machtstruktur wirksam.

Erfahrungen, wie auch die überlieferte Wiedergabe früherer Erfahrungen, haben insofern Autorität, als sie Sinn offenbaren und Sinn kommunizieren, einen Sinn, der Menschen aufrichtet, heilt und befreit und der Frieden verschafft. Aber dann müssen wir dabei verschiedene Vorbedingungen mitbedenken, aus denen deutlich werden kann, daß nicht wir Sinn phantasieren oder ideologisch setzen, wo kein Sinn zu erleben ist, sondern daß Sinn sich selbst autonom, als Gabe, uns offenbart. Oben wurde schon gesagt: Offenbarung erfolgt nie auf eine leere, unbeschriebene Tafel; sie kommt nie in ein psychisches, kulturelles oder gesellschaftliches Vakuum.

Manche vertreten die Auffassung, man könne erst dann von Autorität sprechen, wenn diese von einer Gemeinschaft akzeptiert wird. Diese Auffassung ist insofern richtig, als man den Nachdruck auf die Tatsache legt, daß ohne das, was die patristische und mittelalterliche Theologie „receptio" einer maßgebenden obrigkeitlichen Aussage durch die Glaubensgemeinschaft nennt, die kirchliche Autorität in der Tat geschichtlich „unwirksam" wird. Doch verschweigt man dabei oft, daß ohne eine solche Rezeption durch die Gläubigen Autorität noch nicht an sich illegitim wird (wie unfruchtbar sich eine solche Autorität dann auch in der Glaubensgemeinschaft erweist). Wie wichtig die Rezeption, die Aufnahme, auch im Leben der Kirche und für die kraftvolle Wirksamkeit eines obrigkeitlichen kirchlichen Beschlusses ist, sie ist nicht das legitimierende Fundament einer amtlichen autoritativen Aussage in der Kirche. Die Rezeption ist nur die geschichtlich wirksame Antwort auf eine Aussage, deren Fundament jedoch anderswo liegt: nicht in der formalen Autorität und ebensowenig in der Rezeption eines obrigkeitlichen Beschlusses.[53]

II.
DER HEILIGE GEIST, DAS FUNDAMENT ALLER, AUCH AMTLICHER AUTORITÄT IN DER KIRCHE UND DIE VIELFÄLTIGEN VERMITTLUNGSORGANE DES HEILIGEN GEISTES

A. Der Heilige Geist als Ursprung aller Autorität in der Kirche

Das Fundament sowohl des maßgebenden Lebens der Glaubensgemeinschaft als auch der Amtsgewalt innerhalb der Gemeinde Gottes ist das Herr-Sein Jesu Christi in der Kirche durch sein Pneuma oder seinen

Geist und den Geist des Vaters. Sagen wir: Das normale Lehramt des Volkes Gottes und die amtliche Lehrgewalt in der Kirche sind pneuma-christologisch fundiert: Soweit es „Autorität" gibt, geht diese auf die Wirksamkeit des Geistes Jesu, des Christus, zurück. Das Funktionieren amtlicher Gewalt muß daher so organisiert sein, daß die bleibend anwesende, frei machende Autorität des Herrn Jesus im Leben der christlichen Glaubensgemeinschaft immer wieder zur Geltung kommen kann. Grundlegend ist also nicht die formelle amtliche Gewalt in der Kirche die Norm, sondern die „parathèkè", das heißt „das anvertraute Pfand" (1 Tim 6,20; 2 Tim 1,14), nämlich das Evangelium (1 Tim 1,11; 2 Tim 2,8), wie es die Apostel ausgelegt haben, das heißt „die didaskalia oder Lehre Gottes unseres Heilandes" (Tit 2,10).

Im wesentlichen geht es um die ununterbrochene Sukzession (Weitergabe) der apostolischen Tradition des evangelischen Glaubensinhalts. Dieser inhaltlichen Apostolizität ist das kirchliche Lehramt als amtlicher Dienst untergeordnet, aber das eine verlangt das andere (die sogenannte amtliche „successio apostolica"). Dieser evangelische Inhalt ist außerdem eben das Leben der christlichen Gemeinden in ihrer Ortsgebundenheit und in ihrer gegenseitigen communio, das heißt das Leben der „apostolischen Kirche". Sie ist, wie Paulus sagt, wie ein Brief eingeprägt, nicht nur irgendwo in kanonische Bücher, sondern in die Herzen der Gläubigen. Deshalb ist auch die amtliche Lehrgewalt angewiesen auf das Leben der kirchlichen Glaubensgemeinschaften, auf die Basis, lokal und in ihrer gegenseitigen Anerkennung, hier und jetzt und durch die Jahrhunderte hindurch, und zwar unter dem steuernden Licht der ersten, nämlich biblischen, konstitutiven Dokumentation des Lebens der ersten Zeugen und Jünger Jesu.

Aufgrund dieser Struktur darf es in der Kirche keine Herr-Knecht-Beziehungen geben. Es darf in der Kirche keine Herrschaftsstruktur gelten: „Ihr wißt, daß die Herrscher ihre Völker unterdrücken und die Mächtigen ihre Macht über die Menschen mißbrauchen. Bei euch soll es nicht so sein" (Mt 20,25–26; Mk 10,42–43; Lk 22,25). Zwar gibt es Autorität und Leitung in der Kirche, aber eigentlich gibt es keine *Hierarchie*. Daß man von kirchlicher Hierarchie im Sinne eines pyramidal-hierarchischen Aufbaus der Kirchengemeinschaft sprach, ging auf die sozialen Statussymbole des untergehenden griechisch-römischen Imperiums zurück (von dem die nach-konstantinische Kirche viele Eigenheiten übernahm, als die Konkurrenz wegfiel) und wurde vom sechsten Jahrhundert an sehr stark durch die neuplatonischen Werke des Pseudo-Dionysius beeinflußt, der dies alles philosophisch und theologisch zu legitimieren suchte[54]. Pastorale und kirchensoziologische Differenzierungen wurden durch diese neuplatonische Weltsicht theologisch erklärt. Die verschiedenen, geschichtlich gewachsenen amtlichen Dienste in der Kirche wurden nach diesem Modell hierarchisiert: in stufenweise absteigenden, immer weniger hohen „Würden". Die höhere Stufe besaß dabei in eminenter Weise, was die niederere Stufe in geringerer Zuteilung und in beschränktem Maß besaß. Die amtlichen Befugnisse aller „niederen" Dienste waren in absoluter Fülle in der höchsten Stufe zu finden: Geschichtlich war dies von altersher, nämlich seit der zweiten Hälfte des zweiten Jahrhunderts (zwischen 150 und 200), der Episkopat im heutigen Sinn dieses Wortes.

Dieses pseudo-dionysianische Substitutionsprinzip wertete die vielförmigen, geschichtlich aus kirchlichen Nöten entstandenen, pastoral für notwendig gehaltenen spezialisierten Dienste in der Kirche ab. Diese Hierarchisierung der Spitze der Kirche wertet die Laien, „an der Basis der Pyramide", zu bloßen Objekten bischöflicher und priesterlicher Seelsorge ab. Und in dieser Situation konnte die Seelsorge gerade in Machtfragen zugleich als Kontrollmittel mißbraucht werden. Im Prinzip realisierte der Klerus (in dem der Episkopat den höchsten „status perfectionis" oder Stand der Vollkommenheit bekleidete) auf vollkommene Weise ein religiöses Lebensmuster und eine religiöse Einheit mit Gott, welche die „einfachen" Gläubigen nur auf indirekte und unvollkommene Weise erfahren konnten, und zwar rein im Gehorsam gegenüber den „maiores": den Notabeln oder Prälaten in der Kirche.

Eine solche neuplatonisch infizierte Hierarchie, die noch auf den Spuren des dahinschwindenden späten Altertums wandelte, hat nichts mit dem Wesen der Kirche zu tun. Will man alle, die legitime Gewalt und Leitung im Gremium der Kirche und darin, ekklesial vermittelt, sogar von Gott her haben, „Hierarchie" nennen, so mag man das tun; dagegen gibt es keinen einzigen Einwand. Aber so aufgefaßt, hat Hierarchie nichts mit dem oben analysierten Begriff zu tun und schließt schon deshalb a priori keineswegs eine demokratische kirchliche Leitung aus. Doch wird gerade der Begriff „Hierarchie" in allen offiziellen Dokumenten der römisch-katholischen Kirche als Argument gebraucht, um jede demokratische Amtsführung und somit demokratisches Mitspracherecht in der Kirche des Volkes Gottes in Verwaltungsangelegenheiten aufgrund „göttlichen Rechts" zu verwerfen.

Diese Ablehnung führt zu widersprüchlichen Stellungnahmen der kirchlichen Hierarchie. Denn aus den Akten des Heiligen Stuhls läßt sich regelmäßig feststellen, daß die heutige Amtskirche die Demokratie als eine Art Ideal für jede geschichtliche „bürgerliche Gesellschaft" empfiehlt und bevorzugt, aber daß dieselbe römisch-katholische Kirche sich selbst amtlich, und zwar prinzipiell, als eine *nicht-demokratische Gemeinschaft* präsentiert.

Die Ausnahme für die Kirche, die als hierarchisch und deshalb schon als nicht-demokratisch bezeichnet wird, wird wie folgt begründet. Die Kirche, als von Gott gestiftet, habe eine eigene spezifische Gesellschaftsform. Diese sei göttlichen Rechts und (so lautet die Begründung) infolgedessen nicht-demokratisch. Die Argumente dafür laufen auf folgendes hinaus: Ebensowenig wie der Papst der Delegierte der Gesamtkirche sei, sei der Bischof der Delegierte seines Bistums. Papst und Bischöfe hätten ihr Amt direkt von Christus und nicht aus einem ihnen von seiten des Volkes Gottes oder des Bistums gegebenen Mandat. Zwar ständen sie als „Hierarchen" im Dienst des Volkes Gottes, lokal und weltweit, aber dieser Dienst sei eine Funktion der Wahrheit und Liebe, mit dem letztlichen Ziel, daß das Volk Gottes Ruf folgen soll. Und diese Berufung sei nicht abhängig vom Volk: sie sei Gottes absolute eigene Initiative.

Durch die Berufung der Amtskirche auf das, was sie hierarchische Struktur der Kirche nennt, will sie deutlich machen, daß die Kirche (sowohl die Gläubigen als auch die mit Vollmacht Versehenen) keine Herrschaft ausübt, nicht Eigentümerin der Berufung Gottes noch der institutionellen Form derselben ist. Aus dieser bis zu einem gewissen Grad theologisch richtigen Argumentation wird dann plötzlich die Schlußfolgerung gezaubert, daß Demokratie „somit" nicht als Modell für die Kirche dienen könne, weil die Kirche vom Wort Gottes über des Menschen letzte Bestimmung lebe und darüber kein Mensch eine Verfügungsgewalt habe. Und bei alldem hat dieselbe Kirche, offensichtlich ohne das geringste Zögern, die zivilen Formen kaiserlich-autoritärer, feudalistischer und später monarchisch-absolutistischer Regierungssysteme als selbstverständlich auch für sich selbst angenommen und als solche für legitim erachtet.

Der „Kategorienschnitzer" oder der Trugschluß, der in der soeben erwähnten Argumentation steckt, ist gewiß subtil, aber als Trugschluß nicht weniger real. Gerade weil (abgesehen von ihrem frühesten Anfang) die Kirche traditionell fast nie „demokratische" Regierungsformen gekannt hat, zumindest nicht im modernen Sinn dieses Wortes, wird jede Form demokratischer Amtsführung abgelehnt, während autoritäre Amtsführung überschwenglich gebilligt wurde und noch wird.

Der Fehler in diesem ganzen Trugschluß liegt darin, daß Demokratie (in der Tat die Frucht der amerikanischen und französischen Revolution, heute vor zweihundert Jahren) mit der Ehrfurcht vor den Rechten des Menschen steht und fällt. Nach dem Fundament der Menschenrechte suchen ist etwas ganz anderes als das Modell des Funktionierens dieser

Rechte. Genau so, wie der Staat und die bürgerliche Gesellschaft nicht Inhaber der Menschenrechte sind, ist auch die Kirche nicht Inhaberin des Wortes Gottes. Hier liegt nicht das Besondere einer kirchlichen Gemeinschaft. Das „Nicht-Herrschen über" schließt Demokratie nicht aus! Warum sollte die Kirche denn ihr Verwaltungs- und Regierungsmodell nicht demokratisieren können, ohne dabei ihre Unterwerfung unter das Wort Gottes anzutasten? Als ob eine autoritäre Leitung der Unterwerfung der Kirche unter das Wort Gottes besser entspräche als eine demokratisch geführte Regierung, in der auf die Stimme des ganzen Volkes Gottes deutlicher und genauer gehört wird!

Und doch ist das der Kern der Argumentation in mannigfachen offiziellen Dokumenten der amtlichen römisch-katholischen Kirche: Eine demokratische Amtsführung tastet die Unterwerfung unter Gottes Offenbarung an. Warum? Eine solche Argumentation ist meines Erachtens ein fundamentaler Trugschluß, dem die verschwiegene Ideologie zugrunde liegt: Die rechtskräftige Autorität (geleitet durch den Heiligen Geist) hat immer recht; sie wird in ihrem Handeln unnötig behindert durch ein Mitspracherecht von unten. Ich erinnere mich an das Schlagwort aus den Kriegsjahren: „Il duce ha sempre ragione" (der „Duce" oder der „Führer" hat immer recht). Inzwischen hat man den Kategorienschnitzer, der dabei gemacht wird, nicht einmal geklärt. Denn was zur Diskussion steht, ist nicht die Unterwerfung oder Nicht-Unterwerfung unter das Wort Gottes, sondern die Frage, wie, praktisch, diese Unterwerfung von Kirche und Hierarchie unter Gottes Offenbarung in geeignetster Weise durchgeführt werden kann. Mit anderen Worten: Die behauptete nicht-demokratische Struktur der Kirche wurzelt keineswegs im Wesen der Kirche, sondern kann nur mit einer bloßen Berufung auf die tatsächlich-kontingente Geschichte dieser Kirche verteidigt werden, die sich bis vor kurzer Zeit in nicht-demokratischen bürgerlichen Gesellschaften bewegte und daher bis zu einem gewissen Grad die nicht-demokratischen Leitungsformen der sie umgebenden gesellschaftlich-kulturellen Umwelt übernahm.

Das einzige Argument, das zur Verteidigung einer nicht-demokratischen Kirche gebraucht wird, ist also in Wirklichkeit eine bloße Berufung auf zwanzig Jahrhunderte nicht-demokratischer Kulturen, von denen auch die Kirche die großen Linien ihrer eigenen Regierungsformen übernahm. Davon zeugt die Geschichte (also wir alle), und uns hilft keine immunisierende Berufung auf dahinterliegende Geheimnisse. Mit Unterwerfung unter das Wort Gottes, das von niemandem – weder von einer Glaubensgemeinschaft noch von der „Hierarchie" – souverän beherrscht wird, hat die Ablehnung der Möglichkeit einer demokratisch geleiteten Glaubensgemeinschaft von seiten der offiziellen Kirche in

Wirklichkeit und von Rechts wegen nichts zu tun, obwohl von offizieller Seite die kirchliche Unterwerfung unter das Wort Gottes immer wieder das einzige Argument gegen eine demokratische Amtsführung in der Kirche war und ist.

Von Peter Berger[55], einem amerikanischen Soziologen-Theologen, habe ich gelernt, daß das, was ich soeben gesagt habe, „Traditionspositivismus" genannt werden kann. Durch eine Berufung auf die Bezeichnung Traditionspositivismus will dieser Soziologe dem auch von ihm kritisierten Barthianischen Offenbarungspositivismus doch einen rationalen Wert zuerkennen. Aber dann muß man die Gründe analysieren, warum man sich ausgerechnet für diese bestimmten Elemente in der Tradition entscheidet. Und dann kommt man gewiß dahinter, warum in der Vergangenheit die kirchliche Leitung mit großer Selbstverständlichkeit die zivilen Formen der Feudalherrschaft und später auch der absoluten Monarchie übernehmen konnte, während sie sich den modernen, nämlich den demokratischen Regierungsformen völlig verschließt. Da gibt es wahrlich keine dogmatischen Motive! Die Behauptung, daß die Kirche nicht demokratisch sein kann, *weil sie hierarchisch ist,* ist also schlechthin ein Trugschluß und ein magischer und ideologischer Gebrauch des Wortes „Hierarchie".

Das bedeutet aber nicht, daß eine auf demokratische Weise eingesetzte kirchliche Autorität ipso facto die ganze Ideologie einer modernen Demokratie übernimmt. Dem inneren Paradox der Demokratie (wenn sich auch kaum ein besseres System finden läßt), daß die Instanzen, die Beschlüsse fassen müssen, von ihren Wählern abhängig sind, die ihre Vertreter bei der folgenden Wahl zu Recht oder zu Unrecht ziemlich willkürlich abwählen können, kann sie entrinnen. Für demokratisches Mitspracherecht und Mitverantwortung aller in der kirchlichen Leitung lassen sich doch mannigfache Formen organisieren, ohne periodische Wahlen der kirchlichen Leiter. Doch müssen bei der Wahl dieser kirchlichen Leiter alle Betroffenen ein Mitspracherecht haben.

Mehr noch. Es gibt auch inner-ekklesiologische Gründe, eine demokratische Ausübung der Amtsgewalt in der Kirche oligarchischen, monarchischen oder feudalistischen Leitungsformen vorzuziehen.

B. Inner-theologische Gründe für eine demokratische kirchliche Amtsführung

1. Die Wirkorgane des Heiligen Geistes

Christen glauben an den Beistand des Heiligen Geistes, der die Kirche – in Auf und Ab – letztlich auf einem richtigen, festen, nicht-ideologischen, biblischen Kurs hält. Dieser Geist ist im ganzen Leben der Kirche wirksam: allgemein und spezifisch im ganzen Volk Gottes und auf spezifisch-amtliche Weise in der amtlichen Tätigkeit der kirchlichen Leiter. Das bedeutet konkret, daß der Geist in zahlreichen unterschiedlichen geschichtlichen Vermittlungen wirksam ist, wobei sowohl das gläubige Volk als auch die Hierarchie auf unterschiedliche Weise Zugang zu den Gaben des Geistes gewähren oder sich ihnen verschließen. Das Ergebnis der Wirkung des Geistes ist daher, in seiner Aneignung durch Gläubige und Kirchenleiter, nicht immer als gleich glücklich zu bezeichnen. So automatisch wirkt Gottes Gnade nicht! Wer an den vielfältigen ekklesialen Vermittlungen des Wirkens des Heiligen Geistes vorbeigeht (und glaubt, die Wahrheit gepachtet zu haben, gerade mit Berufung auf den Heiligen Geist), verschließt sich der Wirkung des Geistes des Vaters, der in Jesus, dem verherrlichten Sohn, durch seine Kirche und in seiner Kirche auf Erden wirkt.

Wenn das Lehramt diese Vermittlungen übersieht, vor allem die Vermittlung des strukturierten gläubigen Volkes selbst, hier und jetzt im Strom der Zeiten, läuft es Gefahr, nicht treu auf den Heiligen Geist gehört zu haben. Dann liegt eine schwere Hypothek auf den tatsächlich getroffenen obrigkeitlichen Beschlüssen oder Aussagen. Kirchentheologisch impliziert das jedoch, daß man sich bei der Nichtberücksichtigung dieser Vermittlungen kaum leichthin auf diesen Geist berufen kann, der tatsächlich auch dem kirchlichen Amt beisteht, aber nicht bei Außerachtlassung der anderen Kanäle des Heiligen Geistes. Dann ist eine solche Berufung selbst ideologisch, jedenfalls einseitig. Man verschließt die Ohren, auch die Augen, vor den Kanälen, durch die der Geist ebenfalls wirksam ist. Man bringt den Geist, zumindest in den Nuancen seiner Eingebungen, zum Schweigen. Eine Berufung auf den Beistand des Heiligen Geistes ist daher, ekklesiologisch gesehen, nur sinnvoll, wenn das Lehramt all diese ekklesialen Vermittlungen berücksichtigt und sich darüber hat informieren lassen, um sodann die eigene amtliche Verantwortung auf sich zu nehmen. (Sich in einsamem Gebet zurückzuziehen, um die leisen Eingebungen des Heiligen Geistes vernehmen zu können, ist zwar notwendig, aber genügt keineswegs; es könnte sonst ideologisch wirksam werden.)

Es ist klar, daß gerade auf dieser Ebene in theologisch verantwortlicher Weise demokratisches Mitspracherecht aller (und eine Organisationsform dafür müßte sich finden lassen) eine Rolle spielen könnte und, ekklesiologisch, spielen müßte, ohne daß dadurch die spezifische Verantwortung der Hierarchie angetastet würde. Die kirchliche Behörde kann sich aber nicht, um einen amtlichen Beschluß oder eine amtliche Aussage nachträglich zu verteidigen, mit gutem Gewissen auf den Heiligen Geist berufen, wenn sie die vermittelnden Organe des Heiligen Geistes in Wirklichkeit links liegen läßt oder durch verschiedene Maßnahmen vorab ihre Wirkkraft ausgehöhlt hat. Denn dadurch wird „der Geist ausgelöscht" (1 Thess 5, 19).

2. Die verletzbare Herrschaft Gottes als Beispiel für die Amtsgewalt
   in der Kirche

Es gibt noch andere inner-ekklesiologische Gründe, welche die Kirche Jesu zur Nachfolge der nicht-autoritären, verletzbaren, sogar machtlosen Herrschaft Gottes antreiben.

Wiederholt wurde schon gesagt, daß für gläubige Menschen Gottes Handeln in Welt und Kirche durch die Tatsache auffällt, daß es nie über oder neben der menschlichen Geschichte wirksam ist, sozusagen in Hokus-Pokus-Phänomenen, sondern in dieser Geschichte selbst, bescheiden und wie verborgen. Gott läßt sich sowohl mit dem Alltäglichen unserer Geschichte als auch mit dem Dramatischen darin ein, bis hin zum Kreuzestod, ohne jedoch mit dieser Geschichte zu verschmelzen oder in ihr aufzugehen. Gerade aus dieser Geschichte, vor allem aus der Geschichte von Israel und schließlich von Jesus von Nazaret, lernen wir, wie Gott in der Geschichte herrscht: gewiß nicht wie Kaiser, Potentaten und Prälaten, vielmehr in äußerster Zurückhaltung gegenüber der eigenen Freiheit der Menschen. Die Anerkennung der Wirklichkeit des auferstandenen Gekreuzigten, als spezifisch-göttliche Art und Weise öffentlichen Herrschens über alle Geschichte, ist nur in einem gleichen Geist der Zurückhaltung und des Erbarmens möglich. Aus diesem machtlosen Herrschen der ewigen Liebe Gottes über alle Menschen durch seine besondere Liebe zu Armen und Unterdrückten ist seine Kirche, „die Gemeinde Gottes", ins Leben gerufen worden und kommen auch wir zum Aufbau der Kirche in dieser Welt. Die Macht der kirchlichen Hierarchie oder der „heiligen Herrschaft" geht nicht über die „exousia" oder Vollmacht Jesu Christi hinaus.

Von Thomas von Aquin erinnere ich mich einer großartigen Erklärung dessen, was „die Herrschaft Christi" in sich schließt. Er schreibt (siehe den lateinischen Text bei den Anmerkungen): „Die Macht und Herrschaft Christi über die Menschen wird durch Wahrheit, Gerechtigkeit und vor allem Liebe ausgeübt."[56] Bei Thomas klingt aus seinen biblischen Kommentaren in diesen aristotelischen Begriffen der biblische

278

Hintergrund (zumindest der Vulgata-Version) noch mit: Treue (emeth als „Wahrheit"), Gerechtigkeit (zedaqa) und liebevolles Erbarmen (chesed). Wo die Kirche Christi auf eine andere Herrschaft Anspruch erhebt, fällt sie selbst nicht nur aus dem Geist der Freiheit, dem Geist Jesu Christi, sondern verfehlt sie auch ihren Auftrag gegenüber der Welt, nämlich: die befreiende Kraft der christlichen Botschaft glaubwürdig und verständlich zu verkündigen und zu praktizieren. Zweifellos, die Ausübung dieser vom verherrlichten Jesus getragenen Autorität dank der Treue, der Gerechtigkeit und des Erbarmens Gottes bedarf selbst auch immer wieder theologischer „Aufklärung" oder Erhellung (siehe das folgende Schlußkapitel).

Ich sagte, daß Gottes Heilshandeln in unserer Geschichte transparent wird, wenn wir diese Geschichte gegen das Licht der biblischen Geschichte halten. Das hat natürlich eine Kehrseite. In welchem Maße geben Menschen, Gläubige, in unserer Geschichte dem gnädigen Handeln Gottes Raum? Man kann sich nicht automatisch auf Gottes Gnade berufen. Es gibt nicht nur das „mysterium gratiae", es gibt auch das „mysterium iniquitatis", die bodenlose Tiefe der Untreue und Sündhaftigkeit. Hier ist Ideologiekritik nötig, aber diese ist theologisch nicht ausreichend. Die Kirche legt mit Recht den Nachdruck auf die unweigerliche Treue Gottes; daran wird nicht gerüttelt.

Aber sowohl die Aufklärung als auch die kirchliche Hierarchie haben sich von unterschiedlichen Gesichtspunkten aus verhalten, als ob das, was beide taten, durch das Tun selbst gut für alle wäre, nämlich dem allgemeinen Wohl diente. Das kann realistisch, aber auch eine Ideologie sein. Es wirkt nicht automatisch. In der Aufklärung ging es um *mein* Recht und *meine* Freiheit und nicht genauso um Freiheit und Recht des *anderen*. In einer nachbürgerlichen Zeit geht es uns ebensosehr vor allem um die Identifizierung mit der Freiheit des anderen. Erst dann wird Hierarchie zu einer „heiligen Herrschaft", die kein Herrschen mehr ist, sondern Dienstbarkeit: eschatologisches Vorzeichen des Reiches oder der Herrschaft Gottes in unserer Geschichte – wenn auch dieses dienende Herrschen in seiner Fülle nie in einer geschichtlichen Gestalt, innerhalb oder außerhalb der Kirche, zu finden ist.

III.
DAS ZUSAMMENSPIEL (STETS IN EINIGER SPANNUNG) DER AMTLICHEN LEHRGEWALT UND DER LEHRGEWALT DER GLÄUBIGEN UND IHRER THEOLOGEN

Auch die Theologie darf an dem Vorrecht des ganzen Volkes Gottes, Kanal des Heiligen Geistes zu sein, teilhaben. Ein möglicher Kanal, denn sie kann zugleich auch an dem sündhaften Versäumnis teilhaben, wenn sie bei der Ausübung ihrer Funktion (einer der vielen Vermittlungsorgane des Heiligen Geistes zu sein) untreu ist, entweder in schweigender Passivität oder in Selbstsicherheit, wenn sie die Wirkung des Geistes in anderen, zum Beispiel kirchenamtlichen Organen, nicht berücksichtigt.

Wenn die amtliche Lehrgewalt, in eng umschriebenen Ausnahmefällen sogar auf unfehlbare Weise, vom Evangelium Jesu Christi und von dessen Implikationen zeugt, bleibt dieses Zeugnis in mehrfacher Weise „relativ", das heißt „bezogen auf". Nämlich 1. bezogen auf das kommende Herrschen Gottes als verbunden mit dem ganzen Auftreten und der Person Jesu Christi: die Kernbotschaft, die irgendwie in jeder einzelnen amtlichen Aussage mitklingen muß (dabei denke ich an die „Hierarchie der Wahrheiten" aus dem Zweiten Vatikanum und an die mittelalterliche Theorie vom „articulus fidei", von den „cardines" oder Hauptangeln, die das Ganze der Glaubenslehre in fundamentalen, weniger zentralen und schließlich sogar peripheren Wahrheiten „artikulieren"; 2. bezogen auf die Schrift und ihre ganze Vorgeschichte; 3. bezogen auf die Nachgeschichte, das heißt auf die konkreten Situationen in Welt und Kirche, in denen im Lauf der Kirchengeschichte die Kirche und die amtliche Lehrgewalt Zeugnis vom Evangelium Jesu Christi als menschenbefreiender Botschaft des Heils-von-Gott-her ablegten. Selbst ein Dogma hat eine eigene Geschichte und kann nicht ohne seinen Entstehungsprozeß verstanden werden; 4. bezogen auf unsere Gegenwart, die mitkonstitutiv für das Verständnis der christlichen Glaubenstradition ist – die Gegenwart sowohl des Volkes Gottes als auch der Weltsituation.

Bei diesem letzten Kriterium (der Gegenwart) herrscht hier und da oft das Mißverständnis, daß die heutigen Theologen die heutigen Denkschemata als Norm für das christliche Glaubensverständnis gebrauchen. Eine Ungleichzeitigkeit zwischen Religion und Welt bedeutet aber keineswegs, daß wir möglichst schnell diese Ungleichzeitigkeit aufheben müssen in einem „Aggiornamento"-Versuch, der das Christentum auf die Höhe der Zeit bringen will. Denn die kritische Frage dabei ist: welcher Zeit? Unserer bürgerlichen und einseitig technologischen Konsumgesellschaft? Dann bestände die Gefahr, daß wir aus dem Christentum eine „bürgerliche Religion" der Bourgeoisie machen. Neben der in der Tat hinderlichen Ungleichzeitigkeit von alten Glaubensformeln (die damals gelungener Ausdruck der christlichen Grunderfahrungen waren) und heutigen christlichen Erfahrungen liegt in der christlichen Religion auch eine Ungleichzeitigkeit, die zu ihrem Wesen gehört, eine befreiende Ungleichzeitigkeit, die die Gläubigen eben kreativ zur Veränderung sowohl unserer Gesellschaft als auch unserer bürgerlichen Seele, unserer Denkschemata und unseres Verhaltens machen müßte.

Aus all diesen Vermittlungen geht hervor, daß sogar das dogmatisch-lehramtliche Reden immer auf das christlich-ursprüngliche „interpretandum" zurückbezogen sein muß: die Erscheinung Jesu von Nazaret in unserer Geschichte, in der kanonischen Schrift interpretiert als Christus: der gesalbte Sohn Gottes, der allen Menschen Heil-von-Gott-her wünscht und auch tatkräftig anreicht, und daß anderseits dieses amtliche Reden, auch in dogmatischen Aussagen, über dieses dargebotene Heil-in-Jesus allein im Ganzen der gesamten menschlichen Geschichte zu verstehen ist. Mit anderen Worten: Selbst ein sogenanntes christliches Dogma ist kein unverrückbarer Felsblock; es hat eine sehr abwechslungsreiche Geschichte gekannt. Selbst dieser Meilenstein im Leben der christlichen Glaubens- und Dogmengeschichte kann ohne seine Entstehungsgeschichte nicht verstanden werden, als wäre er gerade als in der Tat legitimer und sogar bleibender Meilenstein ein übergeschichtlicher Richtungsweiser, der in kulturell anderen Verhältnissen keinen Gebrauch anderer, früher noch unbekannter Verständniskategorien dulden könnte. So geht es eben nicht im Leben der von Gottes Geist geleiteten Kirche.

Weil die amtliche Lehrgewalt pastoraler Art ist, also kein Institut für Wahrheitsfindung oder eine Akademie, ist neben der pastoralen verkündigenden Lehrgewalt auch Theologie notwendig: die rein „theologische Lehrgewalt", als wissenschaftliche Wiedergabe der nicht-amtlichen, allgemeinen „Lehrgewalt" des kirchlichen Volkes Gottes. Denn dort, im Glauben der Kirche, liegt, ebenfalls in Unterwerfung unter das Wort Gottes, der Ursprung jedes kompetenten Redens auch der Hierarchie. Gerade als hörend und kritisch beim konkreten lebendigen Glauben an der Basis – dem Volk Gottes – stehend, ist der Theologe zugleich ein Diener der amtlichen Lehrgewalt in der Kirche, aber nicht ihr nur nikkender Diener.

Es ist unter anderem der spezielle Auftrag der Theologen, die soeben besprochene mehrfache Relationalität amtlicher Aussagen genau aufzuspüren, während die amtliche Lehrgewalt in ihrer direkten pastoralen Sorge doch was anderes zu tun hat. Aber vor allem in schweren Zeiten, in denen krampfhaft der verbindliche Charakter der formellen Autorität betont wird und ein gewisses Mißtrauen gegenüber allem, was nicht von oben her in der Kirche zum Leben kommt, besteht, droht die Gefahr, daß sich die pastorale Lehrgewalt ohne viel Achtsamkeit für die mehrfache Bezogenheit und somit Relativität lehramtlicher Aussagen an den Buchstaben einer einmal in der Vergangenheit festgelegten Aussage klammert. Diese kann seinerzeit in der Tat die einzige Art gewesen sein, um damals eine Glaubenswahrheit evangeliengetreu zur Sprache zu bringen. In späteren Zeiten aber können den Christen aufgrund der fortgeschrittenen Kultur neue Möglichkeiten dargeboten werden und dadurch dieselbe Glaubenswahrheit mit anderen Kategorien, die früher in der Kultur nicht vorhanden waren, ebenso evangeliengetreu verdeutlicht werden. Diese Möglichkeit aufgrund vielleicht eines statischen Wahrheitsbegriffs nicht erkennen oder gar nicht akzeptieren zu wollen, kann tragische Kommunikationsstörungen zwischen amtlicher Lehrgewalt und Theologie zur Folge haben.

Eine Übersicht über die Geschichte des Verhältnisses zwischen amtlicher Lehrgewalt und akademisch-theologischer Lehrgewalt bringt schon mehr Einsicht in dieses Spannungsverhältnis.[57]

Das Verhältnis zwischen der pastoralen amtlichen Lehrgewalt und der Theologie (dem theologischen Lehramt) war im Laufe der Zeiten sehr wechselreich. Im ersten Jahrtausend sehen wir, daß die amtliche Lehrgewalt und die Theologie meistens ineinander übergingen. Zwar waren auch viele Laien und Mönche Theologen, aber der Episkopat war in Wirklichkeit der „ordo doctorum": Die Bischöfe übten sowohl kirchenamtliche als auch theologisch sachkundige Glaubensverkündigung aus. Weil aber im hohen Mittelalter die Kathedralschulen (man denke an Chartres, Laon, Paris) entstanden, auf die später die wissenschaftlich-akademische Theologie der ersten europäischen Universitäten folgte, entwickelte sich ein neuer Stand von „doctores" oder Magistern in der Theologie: die Gilde der Berufstheologen. Und weil in der Feudalzeit Bischöfe hauptsächlich aus dem adeligen Stand kamen, mit oft kaum genügender theologischer Bildung, entstand ein krasser Unterschied zwischen dem „magisterium episcoporum" (Lehramt der Bischöfe) und dem „magisterium theologorum" (Lehramt der Professoren), ein Spannungsfeld, das beiderseits zu vielen Grenzüberschreitungen geführt hat.

Thomas von Aquin unterschied zwischen dem Lehramt als „officium praelationis" (einem Amt, das zum Dienst der Kirchenleitung gehörte) und dem „officium magisterii" (dem Amt der gelehrten Theologen)[58]. Neben Imperium (Leitungsamt) und Sacerdotium (Priesteramt) entstand so eine dritte Macht: das Studium oder die Universität. Seitdem begannen die eigentlichen Spannungen zwischen dem hierarchischen Lehramt (den sogenannten „authentica") und der Magisterautorität der Theologen (den sogenannten „magistralia")[59]. Als Zeuge einer damals schon gewachsenen Tradition konnte Magister Gratianus sagen: „Die Ausleger der Schrift (das heißt die Theologen als „expositores Sacrae Paginae"), gründend auf *gratia* (Begabung), auf größerer *scientia* (Wisen) und mehr *ratio* (Verständnis), stehen über den Pontifices (das heißt Papst und Bischöfen), nicht in dem (juridischen) Entscheiden über Streitfälle, sondern im Erklären der Heiligen Schrift."[60] Wir sehen also, daß es in jenen Tagen weniger um Konflikte zwischen Theologen und dem Heiligen Stuhl ging als vielmehr um manchmal hartnäckige Gefechte zwischen einander bekämpfenden und verurteilenden theologischen Schulen, wobei beide Parteien manchmal durch Manipulation die Berufung auf den Heiligen Stuhl zum eigenen Vorteil anzuwenden suchten, bis eine der beiden Parteien durch Exkommunikation getroffen und dazu verpflichtet wurde, das beanstandete theologische Werk zu verbrennen.

Zugleich ist es eine Tatsache, daß die mittelalterlichen amtlichen Entscheidungen der Kirche kaum von irgendeiner Bedeutung gewesen sind, sei es zur Förderung, sei es zum Drosseln von Entwicklungen in der Theologie. Bonaventura und Albert konnten rundheraus erklären, daß der Papst in diesem oder jenem Punkt einfach irre. Thomas dagegen dachte offensichtlich dasselbe, aber aufgrund seiner adeligen Herkunft löste er „als Herr" das Problem etwas charmanter mit Hilfe der Methode des „exponere reverenter", das heißt: Aus Achtung vor einem Autor oder der Obrigkeit griff man, gleichsam die mittelalterliche Höflichkeit in einem Turnier nachahmend, die theologische Aussage eines anderen nicht direkt oder frontal an, sondern man legte dessen Text so aus, daß fast das Gegenteil von dem, was der Autor gemeint hatte, aus seinem Text herausdestilliert werden konnte. Und Thomas war darin ein Meister.

Im späten Mittelalter kam es sogar so weit, daß die theologischen Fakultäten selbst lehramtliche Entscheidungen über den rechten Glauben fällten. Das Konzil von Trient zog darin mit Recht scharfe Grenzen: Jurisdiktionsvollmacht kommt allein den Bischöfen zu, nicht den Theologen. Aber die Bischöfe bräuchten doch theologischen Rat, um nicht allzu große Schnitzer zu machen. Sachlich war die Theologie noch allgegenwärtig. Die Frage ist nur: welche Theologie? Das gilt auch heute noch.

Seit dem neunzehnten Jahrhundert entstand neben dem weiterwirkenden alten Modell der Theologen als kritischer Partner der Bischöfe ein völlig neuer Typ, den man (etwas böswillig) so nennen könnte: das Modell des Theologen als eines hörigen Partei-Ideologen; richtiger formuliert: eine Form, Theologie zu treiben, die der amtlichen Autorität nachbetet ohne nüchterne Reflexion und sie nachbetend verdeutlichend auslegt und gegen andere Auffassungen verteidigt. Unter Pius IX., Pius X., Pius XI. und Pius XII. galt eine Art totalitären Anrechts der amtlichen Lehrgewalt, die selbst auch sehr dogmatisch wurde, auf die Theologen. Diese hatten keine andere Lehrgewalt als die, die ihnen durch Delegation aufgrund einer „missio canonica" erteilt wurde. Es war in der römisch-katholischen Kirche die Zeit der mannigfaltigen Formen von „Mandaten" und „kanonischen Sendungen": Ein Christ konnte eigentlich nichts aus sich selbst (das heißt aufgrund seiner Geisttaufe), außer wenn es ihm von der höchsten kirchlichen Autorität gegeben wurde.

Es war eine Zeit, die von einem Kirchenbild beherrscht war, nach dem alle himmlischen Gaben über den Papst in die ganze Kirche strömten, wobei vergessen wurde, daß aufgrund der christlichen Taufe die Glaubensgemeinschaft, mitsamt ihren Leitern, selbst Subjekt des Kircheseins ist, also auch Subjekt theologischen Selbstverständnisses, und nicht aufgrund einer kanonischen Sendung von oben. Daß es besondere kirchenrechtlich errichtete Institute geben kann und darf (warum nicht?), in denen manche im Namen des Heiligen Stuhls lehren, ist akzeptabel, aber das hat nichts mit dem eigentlich-ekklesialen Stand der christlichen Theologie zu tun, die man ja nicht als eine bloße Verlängerung päpstlicher oder bischöflicher Lehrgewalt ansehen kann.

Daß im Leben der Kirche stets eine Spannung zwischen der pastoral-juridischen amtlichen Lehrgewalt und dem wissenschaftlichen „Magisteriat" der Theologen herrscht, ist normal und für das kirchliche Leben gesund. Wenn es in der Kirche aber eine Art Hexenjagd auf Theologen gibt und anderseits Theologen en masse zwar nicht gegen die zentrale Gewalt rebellieren, aber in allem Ernst (vielleicht etwas zu flüchtig verfaßte, aber ernsthafte) Beschwerden bei dieser Zentralgewalt vorbringen müssen, dann ist etwas faul in den normalen Beziehungen der Kirche. Die Depression weist außerdem auf ein sehr verbreitetes Unbehagen unter vielen, großenteils intellektuellen Gläubigen hin, deren Sprachrohr die Theologen bis zu einem gewissen Grad sind.

Man kann dieses Problem nicht mit Berufung auf den Glauben der einfachen Gläubigen lösen, das heißt auf einen Glauben von Menschen, die nicht über ihren Glauben nachdenken und darin von der Hierarchie gestützt werden, so daß sie selbst auch lieber blindlings auf die zentrale Gewalt hören – mag sie „wahr oder nicht wahr" sein, wie es seinerzeit aus dem Volksmund gehört und von Klerikern nicht ohne einen gewissen Humor unterstrichen wurde. Zu oft auch beruft man sich aus Mißtrauen gegen Theologen, die sich für das Wohl der Kirche einsetzen (und daraus sogar ihren Beruf machen), auf die uralte „superbia theologica", als ob es nicht auch eine „superbia hierarchica" gäbe. Sowohl die

Gläubigen als auch ihre kirchlichen Leiter sind Menschen, die einerseits allzu großer Menschlichkeit ausgesetzt sind und sich anderseits auf ihre besondere Standesgnade berufen können. Diese beiden lassen sich aber kaum gegeneinander ausspielen. Die Frage ist jedoch, ob und wie man auf beiden Seiten der Wirkung des Heiligen Geistes Raum gegeben hat.

Die Hierarchie hat zwar die Gewalt in der Kirche, aber sie hat nicht (ebensowenig übrigens wie das kirchliche Volk Gottes) den Heiligen Geist gepachtet. Mit kirchlichen Ordnungsbestimmungen, die in der Tat für das konkrete und praktische Funktionieren der kirchlichen Glaubensgemeinschaft nötig sind (eine Kirchenordnung, an die sich in menschenwürdigen normalen Verhältnissen die Gläubigen auch von selbst und von Herzen halten werden), löst man in ernsten Konfliktsituationen und somit in Ausnahmeverhältnissen nie die religiöse und theologische Frage nach dem authentischen Ort, an dem sich, hier und jetzt, auf die konkrete Wirksamkeit des Heiligen Geistes mit dem Finger weisen läßt. Selbst dazu hat das kirchliche Amt kein spezielles Charisma, wohl aber, um juristische kirchliche Ordnungsfragen für eine Zeit zu regeln, um Polarisierungen auszugleichen. Sonst handelt es sich um ein unnötiges und unfruchtbares Spiel, bei dem man einander den Schwarzen Peter zuschiebt.

Aus allem Vorausgegangenen sollten wir vielmehr die Lehre ziehen, daß die amtliche Lehrgewalt, die kirchliche Theologie und die gläubige Gemeinschaft aufeinander angewiesen sind, und zwar auf eine neue Art und Weise, wie dies früher nicht der Fall war. Gemeinde, Amt, Theologie: diese drei sind selbst fundamental angewiesen – und dadurch selbst auch relativiert – auf den lebendigen Gott, der seine Schöpfung in Jesus Christus durch unsere Geschichte hindurch zu einer nachgeschichtlichen Endvollendung bringt.

FÜNFTES KAPITEL

Als Epilog

§ 1. Hat die Kirche noch Zukunft?

Es gibt eine große Zahl von Büchern, in denen als selbstverständlich angenommen wird, daß Religion und Kirche auf die Dauer aus der Welt verschwinden. Das Argument, auf das man sich dabei beruft, ist vor allem das Phänomen der Säkularisation: der seit dem Zweiten Weltkrieg beschleunigte Säkularisierungsprozeß. Für gläubige Menschen aber wird die etwas naive Selbstverständlichkeit, mit der man diese These vertritt, unter die Kritik des religiösen Schöpfungsglaubens gestellt. Hinzu kommt, daß viele sogenannte Trend-Analysen auf dem Gebiet des Glaubens und der Religion in den letzten dreißig Jahren häufig durch die tatsächliche Entwicklung überholt wurden. Das Aufleben des Islams in der Welt wurde von keinem Soziologen oder Trend-Analytiker vorausgesagt, ebensowenig wie das Aufflackern der Gesellschaftskritik in den sechziger Jahren. Mit Vorstellungen wie Glasnost, Offenheit, und Perestroika, Neustrukturierung, wäre vor ein paar Jahren kein Soziologe oder anderer Analytiker – hätten sie davon gesprochen – ernst genommen worden; gar nicht zu reden von den Vorgängen in Polen, Ungarn und andern Staaten des Ostblocks. Mit diesen wenigen Hinweisen will ich nur unterstreichen, was Trend-Analytiker selbst oft sagen: Wir liegen mit unseren kulturellen Prognosen manchmal völlig daneben. Das kann genausogut für die verschiedensten Schlußfolgerungen aus der Trend-Analyse des sogenannten Säkularisierungsprozesses gelten.

Der jüdisch-christliche Schöpfungsglaube, der keine Erklärung unserer Welt und unseres Menschseins sein will, läßt uns ganz andere Fragen stellen als jene, die in der Annahme beschlossen liegen, dieser Schöpfungsglaube sei eine Art alternative Erklärung von Mensch und Welt gegenüber den (auch für gläubige Menschen akzeptablen) naturwissenschaftlichen und anthropologischen Erklärungen. Der Schöpfungsglaube erhebt nicht den Anspruch, eine Erklärung für die Entstehung der Welt zu geben. Wenn Gott die *Erklärung* der Tatsache wäre, daß die Dinge und Ereignisse das sind, was sie sind, dann wäre jeder Versuch, diese Dinge und Situationen (zum Guten oder zum Schlechten) zu verändern, in der Tat ein Frevel; oder anderseits würde es den Menschen und die ganze Welt zu einem Marionettentheater machen, bei dem allein Gott hinter dem Vorhang die Fäden in den Händen hält: Das wäre menschliche Geschichte als die größte Muppet-Show! Dann bestände allein die Pflicht, sich in das von Anfang an bestimmte Universum zu fügen, und Gott wäre dann die Macht und der Garant der etablierten Ordnung – nicht „Salvator", Erlöser, wie Christen ihn nennen, sondern „Conservator", Erhalter, wie die römisch-hellenistischen Religionen ihn bezeichneten.

Daraus wäre zu folgern: Sollte etwas schiefgelaufen sein, so läge die einzig sinnvolle Umgestaltung von Welt und Gesellschaft in einer Restauration oder Wiederherstellung der Dinge in ihrer idealen Ordnung. Ob man diese ideale Ordnung dann in den Beginn der Zeiten, das irdische Paradies, verlegt oder in eine ferne Zukunft oder ans Ende der Zeiten, in eine kommende, goldene Zeit, bedeutet strukturell kaum einen Unterschied. In beiden Fällen wird der Schöpfungsglaube zu einer unpassenden Erklärung verfälscht. Statt einer *frohen Botschaft* für die Menschen, die ihre Endlichkeit bedrückt, wird er zu einer Erklärungslehre verengt. Ob man die Geschichte als einen Abfall, eine Wegentwicklung von einem ursprünglichen, idealen Zustand oder als einen progressiv-evolutiven Fortschritt auf einen idealen Zustand hin ansieht, stellt als verwendetes Erklärungsschema keinen Unterschied dar. In beiden Fällen wird die Kontingenz als Wesensmerkmal des Menschen und der Welt verkannt, wobei man die Geschichtlichkeit entweder auf eine genetische Entwicklung einer vorprogrammierten Planung oder auf einen entwicklungslogisch fortlaufenden Fortschritt reduziert. Der wesentliche Aspekt aller Geschichtlichkeit bleibt dabei außer acht, nämlich die Endlichkeit: Alles hätte genausogut nicht sein können, und es hätte auch anders sein können, als es in Wirklichkeit ist (das bedeutet Kontingenz, ein philosophischer Fachausdruck)[1].

Dies gilt für alles, was sich in dieser Welt, in Natur, Geschichte und Gesellschaft, zeigt. Auch Institutionen, konkrete geschichtliche Erscheinungen, wie Sprachen, Kulturen und Zivilisationen, selbst die Formen der Religionen sind vergänglich: Sie kommen und gehen. So braucht es uns nicht zu wundern, wenn ein Tag kommt, an dem sie gehen. Nichts von alldem ist nicht-kontingent.

Selbst für die Materie bedeutet dies, daß sie, als Zusammenspiel von Zufall und Notwendigkeit, ein faktisches Ergebnis ist, das letztlich nicht hätte zu sein brauchen oder ganz anders hätte ausfallen können. Die Kontingenz jedes Entstehungsprozesses wird aber aufgehoben durch eine Auffassung von der Schöpfung, die sich selbst als eine Erklärung dieser Phänomene in Natur und Geschichte versteht. Das gilt, auf menschlicher Ebene, auch für den Menschen. Wenn wir erschaffen sind, und das bedeutet für einen Christen: wenn wir nach dem Bild und Gleichnis Gottes erschaffen wurden, dann muß der Mensch etwas anderes sein als ein Konservator, Restaurator oder Entdecker dessen, was doch schon gegeben ist. Dann wird der Mensch vielmehr selbst zum Prinzip dessen, was er tun soll, und dessen, was er aus der Welt und der

Gesellschaft machen soll – und was hätte nicht sein können und faktisch doch ist, dank seines kontingenten freien Willens.

Gott erschafft den Menschen als Prinzip des eigenen menschlichen Handelns, das selbst also in menschlicher Solidarität die Welt und ihre Zukunft wird entwerfen und innerhalb kontingenter Situationen und gegebener Grenzen und deshalb in Ehrfurcht vor der leblosen und lebendigen Natur realisieren müssen. Denn Gott kann nie der absolute Ursprung der *Menschlichkeit* des Menschen, mit anderen Worten Schöpfer, sein, wenn er den Menschen allein zum Vollbringer seiner göttlich vorherbestimmten „Blaupause" erschaffen hätte. Gott erschafft im Gegenteil den Menschen mit einem freien menschlichen Willen zum freien Gestalter seiner eigenen menschlichen Zukunft, die in kontingenten, zufälligen und auch bestimmten Situationen zu verwirklichen ist. Dadurch vermag der Mensch zwischen vielen Alternativen, auch zwischen Gut und Böse, zu wählen – ein Unterschied, der nicht dieser Freiheit vorausgeht, sondern den der Mensch, frei wählend, hervorbringt, ohne der Ursprung dieses Unterschiedes zu sein. Andernfalls wird in subtiler Weise wieder die Kontingenz, das heißt die Weltlichkeit der Welt und die Menschlichkeit des Menschen, aufgehoben.

Die Umgestaltung der Welt, das Entwerfen einer besseren, für alle menschlich lebenswerten Gesellschaft und neuen Erde hat der kontingente Mensch selbst in die Hand gelegt bekommen. Daher kann er nicht von Gott erwarten, daß Er unsere Probleme löst. Wir können, aufgrund eines richtig verstandenen Schöpfungsglaubens, nicht Gott zuschieben, was unsere Aufgabe in der Welt ist, in Anbetracht der unerbittlichen Grenze (auf unserer Seite) zwischen dem Endlichen und dem Unendlichen. Das Leid und das Böse überwinden, überall dort, wo wir ihm begegnen, mit allen zur Verfügung stehenden Mitteln der Wissenschaft und der Technik, durch mitmenschliche Hilfe und notfalls vielleicht (wenn alle anderen Mittel erschöpft sind) – indem wir dagegen rebellieren, ist *unser* Auftrag und *unsere* Last innerhalb aller Endlichkeit und Kontingenz. Es ist keine Sache Gottes, es sei denn, daß dies unsere Aufgabe innerhalb der absoluten Heilspräsenz Gottes bei uns ist und somit als menschliche Angelegenheit auch eine Sache, die Gott zu Herzen geht. Daß die Welt so aussieht, wie sie aussieht, ist bei allen Zufälligkeiten und ursächlichen Mustern ebenfalls aus dem historisch-gesellschaftlichen, kontingenten freien Willen der Menschheit in ihrem dialektischen Verhältnis zur Natur zu verstehen.

Dies schließt auch ein, daß die grundsätzliche Möglichkeit einer übersteigenden Negation gegeben ist, als Element der Antizipation oder als Zukunftsentwurf durch den Menschen selbst. Der Schöpfungsglaube gibt uns keine Information über die innere Beschaffenheit von Mensch, Welt und Gesellschaft. Diese zu erforschen ist Aufgabe der Philosophie und der Wissenschaften, des Menschen also. Der Glaube aber weist darauf hin, daß die Kontingenz aller weltlichen und menschlichen Gestalten (die auch die Philosophie anerkennt) getragen wird von der absoluten Heilspräsenz Gottes bei all diesem Endlichen. Auch Zukunft ist kontingent: nie rein teleologisch, zielgerichtet, nie technologisch oder bloß entwicklungslogisch zu interpretieren oder zu realisieren. Doch weiß der gläubige Mensch um Gottes heilsame Nähe bei seinem eigenen Schaffen dieser Geschichte.

Sogar: Allein Gott ist auch Herr unserer Geschichte. Er ist es, der dieses Abenteuer begonnen hat, und so ist es auch sein Herzensanliegen. Was soll Gott mit seinem eigenen göttlichen Leben anfangen? Die Schöpfung ist letztlich der Sinn, den Gott seinem göttlichen Leben hat geben wollen. Er wollte, frei, Gott sein auch für andere, von denen Er erwartete, daß sie mit ihrem endlichen, auch auf andere Möglichkeiten gerichteten freien Willen sein Angebot annehmen würden. Sonst begreife ich nicht, überhaupt nicht, warum Er, Gott, zum Erschaffen des prekären Endlichen überzugehen beschloß. Aber wer bin ich, zumindest im Rahmen dieses so hoch gespielten, menschlich unbegreiflichen göttlichen Abenteuers?

Diese Überlegung bringt mich auf einen Gedanken, den ich schon wiederholt zur Sprache gebracht habe. Was früher fast ausschließlich das Interesse religiöser Menschen zu finden schien, ist heute vor allem in Europa und Amerika zu einem Anliegen verschiedener Humanwissenschaften, Techniken und Aktionen geworden: Sie alle streben nach Heilung, Heilmachung oder Heil des Menschen und seiner Gesellschaft in einer von jeder möglichen Verschmutzung verschonten Natur. Es läßt sich kaum leugnen, daß die Frage nach heiler und lebenswerter Menschlichkeit, als Problem, mehr denn je in der ganzen Menschheit lebendig ist und daß in unserer Zeit die Antwort darauf um so dringender wird, je mehr wir einerseits feststellen, daß Menschen versagen, zu kurz kommen und vor allem in ihrem Menschsein beeinträchtigt werden, und wir anderseits schon bruchstückhaft tröstende und hoffnungsvolle Zeichen menschlichen Heilwerdens und menschlicher Selbstbefreiung erfahren dürfen. Denn die Frage nach lebenswerter Menschlichkeit wird faktisch unter gegebenen Bedingungen der Entfremdung, Desintegration und vieler menschlicher Verletzungen gestellt. Wir sehen, zu spät, daß das Böse schon geschehen ist. Das daraus sich ergebende Verlangen nach Heil, früher ausschließlich ein Thema der Religionen, ist in unseren Tagen mehr denn je zu dem großen Stimulans unserer ganzen heutigen Existenz geworden, auch außerhalb aller Religiosität. Die Heilsfrage ist nicht nur religiös und theologisch, sondern heute auch säkular ausdrücklich und bewußt die große Triebkraft in unserer Geschichte.

Was früher ausschließlich als eine Angelegenheit der Religionen, auch des Christentums, angesehen wurde, wird heute offensichtlich als gemeinsamer Auftrag aller Menschen erfahren. Doch mindert dies keineswegs den Schöpfungsglauben sowohl von Christen als auch von anderen, im Gegenteil! Denn seit wann wird eine einzelne Sicht der Wirklichkeit weniger wahr, weil sie auch von vielen anderen geteilt, universalisiert wird? Gleichwohl höre ich hier und da einen Vorbehalt, der etwa lautet: Zugegeben, die Einführung vieler Wertvorstellungen, vor allem im Westen, ist (direkt oder indirekt, wir wollen dabei nicht kleinlich sein) der christlichen Erfahrungstradition zu verdanken. Inzwischen sind sie aber das Gemeingut aller geworden, weshalb wir jetzt diesem christlichen Glauben – mit Dank an die christlichen Kirchen für erwiesene Dienste – Lebewohl sagen können. Ich glaube aber, daß wir dann eine zu geringe Meinung von dem unerschöpflichen Erwartungs- und Inspirationspotential des christlichen Schöpfungsglaubens hätten. Die sogenannte Tendenz zur Säkularisierung, die – als allmähliche Universalisierung (oder Verbreitung unter vielen Menschen) ursprünglich-religiöser Gedanken verstanden – zu begrüßen ist, scheint mir jedoch als alles umfassende These ein – auch rational gesehen – unglückseliger Kurzschluß zu sein; und dies aus zwei fundamentalen Gründen.

a) Der *erste Grund* ist eben die Endlichkeit unserer Existenz in einer endlichen Welt und einer endlichen Geschichte. Die Endlichkeit gehört sowohl für gläubige als auch für ungläubige Menschen eigentlich zur Definition des Menschen und der Welt; sie ist sogar die Definition aller Säkularität. Denn Welt-Sein, also: Nicht-Gott, läßt sich selbst nie säkularisieren, sonst müßte die moderne säkularisierte Welt doch ein Zaubermittel finden, um die konstitutive Endlichkeit des Menschen und der Welt *aufzuheben*. Gerade mit Hilfe dieser bleibenden Endlichkeit entsteht immer wieder neu Religiosität in der Geschichte. Kirche-Sein behält Zukunft und überdauert alle Säkularisierung, weil die Endlichkeit selbst von den Menschen zwar säkularisiert erlebt werden kann, aber für gläubige Menschen die nie austrocknende Quelle aller Religiosität schlechthin ist. Dies letztere ist eine Glaubensaussage. Aber die Glaubensüberzeugung kann rational ein Hinweis auf das immer wiederkehrende Phänomen der Religiosität sein, gerade in Situationen der schlimmsten und längsten Religionsverfolgung. Sie verweist außerdem – und diese Versuchung ist viel subtiler – auf das aufkommende religiöse und semireligiöse Bedürfnis, das aus dem auf die Dauer zum Überdruß führenden Genuß großen Wohlstandes und schier uneingeschränkten Konsums entsteht, wodurch einerseits die gefährliche Erinnerung der

Erfahrung der Endlichkeit eingeschläfert, anderseits gerade die trostlose Leere dieser säkular interpretierten Endlichkeit erfahren wird.

b) Der *zweite Grund* liegt im Selbstverständnis der Religionen, auch des Christentums. Gleichwertige, gegenseitige Menschlichkeit, der Zielpunkt des Besten, das im *weltlichen* Erleben zu sehen ist, ist zumindest in der christlichen Erfahrungstradition nicht nur als ethische, sondern vielmehr als *theologale* Ausrichtung gemeint: auf Gott gerichtet (virtus theologica sagte die Tradition). Die christliche religiöse Tradition sieht in der Mitmenschlichkeit (die in breiten Schichten der Weltbevölkerung im Wachsen begriffen ist) eine latente religiöse Tiefendimension, die wesentlich mit der Glaubenseinsicht zu tun hat, daß die Endlichkeit nicht in ihrer Einsamkeit belassen, sondern von der absoluten, heilsamen Gegenwart des lebendigen Gottes getragen wird. Und diese Präsenz ist und bleibt ein unerschöpflicher, nie zu säkularisierender Quell.

Gerade die kritische, produktive und befreiende Kraft wahren Schöpfungsglaubens, vor allem wie er in der Verkündigung und Lebenspraxis Jesu von Nazaret hervortritt, macht uns deutlich, daß dasjenige, was aus dieser christlichen Erfahrungstradition immer wieder neu an stets universalisierbaren und in diesem Sinn säkularisierbaren Werten, an Inspiration und Orientierung, in der säkularen Welt zugunsten aller Menschen frei wird und sich so gleichsam dem Monopol oder der Partikularität der Religionen *entzieht,* nie das unerschöpfliche Erwartungs- und Inspirationspotential des Glaubens an Gott einholen kann.

Säkularität besagt Endlichkeit, das Nicht-Göttliche. Und für den Glauben ist ausgerechnet die nicht-göttliche Endlichkeit genau der Ort, an dem das Unendliche und das Endliche einander zutiefst berühren. Aus dieser tiefen Berührung des Säkularen und des Transzendenten, des Unendlichen und des Endlichen entspringt, wie Mystiker sagen, der *Seelenfunke:* Dort entzündet sich alle Religiosität[1]. Dort liegt der Ursprung aller Gläubigkeit, die bei einer Vergesellschaftung gleichgesinnter Menschen, welche dieselben Erfahrungen gemacht haben, unvermeidlich zu *communio* oder Kirchenbildung führt. Aufgrund dessen wird – das ist die feste Überzeugung von Gläubigen, die auch aus menschlichen Erfahrungen verständlich und glaubwürdig zu machen ist – die Endlichkeit oder Säkularität noch lange auf den alle Säkularität transzendierenden Ursprung und den alle Säkularität transzendierenden Grund sowie Inspiration und Orientierung *hinweisen,* welche gläubige Menschen den lebendigen Gott nennen, der sich selbst jeder Säkularisierung entzieht.

Das Kommen des Reiches Gottes ist eine Gnade, aber eine Gnade, die im Handeln und durch das Handeln der Menschen wirksam ist und nicht außerhalb, darüber oder dahinter. Gerade das Gute, das wir selbst als Menschen, Christen, die an das Evangelium glauben, tun und bewirken, erfahren wir manchmal, später, als unverdiente und überraschende Gnade Gottes. Nun, aus der Struktur des ganzen Offenbarungs- und Erlösungsgeschehens, wie es in diesem Buch analysiert wurde, geht dann für den gläubigen oder nach Glauben suchenden Leser geradezu sonnenklar hervor, daß die Kirche nur in dem Maße Zukunft hat, in dem sie heilsam bei der Zukunft des Menschen und seiner Welt präsent ist, vor allem der Menschen, die individuell und/oder gesellschaftlich bedrängt werden.

Die Kirche hat nur Zukunft in dem Maße, in dem sie allen Supranaturalismus und Dualismus fahren läßt: also, einerseits, Heil nicht auf ein bloß geistiges Reich oder eine nur himmlische Zukunft reduziert und sich, anderseits, nicht-introvertiert auf sich selbst als Kirche konzentriert, sondern sich, nach außen gewandt, auf den *anderen* ausrichtet: *auf Menschen in der Welt.* Und dann nicht ausschließlich an die eigene, geschichtliche Selbsterhaltung als geistige Macht in der Welt denkt.

§ 2. Der weltliche oder kosmische Aspekt des Reiches Gottes

Bei allem Vorausgegangenem wurde die Solidarität der Menschen miteinander, mit Armen, mit dem kulturell oder religiös „anderen" und so weiter, also auch die politische Bedeutsamkeit des christlichen Evangeliums betont: Gerechtigkeit und Frieden. Wo aber bleibt der kosmische Aspekt der christlichen Erlösung und Befreiung? Vor allem in der drängenden Zeit des sogenannten „konziliaren Prozesses", bei dem die Sorge jedes einzelnen um unsere natürliche Umwelt: die Erde, sogar mit ihrer Ozonschicht, mobilisiert wird, treten von diesem Appell aus ernste Fragen an die christliche Auffassung vom Reich Gottes heran[2].

Ist das Kommen des Reiches Gottes rein geistiger Art? Nach Ansicht einiger Exegeten gibt es den kosmischen Aspekt des Reiches Gottes nicht. Für sie ist es eine Metapher, die sich auf rein geistige Wirklichkeiten beziehen soll[3]. Doch liegt das, was wir den Dienst oder die Tugend der Mitgeschöpflichkeit nennen können, zu tief in der jüdisch-christlichen Tradition (allerdings wurde sie auch dort in ihrer späteren, eher jüngeren Tradition oft um wirtschaftlicher Belange willen unterdrückt), als daß wir diesen Dienst und diese Tugend in einer christlichen Soteriologie oder Heilsicht übergehen könnten: Die Erlösung und Befreiung der Menschen hat auch mit unserer materiellen Umwelt zu tun.

In den fünfziger und vor allem in den sechziger Jahren kam in unserem täglichen Sprachgebrauch anstelle des vertrauten Wortes Nächstenliebe plötzlich das Wort „Mitmenschlichkeit" in Mode. Damals lebten wir in einer Welt, die das Chaos des Zweiten Weltkriegs überwunden hatte und die durch den wirtschaftlichen Aufschwung und eine (wenn auch doppeldeutige) internationale Perspektive auf Frieden übermütig wurde. Durch den wirtschaftlichen Wohlstand wurden die Menschen freundlicher zueinander, nachdem während eines harten Krieges der eigene „Kampf ums Überleben" für viele im Vordergrund gestanden hatte.

Seit den siebziger Jahren sind wir alle mit der weltweiten Forderung nach gegenseitiger und gleichrangiger Menschlichkeit konfrontiert, während sich das Weltbild beängstigend aggressiv und bedrängend ungerecht darbietet. Es ist inzwischen eine nicht zu leugnende Tatsache, daß erst nach 1965 in unserer Welt der Ruf nach mehr Demokratisierung aller Beziehungen, individuell und strukturell, aufkam. Große Weltprobleme mit tief-menschlichen Resonanzen zogen erst damals eine allgemeine Aufmerksamkeit auf sich, wozu auch ihre Kenntnisnahme durch die öffentlichen Medien entscheidend beitrug: Kernenergie, atomare Bewaffnung, Umweltverschmutzung, Erschöpfung unserer Rohstoffvorräte, Ölkrise und Verschiebung des Ost-West-Konflikts auf den Nord-Süd-Konflikt. Hinzu kam eine Schwächung der eurozentrischen Position der westeuropäischen Kirchen, wobei wir Europäer uns mehr denn je unseres regionalen und damit einseitigen Selbstverständnisses bewußt wurden. Auch führten die siebziger Jahre zu einer Art Großalarm für unseren westlichen Wohlstand. Das weckte Mißtrauen, Ohnmacht und Angst; man erkannte die Brüchigkeit der politischen und wirtschaftlichen Weltsituation. Krisenzeiten rufen immer radikalisierende, gegensätzliche Strömungen hervor, locken Polarisierung heraus. Viele Menschen verschlossen sich allem Politischen und flüchteten in unverbindliche Innerlichkeit, andere in äußerliche Ausgelassenheit und in unerbittlichen Vandalismus – oft ohne Seele und Innerlichkeit, ohne den Willen, der Menschlichkeit in uns selbst und in anderen eine Überlebenschance zu lassen.

Der Kontrast zu den sechziger Jahren hätte nicht größer sein können. Mitmenschlichkeit war inzwischen zu einem bewußten Wert unter uns geworden, und das jetzt zum Jargon gewordene Wort Mitmenschlichkeit bedeutete die sprachliche Registrierung desselben. Es war die Zeit eines „Gottes der Menschen". Doch *Gott ist nicht allein ein Gott der Menschen*. Oder besser gesagt, eine Dimension des Menschseins wurde vergessen: die *Mitgeschöpflichkeit*. Denn inzwischen war die konkrete Welt dabei, diese natürliche anorganische und organische, lebendige Mit-

Umgebung der Menschen ein für allemal zu zerstören, und zwar vor allem aus Gründen wirtschaftlichen Gewinnstrebens.

Vor diesem Hintergrund ist es gut, sich in Erinnerung zu rufen, daß im biblischen Bericht von der Schöpfung „das Werk von Gottes Händen" in Gen 1, der Mensch, nicht einmal einen besonderen Schöpfungstag erhält. Gott erschafft den Menschen – ihn und sie – an ein und demselben Tag zusammen mit dem „Vieh, dem kriechenden und dem wilden Getier". Gott kümmert sich, so heißt es dort, um „Mensch und Tier". Auch nachdem der Mensch seinen Schöpfungsauftrag in der Welt verpfuscht hat und Gott die Menschheit retten will, nimmt Er mit Noah, dessen Frau und Familie die Tiere in Schutz, und nach der Sintflut schließt Er einen Bund nicht nur mit Noah und seinen Nachkommen, sondern auch „mit allen lebenden Wesen, die bei ihm waren". Gott will offensichtlich Zukunft für seine ganze Schöpfung. Und in Ps 36,7 heißt es ausdrücklich: „Herr, du hilfst Menschen und Tieren." Nachdem im Psalm 103 Gottes Barmherzigkeit gegenüber dem Menschen besungen wird, steht Psalm 104 ganz im Zeichen aller „Werke der Hand Gottes": Erde, Pflanzen und Tiere dürfen sich des Erbarmens Gottes erfreuen.

Doch geschieht im Schöpfungsbericht mit den Menschen etwas Besonderes. Sie werden nicht „jeder nach seiner Art" geschaffen, wie wir das von Gott beim Erschaffen der Tiere und Pflanzen hörten. Diese dürfen sein, was und wie sie sind. Und das ist gut so. Der Mensch aber wird „nach dem Bild und Gleichnis Gottes" geschaffen. So können wir sagen: Diesem Bericht zufolge muß der Mensch *Gott nachschlagen*. Darin vernehmen wir etwas Besonderes. Denn nach der Bibel, wie sie in ihrer Endredaktion vorliegt, mit dem viel jüngeren Schöpfungsbericht, der jedoch an den Beginn der jüdisch interpretierten Heilsgeschichte Gottes gestellt ist, und zugleich mit dem (etwas späteren) Beginn einer von Menschen bewirkten Unheilsgeschichte, weiß (innerhalb dieser Geschichte) ein Bibelleser von Gott allein, daß Er der *Schöpfer* ist (das waren die ersten Seiten, die er las). Daraus konnte dieser Leser entnehmen, daß es in dieser Geschichte um einen Gott ging, der das Chaos bezwingt und das Leben für alles, was sich auf Erden regt, möglich macht.

Der Ausspruch: „Laßt uns Menschen machen als unser Abbild, uns ähnlich" (Gen 1,26) kann in diesem Zusammenhang (für den empfänglichen Leser, der noch nicht weiß, was auf diese Anfangsgeschichte folgen wird) nur bedeuten, daß auch der Mensch in seiner Lebenswelt schöpferisch tätig sein muß. Er muß als Mensch das vielfältige Chaos bezwingen und Leben möglich machen und außerdem alles auf Erden vorhandene Leben mit großer Sorgfalt hüten. Er muß sich kreativ für das „Werk der Hände Gottes" einsetzen. Im schöpferischen Umgang (im

Werken) mit der Erde soll der Mensch wirklich Mensch werden. Darin kommt er (allerdings klang dies damals noch nicht an) zu seinem Recht. In Psalm 8 wird sogar gesagt, daß der Mensch als „beinahe göttlich" angesehen werden darf, wenn er sich liebevoll über das Leben auf Erden erbarmt: über das Leben von Pflanze, Tier und das Leben der Mitmenschen. Mitgeschöpflichkeit und Mitmenschlichkeit müssen Hand in Hand gehen. „Die Erde beherrschen" als Schöpfungsauftrag schließt somit keineswegs Zerstörung ein, sondern muß eine konstruktive – fast göttliche – Kreativität des Menschen sein. Kein Chaos, kein Vernichten, sondern Kreativität, das heißt aufbauen, alles, was auf Gerechtigkeit, Frieden und Heil der Schöpfung hinzielt.

Als Diener der Schöpfung ist der Mensch der Höherstehende in der Schöpfung. Aber damit ist der Mensch nur Bevollmächtigter und Verwalter Gottes, dem er Verantwortung wird ablegen müssen. So muß der Mensch auch der Hirt der Tiere sein: der Tiere, denen der Mensch – er und sie zusammen – einen Namen gegeben hat, als einem erkennbaren Mitgeschöpf mit eigenen, unantastbaren Rechten.

Man kann sich fragen: Wenn das Israels Geschichte in bezug auf das Materielle – die stoffliche, organische und tierische Umwelt – ist, wie kann es dann sein, daß in diesem Israel mit seinem Mitleid mit der Schöpfung soviel Tieropfer dargebracht wurden (allerdings haben die Juden dies nach dem Jüdischen Krieg abgeschafft)? Liegt darin nicht ein Widerspruch zur ganzen Ehrfurcht vor Gottes Schöpfung, vor ihrem Leben und Überleben? Das Tier hat an dieser Stelle vorläufig eine stellvertretende Funktion. Im Tausch gegen ein Tierleben befreit Gott eine in der Sünde verfangene menschliche Existenz vor dem Untergang, denn der Mensch, der für Mitmensch und Tier ein Segen sein sollte, ein Segen für alles Leben auf Erden, wurde zu einem Fluch für sich selbst und diese ganze Erde.

In Kapitel 24 klagt Jesaja: „Die Erde welkt, sie verwelkt, die Welt zerfällt, sie verwelkt, Himmel und Erde zerfallen. Die Erde ist entweiht durch ihre Bewohner; denn sie haben die Weisung übertreten, die Gesetze verletzt, den ewigen Bund gebrochen. Darum wird ein Fluch die Erde zerfressen, ihre Bewohner haben sich schuldig gemacht. Von der Stadt blieben nur noch Ruinen, auch das Tor wurde zertrümmert ... Treulose handeln treulos, ja, die Treulosen brechen die Treue ... Wie ein Betrunkener taumelt die Erde."

Und später wird Paulus es mindestens genauso scharf formulieren: Die Schöpfung lechzt nach dem erlösenden Moment, daß der Mensch sich endlich wieder als ein guter Hirt, ein dienender Verwalter ihrer erbarme, so daß auch der Kosmos zu wiederaufatmendem Leben kommt, (vgl. Röm 8). Dies letztere ist nach der tiefsten Überzeugung des Apostels Paulus und vieler anderer frühen Christen in Christus Jesus geschehen. Mit dem Kreuzesopfer Jesu, des Lammes Gottes, ist, so sagt vor allem der Hebräerbrief, der alte Opferkult der Tiere ein für allemal abgeschafft. Das Kreuzesopfer ist in Jesus nicht nur die Errettung des Menschen, sondern auch die der Tierwelt. Keine Menschenopfer; das sagte Gott schon zu Abraham, als auch Israel der Verführung durch die kanaanitische Religion zu erliegen drohte, den erstgeborenen Sohn der Gottheit zu opfern, er aber auf Gottes Befehl Isaak verschonte. Im Neuen Testament sagt außerdem derselbe Gott, der Gott Israels und Jesu Christi: Auch Tieropfer sind vom Bösen. Das gilt nur in *einem* bestimmten Reich. Offensichtlich nur im Reich Gottes: Nur dort scheint es, nach dem Zeugnis des Lebenswegs Jesu, keine Sündenböcke zu geben!

Es geht in diesem Zusammenhang nicht nur und nicht vor allem um den Erhalt der Natur aus Selbsterhalt, wenn auch die Grenzen der Natur unsere Grenzen sind. Aber dann stellen wir doch wieder ausschließlich den Menschen in den Mittelpunkt der Schöpfung. Es bedarf vor allem des Verzichts und der Lebensgenügsamkeit, um die Schöpfung zu erhalten. Natürlich haben wir einander nötig, doch insbesondere hat der andere, auch das andere, die Natur, uns nötig. Was man heute den konziliaren Prozeß nennt: „Gerechtigkeit, Leben und Unversehrtheit der Schöpfung", hat meines Erachtens ganz mit dem jüdisch-christlichen Schöpfungsglauben und auch mit der kosmischen Bedeutung der Erlösung in Jesus Christus zu tun. Es gehört zur Seele des christlichen Credos.

Mit Recht werden einerseits heute auch mehr als früher die Übereinstimmungen zwischen Mensch und Natur betont. Auf dem Gebiet der Biochemie zum Beispiel ist man zu der Einsicht gelangt, daß der Mensch, genauso wie Tiere und Pflanzen, ein Stück lebendige Chemie ist. Aber anderseits betont die Anthropologie mit Recht, daß es im Menschen etwas gibt, was nicht auf die Natur zu reduzieren ist, ein „Mehr". Es steckt im Menschen auch ein Element von Nicht-Natur. Die *Natur* selbst kann nicht beten: sie braucht als (stoffliche, anorganische und biologisch-lebendige) Kreatürlichkeit den Menschen, um zum Lob Gottes zu gelangen. Im Gegensatz zum Tier hat der Mensch ein somatisch-geistiges Bewußtsein, etwas Transzendentes, wodurch der Mensch seiner Beziehung zu Gott eingedenk werden kann.

Mensch und Natur sind aufeinander bezogen. Der Bund Gottes mit der Erde verläuft durch die einzigartige Stellung des Menschen als eines Abbildes Gottes über den Fokus des Menschen. Der Mensch ist Gottes

Verwalter oder Stellvertreter auf Erden. Deshalb ist die Erde mehr als bloß „die Welt des Menschen", wie auch Psalm 104 zeigt, wo die ganze Schöpfung Hochzeit feiert und Sonne, Mond und Sterne das Lob Gottes singen. Der Mensch kommt darin kaum vor. Und doch ist und bleibt es ein Psalm der Menschen, die das Lob der Schöpfung zu Gott in Worte kleiden. Wenn wir ausrufen: „Was für eine schöne Landschaft!", bedeutet das schon eine Vermenschlichung der Natur. Für das Tier gibt es keine Landschaften, nur Brut- und Beuteterritorien und Spielräume – und doch, wenn es abends dunkel zu werden beginnt und eine Amsel auf dem höchsten Zweig eines Baumes oder auf einer Antenne sitzt, dabei ihr Lied singt und betrachtend umherblickt, ist das dann nicht so, als schaute sie mit Genuß über das Land und spräche auf ihre Weise ein Gebet? Aber auch das ist vermenschlichende Deutung. Ohne das menschliche Sehen und Betrachten der Natur gibt es kein Panorama. Die Natur übersteigt somit sich selbst *im* Menschen, der selbst ein Teil der Natur ist.

Natürlich müssen wir Menschen trotz unserer auch geistigen Besonderheit in der Natur dieser bescheiden gegenüberstehen. Die Schicksalsverbundenheit des Menschen mit der Natur und der Natur mit dem Menschen bedeutet einerseits, daß der Mensch die eigene Struktur der Natur respektieren muß, anderseits daß diese ganze Natur eigentlich durch die Tatsache vollendet wird, daß der Mensch darin anwesend ist – ein Mensch, der die Natur erlebt, betrachtet, schön findet oder auch „Wunder" damit verrichten kann: der Technik, der Medizin und so weiter. Verselbständigen wir aber die Natur, dann verfallen wir einer Art Mythologie. Und es versteht sich von selbst, daß die Beziehung des Menschen zur Natur nicht einseitig auf Beherrschung und Technik reduziert werden darf.

Aufgrund von Umweltkatastrophen sind wir uns bewußt geworden, daß unser Verhältnis zur Natur unter ethische Werte und Normen fällt. Die modernen ökologischen Kontrasterfahrungen haben uns zu der Einsicht gebracht, daß auch hier, und nicht nur auf persönlicher und gesellschaftlicher Ebene, ethische Dimensionen vorhanden sind[4]. In den klassischen Handbüchern der Moral fällt diese Dimension völlig aus. Ich sah einmal folgendes Bild: Im Hintergrund eine Reihe Schwefel und andere Gifte ausstoßender Fabrikschornsteine, davor, am Rand eines Waldes, ein junger Mann, der ein Mädchen liebkost. An diesem Liebespaar vorbei geht hustend und prustend vor Qualm ein Pfarrer, der den beiden zuruft: „Ihr Schweinigel!" Das ist vereinfacht dargestellt die adäquateste Situationsschilderung der traditionellen Ethik anno 1900 bis 1955!

Inzwischen ist uns immer klarer geworden, daß wir mit der die Erde ausbeutenden Technik, wie legitim die Technik als solche auch ist, nicht endlos weitermachen können. Wohl als Technik. Was wir aber technisch können, ist allein aufgrund der technischen Möglichkeit noch nicht ethisch erlaubt. Wenn es gut ist, steht die Technik im Dienst der echten Werte des wahren, guten und wahrhaft glücklichen Menschseins. Die Technik, die jetzt die Verschmutzung bewirkt, steht zu einem großen Teil im Dienst einer Konsumgesellschaft. Hier muß die Kritik beginnen, nicht bei der Technik als solcher, sondern bei einer Technik, die keine ethischen Prioritäten setzt und alles im Dienst der Priorität wirtschaftlichen Fortschrittsglaubens und Gewinnstrebens sieht.

Die Probleme, denen wir heute in unserem Zusammenleben von Mensch, Natur und Tier gegenüberstehen, hängen zutiefst mit der Verunstaltung unseres Menschen- und Weltbilds zusammen. Entscheidend ist: Für welches Menschenbild entscheide ich mich? Ich möchte die Kultur, die zu der ökologischen Krise und zum Aussterben wertvoller Tierarten beigetragen hat, als eine Kultur bezeichnen, in der Wissenschaft und Technik zwar nicht die ausschließlichen, aber doch die repräsentativen Werte einer bestimmten Zivilisation geworden sind. Die Bewegung zu einem mehr kontemplativen und spielerischen Verhältnis zur Natur und zur Tierwelt scheint mir eine eindeutige Reaktion gegen eine einseitige Technokratie zu sein, die allein auf Gewinnstreben, Konsum und Luxus gerichtet ist.

Wir bemerken darüber hinaus, daß eine zügellose Konsumgesellschaft doch keine glückliche Menschenwelt hervorbringt. In ihr kommen nicht nur Scharen von Menschen nicht zum Zuge, sondern sie bringt auch viele hervor, die sich langweilen, leer und einsam sind, ganz zu schweigen von der steigenden Zahl von Selbstmorden unter jungen Menschen in den Wohlstandsländern. Der Ruf nach Einfachheit und Genügsamkeit hat offensichtlich etwas Befreiendes. Und die heute notwendig gewordene Beschränkung ist keineswegs so pessimistisch, wie es scheinen mag; sie besitzt auch etwas Attraktives, etwas Ausgewogenes und schließt Teilhabe und dadurch auch etwas Festliches mit ein. Warum muß man, um ein Stück Seife zu kaufen, aus hundertfünfzig Sorten auswählen können? Selbstverständlich liegt darin auch etwas Schöpferisches, wenn wir nicht alle die gleichen Kleider tragen oder mit demselben Seifenduft umherzulaufen brauchen. Farbenfreudige Verschiedenheit gehört dazu, und wäre sie nicht mehr da, ginge auch etwas vom Poetischen, Lyrischen und Spielerischen unseres Menschseins verloren. Doch auch mit viel weniger Luxus bleibt noch viel Raum für die menschliche Phantasie, wie wir deutlich in der Zweiten Welt und bei den Menschen in den armen Ländern lernen können.

Manche sehen es als ein Menetekel an, daß wir ein besonderes Ministerium für Umweltschutz brauchen. So sehr dies auf die Tatsache hinweist, daß mit unserer Umwelt etwas nicht in Ordnung ist, ist es aber auch ein Zeichen dafür, daß wir uns endlich dessen bewußt geworden sind. Früher schien diese Sorge nicht nötig zu sein, ... und doch: im Mittelalter litt ganz Europa unter der Pest, Tausende und Abertausende starben, weil es keine Kanalisation gab. Die Pest wurde aus Europa verbannt, nicht dank der Ärzte, sondern dank der Ingenieure, die Abwassersysteme angelegt haben. Ganz Europa war damals, wie der große Mediävist J. Le Goff berichtet, ein stinkender Misthaufen. Wenn es auch weniger Umweltschutz als heute gab, so rührte die Umweltverschmutzung noch nicht an die Lebensprinzipien selbst, wie dies heute bei vielen unserer Chemikalien der Fall ist.

In manchen Kreisen wird die Umweltkatastrophe den jüdischen und christlichen Religionen zum Vorwurf gemacht wegen der Aufforderung im Buch Genesis: „Seid fruchtbar, und vermehrt euch, bevölkert die Erde, unterwerft sie euch, und herrscht über die Fische des Meeres, über die Vögel des Himmels und über alle Tiere, die sich auf dem Land regen" (Gen 1,28). Es ist allerdings eine Tatsache, daß (nicht im Altertum und im Mittelalter, sondern) seit dem siebzehnten und achtzehnten Jahrhundert, beim Aufkommen des bürgerlichen Kapitalismus unter abendländischen Christen, dieser Bibeltext oft mißbraucht wurde, um die Ausbeutung und Verschmutzung der Natur zu legitimieren. Das ist somit eine sehr junge, ideologische Legitimation, die wenig oder nichts mit den biblischen Wurzeln und dem Sinn dieser Texte zu tun hat.

Für viele Christen ist die Bibel das große Ärgernis, das sie daran hindert, kritisch vor allem über Wissenschaft, Technik, Bio-Industrie und anderes mehr zu reden. Es ist gefährlich, in der Bibel eine direkte Antwort auf spezielle heutige Fragen, wie Umweltschutz und Kernenergie, Bio-Technik und Bio-Industrie, zu suchen. Oft ist das Suchen nach biblischen Texten der Versuch einer nachträglichen biblischen Legitimierung von Entscheidungen, die Christen aus anderen Gründen schon getroffen und verwirklicht haben. Da sie heute mit den damals nicht vorhersehbaren Risiken einer ungezügelten Naturausbeutung konfrontiert sind, beginnen Christen unter dem Gebot größeren Umweltschutzes, diesen Genesis-Text neu zu lesen. Unterstützt von Bibelfachleuten, sagen sie jetzt: Was dieser Text meint, ist nicht, daß der Mensch Herr und Meister der Natur ist, die er nach Belieben für seine Projekte ausbeuten dürfte, sondern vielmehr, daß der Mensch der Hüter der Natur ist. In beiden Fällen ist die Bedeutung dieses Bibeltextes vorentschieden: Die Bibel dient als Bestätigung des eigenen Rechthabens.

Wegen dieses häufigen Mißbrauchs der Bibel behaupten andere dann wieder, daß es eine Horizontalisierung der Religion bedeute, die Bibel mit weltlichen Problemen der Ökologie und Politik in Zusammenhang zu bringen. Trotz all dieser Einwände hat uns der Schöpfungsbericht durchaus etwas hinsichtlich unseres Problems zu sagen. Dieser Schöpfungsbericht muß dann in seinem Kontext in der „priesterschriftlichen Tradition" gelesen werden, wobei letztlich die ganze Dynamik der Bibel mitzubedenken ist [5].

Das in Gen 1,28 verwendete Wort „kabasch" hat viele Bedeutungen und kann an sich tatsächlich mit „beherrscht die Natur" übersetzt werden, in dem Sinn von: beutet sie aus. „Kabasch", wörtlich: den Fuß auf etwas setzen, bedeutet im Kontext der priesterschriftlichen Überlieferung aber das, was wir mit dem Ausdruck wiedergeben: „die Hand auf etwas legen", das heißt, etwas in Besitz nehmen. Nach dem Bericht der priesterschriftlichen Tradition erschuf Gott, nachdem er zuerst den ganzen, für den Menschen notwendigen Lebensraum schöpferisch vorbereitet hatte, den Menschen („als Mann und Frau erschuf er sie"). Diese beiden bekommen einen Segen mit, nicht für alle Zeiten und alle Orte, sondern für die Zeit der Vollendung der Schöpfung, nämlich die Zeit des Füllens des Erdbodens mit verschiedenen Völkern und ihren Kulturen.

Nach der priesterlichen Vorstellung hat Gott für jedes Volk einen Ort auf dem Erdboden erdacht. Aber im Kontext dieses Berichts sind anfangs nur zwei einzelne da. Darum gibt Gott ihnen einen Segen mit, damit sie sich so schnell wie möglich zu einem Volk vermehren sollen. In einem späteren Stadium dieses Berichts begibt sich jeder der vielen Nachkommen als Volk auf die Reise zu dem ihm zugewiesenen Land (vgl. Gen 5, eine erste Völkerliste, und in Gen 10, nach der Sintflut, eine zweite Völkerliste: „nach ihrem Land, ihrer Sprache, ihrem Stamm und ihrem Volk"). Israel findet als eines der vielen Völker dabei besondere Beachtung: Abraham und Jakob erhalten den besonderen Segen zur Bildung des eigenen Volkes: Israels (Gen 17,6–7. 15–20; 35,11). Darauf wird auch diesem Volk Israel ein eigenes Land zugewiesen: Kanaan (Gen 17,8; 35,12). Schließlich haben alle Völker ihren Platz auf dem Erdboden gefunden, und Israel ist in Kanaan angekommen, wo „sie das Land in Besitz nehmen" (Jos 18,1, dasselbe Wort „kabasch" wie in der Genesis). Sodann wird Israels eigenes Land selbst in verschiedene Lose oder Parzellen gemäß den zwölf Stämmen Israels aufgeteilt (mit einem eigenen Status für den Stamm Levi) (Jos 19,51). Erst damit ist in mythischen Bezeichnungen der priesterschriftliche Bericht von der Urgeschichte zu Ende.

Was in der (mythisch-zeitlichen) sechstägigen Arbeitswoche Gottes vorgesehen war, ist auf diese Weise zu historischer Ordnung gekommen. Dadurch ist die Schöpfung zu einer für Menschen und Völker stabilen Gemeinschaft vollendet, mit einem eigenen Platz für jedes Volk auf dem Erdboden. In diesem Moment der Urgeschichte ist Gottes Segen über Adam: „Seid fruchtbar, und vermehrt euch, bevölkert die Erde und nehmt sie in Besitz" in Erfüllung gegangen (gemäß dieser priesterschriftlichen Version). Von jetzt an leben die Menschen „von den Früchten ihres Landes" (Jos 5,11–12). Wie Gott am siebten Tag seines Schöpfungswerkes ruhte, geht (nachdem die Erde bevölkert ist und die Völkerverteilung pro Land, Rasse und Sprache stattgefunden hat) auch Israel, wenn es sein Heiligtum in Schilo errichtet hat (Jos 18,1), gleichsam auf ewige „liturgische Sabbatruhe". Das ist eine priesterliche Auffassung von der faktischen Verteilung der Länder und Völker.

Die Absicht dieses mythisch ausgeführten Berichts liegt jedoch darin: So hat Gott die Ordnung der Welt gemeint, und so muß sie bleiben, nämlich eine Welt, in der alle Menschen und Völker miteinander in Frieden leben, jedes Volk an seinem Ort, sogar in kosmischem Frieden, in dem der Mensch als verwaltender Gärtner des „Landes, das von Milch und Honig überfließt" und in dem der Schöpfer immerfort liturgisch gepriesen wird, lebt. Und auch Israel sah, daß es gut war! Das ist der goldene Faden des priesterschriftlichen Berichts im Pentateuch. Er bedeutet für uns also keineswegs eine göttliche Gutheißung der *Art und Weise, wie* die Völker zu dem konkreten Land, das sie jetzt bewohnen, gekommen sind; darüber spricht die priesterliche Theologie eigentlich nicht.

In Anbetracht der Absicht dieser Geschichte können wir daraus ebensowenig eine Folgerung ziehen, etwa in Zusammenhang mit der Ethik der Fortpflanzung oder für oder gegen vernünftige Familienplanung und auch nicht in Zusammenhang mit der Ethik der Ökologie oder der Ausbeutung der Natur; geschweige denn in bezug auf eine Bio-Ethik. Der (die) Hagiograph(en) sieht (sehen) in Wirklichkeit verschiedene Kulturen, Länder und Völker, über den Erdboden verstreut, auf dem jedem Volk ein eigenes Land mit Grenzen zugeteilt ist, ein Aufruf an alle Menschen und Völker, so in Frieden miteinander zum Glück aller Menschen und zum Lob Gottes zu leben. Nur hinsichtlich der Tiere wird zum Menschen gesagt: „Herrscht über die Fische des Meeres, über die Vögel des Himmels und über alle Tiere, die sich auf dem Land regen" (Gen 1,28).

Aber das hebräische Wort „radah", seinem Stamm nach: „herrschen", das viele Bedeutungen hat und tatsächlich auch „erschlagen" heißen kann, kann in diesem Kontext nicht „töten" bedeuten, weil in Gen 1,29–30 das Verbot, das Fleisch der Tiere zu essen, gegeben wird; die Geschichte spielt sich in einer Periode einer noch rein vegetarischen Ernährung ab. Hier bedeutet das Verb „radah": Der Mensch muß mit anderen lebenden Wesen wie ein Freund umgehen. Als Mensch ist er der Hüter, der Anführer und Begleiter, der Hirt aller Tiere, was in altorientalischer Weise mit „herrschen über" ausgedrückt wird. Wie als Mensch zu Mensch muß er mit dem anderen umgehen, wie Gott mit ihm umgehen will, als Freund. Mit anderen Worten: Die priesterschriftliche Tradition sieht den anfänglichen Schöpfungszustand als ein friedliches Miteinander-Existieren auch von Mensch und Tier. Was die großen Propheten vor dieser priesterschriftlichen Redaktion als einen eschatologischen, kommenden Zustand gesehen hatten, in dem der Wolf beim Lamm wohnt und der Säugling vor dem Schlupfloch der Natter spielt (Jes 11,6.8), muß nach der Geschichte von dieser gefährlichen biblischen Erinnerung ein täglicher Auftrag für den Menschen sein.

Im zweiten, nämlich dem jahwistischen Genesis-Bericht (Gen 2,5–3,24) wird gesagt: „Gott, der Herr, nahm also den Menschen und setzte ihn in den Garten von Eden, damit er ihn *bebaue* (abad) und *hüte* (schamar)" (Gen 2,15). Der adam oder der Mensch wird hier als ein Gärtner oder Landwirt gesehen, der die adamah oder rote Erde bebauen oder kultivieren (dienend bearbeiten) muß. Bei diesem zweiten Bericht handelt es sich um den Schöpfungsbericht einer bäuerlichen Bevölkerung. Das bedeutet keineswegs, daß die Bibel eine Vorliebe für ein agrarisches Leben im Gegensatz zum industriell-technischen Leben oder zu einem Nomadenleben hätte (allerdings hat es darüber bei den Hebräern damals viel Streit und Neid gegeben).

Auch hier wird das, was die Propheten zuvor als eine Zukunftsvision gesehen hatten, im späteren Schöpfungsbericht in die Anfangsperiode der Schöpfung verlegt. Nach dem Chaos der Gefangenschaft, als das Ackerland in Israel wie eine Wildnis dalag, weil die Bewohner deportiert waren (vgl. Lev 26,23), sieht Ezechiel die Heilszeit der Rückkehr als eine Periode, in der das verwüstete Land „bedient" oder bearbeitet wird (hier steht auch abad, das Wort aus der Genesis): „Dann wird man sagen: Dieses verödete Land ist wie der Garten Eden geworden" (Ez 36,35). Arbeit ist hier keine Strafe für die Sünde; sie gehört nach dieser Auffassung zur normalen Bedingung des glücklichen Menschseins. Dagegen ist „Arbeiten im Schweiße deines Angesichts", mit anderen Worten knechtliche und entmenschlichende Arbeit, für die Bibel eine Folge sündiger menschlicher Verhältnisse (Gen 3,17–19).

In einer mythischen Geschichte wird hier also eine Antwort auf wirkliche Probleme der Menschen gesucht. Der Mensch muß den Boden nicht nur kultivieren, sondern auch „hüten" (schamar): Hier kommt so etwas wie Sorge für die ökologische Umwelt zur Sprache. Denn schon bald wird offenkundig, daß der Mensch selbst durch Mißwirtschaft und falschen Umgang mit der Natur seine fruchtbare Oase, seinen Garten, den Garten Eden, zu einer Wildnis machen kann. Dieser Text ist in der Tat als ein Auftrag für den Menschen anzusehen, seine irdische Umgebung nicht von chaotischen, unbeherrschbaren Kräften bedrohen zu lassen, die der Mensch selbst ins Leben ruft. Deshalb heißt es weiter: „So ist verflucht die adamah (die menschliche Umwelt) deinetwegen" (um des Adam, des Menschen wegen) (Gen 3, 17). Nicht Gott verflucht die Natur, sondern die Natur kann – so heil sie ist – in das Chaos unklugen menschlichen Handelns mit hineingerissen werden. Sündiges Verhalten des Menschen (in der Geschichte eines Landwirts) wird in der Verödung des Lands sichtbar. Universale Mitgeschöpflichkeit, nicht nur Mitmenschlichkeit, ist der Auftrag des Menschen als des Geschöpfes, um das Gott sich kümmert. Der Mensch muß die Natur beschützen und hüten vor dem Chaos, zu dem sie Menschen durch schlechtes Verhalten machen können.

Es fällt denn auch auf, daß in dem ersten, dem priesterschriftlichen Schöpfungsbericht Gott allen Dingen zuerst ihre ökologische Umwelt schafft. Luft als Umwelt für „die Vögel des Himmel", der Erdboden als Umwelt für die Tiere, Wasser als Umwelt für die Fische. Ohne eine eigene Umwelt hat es keinen Sinn, Vögel, Tiere und Fische ins Leben zu rufen; ihr Fortbestand und ihre Lebensbedingungen sind von dieser Umwelt abhängig. Und noch bevor der Mensch auf der Bildfläche erscheint, sah Gott, daß diese Ordnung gut war. Aber schließlich erschafft er in diese von vielen lebenden und leblosen Dingen bewohnte Umwelt den Menschen: das Wesen, das in friedlicher Mitgeschöpflichkeit mit allen existierenden Wesen doch eine gewisse privilegierte Stellung erhält.

Es stellt sich die Frage: Welches ist dieser mythischen Vorstellung zufolge die eigene Umwelt des Menschen? Dieser Auffassung nach darf der Mensch nicht an die Vögel, die Fische und Tiere rühren (Gen 1, 29–30), er muß von den Gewächsen der Erde, der Arbeit der eigenen Hände des Landwirts leben. Der Bericht ist somit nach dem Motiv von *Leben* und *Lebensmöglichkeit* aufgebaut (Gen 1, 9–12 entspricht Gen 1, 20–30), und dieses Motiv wird durch ein zweites Thema durchkreuzt, nämlich das der Zeit: das Motiv dauerhaften Bestandes und Überlebens. Daher werden in dieser Geschichte zuerst Sonne, Mond und Sterne mit ihrem festen Zeitverlauf ins Leben gerufen (Gen 1, 14–18). Das Ganze ist sicher und unerschütterlich gefestigt als äußerste Bedingung für das Überleben und die Dauer alles dessen, was diese verschiedenen Umwelten mit Leben und Bewegung erfüllt. Wenn der Mensch dann in diesem zuvor geschaffenen Ganzen erscheint, sieht Gott, daß es sehr gut ist: für jedes lebende Wesen eine passende Umgebung.

In der Bibel wird uns die Schöpfung somit als eine kosmische solidarische Gemeinschaft dargestellt. Wie sehr auch durch verantwortungsloses menschliches Verhalten alles zu einem Chaos werden kann, so ist doch Gottes schöpferisches Projekt wenigstens klar: Er will das Leben der Lebenden und das Überleben der Dinge. Er schafft für alles Geschaffene eine eigene Umwelt, in der alle Erdbewohner zu ihrem Recht kommen können. Das Bewußtsein von dem wesentlichen Zusammenhang zwischen „Mensch" und „Ökologie" fehlte auch den Menschen jener Zeit keineswegs. Geschöpfsein heißt zugleich ein „ökologisches Wesen" sein. Der Mensch braucht deshalb keine Angst vor dämonischen Mächten wie Sonne, Mond und Sternen zu haben. Die einzige Angst ist die Angst vor dem destruktiven Chaos sündigen menschlichen Handelns.

Der erste Schöpfungsbericht, der keine „Ursünde" kennt (wohl aber eine menschliche Geschichte zunehmender Sündhaftigkeit und des Menschenmordes), beschreibt die Urgeschichte der Menschheit (nach der mythischen Verteilung der Erde unter alle Völker) doch als eine Zeit voll menschlicher Untaten und Verfehlungen. Gott reut in dieser religiösen Erfahrungstradition darum seine Schöpfung. Mit Hilfe einer strafenden Sintflut versucht er es mit einem neuen Menschenpaar und mit einem Paar aller lebenden Tiere von neuem (Gen 6, 5 – 8, 17).

Dies alles ist ausdrucksvoll zusammengefaßt in dem biblischen Begriff: Der Mensch wird bei der Schöpfung von Gott gerufen, „Bild Gottes" zu sein. Das ist das Bild, das Gott (für die Zeit seiner Sabbatruhe) von sich selbst in die Welt und ihre Geschichte gestellt hat: *der Mensch!* Wo der Mensch lebt und auftritt, muß es jedem klarwerden, daß Gott herrschen wird, daß hier das Reich Gottes beginnt, das heißt, hier beginnen in einer heilen Natur Frieden und Gerechtigkeit unter Menschen und Völkern zu herrschen.

In dem und durch das Handeln der Menschen muß deutlich werden, daß Gott mit Hilfe des Menschen Heil will für seine gesamte Schöpfung. Für die Bibel ist „der Mensch" Stellvertreter Gottes auf Erden: zum Heil des Menschen, der Natur und der Weltgeschichte. Und wenn auch der Mensch in seinem Schöpfungsauftrag mehr zu versagen als Erfolg zu haben scheint, eröffnet dies tatsächlich den Raum für eine wirklich menschliche Ethik über unser Verhalten gegenüber der Welt und der Natur.

Die einladende Kraft von seiten Gottes ist dabei: „Komm, mein lieber Mensch, du stehst nicht allein."

LITERATUR UND ANMERKUNGEN

Vorbemerkung. – Im Gegensatz zu den ersten beiden Bänden habe ich bei diesem dritten Band der Trilogie die wichtigste Literatur zu jedem Kapitel nicht bei dem betreffenden Text aufgeführt (was manche offensichtlich abschreckt), sondern nachfolgend, unmittelbar vor den Anmerkungen zu jedem Kapitel. Das mag eine Erleichterung für diejenigen Leser sein, die das Buch lesen möchten, ohne sich um Literatur und Anmerkungsapparat zu kümmern.

Zur Einführung (S. 17–19)

1. Denz.-Sch., Nr. 1351; der Text geht zurück auf *Fulgentius*, Regula verae fidei ad Petrum, XXXV, 79: PL (Migne) 65, Sp. 704. Wiederholungen dieser Aussage finden wir fast bis zur Gegenwart; siehe unter anderem: „das allerheiligste Dogma, daß außerhalb des wahren, katholischen Glaubens niemand gerettet werden kann" (Gregor XVI. 1834: Mansi 51,570); Pius IX. 1863 (Denz.-Sch., Nr. 2867); im Schema des Ersten Vatikanischen Konzils vom 28. November 1867 (Mansi 49, 624–625).
2. Dogmatische Konstitution ,Lumen gentium', Nr. 16.

Zu Kapitel 1 (S. 21–71)

I. Literatur zum 1. Kapitel

A. *Auer,* Autonome Moral und christlicher Glaube, Düsseldorf ²1980; E. *Bochinger,* Distanz und Nähe, Stuttgart 1968, 13–57; G. *Baum,* Man Becoming: God in Secular Language, New York 1970; C. *Boff,* Theologie und Praxis. Die erkenntnistheoretischen Grundlagen der Befreiung, München/Mainz 1983; C. *Bremond,* Logique du récit, Paris 1973; W. *Dupré,* Einführung in die Religionsphilosophie, Stuttgart 1985; C. *Ducoque,* Messianisme de Jésus et discrétion de Dieu, Genf 1984; P. *Eicher,* Offenbarung, München 1977; H.-G. *Gadamer,* Wahrheit und Methode, Tübingen ²1965, 329–344; C. *Geertz,* The Interpretation of Cultures, New York 1973; L. *Goldmann,* Der christliche Bürger und die Aufklärung, Neuwied 1968; H. J. *Heering,* God ter sprake. Reflecties over de taal van de religie, Meppel/Amsterdam 1984; E. *Herms,* Theologie – eine Erfahrungswissenschaft, München 1978; G. J. *Hoenderdaal,* Openbaring en ervaring, in: God ervaren? (Jahrbuch „Tenminste"), Kampen 1981; W. *James,* Die Vielfalt religiöser Erfahrung, Olten–Freiburg 1979; W. *Kasper,* Glaube und Geschichte, Mainz 1970, 120–143; R. *Kellogg,* The Nature of Narrative, New York/Oxford 1966; F. *Kermode,* The Sense of an Ending: Studies in the Theory of Fiction, London 1967; A. *Kessler, A. Schöff, C. Wild,* Erfahrung, in: Handbuch philosophischer Grundbegriffe, Bd. 2, München 1973, 373–386; H. M. *Kuitert,* Wat heet geloven? Structuur en herkomst van de christelijke geloofsuitspraken, Baarn 1977; *ders.,* Ervaring als toegang tot de godsdienstige werkelijkheid: Nederlands Theologisch Tijdschrift 32 (1982) 177–196); *ders.,* Filosofie van de Theologie (Serie Wetenschapstheorie), Leiden 1988; E. *Leach,* Culture and Communication, Cambridge 1976; L. *Luzbetak,* The Church and Cultures, Divine Word Publications, 1963; F. *Maas,* God mee-maken in mensentaal. Over de draagkracht van ervaring in geloof en theologie, 2 Bände, Tilburg 1986; V. *MacNamara,* Faith and Ethics. Recent Roman Catholicism, Dublin/Washington 1985; J.-B. *Metz,* Glaube in Geschichte und Gesellschaft, Mainz 1977; D. *Mieth* und F. *Compagnoni* (Hrsg.), Ethik im Kontext des Glaubens, Fribourg 1978; D. *Mieth,* Moral und Erfahrung, Fribourg 1977; *ders.,* Nach einer Bestimmung des Begriffs Erfahrung. Was ist Erfahrung?: Concilium 14 (1978) 159–167; *ders.,* Gotteserfahrung und Welterfahrung, München 1982; H. *Müller,* Erfahrung und Geschichte, München 1970; W. *Pannenberg,* Wissenschaftstheorie und Theologie, Frankfurt 1973, 157–224; L. *Reinisch* (Hrsg.), Vom Sinn der Tradition, München 1970; J. P. *Resweber,* La théologie face au défi herméneutique, Brüssel/Paris/Löwen o.J.; *L. Richter,* Erfahrung, in: RGG, Tübingen ³1958, Bd. 2, 550–552; *P. Ricœur,* The Narrative Function: Semeia 13 (1973) 177–202; *H. Rikhof,* Narrative Theology, in: The Concept of the Church, London 1981, 129–148; *H. Rombach,* Erfahrung, in: Lexikon für Pädagogik, Bd. 1, Freiburg ²1970; *R. Schaeffler,* Religion und kritisches Bewußtsein, Freiburg/München 1973; *E. Schillebeeckx,* Christus und die Christen. Die Geschichte einer neuen Lebenspraxis, Freiburg 1977; *ders.,* Die Auferstehung Jesu als Grund der Erlösung. Zwischenbericht über die Prolegomena zu einer Christologie, Freiburg 1979; *ders.,* Theologisch geloofsverstaan anno 1983 (Abschiedsvorlesung), Baarn 1983; *R. Schreiter,* Bouwen aan een eigen theologie, Baarn 1984; *E. Shils,* Tradition, London/Boston 1981; *J. Track,* Sprachkritische Untersuchungen zum christlichen Reden von Gott, Göttingen 1976; *A. Vergote,* Religie, geloof en ongeloof, Antwerpen/Amsterdam 1984; *B. Wacker,* Narrative Theologie?, München 1977; *H. Wagner,* Theologie und Wirklichkeitserfahrung: Theologische Quartalschrift 157 (1977) 255–264.

II. Anmerkungen zum 1. Kapitel

Bemerkung: Hinweise auf Literatur, die zu Beginn der Kapitel aufgeführt ist, werden in den Anmerkungen verkürzt wiedergegeben.

[1] *E. Garin,* Über die Würde des Menschen, Leipzig/Amsterdam 1940, 49–50.

[2] *E. Wolf,* Die Völker ohne Geschichte. Europa und die andere Welt seit 1400. Frankfurt 1986.

[3] *R. Schreiter,* Edward Schillebeeckx, Tekst en toelichting, Baarn 1984, 785–787.

[4] *H. M.Kuitert,* Wat heet geloven? 133–139; *E. Schillebeeckx,* Christus und die Christen, 24–57.

[5] Manche sprechen in diesem Zusammenhang von „epochalen Knicken" in einem Erfahrungshorizont, siehe zum Beispiel *B. Welte,* in: H. Schlier u. a., Zur Frühgeschichte der Christologie, Freiburg 1970, 103–105.

[6] *Th. S. Kuhn,* Struktur wissenschaftlicher Revolutionen, Frankfurt 1967; siehe *N. Lash,* Change in Focus. A Study of Doctrinal Change and Continuity, London 1973.

[7] *P. Ricœur,* Finitude et culpabilité, 2 Bände, Paris 1960.

[8] *P. Berger* und *Th. Luckmann,* Die gesellschaftliche Konstruktion der Wirklichkeit, Frankfurt 1966; *P. Berger, Br. Berger, H. Kellner,* The Homeless Mind, New York 1974 (deutsch: Das Unbehagen in der Modernität, Frankfurt 1977); *A. C. Zijderveld,* De abstracte maatschappij; een cultuurkritische analyse van onze tijd, Meppel 1971.

[9] Siehe *W. Korff,* Norm und Sittlichkeit, Mainz 1973, 131–142.

[10] *A. Paus,* Zum Verhältnis von Religion und Methode, in: Heuresis (Festschrift für A. Rohracher), hrsg. von Th. Michels, Salzburg 1969, 11–24.

[11] *E. Schillebeeckx,* Die Auferstehung Jesu als Grund der Erlösung: Zwischenbericht über die Prolegomena zu einer Christologie (Quaestiones Disputatae 78), Freiburg 1979, 67 f.

[12] *A. Maslov,* Toward a Psychology of Being, New York 1968.

[13] *E. Schillebeeckx,* Die Auferstehung Jesu, 26–28.

[14] *Ray L. Hart,* Unfinished Man and the Imagination, New York 1968, 300–305.

[15] *H. Schelsky,* Auf der Suche nach Wirklichkeit, Düsseldorf/Köln 250 ff.

[16] *D. Mieth,* Moral und Erfahrung, 120–134; *ders.,* Nach einer Bestimmung des Begriffs Erfahrung. Was ist Erfahrung?: Concilium 14 (1978) 159–167.

[17] *H. G. Gadamer,* Wahrheit und Methode, 329–344.

[18] *J.-B. Metz,* Glaube in Geschichte, 63–64. 136–148; *D. Mieth,* Moral und Erfahrung, 60–72.

[19] *E. Schillebeeckx,* Die Auferstehung Jesu, 16–18.

[20] *J. Track,* Sprachkritische Untersuchungen zum christlichen Reden von Gott, Göttingen 1976; *F. Mildenberger,* Theologie für die Zeit. Wider die religiöse Interpretation der Wirklichkeit in der modernen Theologie, Stuttgart 1969, 157 ff.; *H. Zahrnt,* Religiöse Aspekte gegenwärtiger Welt- und Lebenserfahrung: ZThK 71 (1974) 94–122.

[21] *D. Tracy,* The analogical Imagination, vor allem das Kapitel „Interpreting the Christian Classic", 231–445.

[22] Dieser subtile Unterschied ist in der modernen Theologie (übrigens auf der Linie einer alten theologischen Tradition) ziemlich klassisch. *K. Rahner* hat diesen Unterschied auf seine Art weiter ausgearbeitet in seiner transzendental-theologischen Methode (zusammenfassend in seinem Buch: Grundkurs des Glaubens. Einführung in den Begriff des Christentums, Freiburg 1976, 157–167). Aber auch außerhalb dieser Methode bleibt dieser schwer zu bestimmende

Unterschied in Kraft. Siehe u.a. *P. Eicher,* Offenbarung, 22–27, der meines Erachtens zu Unrecht das erste Moment „Offenbarung als Chiffre" und das zweite, mit Recht, „Offenbarung als Kategorie" nennt. Mit wieder anderen Worten und von einer ganz anderen, nämlich angelsächsischen Seite aus, *Ray Hart,* Unfinished Man and the Imagination, 83–105.

[23] *W. Kasper,* Glaube und Geschichte, Mainz 1970, 235; *E. Schillebeeckx,* Christus und die Christen, 27–28.

[24] Thomas, Summa Theologiae, I–II, q. 107, a. 4.

[25] *J.-B. Metz,* vor allem: Zukunft aus dem Gedächtnis des Leidens. Eine gegenwärtige Gestalt der Verantwortung des Glaubens: Concilium 12 (1972) 399–407.

[26] Siehe *W. Oelmüller,* Fortschritt wohin? Zum Problem der Normenfindung in der pluralen Gesellschaft, Düsseldorf 1972, 99.

[27] Das schon von G. Tyrrell festgestellte Problem, das sicher nicht von *P. Berger* gelöst wird, der ein ähnliches Problem behandelt in: The Heretical Imperative, New York 1979 (deutsch: Der Zwang zur Häresie. Religion in der pluralistischen Gesellschaft, Frankfurt 1980).

[28] *L. Dupré,* Ervaring en interpretatie: Een filosofische bezinning op de christologische studies van Edward Schillebeeckx: Tijdschrift voor Theologie 22 (1982) 361–375 (= im wesentlichen der Beitrag aus: Theological Studies 43, 1982, 30–51).

[29] *E.van Wolde,* Semiotiek en haar betekenis voor de theologie: Tijdschrift voor Theologie 24 (1984) 138–167, 158 ff.

[30] E. van Wolde hat sich offensichtlich dadurch irreführen lassen, daß ich in meiner Abschiedsvorlesung tatsächlich das Wort „Glaubenssubstanz" gebraucht habe, worin sie zu Unrecht aristotelische oder scholastische Reminiszenzen erkennt. Um dieses Mißverständnis zu verhüten, nehme ich daher meine Terminologie aus „Jesus, die Geschichte von einem Lebenden" und aus „Die Auferstehung Jesu als Grund der Erlösung" wieder auf, nämlich den Ausdruck „Offenbarungsangebot", und vermeide den von altersher bekannten Ausdruck „substantia fidei" oder Glaubenssubstanz, der zu Mißverständnissen Anlaß geben kann (wenn dies auch nicht zu sein braucht).

Zu Kapitel 2 (S. 73–138)

I. Literatur zum 2. Kapitel
P. Beauchamp, Le Récit. La Lettre et le Corps, Paris 1982; R. Bellah, Beyond Belief, New York 1970; ders., The Broken Covenant: American Civil Religion in Time of Trial, New York 1975; ders., The Habits of the Heart. Expressive Individualism, San Francisco 1985; H. Berkhof, Christelijk geloof, Nijkerk ⁵1985; E. Bloch, Atheismus im Christentum. Zur Religion des Exodus und des Reichs, Frankfurt 1973; J. Bowker, The Sense of God, Oxford 1973; E. Cassirer, An Essay on Man. An Introduction to a philosophy of Human Culture, New Haven 1967; J. Cazeneuve, Les Rites et la Condition humaine, Paris 1985; A. Christian, Meaning and Truth in Religion, New Jersey 1964; D. Cupitt, Taking Leave of God, London 1980; H. Duméry, Phénoménologie et Religion, Paris 1958; ders., Philosophie de la Religion, Paris 1957; L. Dupré, The Other Dimension. A Search for the Meaning of Religious Attitudes, New York 1972; M. Eliade, Das Mysterium der Wiedergeburt, Frankfurt 1988; ders., The Sacred and the Profane, New York 1961; M. Gauchet, Le désenchantement du monde. Une histoire politique de la religion, Paris 1985; C. Geertz, The Interpretation of Cultures, New York 1973; C. Geffré, La question de Dieu dans la Théologie moderne: Lettre Nr. 320–321, Paris 1985, 5–13; E. Gellner, Legitimation of Belief, London 1974; L. Gilkey, Ervaring en interpretatie van de religieuze dimensie: een reactie: Tijdschrift voor Theologie 11 (1971) 293–302; C. Y. Glock and R. Stark, Religion and Society in Tension, Chicago 1965; G. Gusdorf, Mythe et Métaphysique, Paris 1953; W. D. Hudson, Wittgenstein und Religious Belief, London 1975; F. A. Isambert, Le sens du sacré, Paris 1982; W. James, Die Vielfalt religiöser Erfahrung, Olten–Freiburg 1979; A. E. Jensen, Mythos und Kultus bei Naturvölkern, Wiesbaden 1951; E. Jüngel, Gott als Geheimnis der Welt, Tübingen 1977; G. Kaufmann, God. The Problem, Cambridge 1972; H. Küng, Existiert Gott?, München 1981; J. van der Lans, Religieuze ervaring en meditatie, Nijmegen 1978; V. Larock, La pensée mythique, Paris 1945; B. Lonergan, Philosophy of God and Theology, London 1973; H. Lübbe und H. M.Sass (Hrsg.), Atheismus in der Diskussion. Kontroversen um L. Feuerbach, München

1975; *T. Luckmann,* The Invisible Religion, London 1967; *H. van Luyk,* Philosophie du fait chré-
tien, Paris/Brügge 1964; *B. Martin,* A Sociology of Contemporary Cultural Change, Oxford
1981; *M. Mauss,* Sociologie et Anthropologie, Paris 1960; *T. Munson,* Reflective Theology, New
Haven/London 1968; *H. R. Niebuhr,* Christ Against Culture, New York 1951; *W. A. de Pater,*
Taalanalytische perspectieven op godsdienst en kunst, Antwerpen 1970; siehe *ders.,* Analogy,
Disclosures and Narrative Theology, Löwen 1988; *E. Paus,* Jesus Christus und die Religionen,
Graz 1980; *J. Pohier,* Dieu, Fractures, Paris 1985; *J. Ratzinger* (Hrsg.), Die Frage nach Gott
(Quaest. Disp. 56), Freiburg ⁴1977; *T. Robbins* und *D. Anthony,* (Hrsg.), In God We Trust: New
Patterns of Religious Pluralism in America, New York 1981; *M. Scheler,* Vom Ewigen im Men-
schen (Gesammelte Werke 5), Bern 1954; *E. Schillebeeckx* (Hrsg.), J. B. Metz zu Ehren. Mystik
und Politik, Mainz 1988; *H. R. Schlette,* Skeptische Religionsphilosophie, Freiburg 1972;
P. Schoonenberg, Denken naar God toe: Tijdschrift voor Theologie 17 (1977) 17–130; *ders.,* Auf
Gott hin denken, Wien 1986; *N. Schreurs,* Naar de basis van ons spreken over God: de weg van
Langdon Gilkey: Tijdschrift voor Theologie 11 (1971) 275–292; *N. Smart,* The Phenomenology
of Religion, London 1973; *ders.,* Reasons and Faith, London 1958; *W. C. Smith,* The Meaning
and the End of Religion: A New Approach to the Religious Traditions of Mankind, New York
1963; *F. Sontag* und *M. D. Bryant,* God: The Contemporary Discussion, New York 1982; *H. Sun-
den,* Gott erfahren, Gütersloh 1975; *R. Towler,* The Need for Certainty. A sociological Study of
Conventional Religion, London/Boston 1984; *ders.,* Homo Religiosus, London 1977;
P. H. Vrijhof und *J. Waardenburg* (Hrsg.), Official and Popular Religion, Den Haag 1979; *J. Waardenburg,* Reflections on the Study of Religion, Den Haag 1978; *C. Waayman,* Betekenis van de
naam Jahwe, Kampen 1984; *B. Welte,* Religionsphilosophie, Freiburg 1978; *A. N. Whitehead,*
Religion in the Making, New York 1926; *J. R. Williams,* M. Heidegger's Philosophy of Religion,
Waterloo 1977; *B. R. Wilson,* The Social Impact of New Religions, New York 1981.

II. Anmerkungen zum 2. Kapitel
[1] *N. Elias,* Über den Prozeß der Zivilisation, Bern/München ²1969, vor allem die neue Einlei-
tung, XLIII-LXX; *ders.,* Wat is sociologie?, Utrecht 1971; *A. Blok,* Wittgenstein en Elias. Een me-
thodische richtlijn voor de antropologie (Antrittsvorlesung), Nijmegen; *ders.,* On the
Comparative Understanding of Non-Modern Civilisation, in: Daedalus 1975, Spring,
153–1972; *ders.,* Homo Hierarchicus, Paris 1967; *H. Richter,* Der Gotteskomplex. Die Geburt
und die Krise des Glaubens an die Allmacht des Menschen, Hamburg 1979.
[2] Siehe unter anderem *P. Berger, Br. Berger, H. Kellner,* Das Unbehagen in der Modernität, New
York 1974; *P. Berger,* Der Zwang zur Häresie. Religion in der pluralistischen Gesellschaft,
Frankfurt am Main 1980; *L. Gilkey,* Reaping the Whirlwind, New York 1977.
[3] *P. Berger,* The Heretical Imperative, 28.
[4] A.a.O., Kap. 4, 95–124.
[5] Vor allem *H. Richter,* a.a.O. 155-162.
[6] Das Wort stammt von P. Berger, in: Homeless Mind, Kap. 7.
[7] *G. Gutiérrez,* Die historische Macht der Armen, Mainz 1989; *J. Sobrino,* Christology at the
Crossroads: A Latin American Approach, New York 1978, 17–37.
[8] Konferenz von Sao Paolo 1980: The Challenge of Basic Christian Communities, hrsg. von
S. Torres und J. Eagleson, New York 1981, 225–243.
[9] *H. Albert,* Das Elend der Theologie. Kritische Auseinandersetzung mit Hans Küng, Hamburg
1979; *H. Küng,* Existiert Gott?, München 1981.
[10] Siehe *Ch. Hartshorne,* A Natural Theology for our Time, La Salle, Ill. 1967, 3.
[11] A.a.O. 4–5.
[12] *M. Horkheimer,* Kritik der instrumentellen Vernunft, Frankfurt 1967.
[13] Im folgenden Kapitel werden wir sehen, daß in der jüdisch-christlichen Tradition das Verbot, sich selbst Bilder von Gott zu machen, mit der Tatsache zu tun hat, daß Gott sich in Anbetracht seiner Eigenart dieses Vorrecht vorbehalten hat: Er selbst hat den Menschen „als sein
Abbild, als Abbild Gottes" erschaffen (Gen 1,27), und schließlich erschuf er den Menschen
Jesus als „das Bild des unsichtbaren Gottes" (Kol 1,15).
[14] *H. Richter,* Der Gotteskomplex, 29. 40–41.63.
[15] So *H. D. Lewis,* zitiert von J. J. Shepherd, Experience, Inference, and God, London 1975, 13.
[16] *J. J. Shepherd,* Experience, Inference, and God, London 1975, 14–17; *H. Kuitert,* Ervaring als

toegang tot de godsdienstige werkelijkheid: Nederlands Tijdschrift voor Theologie 32 (1982) 195. Siehe *Y. Labbé,* Humanisme et Théologie, Paris 1975; *J. Saward,* Toward an Apophatic Theology: Irish Theol. Quarterly 41 (1974) 222–234; *H. Waldenfels,* Absolutes Nichts, Freiburg 1976; *W. S. Johnson,* The Search for Transcendence, New York 1974.

[17] Der Ausdruck „wehrlose Übermacht" stammt, soweit ich weiß, von *H. Berkhof,* Christelijk geloof, Nijkerk ⁵1985, § 22. Siehe auch: *P. Schoonenberg,* Denken naar God toe: Tijdschrift voor Theologie 17 (1977) 118–130; *H. Häring,* Het kwaad als vraag naar Gods almacht en machteloosheid: Tijdschrift voor Theologie 26 (1986) 351–372; *N. Schreurs,* Die (in) alles voorziet? Gods voorzienig handelen in de geschiedenis (Antrittsvorlesung), Tilburg 1985; und *E. Schillebeeckx,* Gods weerloze overmacht: Tijdschrift voor Theologie 27 (1987) 370–381.

[18] *P. DeRosa,* The Best of all Possible Worlds, Niles Ill. o. J.

[19] *H. S. Kushner,* Wenn guten Menschen Böses widerfährt, Gütersloh 1988.

[20] *D. Bonhoeffer,* Widerstand und Ergebung, München/Hamburg 1951, 242.

[21] Glaubensverkündigung für Erwachsene, Freiburg 1968, 545–552.

[22] *E. Levinas,* Totalität und Unendlichkeit. Versuch über die Exteriorität, Freiburg/München 1987, 327; siehe von ihm auch: Autrement qu'être ou au-delà de l'essence, Den Haag 1974.

[23] „Accueillir autrui, c'est mettre ma liberté en question" (Totalität, 118).

[24] „Relation asymétrique avec l'autre qui, infini, ouvre le temps, transcende et domine la subjectivité" (a. a. O. 327 f).

[25] A. a. O. 327.

[26] A. a. O. 120.

[27] „Le Moi n'est pas transcendant par rapport à l'Autre dans le même sens ou l'Autre est transcendant par rapport à Moi" (a. a. O. 328).

[28] A. a. O. 108.

[29] A. a. O. 109.112.

[30] *Y. Labbé,* a. a. O.

[31] Siehe die ausführliche Analyse dieses Phänomens durch *J. Pohier,* Dieu. Fractures, Paris 1985, Bd. 3, 337–386 (allerdings wären hier und da meines Erachtens einige Nuancierungen angebracht).

[32] *C. Schmitt,* Politische Theologie. Vier Kapitel zur Lehre von der Souveränität, München/Leipzig ²1934.

Zu Kapitel 3 (S. 139–236)

I. Literatur zum 3. Kapitel

G. Anderson und *Th. Stransky* (Hrsg.), Faith meets faith, New York 1981; *ders.,* Christ's Lordship and Religious Pluralism, New York 1981; *E. Benz,* Ideen zu einer Theologie der Religionsgeschichte, Mainz 1961; *H. Berkhof,* Christelijk geloof, Nijkerk o. J. 5; *J. Blank,* Vom Urchristentum zur Kirche, München 1982; *ders.,* Der Jesus des Evangeliums, München 1981; *J. Bowden,* Jesus. The Unanswered Questions, London 1988; *H. Brück,* Möglichkeiten und Grenzen einer Theologie der Religionen, Berlin 1979; *H. Bürckle,* Einführung in die Theologie der Religionen, Darmstadt 1977; *R. Bureau,* Le Péril Blanc. Propos d'un ethnologue sur l'Occident, Paris 1978; *J. M. van Cangh* (Hrsg.), Salut universel et regard pluraliste (Coll. Relais-Etude 1), Paris 1986; *L. Capéran,* Le problème du salut des infidèles, Toulouse 1934; *P. Clastres,* La Société contre l'Etat, Paris 1974; Concilium 22, 1986, Heft 1: Christentum zwischen den Weltreligionen (hrsg. von H. Küng und J. Moltmann); *Y. Congar,* Diversités et Communion, Paris 1982; *ders.,* Die Wesenseigenschaften der Kirche, in: Mysterium Salutis (Hrsg. J. Feiner/ M. Löhrer) IV–1, Einsiedeln 1972, 357–594; *C. Davies,* Christ and the World Religions, New York 1971; *V. Drehsen,, H. Häring, K. J. Kuschel, H. Siemers, M. Baumotte* (Hrsg.), Wörterbuch des Christentums, Gütersloh/Zürich 1988; *E. Drewermann,* Tiefenpsychologie und Exegese, 2 Bände, Olten 1984–1985; *T. F. Driver,* Christ in a Changing World, London 1981; *C. Duquoc,* Dieu différent, Paris 1977; *ders.,* Libération et progressisme, Paris 1987; *J. M. Ela,* Le cri de l'homme Africain, Paris 1980; *J. M. Enomiya-Lassalle,* Wohin geht der Mensch?, Zürich/Einsiedeln/Köln 1981; *A. Geense,* Der Dialog der Religionen und das Bekenntnis der Kirche: Kerygma und Dogma 26 (1980) 264–276; *H. Häring, T. Schoof, A. Willems,* Meedenken met E. Schillebeeckx, Baarn 1983;

A. Halder (Hrsg.), Sein und Schein der Religion, Düsseldorf 1983; *B. Hebblethwaite,* The Incarnation, Cambridge 1987; *J. Hick,* God and the Universe of Faith, London 1973; *ders.,* God has many Names, London 1980; *A. Houtepen,* Mensen van God; een pleidooi voor de kerk, Hilversum 1983; *O. Karrer,* Das Religiöse in der Menschheit und das Christentum, Frankfurt 1934; *W. Kasper,* Absolutheit des Christentums, Freiburg 1979; *P. Knitter,* No other Name? A critical Survey of Christian Attitudes toward the World Religions, Maryknoll/New York 1985; *H. Küng, J. van Ess, H. von Stietencron, H. Beckert,* Christentum und Weltreligionen. Hinführung zum Dialog mit Islam, Hinduismus und Buddhismus, München/Zürich 1984; *R. Lenze,* Die außerchristlichen Religionen bei Hegel, Göttingen 1975; *A. Th. van Leeuwen,* De macht van het kapitaal. Door het oerwoud van de economie naar de bronnen van de burgerlijke religie, Nijmegen 1984; *J. van Lin,* Jezus Christus en andersgelovigen in Nederland, Kampen 1988; *N. Lohfink,* Bibelauslegung im Wandel, Frankfurt 1967, 107–128; *G. Mensching,* Toleranz und Wahrheit in der Religion, Heidelberg 1955; *ders.,* Der offene Tempel. Die Weltreligionen im Gespräch miteinander, Stuttgart 1974; *W. Molinski* (Hrsg.), Die vielen Wege zum Heil. Heilsanspruch und Heilsbedeutung nichtchristlicher Religionen, München 1969; *J. Neuner* (Hrsg.), Christian Revelation and World Religions, London 1967; *W. Oelmüller* (Hrsg.), Wahrheitsansprüche der Religionen heute, Paderborn 1986; *Th. Ohm,* Die Liebe zu Gott in den nichtchristlichen Religionen, Freiburg 1950; *R. Panikkar,* The unknown Christ of Hinduism, New York 1964; *W. Pannenberg,* Grundfragen systematischer Theologie, Göttingen 1967; *J. Pelikan,* Jesus Through the Centuries, Yale Univ. 1986; *K. Rahner,* Das Christentum und die nichtchristlichen Religionen, in: Schriften zur Theologie 5 (1962) 136–158; siehe auch: 8 (1967) 355–373; 9 (1970) 498–555; 12 (1975) 251–282; 13 (1978) 341–350; zusammenfassend in: Grundkurs des Glaubens, Freiburg 1976; *T. Rendtorff* (Hrsg.), Religion als Problem der Aufklärung, Göttingen 1980; *H. R. Schlette,* Die Religionen als Thema der Theologie. Überlegungen zu einer „Theologie der Religionen" (Quaestiones disputatae 22), Freiburg 1964; *ders.,* Skeptische Religionsphilosophie, Freiburg 1972; *ders.* (Hrsg.), Aporie und Glaube, München 1970; *M. Seckler,* Sind Religionen Heilswege?: Stimmen der Zeit 186 (1970) 187–194; *ders.,* Theologie der Religionen mit Fragezeichen: Theologische Quartalschrift 166 (1986) 164–184; *R. Sesterhenn* (Hrsg.), Das Schweigen und die Religionen, München 1983; *N. Smart,* The Phenomenon of Christianity, London 1979; *W. C. Smith* in: J. Hick und B. Hebblethwaite (Hrsg.), Christianity and other Religions, Philadelphia 1980, 87–101; *ders.,* Towards a World Theology, Philadelphia 1981; *P. Steinacker,* Die Kennzeichen der Kirche, New York 1982; *A. Strobel,* Die Stunde der Wahrheit. Untersuchungen zum Strafverfahren gegen Jesus (WUNT 21), Tübingen 1980, vor allem 61–94; *W. Strolz* und *H. Waldenfels* (Hrsg.), Christliche Grundlagen des Dialogs mit den Weltreligionen (QD 98), Freiburg 1983; *W. Strolz,* Heilswege der Weltreligionen, 2 Bände, Freiburg 1984/1986; *G. Thils,* Propos et problèmes de la théologie des religions nonchrétiennes, Tournai 1966; *C. Thoma,* Christliche Theologie des Judentums, Aschaffenburg 1978; *D. Tracy,* Plurality and Ambiguity. Hermeneutics, Religion, Hope, New York 1987; *J. Verkuyl,* Zijn alle godsdiensten gelijk?, Kampen 1984; *H. Waldenfels,* Der Absolutheitsanspruch des Christentums und die großen Weltreligionen: Hochland 62 (1970) 202–217; *ders.,* Absolutes Nichts. Zur Grundlegung des Dialogs zwischen Buddhismus und Christentum, Freiburg ³1980; *ders.,* Ist der christliche Glaube der einzig wahre? Christentum und nichtchristliche Religionen: Stimmen der Zeit 112 (1987) 463–475; *ders.,* Kontextuelle Fundamentaltheologie, Paderborn 1985, 193–199; *ders.,* Der Gekreuzigte und die Weltreligionen, Zürich 1983; *ders.,* Theologie der nichtchristlichen Religionen. Konsequenzen aus „Nostra aetate", in: E. Klinger und K. Wittstadt (Hrsg.), Glaube im Prozeß (Festschrift für K. Rahner), Freiburg 1984, 757–776; *A. Willems,* De absoluutheid en uitsluitendheid van het christendom: Tijdschrift voor Theologie 8 (1968) 125–139; The Myth of Christian Uniqueness. Towards a Pluralistic Theology of Religions (hrsg. von J. Hick und P. Knitter), New York 1985 (oder 1987?); *C. van Ouwerkerk, A. Denaux, W. Logister, R. van Rossum,* Jezus, de Enige?: Tijdschrift voor Theologie 28 (1988) Nr. 3.

Was die These des Zweiten Vatikanums im Dekret „Nostra aetate" bezüglich der nichtchristlichen Religionen betrifft, siehe: Lexikon für Theologie und Kirche: Das Zweite Vatikanische Konzil, Bd. 2, 406–478 (J. Oesterreicher, Vorgeschichte und Exegese des Konziltextes); Christentum und Hinduismus, Bd. 2, 478–482 (C. B. Papali); Christentum und Buddhismus, Bd. 2, 482–485 (H. Dumoulin); Christentum und der Islam, Bd. 2, 485–487 (G. C. Anawati).

II. Anmerkungen zum 3. Kapitel

¹ Aus der vielen exegetischen Literatur siehe vor allem: *A. Stock,* Einheit des Neuen Testaments, Zürich 1969; *J. Blank,* Jesus Christus/Christologie, in: Neues Handbuch theologischer Grundbegriffe, München 1984, Bd. 2, 226–239; *E. Schillebeeckx,* Jesus, die Geschichte von einem Lebenden, passim.

² Jesus, die Geschichte von einem Lebenden, 55–66; schärfer noch in: God is ieder ogenblik nieuw, Baarn 1982, 34–36; siehe: Christliche Identität und kirchliches Amt. Plädoyer für den Menschen in der Kirche, Düsseldorf 1985, 31–37 und 38–40.

³ Jesus, die Geschichte von einem Lebenden, 55–57.

⁴ *C. Duquoc,* Enjeux théologiques d'un débat d'exégèse: Lumière et Vie, Nr. 175; *ders.,* Histoire et verité de Jesus-Christ, 1986, 75–86. Siehe schon, aber in weniger prägnanter Form: Dieu différent, Paris 1977.

⁵ In diesem Sinn liegt Bultmanns These auf der Linie von K. Barth, der nicht so sehr einem „Offenbarungspositivismus" huldigt (der in seiner Theorie allerdings impliziert ist), sondern vielmehr einem „Traditionspositivismus", was in einem etwas günstigeren Sinn interpretiert werden kann auf der Linie der Analyse von P. Berger, nämlich als eine neue Erfahrung der Kraft eigener religiöser Erfahrungstradition. P. Berger hat dies in seinem Buch „The Heretical Imperative", 102–117, analysiert.

⁶ *C. Duquoc,* Enjeux théologiques, 81.

⁷ Dieselbe Literatur wie in Anm. 1.

⁸ *M. E. Boring,* Sayings of the Risen Jesus. Christian Prophecy in the Synoptic Tradition, Cambridge 1982; *H. Kraft,* Die Entstehung des Christentums, Darmstadt 1981; *J. B. Gabus,* Critique du discours théologique, Neuchâtel 1977; *E. Schüssler-Fiorenza,* In Memory of Her, New York 1983.

⁹ Was das eigene Gottesbild der Gleichnisse betrifft, siehe: *W. G. Kümmel,* Heilsgeschehen und Geschichte. Gesammelte Aufsätze 1933–1964, Marburg 1965; *J. Dupont,* Etudes sur les Evangiles Synoptiques, 2 Bde., Löwen/Gembloux 1985; *H. Merklein,* Die Gottesherrschaft als Handlungsprinzip. Untersuchung zur Ethik Jesu (Forschungen zur Bibel 34), Würzburg ²1981; *J. Zumstein,* La condition du croyant dans l'Evangile selon Matthieu (Orbis biblicus et Orientalis 16), Fribourg/Göttingen 1977, 407–416; *H. Merklein/E. Zenger,* „Ich will euer Gott werden". Beispiele biblischen Redens von Gott (Stuttgarter Bibelstudien 100), Stuttgart 1981, 152–176.

¹⁰ Jesus, die Geschichte von einem Lebenden, vor allem 236–239; siehe auch: 554. 565. 570. 579–594.

¹¹ *R. Brown,* Jesus, God and Man, Milwaukee 1967, 23–38. Siehe auch *J. Milet,* God or Christ: The Excesses of Christocentricity, New York 1981; *D. A. Lane,* The Reality of Jesus: An Essay in Christology, New York 1975.

¹² „Defectus gratiae prima causa est ex nobis" (Summa theologiae I–II, q. 112, a. 3, ad 2).

¹³ Siehe unter anderem: *H. Wolff,* The Kerygma of the Jahwist: Interpretation (Richmond, USA) (1966) 131–158; *R. Clements,* Abraham and David (SBTh 215), London 1967; *W. Brüggeman,* David and his Theologian: The Catholic Biblical Quarterly 30 (1968) 156–181; *ders.,* From Dust to Kingship: Zeitschrift für die alttestamentliche Wissenschaft 84 (1972) 1–18; *B. Mazar,* The historical Background of the Book Genesis: Journal of Near Eastern Studies (Chicago) 28 (1969) 73–83. Weitere Literatur in: *E. Schillebeeckx,* Christus und die Christen, 845.

¹⁴ Siehe: Jesus, die Geschichte von einem Lebenden, 153–155.

¹⁵ Einige jüngere Literatur über den Ausdruck ekklèsia und über Kirchentheologie (ältere Literatur ist mit Hilfe dieser Literatur leicht erreichbar): *R. Banks,* Paul's Idea of Community. The Early House Churches in their historical Setting, Grand Rapids 1980; *K. Berger,* Volksversammlung und Gemeinde Gottes. Zu den Anfängen der christlichen Verwendung von „ekklesia": ZThK 73 (1976) 167–207; *L. Boff,* Die Neuentdeckung der Kirche. Basisgemeinden in Lateinamerika, Mainz ⁴1985; *ders.,* Kirche: Charisma und Macht. Studien zu einer streitbaren Ekklesiologie, Düsseldorf ⁵1985; *C. G. Brandis,* Ekklesia: PW 5 (1905) 2163–2200; *R. Brown,* New Testament Background for the Concept of the local Church: Proceedings of the CTSA 36 (1981) 1–14; *C. Duquoc,* Des Eglises provisoires. Essai d'Ecclésiologie œcuménique, Paris 1985. *J. Hainz,* Ekklesia. Strukturen paulinischer Gemeinde-Theologie und Gemeinde-Ordnung, Regensburg 1972; *A. Houtepen,* Mensen van God. Een pleidooi voor de kerk, Hilversum 1983; *G. Lohfink,* Die Sammlung Israels. Eine Untersuchung zur lukanischen Ekklesiologie (STANT

39), München 1975; *ders.,* Hat Jesus seine Kirche gestiftet?: Theologische Quartalschrift 161 (1981) 81–97; *ders.,* Wie hat Jesus Gemeinde gewollt? Zur gesellschaftlichen Dimension des christlichen Glaubens, Freiburg/Basel/Wien 1987; *H. Merklein,* Die Ekklesia Gottes. Der Kirchenbegriff bei Paulus und in Jerusalem: BZ 23 (1979) 48–70; *W. Pannenberg,* Thesen zur Theologie der Kirche, München 1970; *H. Rikhof,* The Concept of Church, London 1981; *E. Schillebeeckx,* Christliche Identität und kirchliches Amt, Düsseldorf 1985, 58 ff: *R. Schnackenburg* (Hrsg.), Die Kirche des Anfangs, Leipzig 1977; *W. Schrage,* ‚Ekklesia' und ‚Synagoge'. Zum Ursprung des urchristlichen Kirchenbegriffs: ZThK 60 (1963) 178–202; *F. Schüssler-Fiorenza,* Foundational Theology. Jesus and the Church, New York 1984; Toekomst voor de kerk? Studies voor Fr. Haarsma (Redaktion: J. A. van der Ven), Kampen 1985; Jésus et l'Eglise (BETL 77), Löwen 1987; Tussen utopie en berusting. Over kerk-zijn vandaag, Löwen/Amersfoort 1984.

[16] So *W. Schrage,* siehe Anm. 15.

[17] Siehe die unter Anm. 15 zitierten H. Merklein und F. Schüssler.

[18] Allgemeine Literatur. Sie ist im Zusammenhang mit diesem Thema unendlich groß. Ich gebe eine vertretbare Auswahl, wenn sie auch vielleicht nicht einmal repräsentativ ist: *H. Ben-Sasson* (Hrsg.), Geschichte des jüdischen Volkes, 3 Bände, München 1978–1980; *W. Seifert,* Synagoge und Kirche im Mittelalter, München 1964; *J. Maier,* Geschichte der jüdischen Religion, Berlin 1972; *D. Goldschmidt* und *H. J. Kraus* (Hrsg.), Der ungekündigte Bund, Stuttgart 1962; *Schalom Ben-Chorin,* Theologia Judaica, Tübingen 1982; *G. Mayer,* Ein Zaun um die Tora (Studia Delizschiana 15), Stuttgart 1973; *C. Thoma,* Die theologischen Beziehungen zwischen Christentum und Judentum, Darmstadt 1982; *A. J. Peck,* Jews and Christians after the Holocaust, Philadelphia 1982; *P. von der Osten-Sacken,* Grundzüge einer Theologie im christlich-jüdischen Gespräch, München 1982; *J. Pawlikowski,* The Challenge of the Holocaust for Christian Theology, New York 1978; *A. T. Davies,* Anti-semitism and the Christian Mind, New York 1969; *E. Sanders,* Jesus and Judaism, Philadelphia 1985.

[19] *S. Safrai and M. Stern* (Hrsg.), The Jewish People in the First Century, Bd. 1, Assen 1974, 117–183.

[20] *P. Schäfer,* Geschichte der Juden in der Antike. Neukirchen 1983, 145–155; Billerbeck, Bd. IV/1, München 1928, 210; *D. J. van der Sluis,* u. a., Elk morgen nieuw. Inleiding tot de Joodse gedachtenwereld aan de hand van een van de centrale Joodse gebeden. Sjemoné Esré, het Achttiengebed, Stichting voor Talmudica 1978, vor allem 293. Siehe auch drei Texte im vierten Evangelium, wo der Ausdruck „aposynagogos" auf einen Ausschluß aus der Synagoge hinweist (Joh 9,22; 12,42 und 16,2).

[21] Siehe unter anderem *W. P. Eckert/N. P. Levinson/M. Stöhr* (Hrsg.), Antijudaismus im Neuen Testament?, München 1967.

[22] Anzuführen sind vor allem: Mt 22,1–14 parr; 27,24–25; Mk 12,1–12; Lk 23,27–31; Joh, 8,44; Apg 7,51–52; 1 Thess 2,15–16.

[23] Siehe die schon zitierten Werke von H. Ben-Sasson, W. Seifert, J. Maier, D. Goldschmidt und H. Kraus.

[24] Siehe: *D. Zeller,* Juden und Heiden in der Mission des Paulus, Stuttgart 1973; *F. Hahn,* Das Verständnis der Mission im Neuen Testament, Neukirchen-Vluyn ²1965; *B. Mayer,* Unter Gottes Heilsratsbeschluß, Würzburg 1974; *F. Mussner,* Die Kraft der Wurzel, Freiburg 1987; *ders.,* Traktat über die Juden, München 1979; *E. Graber,* Der Alte Bund im Neuen. Exegetische Studien zur Israelfrage im Neuen Testament (WUNT 35), Tübingen 1985; *E. Stegemann,* Der Jude Paulus und seine antijüdische Auslegung, in: R. Rendtorff und E. Stegemann, Auschwitz. Krise der christlichen Theologie, München 1980, 117–139.

[25] Ich folge hier lieber der letzten Auslegung, die unter anderem auf *F. Hahn,* Paul and Paulinisme, in: Essays in Honor of C. K. Barrett, London 1982, 221–234, zurückgeht.

[26] Siehe unter anderem: *J. Baumgarten,* Paulus und die Apokalyptik, Neukirchen-Vluyn 1975.

[27] Lumen gentium, I. 8.

[28] *H. Lübbe,* Religion nach der Aufklärung, in: H. Lübbe (Hrsg.), Philosophie nach der Aufklärung. Von der Notwendigkeit pragmatischer Vernunft, Düsseldorf 1980, 59–86; *ders.,* Religion nach der Aufklärung, Graz/Köln 1987.

[29] In Deutschland war es vor allem *O. Karrer* (Das Religiöse in der Menschheit und das Christentum), der sich schon 1934 ausführlich mit dieser Frage beschäftigte. In Frankreich war es

vor allem *L. Capéran* (Le problème du salut des infidèles), ebenfalls im Jahr 1934! Siehe auch *K. Adam,* Das Wesen des Katholizismus, Düsseldorf [13]1957.

[30] Siehe K. Rahner bei der allgemeinen Literatur zu diesem Kapitel.

[31] *H. Waldenfels,* Ist der christliche Glaube der einzig wahre?, 470.

[32] *M. Seckler,* Theologie der Religionen mit Fragezeichen, a. a. O. 178–181.

[33] *H.- R. Schlette,* Die Religion als Thema der Theologie, 66–112.

[34] *D. Barrett* u. a., World Christian Encyclopedia. A Comparative Study of Churches and Religions in the Modern World A. D. 1900–2000, Nairobi/Oxford/New York 1982.

[35] *P. Knitter,* No other name?, a. a. O.

[36] Über den Monotheismus als politisches Problem siehe: *E. Peterson,* Theologische Traktate, Köln 1951, vor allem 45–149.

[37] Siehe das oben schon zitierte Buch von *E. Wolf,* Die Völker ohne Geschichte. Europa und die andere Welt seit 1400, Frankfurt 1986.

[38] Siehe unter anderem: *J.-M. Van Cangh* (Hrsg.), Salut universel et regard pluraliste, a. a. O.; auch: *G. Mensching,* Toleranz und Wahrheit in der Religion, 162–168.

[39] Das ist auch die Ansicht von *Duquoc* in seinem Buch: Dieu différent; siehe aber folgende Anmerkung.

[40] Im Gegensatz zu Duquoc berufe ich mich, um diese christliche Auffassung von anderen Religionen zu begründen, nicht auf die „trinitarische Symbolik". Ich beschränke meine Argumentation auf die Einzigartigkeit und gleichzeitige historische Kontingenz und somit Begrenztheit Jesu von Nazaret. Die These Duquocs, daß die Einheit des dreieinen Gottes auf einer trinitarischen Vielheit gründe, wodurch die Priorität des Pluralismus vor der Einheit aufgezeigt sei, scheint mir philosophisch und theologisch nicht akzeptabel. Denn die Besonderheit der „göttlichen Natur" ist meines Erachtens Quell und Grund der Drei-„Persönlichkeit" des einen Gottes, die drei Personen bilden nicht die Grundlage für die Einheit der göttlichen Natur. Außerdem, inwiefern kann man in einer monotheistischen Auffassung von Gott die drei „Personen" als eine *Vielfalt* bezeichnen? (In bestimmten theologischen Strömungen Frankreichs wird die göttliche Trinität tatsächlich zu einer Art „Familie".) Wird hier nicht leichtfertig mit dem analogen Charakter von Kategorien wie „ein" und „viel" als angewandt auf Gott umgesprungen? Und wird hier nicht zuwenig eine dialektische Perichorese – oder gegenseitige Einwohnung – berücksichtigt, in welcher Einheit und Vielheit einander gegenseitig im Gleichgewicht halten? Der prinzipielle Pluralismus erhält bei mir doch eine andere Wendung als bei Duquoc, bei dem von einer implizierten, wenn auch nicht-thematisierbaren Einheit keine Rede zu sein scheint.

[41] *A. Pieris,* Christentum und Buddhismus im Dialog aus der Mitte ihrer Traditionen, in: *B. Bsteh* (Hrsg.), Dialog aus der Mitte christlicher Theologie (Beiträge Religionstheologie 5), Wien/München/Luzern o. J., 131–178, vor allem 174–178. Inzwischen sind die ursprünglichen, englischen Bücher von Pieris erschienen: An Asian Theology of Liberation, New York 1988 (deutsche Ausgabe: „Theologie der Befreiung in Asien. Christentum im Kontext der Armut und der Religionen, Freiburg 1986), und: Love Meets Wisdom, New York 1988.

[42] *A. Pieris,* Christentum und Buddhismus, 177.

[43] *W. Pannenberg,* Wissenschaftstheorie und Theologie, Frankfurt 1973, 219.

[44] A. a. O. 219–220.

[45] *E. Schillebeeckx,* Jesus, die Geschichte von einem Lebenden, 527–554. Bezüglich der Frage nach universalem Sinn siehe auch: „Christus und die Christen", 531–542.

[46] *H. Albert,* in: Der Positivismus in der deutschen Soziologie (Soziologische Texte 58), Neuwied/Berlin 1969, 193–324.

[47] *W. Pannenberg,* a. a. O. 201.

[48] *J.-B. Metz,* Glaube in Geschichte und Gesellschaft, Mainz 1977, 57.

[49] *M. L. Lamb,* The Theory-Praxis Relationship in Contemporary Christian Theologies, in: Proceedings of the Catholic Theol. Society of America, 31st Annual Convention, Vol. 31, Washington 1976 (149–178) 177.

[50] *E. Schillebeeckx,* Christus und die Christen, 800–804.

[51] *A. Pieris,* a. a. O., New York 1988, und a. a. O., New York 1988. Siehe auch die Literatur zum mystischen Gebet in Kap. 2 sowie: *R. Lay,* Zukunft ohne Religion, Olten 1970; *L. Dupré,* The Other Dimension, New York 1972.

[52] *J.-M. Ela,* Le cri de l'homme Africain, Paris 1980.

[53] Siehe auch Zweites Vatikanum, Gaudium et spes. Nr. 53; auch die darauf bezogenen Änderungsanträge, in: Expensio modorum, c. 2.

Zu Kapitel 4 (S. 237–285)

I. Literatur zum 4. Kapitel

A. Acerbi, Due Ecclesiologie, Ecclesiologia giuridica ed ecclesiologia di communione nella „Lumen gentium", Bologna 1957; *P. Anderson,* Von der Antike zum Feudalismus. Spuren der Übergangsgesellschaften, Frankfurt 1978, 219–253; *H. Barth,* Wahrheit und Ideologie, Zürich 1945; *F. Borkenau,* Der Übergang vom feudalen zum bürgerlichen Weltbild, Darmstadt ²1971; *Y. Congar,* L'ecclésiologie au XIXe siècle, Paris 1960, vor allem 77–114; *H. Dombois,* Hierarchie. Grund und Grenze einer umstrittenen Struktur, Freiburg 1971; *L. Dumont,* Homo hierarchicus. Essai sur le système des castes, Paris 1966; *P. Eicher,* Offenbarung, München 1977; *ders.,* Priester und Laien – im Wesen verschieden?, in: G. Denzler (Hrsg.), Priester für heute, München 1980, 34–51; *ders.,* Von den Schwierigkeiten bürgerlicher Theologie mit den katholischen Kirchenstrukturen, in: K. Rahner und H. Fries (Hrsg.), Theologie in Freiheit und Verantwortung, München 1981, und in: J. Petuchowski und W. Strolz (Hrsg.), Offenbarung im jüdischen und christlichen Glaubensverständnis, Freiburg 1981, 123–161; *ders.,* (Hrsg.), Hierarchie, in: Neues Handbuch Theologischer Grundbegriffe, Bd. 2, Freiburg 1984, 177–196; *I. Fetscher,* Herrschaft und Emanzipation. Zur politischen Philosophie des Bürgertums, München 1975; *B. Gladigow* (Hrsg.), Staat und Religion, Düsseldorf 1981; *L. Goldmann,* Der christliche Bürger und die Aufklärung, Neuwied/Darmstadt 1968; *B. Groethuysen,* Die Entstehung der bürgerlichen Welt in Frankreich, Frankfurt 1978; *W. Jaeschke,* Die Suche nach den eschatologischen Wurzeln der Geschichtsphilosophie. Eine historische Kritik der Säkularisierungsthese, München 1975; *F. X. Kaufmann,* Kirche begreifen, Freiburg 1979; *L. Kofler,* Zur Geschichte der bürgerlichen Gesellschaft, Halle 1948 (Reprint: Darmstadt ⁷1979); *H. Krings,* Freiheit als Chance – Kirche und Theologie unter dem Anspruch der Neuzeit, München 1972; *ders.,* System und Freiheit, in: D. Henrich (Hrsg.), Ist systematische Theologie möglich?, Bonn 1977, 35–51; *J.- B. Metz,* Jenseits bürgerlicher Religion, Mainz 1980; *W. Näf,* Frühformen des modernen Staates im Spätmittelalter: Historische Zeitschrift 171 (1951) 225–243; *B. Nelson,* Der Ursprung der Moderne. Vergleichende Studien zum Zivilisationsprozeß, Frankfurt 1977; *H. Pottmeyer,* Unfehlbarkeit und Souveränität, Mainz 1975; *T. Rendtorff,* Kirche und Theologie, Gütersloh 1966; *J. Ritter,* Hegel und die Französische Revolution, Frankfurt 1956; *D. Schellong,* Bürgertum und christliche Religion, München 1975; *W. Schneiders,* Die wahre Aufklärung, Freiburg/München 1974; *W. Schluchter,* Aspekte bürokratischer Herrschaft, München 1972; *M. Seckler,* Im Spannungsfeld von Wissenschaft und Kirche, Freiburg 1980; *N. Siegfried,* Actenstücke betreffend den preussischen Culturkampf, Freiburg 1882; *B. Willms,* Revolution und Protest oder Glanz und Elend des bürgerlichen Subjekts, Stuttgart 1969; Thema-Heft Christentum und Bürgertum: Concilium 15 (1979), Nr. 5.

II. Anmerkungen zum 4. Kapitel

[1] *E. Hermann,* Ecclesia in re publica. Die Entwicklung von pseudostaatlicher zu staatlich inkorporierter Existenz, Frankfurt 1980.

[2] Schemata Constitutionum et Decretorum, Series secunda, Vatikanstadt 1962, c. 1, nr. 7, 12.

[3] Schema Constitutionis dogmaticae de Ecclesia, pars prima, Vatikanstadt 1963, c. 1, nr. 2–4, 7–8.

[4] A. a. O., c. 1, nr. 5, 9–10.

[5] A. a. O., c. 1, nr. 7, 11.

[6] Schema constitutionis dogmaticae de Ecclesia, pars prima, c. 1, nr. 7, 11.

[7] Relatio super caput primum textus emendati Schematis Constitutionis de Ecclesia, Vatikanstadt 1964, 3.

[8] Schema Constitutionis de Ecclesia, a. a. O., c. 1, nr. 5, 9–10.

[9] A. a. O., c. 1, nr. 7, 12–14.

[10] Relatio super caput primum, a. a. O. 3.

[11] A. a O., c. 1, nr. 8, 14–15.

[12] Schema Constitutionis de Ecclesia, 1964, 15.

[13] Loco *est* dicitur *subsistit in*, ut expressio melius concordet cum affirmatione de elementis ecclesialibus quae alibi adsunt", in: Relationes de singulis numeris, Relatio in nr. 8, 25.

[14] Relationes, a. a. O., Relatio in nr. 8, 23.

[15] A. a. O.

[16] A. a. O.

[17] A. a. O., 23.

[18] Decretum de Oecumenismo, Vatikanstadt 1964, c. 1, nr. 4.

[19] Modi a Patribus Conciliaribus propositi, a Commissione doctrinali examinati, 1964, c. 1, 6. Darauf hat die Kommission nicht eingehen wollen. Anderseits läßt sich die Bedeutung des ,subsistere in' nicht wiedergeben durch eine etwas schwache Version, in dem Sinne von: „wird in Wirklichkeit gefunden" in der katholischen Kirche. Es ist von diesem Konzil eindeutig in einem stärkeren Sinn gemeint: „wird *de iure* in dieser Kirche gefunden". Denn siehe die Begründung der Ablehnung eines Änderungsantrags: „Quod spectat ad additionem *iure divino,* ex contextu paragraphi patet sermonem essse de institutione Christi" (Modi, a. a. O. 6).

[20] ,Alii ... volunt apertiorem distinctionem inter Ecclesiam medium salutis et Ecclesiam fructum salutis. Quae distinctio iam satis videtur clara in textu', in: Schema Constitutionis de Ecclesia, 1964, Relatio in nr. 8, 24.

[21] Lumen gentium, c. 2, nr. 9.

[22] Lumen gentium, c. 1, nr. 8. Siehe: Schema Constitutionis de Ecclesia, 1964, c. 1, nr. 8. Die Wahl des Wortes „purificanda" vor anderen naheliegenden Ausdrücken wurde durch den liturgischen Gebrauch der Formel ,purificatio Ecclesiae' im Römischen Missale bestimmt, unter anderem am ersten Fastensonntag und am fünfzehnten Sonntag nach Pfingsten. Siehe: Schema Constitutionis de Ecclesia, 1964, Relationes de numeris, in nr. 8, 25. Natürlich wirkte sich dabei bei vielen auch die Scheu aus, ohne weiteres die reformatorisch übliche Formel „Ecclesia semper reformanda" unbefangen zu übernehmen.

[23] Lumen gentium, c. 2, nr. 9. Es klingt alles hochheilig und salbungsvoll, weit entfernt von der normalen Sprache der meisten Menschen, auch der Christen. Das Gemeinte muß, um verstanden werden zu können und erlebbar zu sein, doch in die Alltagssprache der Menschen, auch der Christen, verständlich umgesetzt werden.

[24] Relationes de singulis numeris, Relatio in nr. 8, 23.

[25] A. a. O.

[26] „Munus autem illud, quod Dominus pastoribus populi sui commisit verum est servitium quod in sacris libris ,diakonia seu ministerium' significanter nuncupatur" (a. a. O. c. 3, nr. 24).

[27] A. a. O., c. 3, nr. 25.

[28] A. a. O., c. 3, nr. 26.

[29] A. a. O., c. 3, nr. 27.

[30] Leo XIII., Enzyklika „Annum sacrum", in: ASS 31 (1898–1899) (646–652) 647.

[31] Pius IX., Apostolischer Brief „Quanta cura", in: ASS 3 (1867–1868) (160–167) 163.

[32] Syllabus, in: ASS 3 (1867–1868) 168–176.

[33] Pius X., Enzyklika „Pascendi", in: ASS (1907) (592–650) 613 ff.

[34] Siehe *N. Siegfried,* Actenstücke betreffend den preussischen Culturkampf, Freiburg 1882, 99–100, zitiert von P. Eicher, in: Rahner/Fries, Theologie in Freiheit, a. a. O. 122.

[35] *N. Siegfried,* a. a. O. 266. Was die Antwort der deutschen Bischöfe betrifft, siehe: *N. Siegfried,* 264–267. Der Papst billigte den Brief der Bischöfe, a. a. O. 271.

[36] Erklärung der Deutschen Bischöfe bei einer Feier am Grab des heiligen Bonifatius am 20. September 1872; siehe: *N. Siegfried,* a. a. O. 133–150.

[37] Denzinger-Sch. 3074; siehe MANSI 52 (1330–1334) 1334.

[38] *P. Eicher,* in: Rahner/Fries, a. a. O. 124.

[39] Syllabus, a. a. O. 176.

[40] Pius X., Dekret des Heiligen Offiziums gegen jede Dogmenentwicklung, „Lamentabili", in: ASS 40 (1907) 470–478.

[41] „Lamentabili", a. a. O. 477.

[42] Dekret des Heiligen Offiziums „Lamentabili"; verurteilt wird die These: „Veritas non est immutabilis plus quam ipse homo, quippe quae cum ipso, in ipso et per ipsum evolvitur", in: ASS 40 (1907) 477.

⁴³ Pius XII., Enzyklika „Humani Generis", in: AAS 42 (1950) (561–578) 566 ff.

⁴⁴ Pius X., Enzyklika „Pascendi", a.a.O. 596.

⁴⁵ Gregor XVI., Enzyklika „Mirari vos", anno 1831, in: ASS 4 (1868–69) (336–345) 341. Siehe: Denzinger, Nr. 1613 f. (= Denz.-Sch., Nr. 2730 f.). Pius IX., Enzyklika „Quanta cura", anno 1864, bezieht sich später, unter anderen Umständen, auf diesen Text. Siehe: Denzinger, Nr. 1690.

⁴⁶ In den neueren Ausgaben des Denzinger ist diese wirklich unnütze Ansicht Pius IX. übergangen, weiterhin enthalten ist die oben zitierte Stelle Gregors' XVI. (siehe Anm. 45).

⁴⁷ „Nuntius radiophonicus: Ai popoli del mondo intero", in: AAS (945) (10–23), vor allem 11–17.

⁴⁸ Siehe K. Walf, Die katholische Kirche – eine Societas perfecta?: Theologische Quartalschrift 157 (1977) 107–118; siehe auch ders., Kirchenrecht, Düsseldorf 1984.

⁴⁹ J. H. Newman, On Consulting the Faithfull in Matters of Doctrine (erstmals erschienen im Mai 1859: The Rambler 1859, 198–230).

⁵⁰ Siehe einige (seit dem Zweiten Vatikanum jüngere) Literatur über die Kirche als Mysterium und communio: H. Küng, Die Kirche, Freiburg/Basel/Wien 1967; Y. Congar, Die Wesenseigenschaften der Kirche, in: Mysterium Salutis, IV–1: Die Heilsgeschichte in der Gemeinde, Einsiedeln 1972; J. Alberigo / F. Magistretti, Constitutionis Dogmaticae Lumen Gentium Synopsis Historica, Bologna 1975; O. Saier, Communio in der Lehre des Zweiten Vatikanischen Konzils. Eine rechtsbegriffliche Untersuchung, München 1973. A. Houtepen, Mensen van God, a.a.O.; siehe auch, was den fast ideologischen Gebrauch des Ausdrucks „Kirchenmysterium" auf der Synode der niederländischen Bischöfe (Rom, 14.–31. Januar 1980) betrifft, die „Documenten" (herausgegeben vom Sekretariat der römisch-katholischen Kirchenprovinz in den Niederlanden, o.J., 31–47); auch den Brief von Kardinal J. Willebrands in: Archief van de Kerken 36 (1981) 477–482; H. Manders, Objectief en subjectief, norm en mondigheid. Een poging de besluiten van de Nederlandse Bisschoppenconferentie te analyseren: Praktische Theologie 7 (1980) 66–67; R. G. Ardelt, Anmerkungen zur antimodernistischen Ekklesiologie, in: Der Modernismus, Beiträge zu seiner Erforschung (Hrsg. E. Weinzierl), Graz/Wien/Köln 1974, 257–282; C. Duquoc, La femme, le clerc et le laic, Genf 1989; H. Rikhof, The Concept of Church. A Methodological Inquiry into the Use of Metaphors in Ecclesiology, London 1981; ders., De kerk als „communio": een zinnige uitspraak: Tijdschrift voor Theologie 23 (1983) 39–59; ders., Die Ekklesiologien von „Lumen Gentium", der „Lex Ecclesiae Fundamentalis" und des Schemas zum neuen Kodex: Concilium 17 (1981) 576–586; H. J. Pottmeyer, Die zwiespältige Ekklesiologie des Zweiten Vatikanums. – Ursache nachkonziliarer Konflikte: Trierer Theologische Zeitschrift 92 (1983) 272–283.

⁵¹ Siehe unter anderen: P. Berger und Th. Luckmann, Die gesellschaftliche Konstruktion der Wirklichkeit, Frankfurt 1966.

⁵² Lumen gentium, c. I, nr. 8.

⁵³ Über „kirchliche Rezeption" siehe unter anderen: G. Gassmann, Rezeption in ökumenischem Kontext: Ökumenische Rundschau 26 (1977) 314–327; Y. Congar, La réception comme réalité ecclésiologique: Revue de Science Phil. et Theol. 56 (1972) 369–403; siehe auch: Die Rezeption als ekklesiologische Realität: Concilium 8 (1972) 500–514, und: Die Normen für die Ursprungstreue und Identität der Kirche im Verlauf der Geschichte: Concilium 9 (1973) 156–163; ders., Pour une histoire sémantique du terme „magisterium": Revue de Science Phil. et Theol. 60 (1976) 85–98; P. Hegy, L'autorité dans le catholicisme contemporain, in: Du Syllabus à Vatican II, Paris 1975; F. Wolfinger, Die Rezeption theologischer Einsichten und ihre theologische und ökumenische Bedeutung: Vox Cath (M) 31 (1977) 203–233; ders., Rezeption – ein Zentralbegriff der ökumenischen Diskussion oder des Glaubensvollzugs: Ökumenische Rundschau 27 (1978) 14–21; P. Hojen, Wahrheit und Konsensus: Kerygma und Dogma 23 (1977) 131–156; H. J. Sieben, Die Konzilsidee der Alten Kirche, Paderborn/München 1979; P. Lengsfeld/H. G. Stobbe (Hrsg.), Theologischer Konsens und Kirchenspaltung, Stuttgart/Berlin/Köln 1981; M. Garijo, Der Begriff Rezeption und sein Ort im Kern der katholischen Theologie, in: Theologischer Konsens und Kirchenspaltung, a.a.O. 97–109. N. Afanasieff, L'Infaillibilité de l'Eglise du point de vue d'un théologien orthodoxe, in: L'Infaillibilité de l'Eglise, Chevetogne 1962, 183–201; D. Dejaifve, Ex sese, non autem ex consensu Ecclesiae: Salesianum 24 (1962) 283–295; H. Fries, Ex sese, non ex consensu Ecclesiae, in: R. Bäumer / H. Dolch (Hrsg.),

Volk Gottes, Freiburg 1967, 480–500; *A. Houtepen,* Onfeilbaarheid en Hermeneutiek, Brügge 1973.

[54] Siehe vor allem: *A. Faivre,* Naissance d'une hiérarchie. Les premiers étapes du cursus clérical, Paris 1977; *R. Hathaway,* Hierarchy and the Definition of Order in the Letters of Ps.-Dionysius, Den Haag 1969.

[55] *P. Berger,* The Heretical Imperative (Der Zwang zur Häresie), London 1980, vor allem im Zusammenhang mit dem Fall Fr. Rosenzweig, 91–94.

[56] „Christi potestas et imperium in homines exercetur per veritatem, per iustitiam, maxime per caritatem", in: In III Sent., d. 13, q. 2; siehe auch Summa Theologiae III, q. 8, und q. 59, a. 4.

[57] Siehe unter anderen: *J. de Ghellinck,* Le mouvement théologique du XIIe siècle (Museum Lessianum 10), Brügge/Paris 1982; *M.-D. Chenu,* La théologie au douxième siècle, Paris ²1966; *Y. Congar,* Bref historique des formes du „magistère" et de ses relations avec les docteurs: Revue de Science Phil. et Théol. 60 (1976) 99–112; *ders.,* Pour une histoire sémantique de terme „magistère": ebd. 60 (1976) 85–98; *G. Posthumus Meyjes,* Quasi stellae fulgebunt: Plaats en functie van de theologische doctor in de middeleeuwse maatschappij en kerk, Leiden 1979; *J. van Laarhoven,* Magisterium en theologie in de 12e eeuw: de processen te Soissons (1121), Sens (1140) en Reims (1148): Tijdschrift voor Theologie 21 (1981) 109–131; *ders.,* Kerk: Leerhuis of leerstoel? Naar een afweging van het magisterium van concilies: Tijdschrift voor Theologie 22 (1987) 277–291; *G. Ackermans* und *J. van Laarhoven,* Theologie tussen lof en blaam. De zaak Petrus Lombardus: Tijdschrift voor Theologie 29 (1989) 95–113; Bericht der Internationalen Theologischen Kommission von 1975: Thesen über das Verhältnis von kirchlichem Lehramt und Theologen zueinander: Theologie und Philosophie 52 (1977) 57–66; siehe auch: Archief der Kerken 31 (1976) 707–713; *C. B. Daly,* Magisterium and Theology: Irish Theol. Quarterly 43 (1976) 225–246; *R. Coffy,* Magisterium and Theology: ebd. 247–259; *P. Lengsfeld* und *H.-G. Stobbe* (Hrsg.), Theologischer Konsens und Kirchenspaltung, Stuttgart 1981.

[58] „Docere sacram scripturam contingit dupliciter. Uno modo ex officio praelationis, sicut qui praedicat, docet. Alio modo ex officio magisterii, sicut magistri theologiae docent" (Thomas, In IV Sent. d. 19, q. 2, a. 2, qcla 2, ad 4; siehe auch Quodlib. III, q. 4, a. 1, ad 3).

[59] Siehe *M.-D. Chenu,* Theologie du douxième siècle, a. a. O. 323–365.

[60] Corpus iuris canonici, hrsg. *A. Friedberg,* Bd. 2 (Leipzig 1879–1881), Reprint Graz 1955, 65.

Anmerkungen zum 5. Kapitel (S. 287–307)

[1] Seit dem Studium der Literatur, die ich zu Kapitel 1 verarbeitet habe (wo von dem mystischen Moment im Glauben die Rede ist), kann ich in diesem Zusammenhang auch auf zwei neue Bücher hinweisen: *F. Maas,* Er is meer God dan we denken. Essays over spiritualiteit, Averbode/Kampen 1989; und *J. Peters,* Vlam. Meditaties om je aan te warmen, Hilversum 1988.

[2] *M. Bogdahn* (Hrsg.), Konzil des Friedens. Aufruf und Echo (mit einer ausführlichen Begründung von C. F. von Weizsäcker), Müchen 1986; siehe: *C. F. von Weizsäcker,* Die Zeit drängt. Eine Weltversammlung der Christen für Gerechtigkeit, Frieden und Bewahrung, München ⁷1987; *J. Moltmann,* Gott in der Schöpfung. Ökologische Schöpfungslehre, München 1985; *D. Sölle,* Lieben und Arbeiten.Eine Theologie der Schöpfung, Stuttgart 1985.

[3] Unter anderem *A. Vögtle,* Das Evangelium und die Evangelien, Düsseldorf 1971.

[4] Das ist nicht ein modisches Mitgehen mit späteren Trends, wie vielleicht einer mir jetzt vorwerfen wird. Im wesentlichen schrieb ich genau dasselbe schon 1974 und sogar schon 1960. Siehe: *E. Schillebeeckx,* Partnership tussen mens en natuur, in: H. Bouma, De aarde is er ook nog, Wageningen 1974, 76–88, und bei der Eröffnung des Nijmeegs Universitair Dierenlaboratorium im Jahr 1960 hielt ich in einer Vortrag über „Das Tier in der Umwelt des Menschen", siehe: Katholiek Artsenblad 39 (1960) 58–63; später aufgenommen in: Wereld en Kerk (Theologische Peilingen, Bd. 3), Bilthoven 1966, 247–255.

[5] Siehe unter anderem: *O. H. Steck,* Der Schöpfungsbericht der Priesterschrift, Göttingen 1975; *N. Lohfink,* Unsere großen Wörter. Das Alte Testament zu Themen dieser Jahre, Freiburg 1977.

Personenregister

Es sind nur solche Autoren aufgenommen, die mit ausdrücklichen Hinweisen angeführt sind.

Acerbi, A. 318
Ackermans, G. 321, A 57
Adam, K. 317, A 29
Afanasieff, N. 320, A 53
Alberigo, G. 320, A. 50
Albert, H. 85; 222f; 312, A 9; 317, A 46
Anawati, G. C. 314
Anderson, G. 313
Anderson, P. 318
Anthony, D. 312
Ardelt, R. G. 320, A 50
Auer, A. 309
Banks, R. 315, A 15
Barrett, D. 317, A 34
Barth, H. 318
Barth, K. 315, A 5
Baum, G. 309
Bäumer, R. 320, A 53
Baumgarten, J. 316, A 26
Baumotte, M. 313
Beauchamp, P. 311
Beckert, H. 314
Bellah, R. 311
Ben-Chorin, Sch. 316, A 18
Ben-Sasson, H. 316, A 18. 23
Benz, E. 313
Berger, Br. 310, A 8; 312, A 2
Berger, K. 315, A 15
Berger, P. 70; 276; 310, A 8; 311, A 27; 312,
  A 2. 3. 4. 6; 315, A 5. 320, A 51; 321, A 55
Berkhof, H. 311; 313; 313, A 17
Billerbeck 316, A 20
Blank, J. 313; 315, A 1
Bloch, E. 311
Blok, A. 312, A 1
Bochinger, E. 309
Boff, C. 309
Boff, L. 315, A 15
Bogdahn, M. 321, A 2
Bonhoeffer, D. 121; 124; 313, A 20
Boring, M. E. 315, A 8
Borkenau, F. 318
Bouma, H. 321, A 4
Bowden, J. 313
Bowker, J. 311
Brandis, C. G. 315, A 15
Bremond, C. 309
Brown, R. 315, A 11. 15
Brück, H. 313

Brüggemann, W. 315, A 13
Bryant, M. D. 312
Bsteh, A. 317, A 41
Bultmann, R. 145f
Bürckle, H. 313
Bureau, R. 313
Cangh, J. M. van 313; 317, A 38
Capéran, L. 313; 317, A 29
Cassirer, E. 311
Cazeneuve, J. 311
Chenu, M.-D. 321, A 57. 59
Christian, A. 311
Clastres, P. 313
Clements, R. 315, A 13
Coffy, R. 321, A 57
Compagnioni, Fr. 309
Congar, Y. 313; 318; 320, A 50. 53; 321, A 57
Cupitt, D. 311
Daly, C. B. 321, A 57
Davies, A. T. 316, A 18
Davies, C. 313
Dejaifve, D. 320, A 53
Denaux, A. 314
Denzler, G. 318
DeRosa, P. 120; 313, A 18
Dolch, H. 320, A 53
Dombois, H. 318
Drehsen, V. 313
Drewermann, E. 313
Driver, T. F. 313
Dumery, H. 311
Dumont, L. 318
Dumoulin, H. 314
Dupont, J. 315, A 9
Dupré, L. 64; 311; 311, A 28; 317, A 51
Dupré, W. 309
Duquoc, C. 145; 309; 313; 315, A 3. 6. 15;
  317, A 39. 40; 320, A 50
Eagleson, J. 312, A 8
Eckert, W. P. 316, A 21
Eicher, P. 309; 311, A 22; 318; 319, A 34. 38
Ela, J. M. 233; 313; 317, A 52
Eliade, M. 311
Elias, N. 78; 312, A 1
Enomiya-Lassalle, H. M. 313
Ess, J. van 314
Faivre, A. 321, A 54
Fetscher, I. 318
Fries, H. 318; 320, A 53

323

Edward Schillebeeckx im Verlag Herder

Edward Schillebeeckx
Christus und die Christen
Die Geschichte einer neuen Lebenspraxis
2. Auflage, 900 Seiten, gebunden.
ISBN 3-451-17912-1

„‚Christus und die Christen' zeigt den Weg zu und mit Christus in vier gro-
ßen Abschnitten. Erster Teil: Die Autorität des Neuen Testaments. Zweiter
Teil: Neutestamentliche Theologie der Gnadenerfahrung. Dritter Teil:
Strukturelemente der neutestamentlichen Gnadentheologien. Vierter Teil:
Gottes Ehre und das wahre, gute und glückliche Menschsein. Ein Epilog
schließt sich an. Viele Anmerkungen am Schluß. Sachliche Hinweise, Ab-
kürzungsverzeichnis und ein Autorenregister sind dem umfangreichen
Band angefügt. Die Fülle des Stoffes ist übersichtlich gegliedert, der klare,
große Druck sei eigens erwähnt."
„Immenses Wissen und tiefe Gläubigkeit schufen ein Werk, das zu den be-
deutendsten der religiösen Gegenwartsliteratur zählt" (Mission heute).

„Schillebeeckx zeigt auf, wodurch Christen eigentlich Christen sind und wie
sie es immer neu werden können. Indem er die Fragen und Probleme unserer Zeit aufgreift und mit der Gnadenerfahrung in Christus konfrontiert,
gelingt ihm eine gültige Antwort in der Sprache unserer Zeit: auch heute
können Heil, Erlösung und Gnade wieder zur Sinnfülle menschlichen
Lebens werden. Das Buch ist in der Vielfalt seiner Gedanken und Themen
nicht leicht zu lesen, doch die Mühe lohnt sich!" (Eifel-Zeitung).

Verlag Herder Freiburg · Basel · Wien

Karl Rahner
Grundkurs des Glaubens
Einführung in den Begriff des Christentums
5. Auflage der Sonderausgabe, 448 Seiten, Paperback.
ISBN 3-451-20297-2

„Eine Art Vermächtnis dieses Mannes, der wohl der größte Theologe seiner Kirche in unserem Jahrhundert gewesen ist. Rahners Darstellung ist ganz von der Sache absorbiert. Es gibt keine Anmerkungen, keine Polemik, kein explizites Gespräch mit anderen Theologen. Damit entsteht eine imponierende Geschlossenheit. Der Schmelztiegel für die immense philosophisch-theologische Tradition ist Rahners dynamische Denkweise, die den Leser zu fesseln versteht" (Nachrichten der ev.-lutherischen Kirche).

Karl Rahner
Praxis des Glaubens
Geistliches Lesebuch
3. Auflage, 480 Seiten, gebunden.
ISBN 3-451-19396-5

„In diesem geistlichen Lesebuch haben Karl Lehmann und Albert Raffelt die schönsten geistlichen Texte aus dem großen Werk Rahners zusammengeführt ... Das Buch ist ein Leitfaden und Begleiter für die tägliche Praxis des Glaubens, durchdrungen von der Leidenschaft für den nahen und doch unbegreiflichen Gott. Ein Buch von Karl Rahner, das ihn in der Mitte seines Glaubens verstehen läßt, das jeder Christ mit Gewinn liest, der heute um die praktische Gestaltung seines Glaubens bemüht ist" (Würzburger Diözesanblatt).

Verlag Herder Freiburg · Basel · Wien